KB102095

리델 주교

MGR RIDEL
Evêque de Philppololis
VICAIRE APOSTOLIQUE DE CORÉE

Written by abbé Arthur Piacentini.
Translated by Kang Ok-Kyung.
Published by Sallim Publishing, 2018.

일러두기

1. 주석은 옮긴이가 작성한 것이며, 원저자의 주석은 ★표시로 구분했음.
2. †표시는 출판 당시 이미 고인(故人)이었음을 표시.

027
그들이 본 우리
Korean Heritage Books

필리포폴리스 주교·조선교구장

리델 주교

아르튀르 피아센티니 신부 지음 | 강옥경 옮김
(낭트 생 스타니슬라스 중학교 교사)

살림

조선 선교에 일생을 바친 필리폴리스 주교, 펠릭스-클레르 리델(Félix Clair Ridel, 1830～1884).

「리델 주교」 원서에 실린 「한반도 지도」.

저자의 천명(闡明)

1625년 3월 13일 시민법(décret d'Urbain)Ⅷ에 의거하여, 이 책의 내용 가운데, 만일 리델 주교와 그 밖의 인물에게 교회가 부여하지 않은 직함을 사용한 경우가 있다 할지라도, 그것은 관례적으로 사용하던 표현을 차용했을 뿐이고, 교회의 판단 방식에 대해 이의를 제기하려는 의도는 전혀 없으며, 교회에 대해서 우리는 무조건적인 사랑으로 우리의 주인공과 그 이야기를 바친다는 점을 밝혀두는 바입니다.

르 코크(Le Coq)
낭트 주교 예하의 「서한」

낭트 대교구 　　　　　　　　　 낭트(Nantes), 1890년 6월 23일

신부님께,

　신부님께서 머지않아 『리델 주교의 일생』을 출간하신다 하셨지요. 이에 대해 매우 기쁘게 생각합니다. 이분의 삶은 곧 성자의 그것이라 할 수 있습니다. 더욱이 이 책에서 저자는 우리를 사로잡는 힘이 넘치는 형식과 간결하면서도 고상한 문체를 구사하여, 다루는 주제의 아름다움과 존귀함이 완벽한 조화를 이루어내고 있습니다. 이 책을 읽는 독자는 틀림없이 생생한 흥미뿐 아니라 커다란 감동을 받을 것입니다. 이것이야말로 신부님께서 갈망하셨던 오직 하나이자 가장 큰 상급이라 할 수 있을 것입니다.
　출생으로 보면 리델 주교님은 낭트 교구에 속한 분이십니다. 이

분의 성함이 이미 교회 연보에 금빛으로 기록되어 있고, 모두가 존
중해 마지않는 이분의 추억 역시 우리 마음속에 깊이 새겨질 것입
니다. 조선과 브르타뉴는 이분이 커다란 애정을 쏟았던 곳이기에,
하늘 위로부터 이분은 그들을 굽어살피고 지금도 축복을 내리시리
라 믿고 있습니다.

　　다시 한 번 축하드립니다. 안녕히 계십시오.

　　　　　　　　　　　　　† 쥘(Jules) 낭트 주교 드림.

베셀(Bécel)
반 주교 예하의 「서한」

반 대교구   반(Vannes), 1890년 6월 21일

친애하는 신부님께,

심방 업무가 많아 아직 『리델 주교의 일생』을 읽어보지 못했습니다. 의전사제(儀典司祭)이신 고렐(Gorel) 신부님께서 이 책에 대해 칭찬을 아끼지 않으시더군요. 신부님의 작품이 저희 교구에서 널리 읽혀졌으면 하는 바람인데, 존경하는 선교사 주교님께서 가족 친지 가운데 영면에 드신 곳이 바로 여기이며 저희가 장례와 위로를 함께 나누었기 때문입니다.

이 영웅적인 사도를 알고 아꼈던 모든 이는, 저도 마찬가지이지만 이토록 감동적인 글 속에 다시 그분을 살아나게 해주심에 감사드릴 것입니다.

탁월한 재능과 선한 의지를 두루 갖추신 저자께 아낌없는 치하를 드리는 바입니다. 책 앞부분에 훌륭한 초상화가 수록되어 있더군요.

믿음 가운데 축복을 드리며, 안녕히 계십시오.

✝ 장—마리(Jean—Marie) 반 주교

서문

여기 한 주교의 이야기가 있는데, 브르타뉴의 자손에게는 그에 대한 기억이 매우 소중하며 그의 이름은 아름다운 덕행으로 가득한 영웅적인 삶을 떠올리게 한다.

리델 주교, 그에게는 하느님이 전부였고, 모든 일에서 하느님을 믿고 의지한 사람이다. 인간을 무척이나 사랑했던 기독교인으로, 피곤함과 결핍한 환경, 그리고 극도의 위험과 죽음을 무릅쓰고 사랑이 이끄는 대로 영혼들의 가장 선두에 서서 전진했다.

하느님의 사람이고자 했던 그는 어떤 경우라도 자신의 의지를 주님의 뜻대로 맞추어간 성자이기도 하다. 거기에다 목자로서의 배려와 신중함, 친구로서의 다정함과 의리, 아버지로서의 애정을 더해보면, 우리가 지극한 효심으로 밑그림을 그려보았던 그의 위대한 모습이 드러날 것이다. 우리에게 주어진 임무를 제대로 완수하기 위해서는 '위대한 인격을 가려내 볼 줄 아는 눈과 명화를 그려낼 수 있는 솜씨'가 필요할 것이다. 우리의 영웅은 그러한 대접을 받아 마땅할 터이니 말이다.

루이 뵈요(Louis Veuillot)가 말했듯이, 리델 주교와 같이 강인한 기질을 가진 사도는 '교회의 봄이고, 이들 덕분에 초대교회 시대가 부활할 수 있다. 이들이 바치는 열성적이고도 승리를 지향하는 덕성으로 충만한 교회는, 자신을 무력하게 만들었다고 여기는 이 세상으로 그 사도들을 내보낸다.' 고대 로마 시대보다 더 높은 위상을 지닌 교회는 다음과 같이 말한다.

"이들이 바로 내 군대이며 내가 사랑하는 자다." 그런데 이들은 또한 시(詩)이고 열정인 동시에 우리 시대의 영광이기도 하다. 그리고 특히 십자가에 미친 사람이기도 하다.

조선의 용맹스런 주교는 이처럼 우리에게 나타났는데, 나이에 비해 일찍 센 머리에, 고된 일의 무게에 짓눌려 굽은 허리하며, 순교를 당하지 않았다는 것만 빼고는 사도가 지닐 수 있는 모든 후광을 머리에 얹고 있었다.

그의 인생은 투쟁과 항변으로 점철되었고 십자가 그 자체인데, 승리를 거둔 삶이 아니기 때문이다.

리델 주교의 인생 말년, 가련한 조선 선교지에 자유의 바람이 불기 시작했다. 그 이전부터 거룩한 주교는 이미 자신의 백성에게로 돌아가 예수 그리스도를 공개적으로 알리며 설교할 날을 막연하게나마 계획하고 있던 터였다. 마음속으로 이러한 꿈을 꿀 때면 너무 기쁜 나머지 온몸이 떨려올 정도였다. 그러나 1882년 협상이 시작되었던 '조불수호통상조약(朝佛修好通商條約)'은 1886년에야 겨우 체결되었고 1887년에 비준이 이루어졌다. 1884년 6월 20일, 하느님께서 이미 당신의 종을 그 품안으로 부르신 뒤였다.

그토록 많은 고통과 눈물로 씨를 뿌렸음에도 리델 주교는 자신의 수고가 이 땅에서 보상받는 것을 보지 못했던 것이다. 하늘에서 그는 자신의 후계자들이 환희 가운데 풍성하게 수확하는 것을 보게 되리라.

1888년 6월 이후 프랑스의 대리공사 한 명이 서울에 머무르게 되었으나 조선은 아직도 복음 전파에 문을 완전히 개방하지 않은 상태였다. 프랑스는 이 작은 국가와 조약을 체결하면서 선교사를 잊지 않았다. 즉 이 야만스러운 나라에 처음으로 복음과 함께 프랑스의 이름과 사랑을 함께 가져왔던, 프랑스인 선교사를 말이다. 어쨌든 새로운 통상관계로 말미암아 도저히 넘을 수 없을 것 같아 보였던 조선의 장벽에 상당히 큰 돌파구가 마련된 셈이었다. 종교의 자유가 이를 통해 머지않아 완벽히 전해지기를 우리 모두 소망해 보자.

현재 조선의 국내 상황은 여전히 상당히 방어 태세를 취하고 있어서, 선교사들은 비밀이 안전하게 보장될 수 있는 매우 폐쇄적인 곳에서만 선교 활동을 펴고 있다. 단지 몇몇 항구에서만 자유로운 통행이 가능하고 성직자의 복장을 할 수 있으며, 다른 외국 상인과 마찬가지로 건물을 소유할 수 있다.

이러한 '조불수호통상조약'의 조항 덕분에 서울에서는 고아원과 호스피스를 세우게 되었는데, 기독교인에게는 매우 큰 기쁨이었던 반면 이교도는 놀라움을 금치 못했다. 작년(1888) 7월, 샤르트르 성 바오로(Saint Paul de Chartres) 수녀회에서 수녀 네 명이 서울에 파견되어 수백 명의 어린이와 노인을 위해 헌신적인 봉사를 시작했다.

최근에 블랑(Blanc) 주교의 음성이 프랑스의 친지에게 도달했었는데, 이는 희망의 외침인 동시에 긴급 구조의 요청이기도 했다. 얼마 전 리델 주교의 존경하는 후계자는 조선의 수도를 굽어보는 언덕 위에 멋진 땅을 사들였다. 이제 그곳에 예수 그리스도의 교회를 세우는 일만 남았던 것이다. 이방인의 수도 한가운데, 우상의 신전과 임금의 거처 위에 처음으로 주님의 깃발을 꽂을 수 있게 된 주교의 기쁨이 어느 정도였을지 이해가 간다. 그러나 그 성소의 겉모습으로 하느님을 판단할 것이 뻔한 백성의 눈앞에서, 하느님께 그 존귀함에 걸맞은 성소를 봉헌하지 못하는 자신의 초라한 처지가 얼마나 고통스러웠을까!

블랑 주교의 음성이 우리에게까지 도달하였으므로, 오늘 우리는 이 책의 열매를 조선의 첫 번째 교회에 바침으로써 그에 답하고자 한다.

차례

리델 신부의 서간문집 제1권

리델 신부의 서간문집 제2권

리델 신부의 서간문집 제3권

리델 신부의 서간문집

제1권

제1장

펠릭스 리델의 어린 시절

펠릭스-클레르 리델(Félix-Clair Ridel)은 1830년 7월 7일, 낭트[1] 근교 루아르강변에 위치한 작은 산업도시 샹트네(Chantenay)에서 태어났다. 그에게 주어진 무엇보다도 큰 은혜는, 진정한 가톨릭 집 안에서 태어나 자랄 수 있었다는 것이다. 축복이 가득한 그의 가 정은 신앙과 명예가 가장 우선 순위를 차지했다. 아버지는 크뤼시[2] 산업지구 조선소에서 소형 보트 만드는 일을 하고 있었는데, 성실 하고 청렴결백하여 사람들의 신뢰와 존경을 받았다. 현모양처였던 어머니는 자녀 교육에있어서 남다르게 섬세하였을 뿐만 아니라 사랑으로 보살피며 헌신했다. 자녀들이 '선(善)'에 대해 보다 빨리 깨우칠 수 있는 어떠한 기회도 놓치지 않도록, 어머니는 말 대신 행동으로 선행을 스스로 실천하는 모범을 보여주어 자녀가 선한 행위에 저절로 익숙해지도록 배려했다.

이와 같은 교육 환경 덕분에 집안에는 늘 평화와 행복의 기운이 감돌았다. 네 자녀, 루이·마리·조제핀·펠릭스는 서로 매우 다른 성격을 가졌지만 따뜻하고 끈끈한 형제애를 나누었다. 장남 루이는 성격이 온화하고 타의 모범이 될 정도로 온순하였으므로 막내 펠릭스의 넘쳐나는 지나친 열성과 충동적인 면을 적당히 조절하여 주곤 했다.

훗날 이 막내 아이는 선교사가 된 다음에도 유년시절의 이러한 추억을 회상하는데, 그러한 그의 모습에서는 형용할 수 없는 매력이 느껴졌다. 실제로 여러 「서간문」에서 그가 부모와 지냈던 일과 형이 해주었던 충고를 떠올리며 행복감에 젖어드는 것을 읽을 수 있다. 그는 평생 이러한 추억들을 은혜와 축복이 샘솟는 원천으로 여기게 된다.

어린 펠릭스는 어찌나 생기가 넘치는 아이였던지 어머니는 한시도 그에게 눈을 뗄 수가 없을 지경이었다. 그럼에도 아이는 이미 자신에게 잠재되어 있는 범상치 않은 능력을 내보이고 있었으므로, 당시에는 아직 어머니에게 멀게 느껴졌던—그러면서도 이미 달콤하게 느껴진—그러한 간절한 소망의 대상이 되었던 것이다.

그의 지성이 처음으로 눈을 뜨기 시작할 무렵, 어머니는 그의 영혼 깊은 곳에 가장 관용이 넘치면서도 굳건한 믿음의 씨앗을 조심스럽게 심어 넣어주셨다. 어린 펠릭스가 어머니 마리를 가장 신뢰하게 된 것도 바로 그때부터였는데, 평생 아들로서의 애정을 표현하게 된다.

소명을 받다

그가 선교사로서 소명을 받게 된 것은 이토록 신앙심이 독실했던 어머니 덕분이라고 할 수 있다. 그는 이런 생각을 늘 마음속에 소중하게 간직하고 있었다. 그리하여 오랫동안 영광된 사도직을 훌륭하게 수행하고 생의 황혼 무렵에 이르러서도, 선교사 이야기 좀 들려달라고 조카 하나가 조르기라도 하면, 여전히 그러한 기억을 꺼내곤 했다. 그럴 때면 전혀 과장되지 않은 우아한 기운이 그의 주위에 자연스럽게 감돌곤 했다.

"벌써 오래전 일이란다. 1837년 아니면 1838년일 거야. 큰 강이 흐르는 주변에 작은 집이 한 채 있었는데, 거기에는 한 가족이 살고 있었지. 아버지, 어머니, 그리고 여러 명의 아이들…… 막내 아들 별명이 '끓는 피'였는데 마치 끝없이 움직이는 기계장치를 발명해내기라도 한 듯 잠시도 가만 있지를 않았기 때문이란다. 하루는 그 꼬마가 어머니 곁에 앉아 있었는데, 분명히 재미있는 이야기 하나 해주기를 기다리고 있었던 게야. 이야기를 들을 때면 잠잠해졌었거든. 그런데 그때 갑자기 탁자 위에 놓여 있는 파란색 책 한 권이 눈에 들어왔단다."

―"어머니, 이 책에 이야기가 들어 있나요?" 하고 그 애는 물었어.

―"그럼, 얘야, 이야기, 그것도 선교사들 이야기가 있단다."

―"선교사가 뭐예요?"

―"아주 먼 곳, 선하신 하느님을 모르는 사람이 사는 곳으로 가시는 신부님이란다."

―"네? 선하신 하느님을 모르는 사람이 있단 말씀이에요? 그러면 천당에도 못 갈 텐데요? 어린이와 그 아이들의 어머니도 하느님을 볼 수 없다는 건가요?"

―"바로 그래서 선교사들이 가족을 떠나 온갖 고초를 견뎌내고, 아직 개화되지 못한 곳에 사는 사람들에게 거룩한 종교의 진리를 전하기 위해 멀리 떠나가는 거란다."

―"그렇게 떠나시는 분들이 많은가요?"

―"많지만 아직도 충분치는 않아. 그래서 선교사님께서 우리에

게 도움을 요청하시는 거야."

"아이는 어머니의 이러한 말씀을 머릿속에 수없이 되뇌었는데, 그 말씀이 아이 영혼에 깊은 인상을 주었었기 때문이란다. 그리고 아이 마음속에서 뭔가 한 가지 일이 점차 진행되기 시작했지. 선하신 하느님을 모르는 사람들이 있다니……! 길을 제대로 인도해줄 사람이 아무도 없어 하늘나라에 갈 수가 없다니!"

―"근데 우리는 모두 죄를 지으면 지옥에 떨어진다는 걸 알고 있잖아요. 그러니까 그 사람들에게 그걸 가르쳐줘야 해요. 또 반대로 죄를 짓지 않으면 천당에 간다는 것도요. 오, 정말 가서 가르쳐 줘야 하는데!"

―"그러고 나서 그 아이는 벅차오르는 가슴으로 다음과 같이 덧붙였단다. '어머니, 어머니, 제가 가겠어요. 저도 선교사가 되고 싶어요.'"

여기에 대한 어떠한 대답 대신 어머니의 볼에서는 한 줄기 눈물이 흘러내려 아이의 이마에 떨어졌다. 어머니는 아이를 가슴에 꼭 안으며 이렇게 말씀하셨다. "가여운 내 아가!"

이러한 입맞춤과 눈물은 하늘로부터 이슬이 되어 내렸고 그 이슬이 내려앉은 씨앗으로부터 그의 소명의식은 움텄던 것이다. 이 소명의식은 그 이후로 날로 자라 커져만 갔다. 그때 아이는, 어머니가 말씀하신 개화되지 못한 나라가 그저 강 저 건너편에 자리 잡고 있을 것이라 믿고 있었다. 그에게 있어 이 세상이란 고작 지평선 닿는 곳이 전부였기 때문이다. 또한 소외된 자를 찾아가거나 선교사가 되는 것은 그에게 가장 자연스럽고도 쉬운 일로 여겨졌다.

어머니의 죽음

그토록 신앙심이 깊었던 어머니가 하느님의 부름을 받은 것도 그즈음이었다. 펠릭스의 나이 아홉 살 때였다. 어린 나이였음에도 이 고통스러운 일은 세월이 아무리 흘러도, 또 아무리 멀리 떠나 이별을 해도 영원히 지워지지 않는 하나의 흔적을 그의 영혼에 깊게 남겼다. 20년이 지난 후에도 그는 이 잔인했던 기억을 다음과 같이 떠올리고 있다.

"그 장면은 기억 속에 깊이 각인되어서 자주 나를 찾아와 떠오르곤 했어. 그러니까, 그때는 한밤중이었어. 나는 아버지와 함께 있었는데, 갑자기 누나들이 소리를 크게 지르며 뛰어 들어왔지. 루이 형, 난 아직도 형의 모습이 눈에 선해. 어머니 옆에 꿇어 엎드려 기도하던 형의 모습이 말이야. 나는 놀랐던 그날 밤을 두고두고 영원히 잊지 못할 거야! 얼마나 슬펐는지 몰라! 이제 어머니가 더 이상 우리 곁에 안 계시다니! 그 후부터 우리는 어머니를 잃은 상실감을 견뎌내야 했지. 선교사가 되겠다는 결심을 한 것도 어머니 곁에서 였는데…… 아직 어린아이였을 때 했던 결심, 그래 맞아. 바로 그 때부터 나에겐 확실한 목표가 생겼고 비밀도 생겼던 거야."

그 후로 아이의 머릿속은 조금씩 또렷하게 밝아져갔다. 어머니의 손, 아니 그보다는 어머니의 사랑을 통해 내려주신 선한 하느님의 은총은 점차 커져갔고 모든 어려움을 극복하게 만들어주었다.

첫 영성체, 그리고 중학교 시절

이처럼 준비가 된 펠릭스는 생애 첫 영성체[3]를 기쁨이 충만한 마음으로 고대하고 있었고 성체[4]를 통해 하느님을 마음속에 맞아 들일 준비도 되어 있었다. 이전에 세례를 받았던 교회에서, 이제 그는 처음으로 자신을 지은 창조주와 하나가 되고 그에게 영원한 충성을 맹세했다. 어느 누구도 그보다 더 충성스러울 수 없었다.

그 시각 이후로 선교사가 되려는 그의 열망은 더욱더 강해졌고, 1843년 9월 말 노트르담 데 쿠에(Notre—Dame des Couëts) 교회 부속중학교의 교장인 뮈레(Muray) 신부를 찾아간 것도 바로 언젠가는 이런 희망을 이루겠다는 의도에서였다.

펠릭스는 주어진 일을 완벽하게 수행해내기 위하여 온 정성을 다해 헌신했다. 피곤함이나 고통, 그 아무것도 그를 멈추게 할 수 없었다. 한편, 명랑하고 솔직한 성격을 가져 정직하지 못한 모든 것에 절대 동의하지 않았던 점, 그리고 상대를 가리지 않고 베풀었던 선행으로 그는 곧 모든 동료 학생의 사랑과 존경을 받게 되었다. 하지만 너무 열정적이다 못해 거의 불같은 성격은 자제할 필요가 있었다.

중학교에 입학하여 처음 두 해 동안 그는 보미에(Baumier) 신부의 가르침을 받았다. 보미에 신부는 설사 단체생활의 규율을 벗어나는 행동을 이따금씩 보여주는 학생을 보더라도 절대 인내심을 잃거나 쉽게 포기하지 않는 훌륭한 인격의 소유자였다. 보미에 신부의 날카로운 눈은 머지않아 펠릭스의 아름다운 영혼에 담겨 있는 풍요로움을 발견해냈으며, 또한 거기서 미래를 위해 소중하게 쓰일 장점을 가려낼 줄도 알았다.

그는 생동감 넘치며 적극적인 성격을 가진 이 아이가 성장해가는 모습에 매우 관심을 가지고 지켜보았다. 그래서 관용을 베푸는가 하면 명랑한 분위기를 조성하기도 하고, 또 때로는 엄격하게 이 아이를 지도하였는데, 결국 이러한 교육방식은 성공을 거두었다. 그 이후로 선생과 제자 사이에는 서로에 대한 신뢰가 형성되었고, 이것이 어린 펠릭스에게 큰 도움으로 작용했다.

따라서 보미에 신부가 학교를 떠난 다음해는 펠릭스에게 상당히 힘든 시기일 수밖에 없었다. 별로 융통성이 없는 성격을 가진 아이에게, 자신을 그토록 배려해주던 훌륭한 스승의 현명한 지도를 더 이상 받을 수 없다는 것이 아직은 시기상조였던 것이다. 또한 과도한 열성, 그가 친구들과의 사이에 조성해놓은 유대감 등으로 인해, 약간 소극적으로 보였던 몇몇 교사에게는 두려움의 대상이 되기까지도 했다.

드 쿠르송 신부의 예견

이 문제에 대해 펠릭스가 쿠에 중학교에 입학하도록 격려했던 드 쿠르송(De Courson) 신부에게 「편지」를 보내기에 이르렀다. 이에 생 쉴피스⁵의 본당 신부는 다음과 같이 답변했다. "이 아이의 용모가 나에게는 매우 인상적이었습니다. 아이는 훌륭한 신부가 될 것입니다. 이 점에 대해 전혀 걱정하실 필요가 없습니다." 이는 드 쿠르송 신부의 대단한 통찰력뿐만 아니라, 그 관찰의 대상이 되었던 소년의 훌륭한 인성에 대해서도 경의를 표하게 하는 참으로 예언과도 같은 말이었다.

이 일은 결국 나머지 일들에 비하면 스쳐지나가는 한 점의 구름에 불과할 뿐이었다. 학창 시절 마지막 몇 년 동안에도 펠릭스는 학문적인 실력·헌신, 그리고 신앙심을 두루 갖춘 훌륭한 두 분의 스승에게 가르침을 받았다.

낭트 신학교 시절의 펠릭스

낭트 교구 아게스(Aguesse) 신부와 라그랑주(Lagrange) 신부는 아
직도 기억이 생생하다. "그분들의 격려와 충고에 힘입어 그 어린
학생은 다시 공부뿐 아니라 영혼과 마음을 갈고닦는 데 전념하게
되었습니다."

"소신학교(小神學敎)[6]에서의 4년은 별로 탈이 없었을 뿐 아니라
초심의 열정도 식지 않고 그대로 간직한 채 지나갔습니다. 한편,
펠릭스가 남다르게 조숙하다는 점과, 올바르지 못하고 부정직하며
덕스럽지 못한 것에 대한 혐오감이 점점 커지고 있었다는 사실을
관찰할 수 있었습니다.

그 후에는 철학신학교와 신학대학에 진학하여 사제가 되기 위
한 공부를 계속하게 됩니다. 자신이 받은 소명에 대해 충분히 확신
하게 된 펠릭스에게는 단 한 가지 생각밖에는 없었는데, 그것은 하
느님과 교회에 대해 몸과 마음을 바쳐 평생 봉사한다는 신념이었
습니다."

"펠릭스는 자기가 못할 일은 아무것도 없을 것같아 보였고, 모
든 것으로부터 떠날 준비가 되어 있었습니다. 즉, 자신이 그 구심

점이라고 할 수 있었던 그의 가족, 절대 잊을 수 없는 추억을 나누어 가지고 있는 매우 소중한 친구들, 평생 한순간도 사랑하지 않은 적이 없는 조국 등을 말입니다. 펠릭스는 활력이 넘치는 겉모습 뒤에 매우 정이 많은 영혼을 감추고 있었는데, 이렇게 인간적인 정을 희생한다는 사실은 사도 직분을 수행함에 있어 치를 다른 희생과 견주면 전혀 비할 바가 못 되었습니다.”

『연감Annales』에 실린 글을 통해 그는, 바다 저편에서 물질적·감정적 궁핍상황과 고통·고문 등이 선교사들을 기다리고 있다는 사실을 이미 알고 있었다. 그러나 이러한 기록을 읽고 난 후에도 그의 열망은 잠잠해지기는커녕 더욱 불타올랐다. 그리하여 “자신의 머리를 손에 들고 선하신 하느님 나라에 갈 수 있다면 정말 행복할 거야”라고 말하곤 했다.

하지만 1856년 10월 그는 한순간 주저하는 기색을 보였다. 스승과 생 쉴피스의 거룩한 성직자의 삶 때문이었는데, 깊은 명상과 기도, 육체적인 노동으로만 이루어진 이들의 삶이 매우 매력적으로 보였고 강렬한 인상을 주었다. 예수를 따르고, 예수와 함께 길 잃은 양 뒤를 쫓아 달려가며 최상의 제물로 바쳐지는 온전한 희생의 삶, 이 얼마나 이상적인가! 그런데 스승들의 덕성으로 인해 나사렛 예수가 어떤 분인지 깨닫게 되어 이러한 은둔의 삶이 더 의미가 있는지, 그리고 결과적으로 하느님 보시기에 더 아름다운 것인지에 대해 의문을 가지게 되었다. 생각이 여기에 이르자 그는 우선 하느님이 자신을 위해 준비한 계획이 무엇인가를 탐구하기 위하여 생 쉴피스 신학교[8]에 입학하기로 결심했다.

이 명망 있고 거룩한 전당에서 그는 곧 인정을 받게 되었다. 이 카르(Icard) 주임신부는 첫 영성체를 준비하고 있었던 처녀들 중 세 상사람 눈에 가장 가난해 보이는 이들을 그에게 맡겼다. 이 일은 사도로서 첫 번째로 수행할 직분이었으므로 펠릭스는 모든 정성을 쏟아부었다.

"그분을 직접 보았어야 합니다. 늘 미소를 잃지 않고, 특히 가장 가난하면서도 사회적 신분이 낮은 불쌍한 사람을 돌보았으며, 그러한 이들 앞에 나아갈 때 항상 믿음으로 가득 찬 자신의 영혼과 마음에서 우러나오는 선함의 인도를 받았는데, 이는 평생 그분을 고통 받는 이들에게로 이끌었습니다. 그분이 돌보았던 어린이는 모두 자라 대도시 혹은 다른 곳으로 퍼져나갔는데, 아무도 그분을 잊지 않았습니다."[9]

이곳에는 또 젊은 성직자인 브라질 출신 드 마세도—코스타(De Macédo—Costa) 신부가 있었는데, 그 역시 자신의 모든 영혼을 바쳐 봉사했다. 주교가 된 후 그도 리델 신부처럼 예수 그리스도의 이름을 위해 감옥생활의 모진 고통을 겪어야 했다.

"믿음을 증거한 이 두 성직자 사이의 훌륭한 동료애는 이분들이 겪은 고통을 담백하게 전한 글만으로도 사람들을 감동시켰고, 19세기 중반인 지금까지도 먼 옛날 순교자들의 아름답고도 명예로운 말을 상기시켜주기에 충분했습니다. 이분들은 예수의 제자들과 마찬가지로 서로 헤어졌습니다. 한 사람은 말로 형용할 수 없는 육체의 피곤함을 대가로 치르며 아마존 강변의 원주민에게 복음을 전하기 위해, 다른 한 사람은 조선 땅에서 그리스도의 이름을 부정하는 끔찍한 법 앞에 나서 대항하기 위해 떠났습니다."[10]

반에서 보낸 휴가

리델 신부는 하느님께서 정해놓으신 때를 기다려야 했다. 그래서 그는 몇 주간 휴가를 보내려고 가족 곁을 찾았다. 그때에 그의 가족은 루아르(La Loire)강변을 떠나 브르타뉴 방언으로 '모르비앙(Morbihan)'이라 불리는 만의 맨끝에 살고 있었다. 몇 해 전부터 반(Vannes) 항구는 연안 항해선이 들어와 정박하기가 편리해져 선박조선소는 절대 비어 있는 법이 없었다. 루이 리델은 거기서 많은 러거형 범선과 연안 항해용 범선을 건조하는 일에 종사하고 있었다. 이러한 선박은 얼마 지나지 않아 브릭선과 스쿠터선에게 그 자리를 내어주게 된다. 그의 보잘것없는 작은 집이 바로, 리델 신부가 쾌활한 성격으로 집안 분위기를 화기애애하게 만드는 동시에 그 자신도 가족이 가져다주는 기쁨을 맛보았던 장소였고, 마지막 숨을 거둔 곳이기도 하다.

이 상냥하고 친절한 신학생에게서 즐거움을 얻었던 것은 비단 그의 가족뿐이 아니었다. 리델 신부는 출생지로 보면 낭트 교구 소속이었지만 반의 신학생들은 그와 깊은 우정으로 결속되어 있었으며 그러한 추억으로 인해 현재까지도 리델 신부의 이름을 떠올릴 때마다 감동에 젖는다. 이들은 매일 아침 모여 미사를 드리고, 이웃 동네나 만으로 자주 산책을 나갔다. 훗날 우리는 이 조선 선교사가 마음 깊은 곳에 고이 간직했던 생생한 추억의 장면들을 보게 될 터인데, 녹음이 우거진 섬들과 빠른 물살로 점철된 모르비앙을 그는 여러 차례 젊은 동료 신학생과 함께 작은 조각배를 타고 샅샅이 훑었었다.

1년 동안 심사숙고하고 탐구한 끝에 리델 신부는 드디어 더 이상 돌이킬 수 없을 군은 결심을 하게 되었다.

선교 소명에 대한 시험을 받다

일찍이 어린 시절에도 빵을 달라고 요구하는 굶주린 이들의 울부짖음에 그의 마음은 움직였었다. 이제 그의 소원이 이루어지고 있었다. 하느님은 그에게, 굶주린 이들의 배를 채우러 떠나라는 명령을 내린 것이다. "*이테*[1], 떠나시오." 1,900년 전부터, 복음을 전하는 선지자를 이 세상의 곳곳으로 보냈던 이 강력한 말씀이 이제는 명확히 들려왔다. 그래서 그는 소속 지역교구에 이 소명을 따르게 해달라는 허가를 요청했다.

그런데 자크메(Jacquemet) 주교는 그가 받은 부름에 대해 검증을 해보는 것이 신중하다는 판단을 내렸다. 따라서 그는 리델 신부에게 잠시 기다리라고 충고하며, 한 작은 본당(本堂)의 신부로 거룩한 사목의 직분을 맡겨 파견했다. 라 르모디에르(La Remaudiére) 주민은 아직도 그에 대한 기억을 소중하게 간직하고 있다.

활력이 넘치는 영혼의 소유자인 리델 신부는 주교의 명령에서 하느님의 의지가 무엇인지 파악했다. 그는 거기에 복종하는 동시에 이 시험을 미래에 다가올 시련에 대한 준비로 기꺼이 받아들였다. 이 정도의 일은 그에게 아무런 문젯거리도 되지 않았다. 자신이 하느님을 위해, 또 다른 영혼을 구원하기 위해 모든 희생, 즉 자기 자신까지도 희생할 준비가 되어 있음을 느낄 수 있었다.

그러지 않아도 자신의 의지로 선택하지 않았었던 곤궁한 상황에서도 그 위에 또 다른 고통까지도 가중시켰다. 예를 들어 상상을 초월할 정도로 금식을 연장하거나, 끝없이 걷거나, 피곤해진 육체의 요구사항에는 전혀 귀를 기울이지 않는 등, 마치 곧 전투에 임할 전사와도 같이 자신의 힘을 시험하곤 했다.

이러한 시험 기간이 별로 길지는 않았지만, 그가 받은 소명에 대한 모든 징후는 이미 확실하게 드러났다는 사실을 증명하는 데에는 충분했다. 마침내 교구 주교의 승인을 받은 리델 신부는 1859년 8월 1일 외방전교회 신학교로 진학하기 위해 날짜를 잡았다.

그 당시 한 선교사 지원생은 그에게 다음과 같은 「편지」를 보냈다.

"저희에게 이 소식은 전혀 놀라운 일이 아닙니다. 그보다 더 놀라운 일은 왜 이곳에서 신부님을 더 일찍 뵐 수 없었나 하는 것이지요. 이미 오래전부터 모두들 신부님을 선교사로 여겼었습니다. 그런데 신부님은 하느님의 섭리에 따라 때를 기다리기로 하셨죠, 잘 하신 일입니다. 우리를 부르고 이곳으로 이끄는 분은 오직 선한 하느님이어야 합니다. 이곳에 올 땐 모두들 가족과 가장 귀한 친지들을 떠나게 되지요. 그리하여 선하신 하느님의 은총을 좀 더 편안하게 느낄 수 있답니다. 우리의 유일한 소망이 하느님께 속해 있고 이제부터는 그분만이 우리의 아버지·어머니·형제·친구가 될 수 있다는 사실을 생각하면 얼마나 행복한지 모릅니다."

외방전교회 신학교

외방전교회 신학교는, 사도로서 예수 그리스도를 위한 전쟁에 싸우러 나가기 전 하느님의 이름·영광, 그리고 사랑을 위해 죽는 법을 가르치는 고등 교육기관이다. 이 학교의 문턱을 넘는 순간 미래의 선교사는 이 세상에서 가장 소중하게 여겼던 모든 것을 몸에서 털어낸다. 우선 자신의 가족에게 죽은 자가 된다. 즉 가족을 떠나야 하는데 아마도 이는 영원한 이별을 의미할지도 모르기 때문에, 더 이상 가족의 일원이 아니라고 할 수 있다. 또한 자신의 조국에게도 죽은 자가 된다. 머지않아 고향을 떠올릴 수 있는 것이라곤 아무것도 없는 전혀 다른 하늘 아래로 가기 때문이다. 마지막으로 자기 자신에게 죽은 자가 되는데, 즉 정신과 육체를 소중하게 돌보는 일 따위와는 영원히 이별이다. 이제부터 안전한 은신처도, 머리를 둘 돌 하나도, 그리고 아마도 속을 털어놓을 단 한 사람도, 친구도 없이 살아가기 때문이다.

외방전교회 신학교의 학생은, 자신의 인간적인 본성을 극복하고 가슴속에 절대 꺼지지 않을 불꽃을 지피기 위해 희생의 삶에 완전 복종해야 한다. 그리고 이미 스스로 세상 끝까지 복음을 전도하러 갔다 돌아온 스승들과 함께 하루하루를 지낸다. 자신에 앞서 이 자리를 거쳐 갔던 성인과 순교자의 삶 속으로 동화되어 들어가본다. 사형집행인이 형을 집행하기 위해, 혹은 끔찍한 고문에 사용했던 갖가지 모양의 형구들을 조용히 응시하고 감상하기까지 한다. '순교자의 방'에는 형제를 내리쳤던 검, 이들을 묶어 끌어갔던 칼과 쇠사슬, 살점을 찢어놓았던 동아줄과 채찍, 그리고 그들이 흘린 피로 얼룩진 천 조각까지도 전시되어 있었다. 이러한 전시물을 눈으로 직접 보면서 선교사 지망생은 형벌이 가져다줄 고통이 구체적으로 어떤 것인지 더 잘 알게 되고, 하느님의 은혜 가운데 한치의 어김도 없이 순교의 길을 견뎌낼 수 있게 준비한다.

이 거룩한 은신처에서 리델 신부는 참된 행복을 맛보았다. 하지만 하느님 한 분께만 속하게 된다는 희열이 아무리 크다고 해도, 이별의 슬픔과 영혼 깊숙이 파고드는 크나큰 공허감마저 모두 떨쳐버릴 수는 없었다. 그는 여러 「서간문」에서 가족과 친지에게 이러한 심정을 솔직 담백하게 고백하고 있다. 그러나 그는 언제나 고통을 잠재워줄 말 한마디와, 아직 아물지 않아 여전히 피를 흘리고 있는 상처에 바를 향유를 간직하고 있었다. 헤어진 지 5개월 만에 존경하는 아버지에게 보낸 다음 「편지」에서도 그의 이러한 심경을 엿볼 수 있다.

"아버지 생각을 얼마나 많이 하는지 모릅니다! 매일 아침 미사 시간이면 제 입술에서 아버지 성함이 가장 먼저 읊조려집니다. 제 마음에 첫 번째로 새겨진 것이 아버지 성함이라서 그렇겠지요. 아, 사랑하는 아버지 우리는 서로 헤어졌고 이제 다시는 영원히 만나지 못하게 될 것이 틀림없습니다. 이런 생각을 하면 정말 고통스럽고 마음에 깊은 상처를 받게 되는 것도 사실입니다. 그렇지만 우리가 하늘나라에서 다시 만나 하느님을 사랑하고 함께 행복하게 살 것이라는 희망이 저를 지탱해주고, 저를 통해 이루시려는 하느님의 계획을 수행해내며 그 부름에 답할 힘과 용기를 줍니다. 하늘나라에 계신 선하신 어머니가 보이는 듯합니다. 매우 짧은 기간밖에 함께하지 못했지만 어머니를 무척이나 사랑했습니다. 어머니는 지금도 우리를 지켜보시며 기도하고 계실 거예요. 우리는 여전히 어머니가 소망하시는 대상입니다. 예전 함께 지낼 때 그랬던 것처럼…… 우리를 부르고 당신의 행복을 나누자고 초대하시는 어머니 음성이 들리는 듯합니다."

출발 날짜가 가까이 다가옴에 따라 미래의 선교사는 열성과 경건한 신앙심을 배가시킨다. 그의 영혼이 이미 그 맛을 보았기에 그는 이 희생적인 미래의 삶을 점점 더 강렬히 염원하고 있었다.

리델 신부, 조선 선교사로 파견되다

스승은 겸손한 태도 뒷면에 있는 그의 훌륭한 덕성과 열성을 가려내 알아보았다. 1860년 7월 2일, 그는 가족에게 다음과 같은 「편지」를 보낸다.

"하느님께서는 당신을 영광되게 하고 다른 영혼을 구제하는 일을 시키시려고 좀 더 특별한 방법으로 방금 저를 부르셨습니다. 이제는 제가 가야 할 곳을 압니다. 중국 북쪽에 있는 조선으로 가게 되었습니다. 이달 안으로 출발하여 홍해를 건너갈 예정입니다."

이것이 「편지」 내용의 거의 전부다. 이 「편지」를 읽다보면 글쓴이가 장차 자신이 맡을 일의 중대성과 위험성에 대해 전혀 모르고 있는 것 같다는 느낌이 들 정도다.

조선은 그 당시 사도들을 거침없이 삼키고 있었다. 극동 지역에 홀로 고립되어 절대 넘어설 수 없을 것 같은 장벽을 친 채 바깥세상과는 여전히 두절 상태였다. 입국하는 외국인은 사형에 처해졌으므로 아무도 조선 땅을 밟을 수조차 없었다. 조선 백성 역시 극히 예외적이고 제한된 경우를 제외하고 국경을 넘어 밖으로 나올 수 없었다. 설사 중국 정크선이 태풍을 만나 조선 해안에 밀려가 정박하더라도 조난자까지도 주민과 절대 접촉을 못하도록 감시받을 정도였다.

오래전부터 이처럼 철저하게 닫혀 있는 국가에 들어가기를 여러모로 시도해왔지만, 오로지 선교사만이 성공의 영광을 안을 수 있었던 것이다. 1788년부터 1860년까지 조선교회의 역사는 '피비린내 나는 박해'라는 단 한마디로 요약될 수 있다. 거의 모든 선교사는 극심한 고문을 당한 끝에 사형집행인의 손에 넘겨졌다. 이것이 바로 리델 신부의 선교지였으며, 그의 대담한 용기가 감당해야 할 직분이었던 것이다.

7월 26일 그는 마르세유를 향해 출발했는데, 동행했던 칼래(Calais) 신부[12]는 마치 친아버지와 마찬가지로 늘 그와 함께 고통을 같이 견디고 위험도 같이 감수했으므로 영광의 상급도 같이 받아 마땅한 사람이었다.

제2장

항구 도시 마르세유

바다까지 펼쳐져 있는 구릉 경사지에 한가롭게 자리 잡고 있는 마르세유는 프랑스 다른 도시에서는 상상할 수 없는 장관을 선사하고 있다. 그러나 세계 각국에서 온 선원과 각양각색의 산책하는 사람, 그리고 노동자가 바쁘게 움직이는 부두, 높은 건물과 휘황찬란한 상점이 즐비한 넓은 거리, 멋진 산책로⋯⋯. 그야말로 북새통인 이 항구는 과객인 선교사에게는 전혀 관심거리가 되지 못한다. 이 군중의 무리는, 그 한가운데 홀로 서 있는 그와는 전혀 관심사가 다르다.

리델 신부는 단지 노트르담 드 라 가르드[1]의 고풍스런 대성당과 성소만을 방문했을 뿐이다. 거기서 그는 성모 마리아의 마음속으로 천천히 자신의 마음을 쏟아 넣었고 실컷 눈물을 쏟기도 했다. 이 숭고한 시간에, 조국을 떠나는 문턱에서, 다시는 영영 못 돌아올지도 모르는 길을 떠나가는 자의 고통과 아픔을 어찌 감히 누군들 형용할 수 있으리오!

조국 프랑스와 작별하다

프랑스 땅을 막 떠나려는 순간, 즉 다시 돌아올 기약 없는 이 여정을 떠나기에 앞서 그는 다시 한 번 떠나온 사람들에게 마지막 인사를 하고자 했다. 가족애와 하느님에 대한 사랑이 조화를 잘 이루고 있는 그의 감정 상태를 다음 글에서 엿볼 수 있다.

"지금 시각은 밤 11시, 내일 저는 프랑스를 떠납니다. 다시 한 번 제가 여러분을 얼마나 사랑하는지 말씀드리고 싶습니다. 제가 다른 세상으로 떠나게 된 연유를 여러분은 이미 이해하고 계시지요? 하느님은 제 마음에 대고 말씀하셨고 저는 거기에 순종합니다. 여러분에게 더 쓸모 있는 사람이 되고 여러분이 행복해지는 데 더 큰 기여를 하기 위해서입니다. 선교사로서 더욱 빠른 시일 내에 거룩함을 입고, 그리하여 제 기도는 하느님 보시기에 더욱 아름다워질 것입니다. 제 행위는 저 자신이 하늘나라를 향해 나아갈 뿐 아니라 여러분도 그리로 인도하기에 더욱 합당한 것이 되리라 항상 믿고 있었습니다. 여러분이 이 세상 사는 동안 행복하기를 간절히, 그리고 진심으로 원합니다. 그러나 여러분의 구원과 영원한 행복을 생각할 때면 더 이상 제 생각을 표현할 길이 없습니다. 프랑스에 있는 사랑하는 이들이여, 여러분을 다시 한 번 제 품에 안아봅니다. 안녕히……."

800톤 급의 아름다운 선박 발레타(Le Valetta)호는 벌써 엄청난 양의 검은 연기를 뭉게뭉게 토해내고 있었다. 바로 선교사들이 타고 떠날 배였다. 리델 신부가 남긴 「일기」 덕분에 그를 따라 이 기나긴 항해를 수월하게 쫓아가볼 수 있을 것이다.

해변이 점점 멀어지며 사라져간다. 조금 후엔 푸른 하늘과 바다 사이를 나누는 하얀 선밖에는 남지 않을 것이다. 배는 키를 동쪽으로 향한 채, 미지근한 물결, 맑은 하늘, 그리고 눈부신 바다가 있는 목적지 해안가를 향해 질주하고 있다. 증기를 가득 뿜어내며 전속력으로 내달리고 있지만, 프로펠러의 추진력에 물거품이 만들어져 물 위로 떠올랐다가 수평선 저쪽으로 사라지는 물거품 띠만 안 보인다면, 마치 바다 한가운데 멈춰져 있다고 여길 수도 있으리라.

마르세유에서 알렉산드리아까지

"갑판 위에는 매우 포근하고도 명랑한 분위기가 감돈다. 스테이크와 로스트비프밖에 제공되지 않아 고기만으로 그리 유쾌하지 않은 점심 식사를 마친 승객들이 앞쪽 갑판 위에서 긴 담뱃대를 물고 있다. 동료들은 글을 쓰기 시작한다. 밖으로 나서니 이런저런 생각이 흩어져 날아가고 불어오는 바람에 내가 깊이 명상하던 것까지도 실려 사라져버린다. 나는 그것을 붙잡고 싶지 않다. 바람이 남동쪽에서 불어오고 있기 때문이다. 즉, 모든 것이 프랑스 쪽으로 날아가버리니, 그로부터 멀어지는 순간마다 그만큼 더 조국과, 거기 두고 온 친구·가족에 대한 내 사랑은 더욱더 커져가는 것을 느낀다.

7월 31일, 저녁 바다 안개 속에 몰타가 모습을 드러낸다. 조금 후, 달빛 아래 승객들은 항구 해안가를 따라 산책에 나서는데, 길거리와 넓은 광장에 누워 자는 많은 주민을 보고 무척 의아해한다. 다음 날 새벽 2시, 기적 소리가 공기를 찢으며 출발을 알린다."

발레타호는 알렉산드리아를 향해 물살을 가르고 있다. 작은 새 한 마리가 배에 날아 들어온 덕에 이토록 긴 항해가 가져다주는 단조로움을 그나마 잠시 떨쳐버릴 수 있었다. 새가 날아든 광경은 젊은 선교사의 「일기」에 잘 기록되어 있는데, 얼마나 그 표현이 우아한지 모른다.

"나는 갑판 위에 홀로 서 있었다. 그때, 바다 한가운데에서 길을 잃고 헤매던 연약한 외톨이, 가엾은 작은 새가 푸덕거리며 뱃머리에 날아와 앉았다. 나는 마냥 어린아이처럼 아무 생각 없이 그 새를 내 쪽으로 불렀는데, 이미 새가 좋아져 은신처라도 제공하고 싶었나보다. 내 눈에는 새가 마치 남겨두고 떠나온 이들의 기쁜 소식을 가져다주는 행복의 전령사처럼 보였기 때문이다. 그 새는 어떻게 되었을까?

8월 3일, 동이 틀 무렵, 망보는 선원이 알렉산드리아에 곧 도착한다고 알린다. 항구가 마치 바다 가운데로부터 서서히 일어나 다가오는 것처럼 보인다. 승객들은 다만, 크게 소리지르며 얼굴을 찡그리는 노랗거나 검은 피부의 이집트인들 무리를 통과해 지나갈 뿐이다. 10시에 기차가 승객을 카이로로 실어 나르고 거기서 다음 날까지 묵을 예정이다."

카이로 체류

리델 신부는 다음과 같이 적어 내려가고 있다.

"여행자의 호기심을 만족시킬 수는 있겠지만 피곤하고 힘이 든다. 모든 일은 이곳의 유일한 교통수단인 나귀를 이용해야 하기 때문이다. 밤이 되면 신선한 살의 피 냄새에 끌린 것이 틀림없는 모기들이, 방금 도착한 이 불쌍한 사람에게 도무지 이해할 수 없을 정도로 마구 덤벼든다."

선교사가 잠 몇 시간 못 잔다고 해도 그 또한 즐거운 하나의 추억이 아니리요! 새벽 동틀 무렵 드린 미사성제에서 두 손안에 '아기 예수'가 들어와 계신 것을 발견했을 때 느낀 벅찬 감동과 기쁨을 도대체 어찌 말로 다시 표현해낼 수 있단 말인가? 1,800여 년 전 이곳에서 마리아와 요셉도 아기 예수를 품에 안아 가슴에 꼭 껴안지 않았던가! 이곳에서 사랑과 존경을 받았던 예수는 바로 여기서 다시 피신 다니는 무명의 신이 되었던 것이다.

카이로~수에즈 기차여행

카이로와 수에즈 사이에는 역이 매우 드물다. 이 역들에는 선로 보수관리를 맡은 소수의 직원이 머물고 있는데 수원지나 저수조가 없으므로 매일 필요한 물을 공급받고 있다. 가끔씩 지협(地峽)의 타는 듯한 사막을 가로지르는 대상 행렬을 볼 수 있다. 어느 곳을 보아도 평평한 지형이 고요하면서도 단조롭게 끝없이 펼쳐져 있다. 한낮이 되면 모래언덕이 마치 커다란 호수 가장자리를 둘러싼 둔덕처럼 보이는데, 가까이 다가갈수록 그 거대한 호수는 뒤로 물러나다가 급기야 사라지고 만다.

갑자기 기계 덩어리가 긴 기적소리를 내면서 이 거대한 적막함을 깨뜨린다. 그리고 승객들은 자신들이 전진하기보다는 오히려 온 길을 되돌아 후진하고 있다는 것을 조금씩 깨닫는다. 바람 때문에 철로 위에 모래가 쌓인 것일까? 기적 소리가 몇 번 울리긴 울렸던가? "두려워하지 마시기 바랍니다. 기차가 잠깐 멈췄습니다." 기관사가 기차에서 내려 모래 위에서 자그마하고 검은 물건을 주워 무릎에 대고 두어 번 탁탁 친 후 그걸로 머리도 다시 매만진다. 그건 다름 아닌 그의 모자였으며, 승객들은 친절하게도 그와 함께 그걸 주우러 왔다. 이 작은 에피소드는 사막에서 우리가 어떻게 여행을 하는지 잘 보여줄 것이다.

인도양에서

수에즈에서는 2,000톤 급 선박 말타(La Malta)호가 선교사들을 홍콩으로 실어 나르기 위해 기다리고 있었다.

배 위에는 통틀어 영국인들과 200명의 선원이 전부인데 모두가 흑인이었다. 말은 영어, 법도 영국법인데, 얼굴은 검은색이라……. 프랑스 사람들을 우울하게 하는데 이보다 더 이상 무엇이 필요하리오? 낮 동안은 무료하고 길게 생각되지만 밤은 더없이 달콤하다.

밤에 갑판을 거닐 때면 달디단 기쁨이 선교사들 영혼 속에 넘쳐난다. 달빛은 배를 희미하게 밝히고 별은 하늘에서 반짝이며, 제법 강하게 부는 바람은 잔잔하게 이는 파도와 함께 조화를 이루어 아름다운 멜로디를 연주해내고 있다. 천지는 저 높은 곳에 계신 분의 영광을 기리기 위해 저녁 찬가를 부르는 듯하다. 리델 신부가 다음과 같은 글을 쓴 것도 8월 15일, 바로 이와 같은 산책을 한 후이다.

"오, 아름다운 날이여! 어제 우리 마음은 환희에 넘쳤고, 오늘은 새벽 동이 트자마자 하늘나라에 계신 성모를 생각한다. 그러나 이 선상에서는 정말 슬프기 짝이 없도다! 오늘도 다른 여느 날과 다름이 없고 저 안에서는 잔치가 벌어지고 있다. 저녁이면 식탁에서 우리는 말없이 조용히 눈길과 마음만으로 서로 대화를 나눈다. 프랑스에 대한 달콤한 생각에 젖어 든다. 그리고 별빛 가운데 산책을 한 후 다시 안으로 들어올 것이다. 조금 있으면 선실에 불이 밝혀지고 성모 마리아의 형상이 불빛 한가운데 빛을 발하며 나타날 것이다. 그러나 어찌하랴! 하늘나라와 프랑스의 고귀하신 여왕 전하께 이토록 열렬하고도, 자식으로서 어머니에게 바치는 사랑을 전할 수 있는 건 오직 서원·기도, 그리고 찬송을 통해서뿐인 것을……."

다음 날 그는 이렇게 적고 있다.

"여러 시간 우리는 잠을 이루지 못한다. 내 눈앞에 지나간 시간을 다시 되돌려 기억하자니 너무나 벅찬 감동이 나를 사로잡는다! 1856년에는 반에 머물고 있었는데, 브르타뉴에서 축제에 참여한 것은 그게 마지막이었지. 1857년에는 라 브뤼피에르(La Bruffière)에 있었는데, 미소 짓고 있었던 모든 친구의 얼굴 하나하나가 아름다운 영상으로 떠오른다. 1858년 같은 날에는 라 르모디에르에서 거룩한 직분을 수행하며 몹시 헌신적이고 선한 주민들과 함께 기쁨을 나누고 있었다. 1859년에는 파리에, 그리고 지금 1860년에는 여기 인도양 한가운데에서 조선 땅을 향해 가는 중이다. 그런데 여기에는 축제도 장엄함도, 그리고 특히 미사성제(聖祭) 같은 것도 없다. 하지만 오 하느님, 이 모두 당신을 위해서입니다. 이와 같이 모든 것이 결핍된 상황 모두를 그대로 모두 당신께 바치오니 은혜와 축복으로 저를 충만케 하여주시옵소서."

홍콩에 도착하다

8월 30일, 선교사들은 홍콩에 도착했다. 20년 전만 해도 이 섬은 불모의 바위 덩어리에 지나지 않았는데, 지금은 반은 중국, 반은 유럽인 대도시로 변모했다. 가난한 어부들이 고생 고생해서 중국이나 인도차이나 엽전이나 몇 푼 주워 모으곤 하던 이곳이, 난징조약(南京條約)² 이후로는 하루 종일 중동지역의 피아스터(piastre) 화 혹은 달러 외치는 소리만 들리는 곳이 되어버렸다. 리델 신부가 이곳에 도착했을 때 프랑스와 영국은 여전히 중국에 군대를 주둔하고 있었다. 분명히 확신하건대, 질투심에 불타는 영국의 요구사항보다 더 굳건한 건 아무것도 없었는데, 영국은 예수의 신하인 성직자들이 자국 국기, 즉 영국법을 존중해주기를 원하고 있었다. 그런데 한편 프랑스가 내거는 조항보다 더 정당한 것도 없었다. 프랑스는 중국 때문에 흘렸던 프랑스인의 피 값을 되갚아주기를 요구하고 있었다.

이에 관한 선교사의 다음과 같은 기록은 매우 흥미롭다.

"프랑스와 영국의 군대는 여전히 북쪽 지역에 주둔하고 있으며, 10월 4일 베이징에 폭격을 가하기로 계획되어 있었다. 중국인은 매우 영리하여서 외국 대사들을 여러 가지 방법으로 우롱했다. 특히 즐겁게 해주고 환대하는 척하면서 속이는 일에 능했다. 그런데 결국 그 이면에는 겨울이 오기까지 시간을 끌어보려는 속셈이 있었는데, 그렇게 되면 동맹국들이 철수할 수밖에 없기 때문이었다. 여러 차례에 걸친 접촉이 있었다. '유럽인은 항상 의기양양했다. 책략과 용기가 있다고 믿기에 앞으로도 여전히 그럴 것이다. 그러나 중국인 역시 그들만큼이나 지극히 영리하고 외교적이어서 일에서 어떻게 적절히 손을 떼어 마무리해야 하는지 알 것이다. 다시 말해 중국인은 늘 변함없이 중국인일 것이고 그들은 가능하다면 최대한 속이고 도둑질을 할 것이다.'"

로마에서 들려온 소식

교황의 군대가 카스텔피다르도(Castelfidardo)에서 패전했다는 소식을 접한 것도 바로 2개월간의 홍콩 체류 때였다.[3] 가장 빛나는 승리만큼이나 영광스러운 패전이었다. 이 소식을 접한 그의 영혼은 깊은 슬픔에 사로잡히고 두 눈에서는 눈물이 줄줄 흘러내렸다.

"나는 어린아이처럼 울고 있다. 우리 선하신 아버지와 함께 울고 있다. 그분의 영혼에 즐거움이 영롱하게 빛나도록 내 목숨을 바치니 이 얼마나 큰 행복인가!"라고 그는 적고 있다.

가족의 사랑과 조국의 희망으로부터 떠나 사라져간 그 용감한 아들들의 운명이 그는 매우 부러웠다. 벌써 그들의 이름이 교회의 화려한 영광 속에 영원히 남을 것을 눈앞에 그려보며 그들의 손과 머리에 종려나무 가지와 왕관을 바친다. "위대하도다, 젊은이여! 심히 아름답도다! 그대들 스스로와 가족, 그리고 조국에게 이 얼마나 큰 영광인가! 우리 브르타뉴도 자녀를 거기에 보냈었다. 그 아들을 자랑스러워할지어다! 아니, 브르타뉴는 조금도 달라진 게 없다. 예전의 영광은 아직도 오늘의 영광으로 남아 있다. 브르타뉴는 항상 그 오래된 영광된 이름과 오래된 표어에 걸맞게 자존심을 지키고 있다. '명예를 욕되게 하느니 차라리 죽으리라(*Potius mori quam fœdari*).'"

열정적인 기질과 상냥한 마음씨, 유쾌한 영혼의 소유자인 리델 신부의 기록은 우아하면서도 기분을 좋게 해주는 일화들로 넘치는데, 진정으로 프랑스적이라 할 수 있는 그의 이러한 장점은 지극히 높은 수준에 달했다. 만일 이런 점들을 놓쳐버린다면 그건 마치 성자 같은 그의 외모에서, 그가 늘 보여주던 다정함이라는 일상적인 표현방식을 제거해버리는 것과도 같다고 할 수 있을 것이다.

프랑스 만세!

매우 길게 느껴졌던 그 두 달 동안 그는 '베드로'라는 한 안남(Annam) 청년을 알게 되었다. 하루는 산책길에 그를 데리고 갔다. 이들은 오랫동안 해변을 정처 없이 걸으며 바다가 선사하는 멋진 광경을 감상하고 있었다. 완벽한 코발트빛 바다 물결은 반짝거리며 흩어지는 빛과 함께 차례차례로 번갈아가며 높아졌다 사그라짐을 반복하며, 마치 눈부신 은빛 용암과도 같이 서로 포개지며 솟아오르고 있었다. 모래톱 위로 구르듯 밀려와 사라져가는 파도의 부서지는 소리가 그의 귀에는 무어라 형용할 수 없는 하모니와도 같았다. 이 광경, 이 음악은 어린 시절 루아르강변의 고향집 문턱에서 놀던 일, 또 시간이 더 흐른 후에는 모르비앙에서 조각배를 타고 돌아다녔던 일을 떠오르게 했다.

잠시 후 그는 자신이 거의 수직으로 뾰족하게 솟아 있는 돌 더미 아래에 도달해 있음을 깨달았다. 몽상에 잠긴 동안 바닷물이 많이 들어와 되돌아가는 길은 결코 쉽지 않았다.

그때 갑자기 베드로는 머릿속에 한 가지 아이디어가 솟구쳐 떠올랐다. 이전에 크림전쟁 참전에 관한 이야기를 들었던 탓인지 다음과 같이 소리쳤다. "신부님, 말라코프[4], 말라코프에 다 와갑니다!" 그러고는 손발을 다 이용해가며 위험스러운 돌 더미를 기어 올라오고 있었다.

리델 신부는 다음과 같이 덧붙이고 있다.

"오, 이 상황을 크림전쟁과 비교하다니 좀 심했지! 왜냐하면 내가 베드로에게 즉시 '그래요 대장, 그래요 베드로, 공격!'이라고 대답을 하고는 곧 그를 앞질러버렸기 때문이다. 우리가 위험스럽게 올라가고 있는 동안, 나는 뒤로 돌아보고 싶은 호기심이 발동했으나 파도 위에 거의 수직으로 매달려 있는 듯한 내 모습에 두려워지고 말았다. 베드로는 정상에 도달하자 어린아이처럼 깡총깡총 뛰며 소리 지르기 시작했다. '신부님, 우리가 말라코프를 점령했어요, 말라코프는 이제 우리 손에 들어왔어요. 프랑스 만세!'"

조국으로부터 4,000리나 멀리 떨어진 이곳에 와서야 비로소 선교사의 영혼에 '프랑스 만세!'라는 외침이 기쁨과 감동으로 던져준 의미를 온전히 알게 되었던 것이다.

훈장은 받았으나 정부지원은 못 받는 선교사

그는 형에게 다음과 같이 「편지」를 썼다.

"우리가 떠나기 전날, 칼래 신부와 저는 펠르랭(Pellerin) 주교[5]와 함께 대형 화물선 '자퐁'[6]호를 구경하러 갔습니다. 함장은 우리에게 배를 구경시켜주고 나서 주교님에게 함께 온 두 젊은 사제가 누구냐고 물었고 주교님은 브르타뉴 억양으로 '조선으로 파송되는 선교사들입니다'라고 대답했습니다. 우리 중 누군가 '네, 함장님, 맞습니다. 영광스러운 훈장은 받았으나 정부의 보조는 하나도 받지 못합니다'라고 다소 지나친 친밀감을 보이며 대답을 했는데, 펠르랭 주교님은 아버지와도 같은 이해심으로 이해해주셨습니다. 우리는 이러한 유쾌한 발상이 누구에게서 비롯되었는가 알아차렸습니다."

그는 다음과 같이 덧붙이고 있다. "그건 사실이었습니다. 우리는 십자가를 어깨에 지는 것이 하느님 마음에 들 수 있을 때를 기다리며 가슴에 십자가를 품고 있기 때문입니다."

상하이에서 체푸까지

두 조선 선교사는 상하이에는 잠깐 들르기만 했는데, 거기서 동료인 조아노[7] 신부가 조선 학생을 하나 데리고 이들과 합류했다. 가톨릭 사제에게 중국 영토에 대한 자유로운 통행권을 허락하는, 최근에 체결된 베이징조약 덕분에 이들은 12월 19일 체푸[8]로 향하는 배에 오를 수 있었다.

이 긴 여행의 마지막 여정은 프랑스 선박 에코(l'Echo)호 선상에서 펼쳐진다. 체푸에서는 중국 정크선이 이들을 태우고 조선의 연안까지 실어다 줄 것이다. 거기서 베르뇌 주교[9]가 보낼 조선의 쪽배가 이들을 맞아 이 소중한 선교지로 안내하기로 되어 있는데, 그곳에서는 매우 오래전부터 동료들이 지원을 기다리고 있었다. 문제는 바로 이 쪽배를 만나는 것이리라. 분명 장소와 시각이 정해져 있었으나 중국 선원이 정확하다면 그는 이미 더 이상 중국인이 아니리라.

조선의 교회 전체는 아니지만 그의 귀중한 재산의 일부인 선교사들을 싣고 있던 선박이 겨우 상하이를 출발하였을 무렵 중국 정크선 한 척이 바람과 파도에 밀려 철제 선체에 충돌했다. 이 불행한 배는 가능한 모든 노력을 동원했지만 충돌을 피할 수 없었다. 순식간에 배는 침몰되었고 에코호의 프로펠러에 의해 산산조각 나고 말았다.

끔찍한 광경이었다. 깊은 심연이 삼키고 있는 난파선의 조난자들은 성난 파도에 의해 밀려다니며 살려달라는 소리를 외쳐대고 있었다. 곧 구명 보트가 물위로 던져졌다. 그러나 바다가 몹시도 성난 상태여서 파도는 갑판 위를 무자비하게 쓸어가고 있었다. 깊은 어둠과 불행한 조난자의 상처는 선원들의 노력과 헌신도 헛되게 만들고 있었으므로 결국 단 여섯 명만이 구조되었다.

다른 이들은 물결 속으로 떠내려가 가라앉아버린 것이다. 이 불행한 사건으로 인해 선원과 승객은 모두 망연자실했다. 설상가상으로 잠잠해질 줄 모르는 성난 바다, 얼음장같이 차가운 바람, 펑펑 내리는 눈은 이 불행한 사건에 크나큰 슬픔을 더 얹어주고 있는 셈이었다.

항해를 사흘 더 계속하여 선교사들은 체푸에 도착하게 된다. 해안가에서 랑드르[10] 신부는 이들에게 두 팔을 내밀어 환영했다. 그는 여러 달 전부터 조선에 들어가기 위해 주님이 준비하신 시간을 기다리고 있었다. 드디어 거룩한 하느님의 섭리가 베르뇌 주교에게 보내는 작은 보좌집단을 형성하는 순간이었다.

사도로서의 삶을 시작하다

복음의 전령사들이 이 지역에 도착한 것은 성탄절 전날이다. 들판에는 눈이 1미터쯤 쌓여 있고 주위의 산은 완전히 하얗고 해안은 얼음조각이 뒤덮여 있었다.

마리아와 요셉과도 같이 이들은 길을 떠나왔고 이제 선교사업을 막 시작하려는 문턱에 와 있다. 거사가 시작되는 중요한 날 바로 전날, 시간을 맞추어 아기 예수께 경배와 찬미를 드리기 위해서 말이다. 다음 날인 성탄절에 인간의 구속자인 예수는 하늘나라를 떠나 베들레헴의 마구간을 향했던 것이다.

조선 선교사는 이미 사도로서의 육체적 고난과 여러 가지로 궁핍한 힘든 경험을 맛볼 수 있었다. 거처할 곳은 지푸라기로 덮인 건물 두 개가 전부다. 이 건물은 이층이고 벽도 마른 짚과 풀만으로 엮은 칸막이가 전부다. 아래층은 부엌과 공동거실로 사용되고 있다. 네 사람이 딱 붙어 앉는 좁은 공간을 부르기에는 얼마나 거창한 명칭인가!

위층에는 조그만 방이 네 개 있는데, 각 방은 커다란 여행 궤짝과 침대로 쓰이는 돗자리를 놓기에는 충분하다. 또 예배실과 대부분 말라빠진 비스킷 조각만을 식사로 내놓는 식당이 있다. 창호지를 바른 창문과 약한 벽으로 이루어진 이 작은 집은, 모든 것을 뒤엎을 듯 위협하는 바람과, 옷에 얼음이 되어 달라붙는 눈으로부터 보호받을 수 있는 보잘것없는 은신처를 제공할 뿐이다. 그래도 평화와 기쁨이 넘치는 안식처다. 여기서 더 이상 열심히 할 수 없을 정도로 한국어를 공부하고, 중국식으로 밥을 먹는 연습도 한다.

리델 주교는 이 훈훈한 공간에 대해 유머러스하면서도 상세한 설명을 해주고 있다.

"파리에서 본 적이 있고 중국에서는 멋대가리 없는 포크를 대신했던 이 작은 막대기를 기억하십니까? 우리도 이제 이걸 사용하기 시작하는 겁니다. 이걸 가지고 밥을 먹는 기술은 상당히 까다롭습니다. 어린아이처럼 배워야 하지요. 근데 저는 맨 처음부터 굉장히 솜씨가 좋았어요. 커다란 아이, 진짜 중국인처럼 밥을 먹었지요. 아마도 내 손가락은 어째 좀 이 나라 출신인가 봅니다."

같은 「서한」에서 그는 다음과 같이 계속 쓰고 있다.

"지난 일요일 바람이 거세게 불었고 눈도 펑펑 내리고 있었습니다. 우리는 난롯가에 모여 있었지만 거기서 나오는 열기는, 제대로 맞춰지지 않은 창문을 통해 새어 들어오는 눈을 녹이기에는 충분치 않았습니다. 갑자기 그 어느 때보다 거센 돌풍이 불어닥쳐 우리

발 앞에 문을 때려눕히고 동시에 창문 네 개를 밖으로 날려버렸습니다. 우리는 순식간에 옷에 들러붙은 작은 얼음덩이로 뒤덮여버렸습니다. 시원한 바람을 쐬기에는 이보다 더 좋을 수 없는 최상의 상황이었습니다. 저는 이 같은 모험이 재미있어 그 기쁨을 같이 나누기 위해 '불이야!' 하고 소리를 지르기 시작했습니다. 그리고는 즉시 문을 제자리에 다시 달고 돗자리로 창문 구멍을 막는 일에 착수했지요.

요리사는 지금의 부엌 상태로는 저녁 식사를 준비가 불가능하다고 말했습니다. 냄비가 눈에 묻혀버렸던 겁니다. 게다가 빵도 다 떨어졌습니다. 먼 데까지 빵을 사러 갈 수도 없었습니다. 어찌해야 되는 걸까요? 무수한 삼단논법과 약간의 상상력을 동원하여 우리는 각자 옆 사람의 위(胃)로 하여금 밥을 이미 먹었다고 믿게끔 열심히 설득을 했고 그 결과 모두들 만족했습니다."

사도는 감동을 줄 정도의 단순함으로 다음과 같이 덧붙이고 있다. "우리에게는 이와 똑같은 일이 여러 번 일어났습니다."

이제 여러분은 이러한 유쾌함의 비밀을 알고 싶지 않은가?

"여기서 나는 프랑스에서는 알지 못했던 즐거움·평화·행복을 맛보고 있습니다. 주께 속하는 것, 그에게 온전히 속하는 것이 얼마나 좋은지요! 그의 손길은 부드럽고 그의 멍에는 어찌나 가벼운지요! 나는 분명 사랑하는 모든 이들을 떠났지만, 이 희생을 받으시는 예수께서는 항상 나와 함께 거하십니다. 이제 나에게는 충직한 한 친구가 있는데, 사랑스러운 형제인 동시에 부드러움이 넘치는 아버지이기도 합니다. 나는 그에게 가당치 않음에도 불구하고 그는 매일 아침 내 마음에 내려앉습니다. 예수님과 마음과 마음으로 대화를 할 때, 멀리 지구 반대편에 두고 온 사람들, 사랑하는 가족, 그리고 친구로 이루어진 또 하나의 다른 가족, 즉 어딜 가든 절대 잊지 못할 가족에 대해 이야기합니다. 예수님께 손을 들어 그들을 축복해주시기를 간절히 기도합니다. 선교사에게 허락된 큰 힘·큰 위로, 그리고 큰 기쁨이 바로 이러한 것이 아니겠습니까!"

리델 신부는 우리에게 이와 같은 모습으로 등장하여 끝까지 그러할 것이다. 고난 가운데서도 그 아름다운 영혼은 늘 신선함과 평온함을 잃지 않는다. 역경은 그를 쓰러뜨리기는커녕 다시 일어나게 하고 성장하게 만든다. 오, 예수 그리스도의 십자가를 지고 그를 따라 걸어가기 위해 자신을 온전히 바치는 영혼, 참으로 고귀하며 위대할지어다! 아니, 이 영혼은 절대 노예가 아니라 오히려 세상을 다스리는 여왕이다. '하느님을 섬기는 것은 곧 세상을 지배하는 것이다(*Servire Deo, regnare est*).'

제3장

조선 왕이 방어 자세를 취하다

복음의 사도들이 조선 국내로 깊숙이 잠입할 준비를 하는 시기에 조선에서는 중국을 향해 떠난 유럽 원정대에 대한 첫 소식을 접하게 되었다. 조선인이 서양 귀신이라 부르는 이들은 많은 배를 타고 와서는 수천수만의 군사를 동원하여 천자의 제국을 침공하고자 한다. 경악에 사로잡힌 조선의 조정에서는 점점 위협을 가해오는 이러한 재앙에 어떻게 대처할 것인가 초조하게 고민하고 있었다. 고위 정승판서 중 한 사람은 이 난국에 대한 타개책을 제시한 「보고서」를 왕에게 올렸다.

우선 중국 황제가 패전할 경우 조선으로 피신하지나 않을까 염려가 되었다. 이러한 위험을 미리 막기 위해 그는 황제가 택할 가능성이 있는 모든 퇴로에 병력을 강화시킬 것을 권고했다. 이와 같은 일련의 전쟁준비 작업이 천자를 두렵게 함으로써 나라를 구할지도 모를 일이었다.

첫 번째보다 더 현실적인 두 번째 위험은, 조선과 만주를 가르는 숲과 황무지가 펼쳐진 광활한 영토 나산국에 살고 있는 도적떼가 침략해올 가능성이었다. 이러한 불행에 대해 제시된 해결책은 첫 번째와 유사했다. 즉, 성벽을 축조하고 모든 통로를 봉쇄하는 것이었다.

결국 최대의 위험은 서양 귀신의 침공이었다. 「보고서」를 기록한 자에 따르면, 유럽인은 왕국을 황폐화시키고 가장 번영한 도시들을 파괴하며 끔찍한 종교와 가장 불미스러운 풍속을 전파하는 자들이기 때문인 것이다. 그는 다음과 같이 덧붙이고 있다.

"하지만 유럽인은 바다 위에서만 위세를 떨칠 뿐이나이다. 이들의 총이 우리 것보다 훨씬 큰 게 사실이나 군대 전체를 통틀어 활이라고는 하나도 없습니다. 우리 궁수들 앞에서 어찌 버티어내겠습니까? 평지인 나라에서는 몇 번 승리를 거두긴 했으나 거기서는 공격을 방해할 것이 아무것도 없었기 때문입니다. 반면, 우리나라는 산악지형이라 군사를 잘 배치하고 한양으로 이르는 길목 몇 군데에 방어벽을 구축한다면 그들을 쉽게 퇴각시킬 수 있을 것이옵니다. 예전에는 이들의 배가 두세 척에 지나지 않았으나 이제는 적어도 열 척은 되어 보이나이다. 그렇지만 수천 정도밖에 안 되는 군사로 우리 같은 한 국가를 대항해 도대체 무엇을 할 수 있겠나이까?"

하느님의 계획은 얼마나 심오하던가! 만일 바로 그 순간에 프랑스 조각배라도 한 척 나타나, 얼마 전 중국에서 종교에 대해 인정한 것과 동일한 자유를 요구했더라면, 그만한 대가만을 치른 것에 대해 다행으로 여기어 모든 일이 일사천리로 받아들여졌을지도 모를 터였다. 그런데 하느님께서는 그것을 원하지 않으셨다.[1]

조선 왕이 방어태세를 취하고, 가톨릭계 전체에 이미 죽음을 불러왔던 박해 칙령을 계속 내리고 있을 무렵, 선교사들을 태운 작은 배는 성 요셉의 보호 아래 매우 적대적인 이 땅의 해변을 향해 점점 다가가고 있었다.

3월 11일 체푸로부터 멀리 떠나, 다음 날에는 바람과 모래 둔덕을 헤치고 항해를 계속하여 중국의 마지막 기항지인 원하이에 점점 다가가고 있었다. 거센 역풍에다 선장의 성의 없는 솜씨로 인해 배는 여기서 1주일 동안이나 머물러야 했다.

리델 신부 중국을 떠나다

리델 신부는 이러한 망중한을 빌려 중국에서 조선으로 자신을 실어 나를 조각배에 대해 설명하고 있다.

"이 배는 길이 8미터, 폭이 2미터입니다. 윗부분은 평평하고 갑판은 가장자리가 없어 조금만 파도가 일더라도 배 안으로 넘쳐 들어올 수 있습니다. 만일 성 요셉께서 우리 배의 키를 지켜주지 않는다면 이 항해는 위험에 처할 게 뻔합니다. 선실은 뒤편에 있는데 마치 굴뚝과도 같은 출입구를 통해 내려갑니다. 마치 조금 익숙해지면 잘 해낼 수 있는 운동연습과도 같습니다. 서로 말을 건네려면 기는 자세를 취하는데, 무릎을 꿇고 앉기란 불가능하기 때문입니다. 신앙생활에 관계된 의무를 행하고 밥을 먹는 것도 침대 위에 누워서 해야 합니다."

푸사 여신

갑판 위에도 조그만 방이 하나 있지만 거긴 더 작다. 더욱이 이곳은, 선원들이 하루 두 번씩 향(香)이라 부르는 세 개의 작은 막대를 조심스레 바치는 푸사 여신의 신전이다. 그런데 향은 제 몸을 태우면서 고약한 냄새를 퍼뜨린다. 푸사는 약 10센티미터 높이의 나무로 만들어진 조그만 여인 조각상이다. 배의 돛을 부풀리고 위협적인 구름을 사라지게 하는 것이 바로 그녀이고 이 조각배를 무사히 메린도로 인도할 이도 바로 그녀인 것이다.

푸사에 대한 전설은 참 신기하다. 중국인에 따르면, 하루는 이 여신의 아버지와 오빠가 배 한 척을 만들어 먼 바다로 나아가기 시작했다. 갑자기 거센 폭풍이 몰아쳐 배가 침몰하고 말았다. 절망에 빠진 이 작은 여인은 물에 빠진 가족을 구하기 위해 바닷물을 들이 마시기 시작했다. 그녀가 어찌나 많이 마셨던지 아버지와 오빠는 바다 밑바닥으로부터 뽀송뽀송하게 마른 발로 걸어 나와 그녀를 포옹했다.

중국 선원들

선교사들이 탄 배의 선원들이 어떤 이였는지 가늠하기는 쉽지 않을 것이다. 선원들은 길게 누워 아편을 피우고 있었는데 눈은 반쯤 감겨 있다. 이들은 하루 종일 가사상태와 멍청할 지경의 혼수상태에 빠져 시간을 보내고 있다.

이들은 사람이라기보다는 거의 짐승에 가까웠다. 선장과 선주는 이제 겨우 스물여덟 나이다. 그럼에도 이들은 이미 다 늙은 동양인 같아 보이는데, 이마는 주름투성이, 얼굴은 물기가 다 빠지고 여위었으며 덜덜 떨고 힘이 하나도 없는 몸은 거의 무덤으로 기어

들어갈 정도로 구부러져 있다.[2]

매일매일 영국이 저지르는 범죄는 얼마나 끔찍한 것인가! 그 악명 높은 거래 탓에 영국은 수도를 장식하고 용병을 고용하며 함선으로 끝없는 바다를 뒤덮을 수 있다. 그런데 개벽 천지에 영국이 그토록 많은 사람을 살상하며 그러는 만큼 자신의 창고에 금덩이를 쌓는다는 사실을 간과해도 되는 것일까?

우리의 선교사가 이 위험한 여정의 마지막 단계에 대한 설명을 들어보자.

"항해 도중 선원 중 하나가 프랑스어를 말하려고 매우 애씁니다. 우선 우리는 그에게 10까지 세는 법을 가르쳐줍니다. 우리가 말해주는 모든 것을 그가 따라 하므로 우리는 「기도문」을 덧붙입니다. '오, 원죄 없이 잉태하신 성모 마리아여' 그는 매우 기뻐하며 동료에게 가서 그대로 전합니다. 그는 키를 잡고 있을 때에도 이 「기도문」을 외웁니다. '오, 원죄 없이 잉태하신 성모 마리아여, 당신에게 의지할 수 있도록 우리를 위해 기도해주소서.'"

모두들 호기심에 가득 차 있습니다. 식사 시간이 되면 아이처럼 달려옵니다. 어떤 선원에게 감자 한 개를 주고 또 다른 사람에게는 고기 한 조각을 주었는데, 이들은 흡족해하며 자기 거처로 돌아갔습니다. 그런데 선주가 중국인에게서나 볼 수 있는 의기양양하게 다가오는 게 아닙니까. 도대체 이 사람에게 무엇을 줄 것인가? 우리 중 하나가 몹시도 정중하게 유리병을 꺼내 커다란 오이피클 하나를 선주에게 주었습니다. 이처럼 차별화된 대접에 그는 너무도 자랑스러워하며 만족하며 돌아가는데, 오이피클이 아주 맛있다고 합니다. 우리가 「성무일도(聖務日禱)」를 바치며 묵주의 기도를 외우고 있을 때 이들은 다시 우리에게 다가와 우리 목소리를 흉내 내려고 입술을 움직입니다.

3월 19일, 드디어 조선을 향해 떠나려고 돛을 올렸습니다. 이틀 후 약속 장소인 메린도라는 섬에 무사히 도착합니다. 나흘을 기다린 끝에 갑판에서 보초를 서던 조선사람이 갑자기 외칩니다. '신부님들, 우리 배예요.' 그는 방금 우리 배 앞을 빨리 지나쳐간 조선 조각배를 발견했기 때문입니다. 그런데 그쪽 선원들은 우리 쪽 돛대에 달린 푸른 바탕의 하얀 십자가 깃발을 보고는 커다란 신호를 보내기 시작했습니다.

우리가 웅크리고 있는 화물창 조선대 아래에 이 소식이 도달했을 때, 우리는 밤이 내려와 어둠이 에워싸 중국 배에서 조선 배로 갈아탈 수 있게 될 때를 기다리면서 준비를 하고 있었습니다.

저녁이 되자 하늘이 커다란 구름으로 덮이고 바다는 위협적으로 변했습니다. 곧 폭풍이 몰아칠 기세였습니다. 우리는 영락없이 조난을 당한 피난민처럼 조선 해안에 상륙을 하게 될 처지였습니다. 수심측정기는 몇 미터 정도밖에는 가리키지 않았고 배는 닻 내릴 곳을 계속 찾고 있었습니다. 주님의 가호가 있기를 !

풍랑이 거세게 일었지만 '프로비덩스'[3]라 불렸던 이 쪽배를 침몰시킬 수는 없었습니다. 왜냐하면 바람이 점점 자고 해안가에 닿을 수 있었기 때문입니다. 그런데 식량이 거의 바닥나 사흘 이상 버티기 위해 남은 거라곤 얼마간의 해초와 벌레 먹은 과자 부스러기가 전부였는데, 이건 10개월 전 프랑스 장군이 군사들에게 주지 못하도록 금지했었던 것이었습니다."

조선 선박

"우리가 이미 절망에 사로잡혔을 즈음인 성 목요일 저녁 무렵 조선 배 한 척이 수평선에 나타났습니다. 그 배는 우리에게 다가오고 있었습니다. 중국인 못지않게 용감했던 선장은 사시나무 떨듯 했고, 선원들에게 대포를 준비하라고 명령했습니다. 우리는 바야흐로 해전을 시작할 참이었지요. 은신처로 사용되는 일종의 말뚝 같은 것 위에 이들이 대포를 세우려 할 때 그 진지함을 보고 있자니 너무나 웃음이 나와 억지로 참느라 얼마나 힘들었는지 모릅니다. 화약이 내는 소리가 공연히 정적을 깨워서, 다가오고 있던 배가 도망해버리지나 않을까 하는 염려에서 우리는 선장에게 엔진을 켜지 말도록 설득시켜야 했습니다. 그러다가 그가 상처를 입을지도 모르는 일이고, 또 이왕 싸움을 하려면 뭍에 도착할 때 하는 편이 더 바람직해 보였기 때문입니다.

그러나 그 작은 배는 우리 주위를 두 번 돈 후 (이는 서로 협약이 되어 있는 신호였음) 메린도의 바위들 뒤로 우리 정크선이 육지에 닻을 내릴 수 있게 도와줍니다. 베르뇌 주교가 보낸 사람들은 우리 배로 올라와 그가 보낸 「서한」 한 장을 건넵니다. 이는 우리의 진정한 길잡이를 알아보도록 약속된 신호입니다."

이때 달이 떠오르고 있었는데, 하얗고 긴 옷을 입은 순박한 조선인들은 구름 사이로 새어 나오는 달빛에 비추어져 마치 유령같이 보였다. 서둘러 배에 오른 선교사들은 네 사람 모두 높이가 겨우 60센티미터, 가로 150센티미터, 세로 80센티미터 정도 되는 작은 선실로 내려갔다. 그리고 세수를 했는데 머리에서 발끝까지 완전한 환골탈태였다.

메린도에서 조선 해안까지의 여정은 마치 만 열흘 동안 계속된 고문과도 같았다. 이러한 닭장 같은 곳에서 빈약한 짚 더미 위에 누워 서로 몸을 겹쳐가며 생활을 해야만 했다. 이렇게 주의하지 않았으면 살짝살짝 스쳐가는 조선 배들의 왕래 속에서 틀림없이 이들은 발각되었을 것이다.

조선 노래의 후렴 부분이 간헐적으로 들려온다. 선원들은 단 하나의 악기를 가지고 후렴을 반복해 부른다. 어떤 음악일까? 물통 안에 코코넛 반쪽을 엎어놓고 그 위를 계속 두드려댄다. 그 노래는 음악임이 분명하다.

또한 하느님과 원죄 없이 순수한 성모 마리아에게 모든 선원이 바치는 기도 소리가 들리기도 한다. 그럴 때면 이들은 자신의 고통은 전혀 생각하지 않게 되고 기쁨의 눈물이 눈에서 흘러내린다. 선장은 자신의 주위에 모든 선원을 모아놓고 신심이 가득한 어조로 「기도문」을 봉독한다. 이 정도 상황이면 선교사들이나 선장으로서도 안도의 숨을 쉴 수 있을 만했으리라.

해안가로 점점 다가감에 따라 선교사들의 고통은 더욱더 심해지고 있다. 은신처로 사용되는 구멍 위에 돗자리를 쌓아두었으므로 이들은 숨이나 겨우 쉴 수 있을 뿐이다. 선장은 다시 한 번 「기도문」을 읽고 성모 마리아의 은혜로운 보호에 자신을 위탁하며 용기 있게 출입국 관리를 관장하는 배를 향해 나아간다. 성모 마리아께서 지켜주신다면 걱정이 없을 것이다. 먼저 그는 세관원에게 세금 「납부 증명서」를 제시한다. 그들은 별 의심 없이 몇 마디 말을 주고받고는 자신의 근무 위치로 돌아간다.

더없이 귀중한 짐을 실은 조각배는 이제 수도로 향하는 강물 길로 접어든다. 밤이 되자 하늘에는 어스름이 깔리므로 깊은 어둠이 이 원정을 더 용이하게 해주고 있다. 다섯 시간 동안 물결을 거스르는 싸움, 부활절 전 토요일 밤 자정에 결국 성스러운 교회의 이름으로 조선 왕국을 정복함으로써 끝을 맺게 되는 싸움이다.

조선 땅에 상륙하다

"짚신을 신고, 커다란 챙이 달린 모자를 쓰고 손에는 등롱(燈籠)을 든 우리는 안내자를 따라 길을 나섭니다. 갑자기 눈앞에 거의 깎아지른 듯한 산 하나가 나타납니다. 안내인들은 우리에게 시범을 보입니다. 산을 올라가는 데 발·무릎·손·팔꿈치 등 모든 것을 사용합니다. 문득 다시 기운을 차리면 마음에 기쁨에 넘치는데, 우리가 거의 껴안듯 잡고 있는 이 땅은 바로 조선의 땅이기 때문이지요. 머지않아 수도로 향하는 좁고 가파른 오솔길에 당도합니다. 이미 상당한 시간 동안 줄지어 계속 걷고 있는데, 가끔씩 몸 전체의 길이로 새로운 우리의 이 조국 땅을 가늠해보기도 합니다.

한 달 전부터 내내 정크선 바닥에서 웅크리고 있었던 터라 전혀 걷지 않았으므로 우리는 완전히 지쳐 있었습니다. 그러나 곧 우리 신부님의 품에 안길 기쁨을 생각하니 용기와 힘이 샘솟습니다. 드디어 3시쯤 안내인 중 한 사람 집에 들어갔는데, 조선식 걸쭉한 수프와 곡주 한 잔이 우리를 기다리고 있었습니다. 친절히 대접해준 곰방대 한 대를 피우고 나서 다시 길을 떠나 수도의 여러 동네를 가로질러 가는데, 그때 한 좁은 길을 돌아서다가 어떤 사람을 만났습니다. 그의 모습과 얼굴 표정은 우리가 알아 짐작할 수가 없었습니다. 앞장선 안내인이 즉시 그 사람을 괴롭히기 시작했고, 거기에 대한 그의 대답은 음주가를 부르는 게 전부였습니다. 우리는 기침을 하기는커녕 눈조차 똑바로 쳐다볼 수가 없었습니다. 곧 그 자는 사람 하나 없는 황량한 길로 접어들며 우리가 길을 가도록 내버려두었습니다. 야경을 도는 순라꾼이었습니다."

베르뇌 주교의 영접

"드디어 우리는 서대문을 통과하고 더럽고 꼬불꼬불한 길 몇 군데를 가로질러 한 대문 앞에 당도했는데, 이 문은 우리가 들어가도록 열린 후 안에 들어서자 이내 닫혔습니다. 우리의 기쁨을 어떻게 말로 표현할까! 우리는 이제 베르뇌 주교님, 그리고 다블뤼 주교님[4] 발 앞에 당도했던 것입니다. 아니, 100년을 산다고 해도 아버지와 같이 따뜻하게 맞아준 환대를 어찌 잊을 것인가. 그때 감사와 행복감에 젖어 우리의 입술은 무력해졌고, 눈에서는 기쁨의 눈물이 흘러내렸으며 마음은 가장 달콤한 취기로 흘러 넘쳤습니다. 이 보잘것 없는 처소에 거하는 예수 그리스도의 두 주교님, 어깨는 이미 노동의 무게로 굽었고 나이보다 훨씬 이전에 하얗게 세어버린 백발, 우리에겐 이들이 얼마나 아름다워 보였던가!"

다블뤼 주교의 기록에 따르자면, "그날은 해가 빛났고 정말 기쁨에 넘치는 날이었다. 동료 네 사람이 거의 한밤중 내내 걸어 베르뇌 신부님의 거처에 동트기 전 도착했다. 나는 그 현장에 있다는 사실에 너무나 행복했고 이러한 상황에서 느껴지는 감정은 어떤 말로도 형용을 할 수 없을 것이다. 이들은 같은 민족이자 친구이며, 지원자인 동시에 형제이기도 했는데, 특히 리델 신부는 떠나기 전 나의 막내 남동생을 만나보았다고 한다.

'테 데움[5]…… 마그니피캇[6]…….' 잠시 동안 우리는 마음에서 우러나오는 대로 서로 자유롭게 심정을 토로하며 말을 주고받았는데, 목소리를 아주 낮추고 창문은 아무것도 새어나가지 않도록 꼭 잠근 채였다."

그리고 나서 다블뤼 주교는 이 원정이 성공적으로 이루어진 것을 감사하고 앞으로 네 사람의 새로운 동료가 진정한 사도로서의 직분을 수행할 수 있도록 기원하기 위해 하느님께 올리는 미사를 베풀었다.

주교관

길이 4.5미터, 폭 2.4미터, 높이 2.1미터 크기의 방 하나, 필요에 따라 예배실·공부방·휴게실·침실·식당이 되는 방. 이것이 드 캅스[7] 주교관의 전부인 셈이었다.

이 거처의 내부가 어떻게 생겼는지 생각해보는 것은 어렵지 않다. 의자나 소파 같은 것은 하나도 없다. 마치 브르타뉴의 양복 재단사처럼 바닥에 책상다리를 하고 앉는다. 이러한 자세는 처음에는 매우 고통스러운 것이어서 식사를 빨리 해치우게 된다.

식당을 침실을 바꾸기 위해서는 전혀 복잡할 것이 없다. 선교사 각자는 자기 이불을 몸에 돌돌 감고 조그만 나무토막을 베개인 양 머리 밑에 베고 다음 날 아침이면 선하신 하느님 집에서 다시 잠을 깨는 행복한 사람처럼 잠이 들면 되는 것이다.

이 훌륭한 '주교관'에서 주교의 주위에 둘러 앉아 있는 조선 선교사들의 모습은 얼마나 아름다웠던가! 마치 최후의 만찬에 참여하는 사도들처럼 묵상과 기도로 앞으로 치러야 할 전쟁을 준비한다. 성공에 대한 의심 때문이 아니라 힘과 용기가 필요해서인데, 가톨릭 전쟁에서는 정복당한 자가 아니라 정복한 자가 죽어야 한다는 사실을 잘 알고 있는 까닭이다. 불경한 땅에 십자가를 꽂고 꽃이 피어나기를 원한다면 땀과 피로 물을 주어야 한다는 사실을 이들은 잘 알고 있다.

순결한 백합화와 순교자의 종려나무를 키우기 위해서 이 땅에 필요한 피인 것이다. 진흙탕에 뒹굴며 망나니의 도끼와 관원의 가혹한 방망이밖에 모르고 노예처럼 살아가는 백성을, 마음과 이마에 하느님의 아들이라는 표지를 새길 자유로운 인간으로 탈바꿈시키기 위해서는 고통을 당하고 죽어야만 한다는 것을 이들은 잘 알고 있다. 이것이 바로 선교사들이 기도하며, 각자의 길로 헤어져 떠나기 전에 함께 모인 이유인 것이다.

선교사의 서울 생활은 가장 여유로운 체류기간으로 휴식을 취하는 휴가였다. 곧 사도로서의 긴 여행을 떠나게 되면 빛과 인간세상을 피해 다니게 될 것이다. 저들은 마치 맹수를 몰듯 산과 숲을 가로질러 그의 뒤를 쫓을 것이다.

그는 더위·추위·굶주림과 목마름의 고통에 시달리게 될 것이다. 또한 많은 고통과 위험을 감수하고 400리에 걸쳐 흩어져 있는 교인들을 만나고 나면, 극도의 피로감에도 아직 살아 있고, 호랑이의 이빨에 뜯기지도 않았으며, 보잘것없는 오두막집 안 맨땅에서 잠시 휴식을 취할 수 있음에 매우 행복해할 것이다.

제4장

조선의 인구와 지형

리델 신부가 사도로서의 여정을 따라 나서기 전에 아직도 거의 알려지지 않은 이 나라에 대해 적어도 몇 마디는 해두는 게 좋을 듯하다.

조선은 중국의 북동쪽에 위치한 커다란 반도다. 랴오둥[1]과 만주 지역과 인접해 있고, 일본을 향해 뻗어 있으며, 조선과 일본 사이는 많은 섬이 흩어져 있는 바다로 경계가 지어져 있다. 인구는 약 1,500만 명, 면적은 프랑스의 반쯤 된다. 나라 전체는 거의 산으로 뒤덮여 있다. 한 선교사는 다음과 같이 적고 있다.

"어디에 발을 디디든지 산밖에는 볼 수가 없다. 거의 어디를 가나 주위를 둘러싼 바위들에 갇혀 있는 기분이고, 구릉의 허리들이 조여오는 느낌이다. 어떤 구릉은 민둥산이고 또 어떤 곳은 야생 소나무로 덮여 있기도 하며 때로는 덤불이 엉켜 있거나 윗부분에 숲이 우거져 있기도 하다. 얼핏 보아서는 빠져나갈 구멍이 전혀 보이지 않으나 열심히 찾다보면 결국은 좁은 오솔길이 난 흔적들을 발견하게 된다.

다소간 길고 항상 험한 이 길을 따라가다보면 산꼭대기에 이르게 되는데, 거기 서면 매우 불규칙적이고 울퉁불퉁한 바위들로 이어진 지평선이 눈에 들어온다. 어쩌다 선박 꼭대기에 올라가 바다를 지켜볼 때면, 상당히 강한 바람이 불어와 끊임없이 파도를 일으켜 갖가지 모양의 조그만 물결모양을 만들어내기도 한다. 우리 눈앞에 선사되는 장관이라 할 것이다.

사방에 솟아 있는 수많은 뾰족한 봉우리들, 둥글고 어마어마하게 큰 원추모양 구릉들, 도저히 근접할 수 없어 보이는 바위산이 보이고, 조금 더 먼 곳 지평선 끝에는 더욱 높은 산들이 눈에 들어오는데, 결국은 나라가 온통 거의 이러한 풍경이라 할 수 있다. 단 하나의 예외는 황해 쪽으로 뻗어 있는 내포(內浦)[2]라 불리는 평야 지역의 교구다. 그러나 평야이지만 프랑스에 끝없이 펼쳐져 있는 아름다운 들판과는 다르다. 단지 다른 곳에 비해 산들이 훨씬 낮고 띄엄띄엄 간격을 두고 있는 것뿐이다. 비옥한 이 땅에는 많은 운하가 여기저기 흐르고 있어 농산물이 풍부하므로 내포는 수도의 곡창(穀倉)이라 불린다.[3]"

이들 산에는 남쪽으로 갈수록 금·은·동이 풍부한 광산이 많이 숨어 있다. 그러나 조선 정부는 이웃 열강들의 욕망을 자극할까 두려워 그에 대한 개발을 엄한 죄로 다스려 금지하고 있는 것 같다.

조선의 기후와 특산물

조선은 몰타, 시칠리아와 같은 위도 상에 위치하지만 북쪽 지역에서는 겨울에 수은주가 섭씨25도 이하로 내려가기가 일쑤다.

하천 유역에서는 쌀·밀·호밀·기장·담배, 그리고 모든 종류의 채소가 나지만 전혀 맛이 없다. 프랑스의 거의 모든 과일은 이곳에서도 찾아볼 수 있다. 식물의 종류 역시 매우 다양하다. 봄이면 앵초·백합·모란·은방울꽃·찔레꽃·진달래 등이 산등성이와 들판을 수놓는다. 그러나 먹음직스런 과일과도 같은 향을 품은 꽃은 거의 없다.

조선에는 사냥감도 풍부하여 특히 많은 수의 곰·멧돼지·호랑이 등이 매년 희생되고 있다. 그러나 그보다 선교사들은 곤충과 벌레들 때문에 더 걱정인데, 조선에서 이들은 그야말로 진정한 애굽의 재앙⁴이라 할 수 있다.

"어떤 지역에서는 더우면 바퀴벌레 때문에 집 안에서 잠을 이루기가 불가능하다. 사람들은 호랑이가 가까이 있음에도 차라리 바깥에서 자는 것을 선호할 지경이다. 바퀴벌레는 피부를 갉아 고통스럽고도 치료기간이 오래 걸리는 상처를 낸다. 이 벌레들은 기가 막힐 정도의 빠른 속도로 번식을 해대는데, 오죽하면 한국 속담에 '만일 바퀴 암컷이 하룻밤 사이 알을 아흔아홉 개밖에 못 낳았다면 그건 이미 허송세월 한 것이다'라는 말이 있을 정도다.⁵"

조선의 학자들

중국인, 일본인과 마찬가지로 조선인도 문학과 관련된 문화적 자산을 보유하고 있다. 우리와 마찬가지로 과학을 존중하고, 고매한 철학자를 매우 존경하는 것을 알 수 있다. 대학자는 백성을 인도하는 자들로 여겨지며, 모든 분야에 걸친 질문을 받는다. 따라서 고위직 인사만이 이들을 만날 수 있다. 고위직 인사가 면담을 거절당할 경우, 이들이 가진 영향력이 왕과 판서들에게 견줄 만큼 크다는 것을 의미할 것이다.

리델 신부는 나중에 조선어에 대해 말을 해줄 것이다. 고서들이 완전히 잊혀지고 거의 모두가 사라졌으므로 이 백성의 문학에 대해 말하기는 힘들 것 같다. 오늘날에 와서는 새로운 책이 씌어지지 않는다. 어린이와 여성을 위한 소설과 시집 몇 가지, 이야기책이 전부라 할 수 있을 것이다.

중국과 일본 사이에 위치한 조선은 오랫동안 독립을 지키기 위해 투쟁을 해왔다. 불행하게도 11세기 말 내전으로 말미암아 주위 열강들에게 침략을 엿볼 기회를 주고 말았다. 이 시기 이후 조선은 중국의 속국이 되어 황국에 조공을 바쳤으며 왕들은 중국 황제의 책봉을 받게 된다.[6]

중국을 섬기는 조선

1636년[7] 베이징에서는 명(明)과 만주(滿洲)[8]라는 두 세력이 권력 다툼을 하고 있었다. 조선의 왕은 명나라 편을 들었지만 명은 패하고 말았다. 만주인은 조선을 침공해 서울에 들어와 그들에게 복종할 것을 요구했다. 조공을 매우 무겁게 책정하고, 조선 왕으로 하여금 더 이상 형제 같은 속국의 왕이 아니라 황제의 신하로 인정하게 했다.

1636년 이후 조선인은 이처럼 너무도 힘이 기울어 저항을 다시는 시도하지 않았으며, 항상 가능한 한 스스로 작아 보이려 했으며, 자신들의 나약함과 국가의 가난을 전면에 내세우려고까지 할 정도였다. 이렇게 함으로써 평화가 유지되었으며 지난 몇 세기 동안의 역사는 그저 궁궐 안에서 이루어지는 모략 정도에 그치게 된다.

일본과의 관계

만주인이 침입해오기 몇 해 전인 17세기 초 조선인은 이미 일본 황제였던 다이코사마[9]의 군대에 의해 조선 땅이 초토화된 경험을 한 적이 있었다. 그 후 이들은 해 돋는 황국에 조공을 바치는 속국이 되었음을 인정했다. 조공을 바치는 행위는 1868년까지 계속되었다.

이 당시 일본에서 일어난 혁명을 기회 삼아 조선은 자신을 가두고 있는 굴레를 흔들어 부수었다. 즉 미카도[10] 인정과 조공을 거부했다. 내전과 행정 체계에 있어 이뤄내야 할 커다란 개혁 탓에 온통 몸살을 앓던 일본 정부는 이에 대한 복수를 훗날 좀 더 좋은 기회를 엿보기로 하고 미룬다.

1875년, 미카도의 대사 하나부사[11]는 조선 정부와 조공을 폐지하는 조약을 체결하고, 한편으로는 일본 상선에게 두 개의 항구를 개항하게 된다.[12]

유럽 열강과의 관계

조선이 유럽 열강과 처음 공식 접촉을 가진 것은 1846년이다. 그 이전에도 1787년 라페루즈[13], 1797년과 1816년 영국인 브로턴[14] 과 맥스웰[15] 등이 차례로 조선의 해안가를 탐험하러 온 바 있었으나 이들의 협상은 성과가 없었다. 1846년 앵베르 주교[16]가 사망함에 따라 세실 제독[17]은 프랑스의 이름으로 조선 정부와 조약을 맺을 것을 제안했다. 그의 제안은 왕에게 도달하기는 하였지만 회신을 받지는 못했다.

이듬해 라피에르 함장(Commandant Lapierre)이 글루아르(Gloire) 호와 소군함 빅토리외즈(Victorieuse)호를 이끌고 조선에 왔다. 그러나 폭풍을 만나 두 척의 군함은 해변에 좌초하고 구조된 선원들은 조선의 한 작은 섬에 상륙했다.

1866년 프랑스 함대는 신부 두 명과 일곱 선교사를 죽인 것을 응징하기 위해 조선에 당도한다.[18] 우리는 로즈 제독[19]의 일기가 가진 진가를 보게 될 것이다. 그는 이 원정대의 지휘관이었으며 리델 주교도 그를 열렬히 지지했다.

앞서 이미 밝혔듯이 조선 정부는 어떤 희생을 치르더라도 국가의 독립을 보존하고 어떤 외국인에게도 국내 체류를 불허하고 있었는데, 가히 사회적인 교리(敎理)라 하겠다. 오로지 가톨릭 사제

만이 용감히 이에 대항했다. 16세기 말과 18세기 초 몇 번의 시도
가 있었으나 성과를 거두지는 못했다. 그 후 베이징 대교구신학교
(Séminaire épiscopal de Pékin) 출신인 최초의 가톨릭 사제 주문모(周
文謨) 신부[20]가 1794년에서 1801년까지 이 적대적인 나라에서 성
스러운 직분을 수행하였고, 순교함으로써 많은 업적과 공적으로
가득 찬 일생에 영광을 더했다.

천주교의 조선 국내 현황 소개

1812년, 조선의 새 신자들은 로마교황청에 자신들을 저버리지
말고 사제를 파견해달라는 간청을 넣었다. 이 「서한」은 퐁텐블로
(Fontainebleau) 감옥에 감금되어 있던 교황에게 전달되었다. 그는
기도하며 주님의 긍휼로 좀 더 나은 기회가 도래하기를 기다릴 수
밖에 없었다.[21]

조선에 유럽 선교사들이 한국에 들어온 것은 1837년이 되어서
다. 앵베르 주교는 동료 두 명의 선교사와 함께 조선의 중앙 깊숙
한 땅까지 도달했다. 이들은 우선 편견을 극복하고 적대감을 해
소하며 사도로서의 첫 수확을 거두기 시작한다. 조선 조정에서는
이에 대한 두려움을 느껴 탄압하기로 결정한다. 선교사들은 쫓기
게 되었으며 이들의 머리에는 현상금이 붙여졌다. 이들을 숨겨주

는 사람은 이들과 마찬가지로 죽음을 무릅써야 한다. 앵베르 신부와 다른 두 사제 모방 신부[22]와 샤스탕 신부[23]는 관청에 자수했고 1839년 9월 21일 처형되었다.

6년 후 새로운 시도가 있어 페레올 주교[24]와 다블뤼 신부가 순교자의 길을 이어받았다.

1857년 페레올 주교의 후임자인 베르뇌 주교·푸르티에[25]·프티니콜라[26]·페롱[27] 신부 등이 차례로 입국한다. 결국 우리는 새로 파견되어 오는 선교사들이 어떠한 위험과 수고의 대가를 치르고 그들의 형제에게 지성과 희생으로 뒷받침을 해주었는가 보았다.

우리는 그들을 베르뇌 주교의 거처에 남겨둔 채 떠나왔었다. 기도와 명상 가운데 2주일의 시간이 이미 지나갔다. 이제 출발에 대해 깊이 생각해야만 했다.

출발 전날, 서로 전담할 전국 교구를 나누기 전에 이들은 성모마리아를 조선의 여왕이자 수호자로 선포한다.[28] 이 순간부터 대목교구장이 머무는 서울은 '성모무염시잉모태(聖母無染始孕母胎)'[29] 교구로 다시 태어난다. 존경하는 보좌주교 다블뤼 신부의 교구는 '성모성탄(聖母聖誕)'[30]이라 명명된다. 페롱 신부에게는 '성모몽소승천(聖母蒙召昇天)'[31] 교구, 조아노 신부에게는 '성모영보(聖母領報)'[32] 교구, 랑드르[33] 신부에게는 '성모왕고(聖母往顧)'[34] 교구, 칼래 신부에게는 '성모취결례(聖母取潔禮)'[35] 교구가 맡겨졌다. 푸르티에 신부와 프티니콜라 신부는 성 요셉 신학교[36]를 맡기로 한다. 리델 신부는 충청도 지역의 '성모자헌(聖母自獻)'[37] 교구를 맡는다.

리델 신부의 교구

그러나 곧 병마가 선교사들을 약하게 만들고 사망으로 인해 그 수도 줄었으므로 다블뤼 주교와 리델 신부는 조선의 남부지방 전역을 나누어 돌볼 수밖에 없었다. 우리의 사도가 특히 정열을 불태운 곳은 경상도 지역이었다. 게다가 이 구역은 인구가 많고 매우 험한 바위투성이의 지형이다. 그 당시 다블뤼 주교는 이 지역에 대해 다음과 같이 기술하고 있다.

"경상도는 남동쪽에 위치하고 있다. 혹시 내 생각이 잘못되었을 수도 있지만 나는 이곳을 한국의 오베르뉴[38]라 부르고 싶다. 주민 가운데 많은 이들이 사람을 사로잡을 정도로 매력이 넘치는 순박한 성품을 지니고 있다. 그러나 이곳 역시 산·바위·눈, 하나도 빠질 것 없이 모두 있다. 두 산맥 사이에 난 길을 한번 상상해보라. 모든 것이 험한 바위투성이에다 여기저기 듬성듬성 자라고 있는 몇몇 덤불은 눈으로 뒤덮여 있다. 크고 험한 바위가 멀리 배경을 이루고 있다. 산길 전체가 바위와 돌이 많아 걷기가 매우 힘들고 마음도 무겁다. 모든 것이 꽁꽁 얼어붙어 두려움이 엄습한다.

그러나 이렇게 거친 반면 눈을 사로잡을 정도로 각양각색의 풍경을 선사하므로 볼거리는 매우 풍성하다. 가까운 곳에는 얼음 밑에 가는 물줄기를 타고 흘러내리는 시냇물이 있다. 조금 더 멀리 가면 물줄기가 굵어져 급류로 변해 솟구친 물이 바위에 부딪쳐 메아리를 울려퍼지게 한다. 이러한 물줄기 가운데에는 모든 크기의 바위들이 있어 섬 같은 것도 형성하는데, 지나가는 나그네는 이를 보면 경탄을 금치 못한다. 그리고 한없이 많은 폭포를 만들어낸다. 이 모든 것은 가장 완벽할 정도로 고요한 가운데 이루어진다. 간혹 감탄하는 소리들, 혹은 더 이상 나아가지 못해 힘이 부쳐 쓰러진 가엾은 동물을 일으켜 세우는 짐꾼들의 소리가 들릴 뿐이다. 그렇다. 이는 진정한 공포이자 야성적인 아름다움으로, 여기 산·바위·폭포·얼음덩이 가운데, 대지의 여신이 흉측한 것을 무더기로 생산해내던 날, 자연이 땅 위에 만들어낼 수 있는 것은 모두 거기에 있다고 할 수 있다.

이 지방에는 또 한 가지 다른 두드러진 특징이 있다. 이곳의 관습은 매우 단순하고 미풍양속도 잘 보존되어 있어 옛 방식이 좀 더 충실하게 이어지고 있다. 그 결과 불교 신자가 가장 많은 곳도 바로 이 지방이다. 주민은 미신에 대한 집착이 커서 개종시키기가 매우 힘들다. 그러나 일단 하늘나라의 은총을 접하고 나면 더할 나위 없이 확고부동한 믿음을 가지게 되는 것도 그들이다."

로마 교황에게 보내는 선교사의 「서한」

베르뇌 주교는 교황이 자신의 손에 맡긴 조선 왕국 전역에 이 작은 조선교회가 교세를 확장하기에 앞서 우선 교황을 향한 사랑과 확고부동한 충성부터 맹세하기를 원했다. 따라서 그는 자신을 비롯한 모든 선교사들의 이름으로 다음과 같은 「서한」을 썼다.

성부(聖父)[39] 성하(聖下)

저와 저의 형제들은 최근 프랑스로부터 전달된 「서한」을 통해, 불경스러운 열병에 휩쓸려 눈이 먼 자들이 감히 교황님과 성스러운 사도의 보좌에 대항하여 자행한 행위를 알고는 형용할 수 없는 고통에 시달렸습니다.

이처럼 끔찍한 고통에 사로잡히고 씁쓸함에 잠긴 때에 성하께 저희 마음대로 「서한」을 올리게 된 것을 용서해주십시오.

형제 사랑으로 말미암아 마음 가득 찬 슬픔의 표현과, 하느님과 원죄 없는 동정녀 마리아께 끊임없이 드리는 기도가 가져다줄 앞날의 보장을 당신 발 앞에 놓을 수밖에 없습니다. 성스러운 보좌의 권리를 지켜내기 위해, 멀리 떨어진 이곳에서는, 모든 프랑스 주교들이 한마음으로 그랬던 것처럼 목소리를 높일 수가 없습니다. 그러나 저희는 끊임없이 손과 마음을 하늘나라를 향해 들어 주님께서 일어나시고 성하의 근심을 덜어주며 긍휼 가운데 성하의 방패와 방어자가 되어주기를 기도하고 있습니다.

모든 고통 가운데에서도, 프랑스와 영국 군대가 승리를 쟁취함으로써 믿음을 포용할 뿐만 아니라 선교도 할 수 있는 절대적인 자유가 중국 황국에서 보장되었으므로, 앞으로는 이제 박해의 우려가 전혀 없을 것이라는 소식을 전해 듣고 분명히 어느 정도 위로가 되셨으리라 믿습니다.

조선 선교에 관해 말씀드리자면, 아무도 신경 쓰지 않는 것처럼 보입니다. 그러나 이 나라 정부에서는 중국에서 일어났던 일을 확실하게 알고 있으며 유럽인이 전쟁을 선포하는 것을 보며 떨고 있으므로, 미래에 평화와 고요, 그 후에 뒤이을 큰 성공에 대한 확신에 찬 소망을 가지고 있습니다. 지난해 심했던 박해도 완전히 끝났습니다. 저희가 가꿀 밭에서는 다시 꽃이 피어나서 금년에는 거의 800명에게 세례를 베풀었습니다.

성하의 발아래 엎드려 사랑으로 그에 입 맞추며 조선의 주교
와 선교사는 사제로서의 축복을 감히 청합니다.

제5장

상복으로 변장하다

임무를 마치고 나서 선교사들은 다시 상복을 입는다. 조선사람은 상복을 입은 이는 죽은 자로 여긴다. 그는 고통을 잊게 할 가능성이 있는 아무것도 보거나 들을 권리가 없다. 여행을 할 때에는 평상시의 머리 모양과는 달리 어깨까지 챙이 내려오는 밀짚으로 된 모자를 쓴다. 누군가를 만났을 때 얼굴을 가리기 위해 두 막대기에 고정되어 있는 회색 헝겊으로 된 부채 같은 것을 손에 들고 있다. 상복은 누렇고 조직이 듬성듬성한 헝겊으로 만들어지는데, 평상복 위에 걸쳐 입기에 충분하도록 품이 넉넉하다. 상복을 입고 있는 사람은 발밖에는 보이지 않는다. 상복은 선교사에게는 쉽고도 완벽한 변장이고, 만일 상복이 없었다면 조선 체류 자체가 불가능했을 것이다.

선교사는 이처럼 변장을 하고서 모든 사회생활에서 피해 다녀야 한다. 그저 눈을 들어 하늘을 쳐다볼 수 있는 게 고작이고 만일 누군가 질문을 해오면 될 수 있으면 대답을 안 하는 게 상책이다. 길에서, 그리고 주막에서는 독방에 칩거하거나 구석에 혼자 처박혀 아무하고도 말을 하지 않는다.

옷을 터는 솔이 아직 없는 이 나라에서 또 다른 하나의 중요한 장점이 있다. 상복을 입으면 진흙이 두렵지 않은데, 옷이나 진흙이나 둘 다 색이 같기 때문이다. 비 역시 두려움의 대상이 아닌데, 머리에 쓴 모자가 진정한 지붕 역할을 하기 때문이다.

마지막으로 리델 주교는 익살스럽게 다음과 같이 덧붙이고 있다. "교구 여기저기에 성무를 보러 가려면, 눈으로 뒤덮인 높디높은 산도 넘어갈 수 있고, 깊은 숲속도 혼자 통과하는데, 굶주린 사자의 이빨도 두렵지 않다. 이러한 복장을 하고 있으면 더 이상 사람 같아 보이지 않고 마치 움직이는 집처럼 보이기 때문이다."

리델 신부 교구 부임

이와 같은 준비과정이 끝나자 베르뇌 주교는 그에게 더없이 소중한 선교사들을 다시 한 번 가슴에 꼭 껴안고 축복한다. 그러나 어찌하랴! 이러한 아버지 같은 포옹과 축복은 마지막이 되어버린 게 여러 차례 아니었던가!

리델 주교는 그곳으로부터 40리 떨어진 곳에 위치한 작은 교우 촌 반자리 마을을 향해 길을 떠났다. 5개월 동안 그곳에 머물며 새로운 조국이 된 나라의 말과 예절을 공부할 예정이었다.

길을 떠난 지 얼마 되지 않아, 조각배 바닥에서 너무 오래 갇힌 채 머물렀었고, 공기가 부족했던 탓에 모든 힘이 소진되어버린 것을 깨닫게 된다. 따라서 담당 구역으로 가려면 가마를 이용할 수밖에 없었다. 조선에는 '가마'라 부르는 것이 있는데 일종의 들것으로 그 위에 승객이 책상다리를 하고 앉는다. 이 교통수단은 불편할 뿐만 아니라 앉아 있으면 곧 견디기가 힘들어진다. 돌아오는 길에도 늘 대기하고 있다.

성 요셉 신학교

상하이를 출발한 이후 선교사는 꽃 한 송이 풀 한 포기도 구경한 적이 없었다. 따라서 그는 산 너머로 해가 뜨는 광경을 일종의 도취 상태에서 바라보았다. 멀리 보이는 음침하고 꿈쩍도 하지 않는 숲, 아주 가까이에 있는, 푸르른 풀잎마다 줄기마다 달려 금강석과도 같이 반짝거리는 작은 이슬 방울을 아무리 오래 보고 있어도 지루한 줄 몰랐다. 이제 곧 피로와 고통으로 점철된 덤불 가로막힌 좁은 오솔길만 보아야 할 것이기 때문이다. 나흘을 걸어, 아니 나흘 동안 고통을 겪고 나서 성 요셉 신학교에 도착했다.

신학교라는 이름이 독자들에게 실망을 안겨주지 않기를! 오늘날 프랑스에서 신학교라고 하면, 겨울엔 햇빛이 가득하고 여름엔 그늘이 드리워지며 거대한 담으로 둘러싸인 넓은 집을 상상한다. 그건 생동감과 생명, 한창 꽃이 활짝 핀 생명 그 자체다. 조선의 경우, 짚으로 덮인 흙 오두막으로 여름엔 덥고 겨울엔 추우며 바람과 비에 노출되어 있다. 정원이라든가 가구·책장 같은 것은 이곳에서는 모르는 것들이다. 일상생활조차 숨이 막힐 지경인데, 조금만 인기척을 내도 의심의 대상이 된다. 선교의 꿈나무인 성 요셉 신학교 학생이 공부에 힘쓰며 사도 수련을 혹독하게 받은 것은 바로 이러한 환경에서였다.

신학교에서 반자리 마을로 돌아가기 위해 리델 신부는 새로운 종류의 기구를 사용하는데 프랑스 사람들이 보면 우스꽝스럽겠지만 조선에서는 대단한 것이다. 그는 다음과 같이 밝히고 있다.

"암소 등 위에 안장을 얹는다. 이 동물이 나에게는 산과 계곡을 가로지르는 마차 구실을 하고, 별로 깊지는 않지만 매우 폭이 넓은 급류를 건너가는 데 배 구실을 해주었다. 엿새 만에 목적지에 도달했다."

조선 가옥의 내부

여러분도 분명히 브르타뉴 벌판 여기저기에 흩어져 있는, 삐걱거리는 문에 제대로 짝이 맞지 않는 하늘 창이 있으며 짚으로 덮인 오두막을 본 적이 있을 터인데, 항상 연기가 자욱하고 진흙투성이다. 이러한 오두막집의 미적인 면과 튼튼함의 수준을 좀 낮춘다면 영락없는 조선의 시골집을 상당히 정확하게 그려볼 수 있다. 나무 격자로 짜서 유리 없이 종이를 붙인 조그만 출입구는 문인 동시에 창문으로 사용된다. 조선 목수의 솜씨 덕에 거주자들은 비좁은 방에서 몸을 겹치고 있을지언정 다행히 질식할 위험은 절대 없다. 바람이 언제나 무사 통과하기 때문이다.

선교사의 거처로 잠시 들어가보자. 그의 '궁전' 내부는 관심을 끌 것이 없어 아마도 별로 감상할 것이 없으리라. 비웃지는 말라, 집세 30프랑을 지불하는 한 부자의 집에서 살고 있기 때문이다. 보통 4프랑 정도면 집을 구할 수 있는데 말이다. 3,000프랑이 있으면 매우 부자라는 소리를 듣는다. 이제 신발을 문앞에 벗어 놓으시오. 이러한 예절을 모르면 모든 이를 놀라게 할 것이다. 발이 바닥의 거칠거칠한 면에 쓸리지 않게, 또 머리가 대들보에 부딪치지 않도록 조심하시오. 바닥·마루·천장이라는 것은 조선인 건축가가 모르는 개념이기 때문이다.

이제 다리를 꼬고 몸을 구부리시오. 앉는 데에도 사용되고 밤이 되면 침대 역할도 하는 돗자리가 깔려 있다. 식사 시간이 되면 움직이려고 하지 마시오. 이미 의자에 앉아 있는 셈이니까. 그러면 여러분 각자 앞에 발 높이만큼 되는 조그맣고 동그란 상이 놓인다. 여기서는 각자 자기 식탁이 있다. 거기에 공기 두 개를 놓는데 하나에는 이 나라의 빵이라 할 수 있는 밥이 가득 담겨 있고, 다른 하나에는 국이 담겨 있는데, 당신이 방문한 기념으로 이 집에서 잔치를 여는 것이다.

또한 정말 아기 장난감 같은 대여섯 개의 작은 접시에 접시꽃 속잎나물, 호박잎나물, 유럽에서는 모르는 뿌리나물 등이 담겨 김이 오르고 있다. 그게 다가 아니고 오늘은 정말 풍성하다. 조선인은 소금에 절인 음식을 많이 먹는다. 우리에게는 약간 상한 것같이 보이는 마른 생선을 소금에 절인 모든 종류의 풀과 함께 내어놓는데, 이들은 유럽의 궁전에서는 그저 맵고 쓰게 여겨질 뿐인 것들이다.

아마도 여러분은 이토록 초라하게 지어진 주거 공간이, 문과 창문 틈새로 드나들며 부는 바람에도 그토록 포근한 인정을 품고 있을까 의아해할지도 모른다. 방의 윗부분도 마찬가지인데 푸르스름한 수증기로 코와 눈까지 맵다.

도대체 이 산중에서 불도 없이 연기를 낼 방법이라도 찾아낸 걸까? 굴뚝같이 보이는 건 없는데…… 유럽이 모든 발명품의 요람이라고 여기는 경향이 심하지 않다면 우리 집이 아궁이에서 불을 때 난방을 한다는 사실을 이미 눈치챘을 것이다. 때로는 연기가 바닥의 벌어진 틈새로 커다랗게 뭉쳐져 피어오르는 게 흠이지만, 이 세상 물건 중 불편한 점이 없는 것이 어디 있을까?

이처럼 궁핍하고 할 일이 많으며, 모든 것이 결여된 삶에서 리델 신부에게 가장 견디기 힘들었던 것은, 마치 형벌을 받은 것과도 같이 계속해서 갇혀 있는 상황이었다. 그는 6개월 동안 전혀 바깥바람을 쐬지 못한 채 은신처에 갇혀 있었다.

그럼에도 혹시 이교도들이 마을 멀리 떨어져 있거나 그를 맞아들인 교인에게 아무런 위험이 없다고 판단되는 경우, 하늘의 푸르름을 향해 골짜기 바닥으로부터 눈을 돌리고 잠시나마 신선하고 깨끗한 공기를 호흡할 수 있다.

이 같은 생활의 단조로움을 쫓기 위해서는 기도와 학습이 있을 뿐이다. 그는 여느 때와 마찬가지로 한 친구에게 다음과 같이 「편지」에 적고 있다.

"공부란 간단해. 귀를 기울이고 들리는 소리를 듣고 이해하고 말하는 거야. 제일 어려운 건, 혀와 목구멍을 부드럽게 하여 이 거칠고 급히 잡아당기며 항상 유음화된 발음을 낼 수 있어야 하는 것일세.

오, 내 영혼의 열정과 하느님의 사랑은 얼마나 더없이 좋은 스승인가! 이들과 함께라면 문법도 사전도 필요가 없고, 모든 어려움도 극복할 수 있으리. 자주 진정한 고통이 되어버리는 이 모든 어려움에도 고결한 선교의식을 드높게 지닌 한 사람이, 이토록 용감한 천주교 신자들의 헌신과 영웅심 앞에서 좌절하기란 불가능하다네. 이들 중 많은 사람은 신앙의 위대함을 알고서도 발로 짓밟았는데, 그것을 숭배하기에 너무나 장애물이 많았던 까닭이다. 궁궐 안에서 가졌던 특권과 직위도 버린 채, 이들은 이 산골짝으로 와서 수고하며 어렵게 살고 있지. 하늘나라를 얻기 위해 피곤함·궁핍·고통·결핍, 그리고 죽음까지도 이들에게는 견디어내기가 어렵지 않나 보네."

리델 신부는 너무 겸손한 탓에, 이 영웅적인 천주교도의 모습을 기술하면서, 결국은 다음과 같이 「편지」를 끝맺고 있는 자신의 모습을 충실하게 드러내어 기술하고 있다는 사실을 깨닫지 못하고 있었다.

"나는 마음 밑바닥에 항상 내가 버린 것이 아니라 떠나왔던 이들에 대한 사랑을 간직하고 있네. 하늘나라에서, 하늘에서 우리는 다시 만날 것이고 아무것도 우리를 막지 못할 것일세. 왜 모두 하느님을 섬기고 하늘나라를 얻기 위해 총력을 기울이지 않을까? ……우리 자신을 위해, 오 정말 소중한 친구여, 하느님을 섬기고, 그에게 나아가며, 모든 영혼을 이끌어야 하고, 그것이 모든 우리의 행동과 생각, 한숨의 이유가 되기를! 하느님! 하늘나라! 이것이 전부요, 나머지는 모두 진흙·연기, 아무것도 아닌 무(無)일 뿐일세."

이와 같이 하느님 사랑과 영혼 구속에 굶주린 사도는 극복하지 못할 어려움도 장애물도 없었다. 그가 이 언어의 비밀을 어떻게 배워 곧 모국어와 같이 말하게 되는지, 유럽 학자들의 경탄을 자아내게 할 만큼의 원칙들을 정확하고도 분명하게 기술하는 것을 우리는 틀림없이 즐거운 마음으로 보게 될 것이다.

어학 선생

"내가 반자리 마을에 도착했을 때 교우들은 차례로 나를 보러 왔다가 올 때처럼 말없이 돌아가곤 했다. 나는 마치 파리 식물원'의

사자상이 된 것 같은 기분이 들었다. 그렇게 며칠이 흐르고 어느 날 아침 잘 차려입은 한 노인이 내 방으로 들어왔다. 그는 내게 인사를 하고 나서 주의 깊게 나를 응시했다.

그리고 손을 코에 갖다 대더니 '코'라고 말했다. 그가 단어 하나를 가르쳐주려고 한다는 것을 즉시 알아차릴 수 있었다. 나는 '코' 하고 따라 했다. 그가 강하게 숨을 들이마시며 '코'라고 즉시 다시 말하는 것으로 보아 내가 잘못 발음한 것같아 보였다. 나는 목을 길게 빼고 인상을 찌푸려가며 그와 똑같이 흉내를 내려고 안간힘을 썼다. 다시 실패했음이 틀림없었다. 그가 그 문제의 힘든 음절을 여러 번 반복하였기 때문이다.

결국 그는 실망한 빛으로 손가락을 눈에 갖다 대고 '눈'이라고 말했다. 내가 '눈'이라고 따라 하자, 승리감에 취한 노인은 모든 나라에서 이해할 법 한 '아!'라는 또 하나의 다른 음절을 발음했다. 그러고 나서 입을 가리키며 '입'이라 말했고 나는 '입'을 따라 했다. 귀에 손을 얹으며 '귀'라고 해서 '귀' 하고 따라 했다.

그 노인은 만족했고 집주인을 불러 큰 소리로 잠시 대화를 나누었다. 그 대화 중 나는 코·입·귀 같은 단어를 알아들었다. 그는 집주인에게 나를 어떻게 가르쳐야 하는지 설명하고 있었던 것이다. 그는 눈에 보이는 모든 것과 만질 수 있는 모든 것을 지칭하는 단어를 가르쳐주는 공부를 시켰다. 나는 발음을 한 후 잊지 않기 위해 해석과 함께 노트에 정리했다.

머지않아 모든 사람이 이러한 교육 방법을 터득하게 되었으므로 모두들 내게로 와 새로운 단어들을 가르쳐주었다. 나는 그것을 모두 기록할 수가 없었고 외운다는 것은 더군다나 불가능했다. 아주 어린아이까지도 따라 하게 되었다.

하루는 두 살짜리 여자 아이가 손에 풀잎을 하나 들고 내 방 앞을 지나가는 것을 보았다. 그 애는 내 앞에 멈추어 서서 나에게 '나물'이라고 말했다. 나는 너무 잘 들었기에 노트에 '풀'이라는 해석과 함께 대비하여 '나물'이라는 단어를 적어두었다.

이는 많은 다른 단어의 경우와 마찬가지로 작은 실수로 판명되었다. 후에 '나물'이라는 음식을 나에게 먹으라고 주었을 때 깜짝 놀랐는데, 이를테면 그것은 나의 해석에 따르자면 풀로 만든 반찬이었다. 나는 이에 대해 언급했고, 많은 설명을 들은 후에 '나물'이 '풀'이 아니라 '익힌 야채'를 뜻한다는 사실을 알게 되었다.[2]

노(老)스승은 자주 나를 가르치려들었다. 그는 전에 중국 대사를 지낸 관리였다. 천주교인으로서 살기 위해 궁궐을 떠나 이 산골로 은신한 것이었다."

일에 대한 그토록 많은 열성과 정성을 기울였는데 열매를 거두지 않을 수가 없었다. 리델 신부는 한국에 도착한 지 일곱 달 만에 자신의 교구에 대한 사역을 시작했다. 이미 그는 몇 번에 걸쳐 고해성사도 들을 수 있었다.

그토록 지극히 감동적인 정성을 다해 자신을 대해주었던 교우들과 이별하기 전에, 선교사는 헌신적으로 자신을 가르쳤던 노인에게 감사하기 위해 이웃마을까지 찾아가려고 했다. 우리 프랑스 학생들에게 분명 관심 있을 만한 장면을 목격한 것은 바로 그곳에서였다.

조선의 학사(學士)

"남씨 댁에 막 도착했을 때 나는 길 쪽에서 두 개의 피리가 연주하는 소리를 들었다. 어린이들은 기뻐 어쩔 줄 몰라 밖으로 뛰어나왔다. 얼마 전 시험에서「졸업 자격증」을 받은 젊은이를 위한 행사였다. 관습에 따라 그는 길을 떠나가고 있었고, 피리 연주자 두 명이 그 일을 기리기 위해 연주하며 앞서가는데, 그리함으로써 이 젊은이의 성공을 널리 알리고 있었다.

'가서 모셔 오너라, 신부님을 즐겁게 해드려야겠다' 하고 노 스승의 아들이 한 노비에게 이렇게 말했다. 그래서 나를 어떤 집 안으로 안내를 받았는데, 거기서 나는 다른 사람들 눈에 띄지 않으면서도 모든 것을 내다볼 수 있었다.

조선에서는, 방금 졸업을 한 사람은 자기 집으로 돌아올 때까지 길에서 마주치는 모든 선배들이 하라는 대로 해야 한다. 즉, 선배들이 부리는 변덕에 절대 불만을 표시하지 않고 응해야만 한다. 이러한 시험을 통과하면 저녁 식사에 초대되며 그 후에 자기 갈 길을 갈 수 있다.

내가 보았던 이 젊은이는 수없이 쏟아지는 질문 홍수에 답을 해야 했고 이것이 바로 진정한 의미에서 시험 같았다. 이 시험이 끝나자 그에게 춤을 추고 피리 소리에 맞추어 빙빙 돌며 활을 오른쪽 왼쪽으로 당기는 행동도 주문했다. 이 시험이 끝나자 먹으로 왼쪽 콧수염을 그려주었다. 이 모든 것이 구경꾼에게는 커다란 웃음을 선사했는데, 특히 멀리서 이 광경을 보려고 뛰어온 어린이들까지도 마음껏 웃었다.

마지막으로 그의 눈을 가리고 세수를 하도록 했는데 그에게 준 물은 다름 아닌 먹물이었다. 구경꾼들은 웃음을 참을 수가 없었지만 그 청년은 꼼짝하지 않은 채 가만히 있었다. 그 후 그에게 세수를 하도록 허락했고 우수한 졸업생임을 선포했다."

제6장

리델 신부 담당교구에서 사역 개시

위령(慰靈)의 날[1] 저녁 10시쯤 리델 신부는 반자리의 용감한 천주교도에게 이별을 고하고 길을 떠났다. 이후 한동안 전교활동의 본거지가 될 진밭[2] 마을에서 잠시 머문 뒤 그는 자신이 맡은 교구 내에서 전교활동을 펼치기 시작했다.

그에게 맡겨진 임무는 고되고 힘에 부치는 것이었으나 그렇다고 해서 그의 용기와 열성으로 감당할 수 없는 것은 아니다. 자신을 기다리는 신자들이 있는 곳에 빨리 가기 위해 그는 걸음을 재촉한다. 들키지 않으려고 낮에는 주로 골짜기나 숲속 깊은 곳에 숨고 밤을 도와 길을 가는데, 매우 멀리 떨어져 도저히 갈 수 없는 길을 일부러 골라 나아간다. 땅은 눈으로 두껍게 덮여 있건만 그가 발에 걸친 것이라곤 볏짚으로 만든 짚신이 전부다. 거의 깎아지른 듯한 산이 앞길을 막아, 기어오르려고 팔꿈치와 손을 동원하는데, 내려올 때에도 역시 많은 위험이 도사리고 있다. 그러나 그를 막을 수 있는 것은 아무것도 없다.

이제 그의 기원이 절정에 달하고 일생의 꿈도 실현되고 있다. 이 긴 여정, 이 믿어지지 않을 만큼의 피로가 아무리 크다 해도 천주교도 집단에 대한 사역 자체보다 절대 더 힘든 것이 아니다. 마을에 도착하자마자 교우들이 그의 주위에 모여들었는데, 이들 모두가, 그가 시중드는 이를 통해 베푸는 설교를 듣고 싶어 몹시 안달이 나 있다. 잠시 후 모두 함께 양심 성찰을 하고, 고해성사가 시작되어 밤이 깊어지기 전까지 계속된다. 새벽 2시에 그는 미사 성제를 베풀고 다음과 같이 말한다.

"저는 이 세상의 새벽을 깨우는 사람입니다. 오세아니아의 선교사도 우리처럼 숨어 지낼 필요가 없으니 이토록 이른 새벽에 성제를 지내지는 않을 것이니 말입니다."

드디어 명상과 「기도문」을 암송할 시간이다. 교리문답자들의 상황을 살펴 교육하고 독려하며, 시비를 가려 꾸짖거나 가끔씩은 벌을 주기도 해야 한다. 우리의 친애하는 사도는 지쳐 주저앉거나 주막 혹은 길가에서 곤한 잠에 곯아떨어진 일이 한두 번이 아니었으리라!

봉후마가 죽었다!

어느 날 저녁, 피곤에 지쳐 깊이 잠들어 있던 선교사는 날카롭게 부르짖는 소리에 잠이 깼다. 그는 재빨리 마을의 신자와 함께 초가 밖으로 나왔다. 어두움이 칠흑 같이 깊었고 추위는 에이는 듯 날카로웠으며 함박눈이 펑펑 내리고 있다. 길 잃은 나그네가 도움을 청하는 소리였나? 마을 가까이 내려온 호랑이였나?

그 소리가 다시 한 번 들렸는데 이번에는 훨씬 또렷했다. "봉후마가 죽었다 ! 봉후마가 죽었다!"고 외치고 있었다. 봉후마는 신부가 전날 밤 사역을 베풀었던 한 여신자의 이름이었다. 밤이 깊었고 추위가 매서웠음에도 죽은 여자의 친구가 주위의 신자에게 소식을 전하러 먼 길을 와서 기도를 부탁했다. 특히 이 소식을 신부에게 알려 다음 날 죽은 이를 기념하는 미사를 부탁하기 위해 서둘러 왔던 것이다.

이 울부짖음을 들으며 신자들은 다음과 같이 반복해 말했다. "봉후마가 죽었다!" 이들은 즉시 신부의 방으로 들어갔다. 거기서 돗자리 위에 무릎 꿇고 앉아 성제미사가 열릴 때까지 기다리며 죽은 자를 위한 「기도문」을 암송했다.

리델 신부는 이 이야기를 마치면서 다음과 같이 단순하게 덧붙이고 있는데, 이 구절은 우리 마음속을 깊숙이 파고든다.

"나는 눈물을 참을 수 없었다. 아쉽게도 그로부터 나흘 후, 조국으로부터 가장 친한 벗과 너무도 사랑하는 아버지의 사망 소식을 동시에 알리는, 폐부를 찌르는 고통스러운 소리를 듣게 될 줄을 그때 나는 꿈에도 몰랐던 것을!"

선교사의 헌신

이렇게 피곤에 지쳐 75일을 지낸 선교사는 휴식이 필요하여 잠시 쉬려고 숙소로 돌아가고 있었다. 극도로 심한 추위에 시달리고 계속해서 밤을 새웠음에도 억지로 걸어야 하는 사실, 모든 것들이 결핍된 상황, 이 모든 것으로 인해 선교사는 지칠 대로 지쳐 있었다. 열이 높이 올라 많은 땀을 흘린 탓에 계속 온몸이 달구어지고 기력은 점점 쇠잔해갔다. 한 교우가 그를 찾아와, 16리쯤 떨어진 곳에 있는 조아노 신부가 병이 들어 위중한 상태라는 것을 알렸을 때에 그 자신 역시 며칠째 병마에 시달리고 있던 터였다.

고통스러운 소식을 접한 그는 곧 일어나 걸으려고 애썼으나 힘이 부족했다. 하지만 아프다고 동료 신부의 초대를 거절하고 싶지 않았다. 그는 볼품없는 가마에 몸을 싣고 몸져누운 동료 곁으로 가기 위해 이틀간 눈 속을 여행했다. 신자들의 극진한 보살핌 덕에 죽음에 임박했다고 믿었던 그의 상태가 호전되어 있었다. 친구의 존재, 그리고 그의 정성 어린 보살핌이 효험이 있어 며칠 만에 위기를 벗어날 수 있었다.

1862년 3월이었다. 그 당시 조선의 천주교 선교는 꽃을 피우기 시작하고 있었다. 선교사의 열성, 새로운 신자의 신앙심, 사람들이 누리고 있던 상대적인 평화, 중국에서 그 당시 일어나 사건들, 이 모든 것이 좋은 수확을 거둘 수 있으리라는 미래를 약속을 해주었다. 그러나 일꾼들은 과로로 쓰러져가고 있었다.

내포로 향한 길

실제로 리델 신부가 진밭에 돌아온 지 3주가 채 되지 않아 그는 다콩 주교[3]가 자기 집에 들어오는 것을 보았다. 보좌신부였던 그는 랑드르 신부가 병으로 약해져 전혀 꼼짝할 수 없게 되어 랑드르 신부가 내포 교구 대부분에 대한 사역을 자신에게 맡겼음을 알리러 왔던 것이다.

얼마 전 조선의 남동지역 대부분을 방문하였던 선교사는 즉시 여행 지팡이를 챙겨 들고 서쪽에 위치한 내포로 향한다. 가야 할 길이 매우 멀었다. 충청도 전역을 가로질러 도청소재지인 공주에도 들러야 한다. 그러나 피곤함과 위험 따위가 그에게 무슨 문제가 되랴? 신의 섭리에 따른 자식이고 하느님의 일꾼 아니던가? 하느님께서 지켜주시면 아무런 문제가 없는 법이다. 추수자의 볏단이 아름다우면 아름다울수록 그 보상도 더 풍성할 것이다.

생각이 여기에 미치자 그는 마치 새로운 삶과 기쁨을 얻은 것 같았다. 고생과 위험이 도처에 도사리고 있는 이 긴 여행에 대해 그가 들려주는 아름다운 이야기 속에서 그는 자신이 겪은 고통과 피로감에 대해 말하는 것은 완전히 잊어버린 듯하다.

그는 가족에게 보내는 「서한」에서 다음과 같이 쓰고 있다.

"조선인은 길을 가는데 매우 속도가 느릴 뿐 아니라 우스꽝스러울 정도로 심각한 표정을 짓고 있습니다. 진정한 양반은 항상 높이 그리고 옆으로 쳐다보아야 하고 넓은 소매가 달려 있는 두 팔을 한가롭게 흔들어야 합니다. 저도 이런 행동을 하며 여행길에 만나는 도시들을 통과합니다. 아주 잘하는 편이지요. 이교도가 나타나면 즉시 관습에 따라 얼굴을 가립니다. 그러면 제가 누군지 도저히 알 수 없지요. 그렇게 하면 저를 알아보기는커녕 모두들 업무 수행 중인 중요한 인물이라고 여긴답니다.

내포는 제 교구와는 몹시 다릅니다. 매우 비옥한 평야지대입니다. 중심지는 조선의 여느 다른 도시와 별로 다른 게 없습니다. 흙으로 지은 집들은 초가를 이었고, 길은 좁고 더러우며 관리가 전혀 되어 있지 않습니다. 도시 전체가 두터운 성벽으로 둘러싸여 있는데 성벽 위에는 별로 무서워 보이지 않는 대포도 설치되어 있습니다. 사용한 지 오래된 듯 잠든 것처럼 보입니다.

어느 날 저는 바닷가를 조용히 걷고 있었습니다. 여기저기 흩뿌린 듯한 섬들 탓에 고향 생각이 났습니다. 아르즈(Arz)섬, 무안(Ile aux Moines)섬, 생 질다스(Saint—Gildas—de—Rhuys), 아르종(Arzon), 로크마리아퀘르(Locmariaquert) 등이 눈에 보이는 듯했습니다.[4] 그러나 여기서는 교회 종탑을 찾아내지 못했습니다. 그때, 익숙한 목소리가 몽상으로부터 나를 현실로 끌어내었습니다."

브르타뉴의 이교도들!

"'신부님, 이교도들입니다.' '뭐라고 ! 브르타뉴에 이교도들이라고!' 저는 귀를 의심하지 않을 수 없었습니다. 그러나 빨리 몽상을 버리고 현실로 돌아와 제 길을 가야 했습니다."

자신에게 맡겨진 임무를 잠시 잊어버리고 낯선 타국에서 조국에 대한 환상을 보는 이 위대한 인물의 몽상이 감동적이지 않은가?

선교사는 무려 14개의 천주교우 마을을 주파한 후 충청도 교구 끝자락에 위치한 랑드르 신부의 집에 도착했다. 그는 여러 날 동안 환자를 보살피고 위로했다. 이 일을 마친 후 그는 진밭의 보잘것없는 처소로 돌아왔다.

아직 5월인데 하늘이 낮게 드리우고 몹시 더웠다. 여행 중에 리델 신부는 심하게 병이 들어 몇 번의 고비를 겪어야만 했는데, 그 때문에 죽을 뻔하기도 했다. 이 새로운 경험을 늘 그렇듯 그는 유쾌하고 재치 있게 익숙한 유머로 다음과 같이 이야기하고 있다.

조선인 명의

"주위를 둘러싸고 있던 신자들은 내가 완전히 지치고 창백하며 힘이 없는 것을 보고 미안해했다. 이들은 의사를 불렀는데 그는 나를 치료하기 위해 최선의 방법을 동원했다. 돌 조각 빻은 가루를 먹게 한 후 매우 아름다운 붉은색의 수은 함유 물질도 복용하게 했다.

그러나 어쩌랴! 이 모든 약이 하나도 효험이 없었다. 그래서 그는 마지막 방법인 바늘로 피를 내게 하는 침을 동원했다. 열다섯 군데를 찔렀고 피가 엄청나게 흘렀다.

그 조선인 명의에 따르면 이러한 치료법은 신선한 공기운을 불어넣어주기 위한 것이라고 했다. 그처럼 피부를 열어 바람이 내부로 통하도록 만드는 것이다. 이와 같은 설명이 나에게는 상당히 이상해 보였지만 과학적으로 근거가 있다고 했다."[5]

하느님의 섭리에는 사랑하는 병자에 대해 나름의 고유한 입장이 있었다. 그리하여 거기 참여했던 신자들의 기도와 강건한 체질에 힘입어 그는 점점 회복되어갔다. 그가 형에게 다음과 같은 「편지」를 쓴 것은 이러한 회복기 동안이다(1862년 7월 6일).

진밭 마을에 몰아친 폭풍우

"아흐레 전부터 장대비가 주룩주룩 퍼붓더니 어제는 드디어 홍수가 나는 줄 알았습니다. 마른 하늘에 번개가 계속 번쩍번쩍 내려치고 끔찍스런 천둥의 소음은 제가 있는 산은 마치 진정한 시나이 산과도 같다고 할 지경이었습니다. 저는 하루 종일 집과 함께 계곡 바닥으로 굴러 떨어져버리는 게 아닐까 노심초사 했습니다. 그런데 교우들은 다른 생각을 하고 있었더군요. '폭풍이 계속되면 산이 견뎌내지 못할지도 몰라'라고 말하는 게 아닙니까.

폭풍이 지나간 뒤에는 맑은 날이 오는 법. 오늘은 섭씨 32도, 뙤약볕 아래에서는 65도입니다. 집 안에서 도저히 견딜 수가 없어서 아름다운 옥상으로 올라가 정원의 큰 나무 그늘을 찾았습니다. 집이라! 형에게 일일이 설명해드릴 필요는 없겠지요. 옥상과 작은 정원이라! 그곳은 3~4미터 길이의 작은 테라스로 산의 나무 세 그루가 아무도 볼 수 없도록 은신처를 마련해주는 곳입니다.

그런데 오늘은 아무런 걱정이 없습니다. 이교도들은 모두 논에 나가 일을 하고 있으니까요. 그리고 아무리 작은 위험이라도 닥치면 경고해줄 충실한 나의 리골로(Rigolo)가 곁에 있습니다. 가엾은 리골로! 리골로는 다리가 굵은 커다란 개로 마치 거위처럼 생겼는데 저는 정말 이 개를 사랑합니다. 자주 손을 핥고 항상 꼬리를 흔들며 다가옵니다. 자신의 우정을 보여주기 위해, 우스꽝스런 몸짓을 수없이 해대는데, 나름대로 그게 우아하다고 여기는가 봅니다."

조선과 브르타뉴 사이의 연결고리

"지금은 오후 2시, 일어난 지 열 시간이 지났지만, 브르타뉴의 여러분은 겨우 잠에서 깨었겠지요. 제가 이미 몇 시간 전에 보았던 태양이 이제 여러분에게 인사를 할 것입니다. 자신의 부드러운 광선으로 여러분의 작은 집을 어루만지고 밀을 익혀주겠지요. 지금 제가 보고 있는 태양을 형도 볼 수 있다니 우리 사이의 연결 고리이군요…….

자, 사랑하는 형님, 이리 내 옆에, 친구를 위해 제가 마련해둔 이 돌 위로 와서 앉으세요. 이 자리는 항상 비어 있습니다. 여기서 저의 단 하나밖에 없는 친구, 동반자는 수호천사입니다. 사랑하는 제 동료들은 이 황폐한 나라에서 너무 멀리 떨어져 있어 정말 중대한 이유가 있지 않는 한 저를 보러 오기는 쉽지 않습니다. 이제 프랑스에만 친구들이 남아 있는 셈이지요.

그러니 형, 이리 오세요, 제 옆으로 좀 와보세요. 여기 발아래 우리 마을의 집 네 채가 있네. 그 마을에는 약 30명의 신자가 살고 있지요. 더 멀리에 보이는 지붕들은 헛간으로 이곳 가난한 산사람의 유일한 생계 수단인 담배를 말리는 곳이지요. 우리에게 그늘을 제공하는 이 나무는 야생 밤나무예요. 제가 씨를 뿌렸던 이 꽃들은 맨드라미·발삼, 조국을 추억하기 위한 것이에요.

이제 사방을 둘러보세요. 산…… 산, 그리고 또 산뿐이지요. 조선 전체가 이렇답니다. 저기 벽으로 둘러싸인 큰 숲이 보여요? 저기가 바로 이 지방의 장군·군수·고관이 있는 곳이지요. 이분들 처소 가까이를 여러 번 지나갔지만 아직 들어가본 적은 없어요.

이제 눈을 들어 하늘을 보세요. 얼마나 아름다운 푸른색인가! 얼마나 청명한가! 마치 이탈리아의 아름다운 하늘 같지 않나요? 개인적으로는 회색 구름이 드리워진 하늘이 더 좋기는 하지만요. 그러면 고향 브르타뉴 생각이 나서 히스[6] 향기를 맡는 듯한 착각이 들지요. 하늘 아래도 이토록 아름다울진대 하느님이 명쾌하게 주관하시는 하늘나라는 대체 어떨까요?"

그해 10월께 거룩한 선교사는 담당 교구에 대한 사역을 재개했다. 그가 견뎌내야 했던 무수한 고통과 결핍에 대해 여기서는 다시 언급하지 않으려고 한다. 단지, 눈 속에 손발이 꽁꽁 언 채로 9~10리를 단숨에 가야 하는 일이 여러 번 있었고, 목표를 달성하기 위해 모든 에너지와 강철 같은 의지를 동원해야 했었다는 사실만을 짚고 넘어가기로 하자. 그러나 이와 같은 하루하루 희생의 삶으로 말미암아 그 보상으로 박해받던 사람들 위에 은총이 더욱 강하게 내리기 시작했고 사도의 일은 풍성한 결실을 맺어가고 있었다.

약 360리의 거리를 다니는 동안 3,229명의 영혼에게 사역을 통해 위로를 베풀었고 2,318차례 고해성사를 들었고, 성인 72명과 아동 177명에게 세례를 베풀었는가 하면 44건의 혼배성사를 집례했음을 스스로 깨닫고 기뻐했다.

1863년 3월 좀 쉬려던 차에 두 가지 어려운 일이 한꺼번에 닥쳐 그의 마음을 슬픔에 빠뜨렸다.

"저는 예수 수난성지주일(受難聖枝主日)⁷ 즈음에 사역을 마치게 되어 있었습니다. 당시 조아노 신부가 제 교구에 상당히 인접한 자신의 교구 어느 한 지역에 머물고 있었는데, 제 거처에서 서로 만나기로 약속이 되어 있었습니다. 가능한 한 즐거운 분위기에서 만나고 싶어 부활절 행사 준비에 온힘을 쏟고 있었을 때 그가 세 시간 전부터 매우 아프다는 내용의 「편지」를 받았습니다. 저는 지체 없이 그에게로 달려갔습니다. 그는 과도하게 피로해 보이지는 않았으나 폐의 상태가 언제라도 큰 사태가 벌어질 것 같은 불안감을 안겨주었습니다. 우리는 상당히 오랜 시간 이야기를 나누었습니다. 저는 몇 시간 두 번 그의 곁을 잠시 떠나 환자들을 보살피러 갔다가는 이내 돌아왔습니다.

부활절 전날, 그의 상태가 너무 안 좋아 보여서 종부성사(終傳聖事)를 베풀고 밤을 그와 함께 지냈습니다. 그러는 동안 내내 그는 쉬지 않고 기도했는데 그의 입에서는 짧고 간결한 기도와 하느님을 향해 내뱉는 따뜻한 숨결이 쉴 새 없이 흘러나왔습니다. 상태가 더 위독해져 자정이 지나서 즉시 미사를 집전하기로 결정했습니다. 그는 예사롭지 않은 열정으로 임종 성체를 배령했습니다.

그러고 나서 혼절하여 사흘 동안 내내 기나긴 단말마 고통에 시달리며 더 이상 의식을 회복하지 못했습니다. 4월 13일 월요일 정오께 그는 두 번에 걸쳐 눈과 팔을 하늘을 향해 들고 미소 짓기 시작했습니다. 과연 그의 눈에는 무엇이 보였던 것일까요? 2시쯤 매우 심한 발작을 일으켜 저는 임종을 위한 「기도문」을 외웠습니다. 결국 저녁 7시 30분쯤 그는 조용히 전혀 움직이지 않고 아름다운 영혼을 하느님께 돌려드렸습니다."

9월 초순께 날짜가 적힌 이 「편지」에는 다음과 같은 추신이 덧붙여져 있다.

"저는 극심한 고통에 휩싸여 이 「편지」를 다시 열어봅니다. 우리의 초라한 선교사업은 크나큰 고비를 겪고 있습니다. 일꾼은 부족한데 연이어 계속 일꾼이 스러져갑니다. 하느님의 성스러운 의지가 실현되기를! 하느님의 성스러운 이름이 축복받으시길!

몹시도 선하고 열성적이며 신심이 깊었던 랑드르 신부 역시 더 좋은 세상으로 떠나갔습니다. 보름쯤 전에 그가 열이 너무 심하게 높아 불려갔었는데, 며칠 후 열이 내려 기운을 회복하기 시작해 나아지고 있던 그를 두고 떠나왔습니다. 9월 20일에 저에게 오기로 되어 있었지요. 그런데 16일 한 신자가 와서 말하길, 그 전날 랑드르 신부가 전염병에 감염되어 몇 시간 만에 사망했다고 하지 않겠습니까.

저는 즉시 길을 떠나 다블뤼 신부 곁으로 갔습니다. 다블뤼 신부는 랑드르 신부가 위독하다는 소식을 전해 듣자마자 달려왔으나, 그 소중한 친구가 운명하고 두세 시간이 지나서야 당도했습니다. 우리는 이 가엾은 조선에 대한 예측 못 할 하느님의 계획을 기꺼이 받아들이며 눈물을 쏟아냈습니다. 부디 저희와 저희를 따르는 신자를 위해 많이 기도해주시고 기도 부탁도 많이 해주십시오."

조선인의 개종

요즈음 순교자의 피로 물든 이 땅에서 어느 쪽으로 눈을 돌려도
이제 추수의 계절이 무르익어가는 것같아 보인다. 이 왕국의 마지
막 끝까지 천주교우를 내쳤던 1860년의 박해[8]는 하느님의 씨앗을
사방으로 흩뿌린 폭풍우와도 같다.

천주교도 숫자는 계속 증가하고 있다. 세례의 성수에 의해 이제
막 새로운 생명을 얻은 세례 희망자는 부모와 친지를 예수 그리스
도 편으로 끌어들이려고 노력하고 있다. 선교사는 오히려, 너무 빨
리 공개적으로 믿음을 공공연히 내보이는 새 신자의 열성을 자제
시켜야만 하는 일이 잦았다.

남쪽 지방에서는 장례를 지낼 때 자신들이 할 수 있는 한 모든
것을 표출하는 현상을 관찰할 수 있기 때문이다. 대낮에 십자가가
장례 행렬 앞에서 빛나고, 그 뒤로 천주교 신자들이 손에 촛불을
들고 큰 소리로 찬송가를 부르며 따라가는데 이교도는 이러한 생
소한 광경에 크게 놀라 쳐다보곤 했다.

그런데 아쉽게도 추수를 거두어야 할 선교사들은 지금 스러지
고 있다! 그렇지만 잘 익은 밀이, 황금색으로 익은 알곡이 썩고 못

쓰게 되어서는 안 된다. 우리 선교사의 임무는 힘들지만 그것이 고되면 고될수록 후에 그만큼 더 찬란히 빛날 것이다. 영혼이 건강해지기 위해서는 희생이라는 마음에 썩 내키지 않는 맛도 보아야만 한다. "우리 자신이 아니라 돌보아야 할 영혼들을 위해 도움이 필요합니다. 피곤함이 더욱 클수록 고통이 더 클 테지만, 선교사에게는 오히려 더 잘된 일이지 않겠습니까!"라고 쓰고 있다.

하느님께서는 이러한 영혼들의 굶주림을 채워주시고자 했다. 목자를 잃고 남겨져 방황하는 대부분의 천주교 마을이 그의 손에 맡겨졌다. 따라서 조선의 남부 전 지역을 유산으로 상속받게 되었는데, 동료들은 조선의 이 지역을 바스—브르타뉴[9]라는 이름으로 즐겨 부르곤 했다.

선한 선교사는 몇 주밖에는 휴식을 취하지 못했다. 돌보던 자녀와 얼마 전 입양한 고아를 얼른 다시 보고 싶었기 때문이다. 그는 다음과 같이 외치고 있었다.

"하느님 만세, 제가 이제 겨울 동안 집에서 80리, 모든 동료에게서 40리 떨어진 곳으로 전쟁을 하러 가려고 합니다. 이번 원정은 길고 힘들겠지만 그 역시 얼마나 고마운 일인지요! 용감한 전사가 가고 싶어하는 곳은 치열한 전쟁터가 아닐까요? 저는 무기와 가장 두꺼운 갑옷, 튼튼한 청동투구로 무장할 것입니다. 그다음에는 마귀가 올 테면 와보라지요……. 저는 너무 기쁜 나머지 그 희열조차 느낄 여유가 없습니다. 만일 지옥에 대항해 영혼을 구하는 투쟁에서 느끼는 매력과 달콤함이 모두 알려진다면 얼마나 많은 사제들이 선교에 자신을 바치겠습니까!"

큰 용기와 신심으로 말미암아 천주교도의 존경을 사게 되었다. 이들은 신부가 가파른 산을 기어오르는 걸 보며 다음과 같이 말하곤 했다. "신부님 다리는 강철 같이 강하시지만 뼈에 더 이상 살은 없으세요. 용감한 신부님! 우리처럼 개고기·육회·절인 생선도 드십니다."

실제로 리델 신부는 조선에 입국한 후 날마다 한국식으로 음식을 먹으려고 노력해왔다. 매일 하는 이러한 고행을 심지어 매우 즐거워하기까지 하며 극복해내고 있어서 천주교도들은 그가 이겨내야 할 메스꺼움을 짐작조차 못 했다.

그는 웃으면서 말했다. "새로운 조국의 관습을 모두 몸에 익히고, 이 모든 것이 좋아지도록 노력해야 합니다. 내 건강이 달린 문제이기도 하니까요."

우리는 이제 비로소 이러한 기질의 한 영혼이 새롭고 열성적인 영혼들에 대해 끼치는 영향을 이해할 수 있을 것인데, 이들에게는 우리 문명의 진보가 아직 닿지 않아 때가 묻지 않았다.

1864년 1월, 70개의 교우촌에 전교를 하였고, 2,100건의 고해성사를 들었으며 99명의 성인과 165명의 어린이들에게 세례를 주었고 50건의 혼배성사를 집전했다. 며칠간 휴식, 아니 휴식이라기보다는 다블뤼 주교, 칼래 신부와 며칠 함께 지낸 후 그는 위험이 가득 도사린 달리기를 다시 시작했다.

넉 달 후 리델 신부는 또 다른 98개의 교우촌을 방문하였는데, 3,400명의 신자가 하느님을 기쁨으로 영접하였고 119명의 성인과 비슷한 수의 어린이가 세례를 받는 은혜를 누렸으며, 약 76건의 혼배성사를 집전했음을 깨닫고 흐뭇했다. 이러한 중대한 임무를 완수하기 위해 선교사는 겨울이 시작될 무렵부터 600리 이상을 주파하였었다. 이러한 숫자적인 통계는 다른 모든 찬사를 다 무색하게 만든다.

제7장

조선의 정권 교체

1864년 1월 15일 조선의 임금[1]은 32세의 나이에 승하했다. 거의 모든 역대 왕들과 마찬가지로 과도한 정력 소모와 폭음의 희생자였다. 그는 어린 시절 강화에서 은둔하였었다. 1849년 왕으로 옹립되었을 당시, 정승들이 처음 만난 그는 온몸이 쓰레기로 뒤덮인데다, 얼굴에는 한껏 깨물어 먹고 있던 참외 조각이 잔뜩 묻어 있는 채였다. 깨끗이 씻긴 후, 그는 매우 놀란 채 도성으로 모셔진다. 그러나 너무도 미숙한 통치력과 통탄할 만한 나태함으로 백성은 도탄에 빠지게 되었다. 왕위를 이을 적자가 없이 죽게 된 그는 열세

살짜리 아이를 양자로 맞아들였다.

새로 등극한 왕[2]의 통치하에서 우리는 후에 조선 역사상 획을 그을 중요한 사건에 참여하게 될 것이다. 섭정(攝政) 기간 국정 대리인으로 지정된 그의 아버지에게로 실권이 넘어가고 만 것이다. 그때까지만 해도, 이교도에게조차 매우 두렵게 비쳐졌던 사나운 성격에도 불구하고 대원군은 천주교라는 종교에도 선교사에게도 악의적으로 대하지는 않았었다. 그의 부인은 일찍이 천주교리의 일부를 공부하였고 매일 「기도문」을 외웠으며, 심지어 아들이 왕위에 오르는 것을 기념해 축복 미사를 베풀어달라고 베르뇌 신부에게 부탁한 적까지 있었다. 참으로 이상한 일이고 불길한 징조가 아닐 수 없다!

선교사들이 처한 상황

그가 권력을 손에 쥐고 가장 먼저 한 행위란, 현직 정승을 다 몰아내고 천주교라면 이를 가는 적들로 그 자리를 갈아 채운 것이다. 이 사건으로 말미암아 선교사들의 상황은 더 위험해질 수밖에 없었는데, 이들의 존재가 조정에서 더 이상 아무에게도 비밀이 아니었기 때문이다.

천주교도에게는 다행스런 일이지만, 최근의 중국전쟁[3]으로 인한 근심으로 골머리를 앓는 까닭에 정승·판서는 아직 그들의 반감을 터뜨리려는 생각을 하고 있지는 않았다. 여기저기서 박해의 위협이 몇 건 있다는 소리가 들렸으나 그건 먼 데서 들려오는 폭풍 소리와도 같았고 최소한의 바람만 불어도 그 방향은 얼마든지 바뀔 수 있는 것이었다.

따라서 너무 초조해할 필요가 없었다. 따라서 리델 신부는 내포에서 맡은 성무를 마친 후 안내인을 데리고 서울까지 가는 것이 그리 무모한 행위가 아니라 믿었다.

조선에 파견된 선교사는 사도 직분을 수행할 때 자신을 돕는 천주교우 한 사람을 항상 동반하고 다녔다. 우리의 선교사가 선택한 이는 보기 드문 덕성과, 어떤 고난에서도 희생할 정신을 갖춘 남자였다. 그의 이름은 이안드레아였다. 후에 그에 대해 좀 더 자세히 알게 될 기회가 있을 것이다. 그에 앞서 리델 신부의 서울 여행 이야기를 들어보는 것도 흥미로울 것이다.

서울 입성

"도시에 진입하기 전에 우리는 사대문 밖에 사는 한 교리교사의 집으로 찾아갔지만 문이 잠겨 있어 어디로 가야 할지 모르고 난처해 할 때 안드레아가 내게 말했다. '주교님 계신 곳으로 가는 길을 기억합니다. 거기까지는 안내인이 없어도 갈 수 있어요.' 이런 생각은 나로 하여금 미소 짓게 했다. 그처럼 베르뇌 주교를 놀라게 할 생각을 하니 매우 기분이 좋았다.

그 시각에 남대문을 통과해 간다는 것이 무모한 일이긴 하지만, 주저하다가는 남의 이목을 끌까 두려워 우리는 즉시 길을 떠났다. 안드레아가 앞서가고 나는 얼굴을 드러낸 채 그와 같은 차림으로 뒤를 따랐다. 우리는 많은 사람을 만났는데, 특히 오늘 낮 동안 있었던 일을 서로 이야기하며 배회하는 사람의 집단을 여럿 만났다. 모두 나를 쳐다보는 것 같았다. 나는 별로 마음이 편치 않았지만 잘 견뎌냈다.

군중 사이로 10분쯤 걸어 남대문 앞에 당도했는데, 15명 정도 되어 보이는 포교가 정면과 옆쪽을 모두 지키고 있었다. 이들은 지나가는 모든 이를 검문했다. 이런 돌발상황이 있을 줄 미리 알았더라면 너무도 대담한 이번 시도는 시작도 안 했을 터였다. 이제 뒤로 물러서기에는 너무 늦었으므로 가능한 한 가장 근엄한 표정을 지은 채 눈에 띄지 않고 포졸들의 눈앞을 지나갔다. 문을 통과했으니 조금만 가면 주교님 댁에 당도할 것이다.

안드레아는 그곳을 잘 알아볼 것이라 확신했건만 우리는 입구를 찾을 수가 없었다. 당황하여 여러 차례 오가기를 반복했다. 다행히 길에는 사람이 없었다. 드디어 안드레아는 열려 있는 문 하나를 발견하였고 그리로 들어가 물어보고 다시 돌아와 말했다. '여깁니다.' 집주인과 양반 손님이 다니는 문으로 떳떳이 들어가는 대신 일꾼과 노비가 다니는 문을 통하여 우리는 부엌으로 의기양양하게 들어갔다.

우리가 왔다는 말을 듣고 주교님은 거실로 나오다가 곧 우리를 발견했다. 너무나 놀란 그는 어떻게 자신의 주교관인 '궁전'에 들어왔느냐고 물으신다. 우리가 경험한 모험담을 늘어놓았다. '아무도 당신들을 보지 못했다면 다행이오' 하고 그는 말했다. 다행히 그를 안심시키기는 쉬웠다."

베르뇌 주교가 농담으로 자기 '궁전'이라 부른, 잠자리·집무실·거실, 그리고 예배실 역할을 동시에 하는 방에 대해서는 이미 기술한 바 있다. 우리의 사도가 처음으로 동료와 함께 며칠간의 휴식을 취한 곳이었다.

이 보잘것없는 좁은 공간에 갇힌 선교사들, 자신을 드러내 보이지도 못하고 말도 조그만 소리로만 주고받을 수 있는 이곳, 휴식을 취한다기보다는 오히려 감옥에 갇혔다고 하는 편이 옳지 않을까? 이러한 은둔기간은 고통스러웠지만 동시에 매력 만점의 나날이기도 했다. 친구를 다시 만난다는 것은 은둔자에게는 얼마나 큰 기쁨인가! 그의 목소리를 듣고 프랑스어로 아름다운 프랑스에 대해 이야기를 나누는 행복이란! 귀와 마음에 얼마나 아름다운 음악이던가!

조선에서의 첫 영성체

휴식의 시간은 길지 못했다. 진밭과 이웃 마을의 어린이 여럿이 첫 영성체를 받으려고 준비하고 있다. 이들은 이와 같은 큰 행사를 준비하기 위해 신부님을 애타게 기다리고 있는 것이다.

선교사는 달려간다. 이 축제에 관한 재미난 이야기를 좀 더 들어 보도록 하자.

"나는 이 어린아이들에게 엿새 동안 피정(避靜)하도록 했다. 이들과 부모들 모두에게 처음 겪는 일이었다. 모두 14명인 이 어린이들은 최대한의 열성을 바쳐 이 일을 준비하고 있었다.

축제는 이 미천한 고장에서 가능한 한 최대로 장중하게 거행했다. 교회, 아니 그 행사가 열렸던 내 방의 벽들은 하얀 벽지를 새로 발랐고, 조각으로 장식도 했다. 제대도 정성 들여 장식했다. 특히 십자가, 네 개의 촛대, 감실 양쪽에 붙인 커다란 두 개의 그림이 눈에 띄었다. 어린이들은 가장 좋은 옷을 골라 입었고 긴장하고 있던 부모는 감동하여 기쁨의 눈물을 흘렸다. 조선에서 천주교 의식을 위해 그렇게도 많은 장치가 동원된 것은 처음이었다.

미사가 끝난 후 나는 모든 어린이를 저녁식사에 초대했다. 축제 비용으로 암탉 일곱 마리를 샀다. 교인들이 담배를 말리는 헛간 중 하나를 잔치 장소로 사용했다. 초대 손님이 대접을 잘 받고 있는지 살피기 위해 잠시 가보았더니, 어린 두 소녀가 이미 밥을 다 먹고 자신들의 몫인 닭고기를 옆으로 놓아두고 있었다."

나는 그들에게 말했다. "어떻게 맨밥만 먹었느냐? 왜 닭고기는 먹지 않는 거지? 맛이 없어?"

소녀들이 내게 말한다. "오! 맛이 아주 좋아요. 그렇지만 이토록 맛있는 음식을 평생 한 번도 맛보지 못한 우리 어머니께 드리려고요."

"나는 이 대답과 어린이들의 착한 마음씨를 존중했다. 저녁 때 우리는 또 다른 작은 의식이 있었는데, 세례 서약 재확인과 성모 마리아께 드리는 헌신봉헌이었다. 이날은 잔치에 참여했던 모든 이들의 마음에 아름다운 추억을 남겨주었다."

몇 주 후 작은 진밭 마을은 슬픔에 잠겼다. 신부가 사도로서의 경주를 재개하기 위해 그 마을을 떠나가기 때문이다. 몇 달 동안 산속 여기저기 흩어져 있는 천주교 마을을 찾아다니는 그를 따라가는 것은 너무 긴 이야기가 될 것이다. 그의 「일기」 중 몇 쪽만을 싣는 것으로 만족하기로 하자.

선교사 일기

*1864년 11월 21일 경상도 교구, 성모자헌축일—나는 이번 달 월례 피정을 했다. 나의 생각은 프랑스로 날아갔고, 신학교 시절의 아름다운 추억을 떠올렸다. 엄숙하게 학생들 하나하나가 성직자의 서원을 다시 다짐한다. 나도 마찬가지였다. 여기서 하느님에게 나를 통째로 헌신하는 것은 얼마나 쉬운 일인가! 이는 내 교구의 축제이고, 나는 그것이 장엄했으면 했다.

내 방과 교회를 여태껏 수집한 갖가지의 크고 작은 그림으로 꾸몄다. 내가 한 일을 보며 신자들은 다음과 같이 말했다. '정말 아름답습니다!' 그렇다! 아무것도 가진 게 없고 가난하다는 것은 얼마나 아름다운 일인가!

*11월 25일—오늘은 길이 험했다. 네다섯 시간 눈이 내려 무릎까지 쌓였고 가끔씩은 그보다 더 심하기도 했다. 우리는 큰 구렁의 가장자리로 난 험한 오솔길을 이용해 두 개의 높은 산을 기어 올라갔다. 어떤 것에라도 꼭 붙어서 눈 속을 벌벌 기어가야 했으므로 땀으로 흥건히 젖어 있었다. 정상에 오르자 얼음처럼 차가운 바람이 우리를 휘감았다. 단 한순간도 휴식을 취하기가 불가능하여 앞으로 나아가야만 했다. 이제 발과 다리의 절반쯤이 꽁꽁 얼어붙어 버렸다. 신발·바지·발은 하나의 얼음조각으로밖에는 보이지 않

왔다. 집 안의 열기가 조금씩 그것을 녹이겠지만 통증이 뒤따른다. 나는 심한 두통에 사로잡혔고 열이 오르는 것을 참아내야 했기에 서둘러 고해성사를 들었다.

*12월 20일(공주 근처 진란)—닷새 전부터 밤낮으로 끊임없이 나를 괴롭히고 있는 가슴 통증 때문에 괴롭다. 고해성사를 듣는 것, 아주 낮은 목소리로도 말하는 것조차 매우 힘들다. 여기는 의학도 의사도 없으니 하느님의 섭리에 맡기는 수밖에! 나한테는 분명히 휴식이 필요하나, 그러려면 40리를 걸어서 가야 하는 것도 문제지만, 무엇보다도 많은 신자에게 미사 드리는 복을 빼앗게 될 텐데. 이것이 과연 가능할까?

*1865년 1월 17일(경상도 교구)—"오늘 나는 거의 세 시간을 해변에서 보냈다. 조선에서 가진 산책 중 가장 달콤한 순간이었다. 나는 일본 쓰시마섬을 보았고 그 너머로 바다도 보았다. 교회로 보자면 그토록 많은 순교자를 냈고, 천국으로 보자면 그토록 많은 성자를 배출한 일본이라는 왕국을 향해 상상 속 여행을 떠나보았다. 그 해변과 섬을 응시하고 바다의 짙은 향기를 호흡하면서 예전 모르비앙 해안가 산책을 떠올렸다. 만일 '스텔라 마리스(Stella Maris)'[4]가 있었다면 가벼운 바람결에 부드럽게 흔들리는 이 물결을 타고 큰 기쁨을 누리며 둥둥 떠다녔을 텐데! 조개 껍질 몇 개를 주웠고 잠

시 동안 브르타뉴 해안가에 서 있는 파리 사람과도 같은 착각에 사로 잡혔다.

내일은 조선인의 설날이다. 나는 이곳에서 사흘간 머물 예정인데, 관습에 따라 여행을 하지 못하기 때문이다. 양반 행세를 하는 나는 누구보다도 더 이러한 예법을 지켜야만 하는 것이다. 이제까지는 사고를 당한 적이 없다. 이교도의 의심을 사지 않고 이들 가운데로 쉽게 지나다녔다. 그러니 아마도 나는 한국사람 얼굴을 가진 모양이다. 이곳에서 유럽인은 정상인과는 달리 다리도 팔도 머리도 없는 사람들이라는 소문이 있는 게 사실이다.

*3월(전라도)─풀바라지 마을에 가면서 우리는 눈 위에 난 호랑이 발자국을 발견한다. 접시만 한 이 발자국들이 거대한 동물의 것임을 시사하고 있다. 또한 길을 따라 핏자국이 쭉 드리워 있는데, 이는 호랑이가 포획물을 끌고 갔음을 의미한다. 이 길을 따라가면 곧 매우 두터운 덤불을 통과하게 되는데, 잡목과 덩굴로 인해 들어가기가 힘들다. 그 지점부터 동물의 흔적은 길에서 사라져버린다.

우리는 호기심으로 얼마간 그것을 따라가다가 어떤 곳에 도착하는데 그곳에서 호랑이들이 싸우며 놀았던 것같아 보인다. 내 생각에는 단지 한 호랑이 대가족이 와서 각자 자기 몫을 맛있게 먹었던 것 같다. 우리는 이 혐오스러운 장소를 떠나 계속 길을 간다. 거대한 숲을 나서자 계곡 바닥에 굽이굽이 오솔길이 뻗어 있다. 사방에 높은 산들이 솟아 있고 그 산등성이는 레이스와도 같이 톱니가 서 있다. 여기저기 거대한 바위가 서 있는데 마치 우리나라 대성당의 뾰족한 종탑 모양과도 같다. 가장 높은 산의 정상에 다다르면 천주교 교우촌 지역에 이른 것이다.

고해성사는 하루 종일 계속되고 밤늦게까지도 계속된다. 먼동이 트기 전 오랫동안 성제를 지내는 행복감을 누린다. 여기서는 적어도 아무런 근심을 할 필요가 없는데, 호랑이들까지도 안전하게 지켜주고 있지 않은가.

이 긴 사역의 마지막 여정은 초반보다 훨씬 더 고통스럽다. 눈이 훨씬 많이 내려 길을 힘들게 만든다. 오래전부터 젖어 있던 선교사의 옷은 몸 위에 얼어붙고, 주위에는 잠시 몸을 피할 수 있는 교우촌도 하나 없다.

마지막 날에는 바람이 너무도 강하게 불어 추위가 심해져 아무도 감히 길을 떠나지 못했으므로, 이교도들은 그가 안내인과 함께 지나가는 것을 보고 다음과 같이 말한다.

"오, 저 사람 좀 보세요. 이런 날씨에 길을 가다니 저 양반들은 분명 위중한 아버지의 임종 소식을 들었을 게요."

위독한 리델 신부

이러한 피로감은 당연한 결과를 낳아서, 얼마 후 3월 5일 리델 신부는 다음과 같이 「일기」를 끝마치고 있다.

"개지리에 도착하자 심한 두통을 느꼈다. 그럼에도 사흘 동안 고해성사를 들었다. 그러나 나흘째 되던 날 아침 몸을 일으킬 수가 없었고 시종에게 미사를 집전할 수 없을 것이라고 말했다. 성지주일 다음 월요일이었다. 나는 극도로 약해져 모든 감각을 잃고 말았다. 안드레아는 밤낮으로 나를 간호하였으며, 사람들이 주려는 모든 약을 어쩔 줄 몰라하며 거절하고 있었다.

그는 다음과 같이 말하고 있었다. '당신은 신부님의 성격을 모릅니다. 그 약으로 신부님을 낫게 하기보다는 더 아프게 하실 수도 있습니다. 나 역시 아는 것이 별로 없으나 자연의 힘으로 치유하게 두는 것이 더 낫다고 생각하여 하느님에게 신부님을 지켜주도록 기도하고 있습니다.'

나는 가끔씩 의식을 되찾았고 한번은 안드레아에게 '자네 생각에 내가 죽을 것 같은가?'라고 물었던 기억이 나고 그는 '벌써 그렇게 위험한 상태는 아닙니다'라고 대답했다. '그러나 신부님께서는 매우 편찮으시니 최악의 경우를 대비를 해두시는 게 좋을 것 같습니다.'

와병 상태에 있었던 아흐레 동안 내가 알아들을 수 있었던 말은 이게 거의 전부다. 안드레아가 페롱 신부에게 소식을 전하니 급히 오셨다. 그는 부활절에 도착했는데, 나는 그를 알아볼 수 있었다. 그의 존재로 인해 마음의 위로를 받았고 나에게 준 몇 가지 약품이 위험에서 나를 건져냈다. 곧 나는 회복기로 접어들었다."

이 몇 줄의 기록은 어떤 다른 말보다 리델 신부의 영혼에 대해 우리에게 잘 알려주고 있다. 몸을 고되게 굴리고 병이 그를 압박하므로 육체의 힘은 고갈되었으나 그의 입술은 절대 미소를 잃는 법이 없고 그의 영혼은 평화와 평온함을 늘 간직하고 있다.

제8장

피비린내 나는 박해

박해의 시간이 다가왔다. 이미 그토록 아름다운 소망을 주었던 이 불행한 선교지에 고통의 신음 소리가 울려 퍼졌다. 이 왕국의 모든 통치자는 조선에서 천주교를 몰아내야겠다고 결심을 한 것이다. 이들은 워낙 계획도 빈틈없이 세우고 그 치명적인 계획을 실행에 옮기는 것도 열성적인 까닭에 머지않아 그것이 실현될 것을 의심치 않았다.

그러나 거룩한 교회에서는 하느님의 약속으로 보장을 받고 있는 터다. 거의 스무 차례에 걸친 세속적인 경험을 통해, 동서고금 순교자의 피로부터 교회는 더욱 풍성한 수액과 싱싱한 젊음을 수혈받는다는 사실을 세상에 보여준 바 있다.

1866년 1월 당시 조선의 조정은, 천주교라는 종교에 대항하여 최악의 폭력적인 조치를 얼마든지 취할 수 있는, 증오에 가득 찬 인물로 구성되어 있었다. 이들은 피를 부르게 될 칙령을 내릴 호기만을 기다리고 있었지만 조선의 국내 사정이 매우 좋지 않았다. 1860년부터 북방 국경선 쪽으로 조금씩 다가오고 있던 러시아인이, 동해안의 조선 항구인 원산(元山)에 갑자기 모습을 드러냈다.

외세의 침입이 임박한 것처럼 보였다. 이러한 불행을 피하기 위해 리델 신부의 조선어 선생이기도 했던 남요한'은 섣부른 상황판단으로 나선 친구들에게 떠밀려 대원군에게 「편지」를 썼다. 두 주교만이 조선을 위협하는 위험한 상황을 모면하게 해줄 수 있다고 대원군에게 설명했다.

프랑스 선교사를 중요하게 내세운 이 「편지」는 소중하게 잘 간직되었다. 곧 두 명의 고위 성직자를 서울로 소환했다. 베르뇌 주교는 그 당시 서울에서 멀리 떨어진 북부지방에 있었는데, 거기서 그해에만 800명이 넘는 성인에게 세례를 베풀었다. 다블뤼 주교는 내포에 있었다. 두 주교는 모두 조정의 의지에 따르는 편이 현명할 것이라는 판단 아래 대원군을 알현할 1월 말까지 기다렸다.

2월 초 존경하는 부주교는 기다리다 지쳐 사도의 직분을 계속 수행하기 위해 다시 서울을 떠났지만 멀리 벗어나지는 않았다.

그사이 러시아 해군은 자국을 향해 출발하였는데, 조선 정승·판서 들이 러시아 정부에 바친 거창한 찬사와 미래를 위한 찬란한 희망을 선물로 가지고 갔다. 그들이 야기했던 공포가 조금씩 수그러들던 차에 갑자기, 중국 황국 전체에서 천주교인이 사형에 처해졌다고 알리는 「편지」가 베이징에서 조선 대사관을 경유하여 당도했다. 이 소식은 화약가루에 불을 댕기는 불씨와도 같았다.

조정에서는 이제 다음과 같은 소리만 울려 퍼졌다. "유럽인을 증오한다! 그들과의 연합은 없다, 그렇지 않으면 우린 모두 끝장이다! 서양 야만인을 죽여야 한다, 모든 천주교인을 죽여야 한다!"

베르뇌, 다블뤼 주교, 그리고 일곱 선교사의 죽음

2월 10일 베르뇌 주교가 체포되어 투옥되었다. 며칠 후 주교는 자신이 갇힌 곳에 드 브르트니에르[2] 신부, 볼리외[3] 신부, 도리[4] 신부가 들어오는 것을 보았다. 프티니콜라 신부와 푸르티에 신부 역시 포교들 손에 넘겨졌다. 이들은 자신의 일터인 요셉 신학교에서 체포되었다. 그리고 드디어 3월 12일은 다블뤼 주교와 오매트르[5] 신부, 그리고 위앵[6] 신부의 차례였다.

감방의 지저분한 지푸라기 위에서 선교사들은 빛나는 형상을 하고 있었다. 밤낮으로 감방은 이들의 기도와 찬송으로 메아리쳤다. 그것은 천국의 문간에 다다른 순교자의 기쁨이요, 환희였다.[7]

이 사제들의 영광스러운 죽음은 피비린내 나는 박해를 알리는 신호탄이었다. 머지않아 많은 천주교도들이 하느님께 피로 같은 값을 치르게 될 것이고, 하늘나라에서 같은 영광과 같은 축복을 누리게 될 것이다.[8]

우리는 여기서 길고도 고통스러운 이야기를 하지 않기로 한다. 이러한 성스러운 희생자들의 친구이자 전우(戰友)였던 한 형제가 이러한 임무를 너무도 훌륭히 다 감당해내었다.[9]

우리는 선교사가 겪을 위험의 한가운데로 그를 따라가보기로 한다.

리델 신부는 경상도 교구, 즉 서울에서 100리, 그의 거처 진밭으로부터는 70리 정도 떨어진 곳에 있었다. 그때 박해에 대한 첫 번째 소문이 그에게까지 다다랐다. 그럼에도 자신에게 일단 모호하게 생각이 드는 이 소문에 너무 주의를 기울이지 않고 그는 일을 계속했다. 그러나 이 교구의 중심지인 대구에 도착하자 교우들이 공주에서 처형을 당했다는 사실을 알게 되었다. 공주는 진밭에서 3리밖에 떨어지지 않은 곳이었다. 즉 위험이 코앞까지 다가와 있었다. 포졸이 그 지역 도처에 깔려 있었다. 마을에서도 믿을 수 없는 일이 일어나고 있었는데, 밀고·감옥·죽음에 대한 말들만 난무하고 있었다.

폭풍우는 점점 더 으르렁대고 있었다. 신부가 아직 방문을 하지 못한 교우촌의 지도자들은 그를 찾아와, 더 이상 집회를 할 수가 없으며 그를 맞아들이는 것이 너무 큰 위험을 감수하는 것이라는 사실을 전했다. 동시에 다블뤼 주교의 「편지」 한 통을 통해 선교의 슬픈 현 상황에 대해서도 알게 되었다.

베르뇌 주교와 세 명의 선교사들이 방금 투옥되었다. 더 이상 의심할 여지없이 박해가 전역에 퍼져 있었던 것이다.

리델 신부는 할 수 있는 한 조심을 해가며 자신의 거처를 향해 빠르게 걸음을 재촉했다. 길을 떠나고 나서 처음 1주일은 별 큰 탈이 없었다. 그러나 여드레째 되던 날 길을 가는 데 어려움이 생기기 시작했다.

이안드레아

1866년 3월 6일 리델 신부에게는 아직 갈 길이 30리나 더 남아 있었다. "겨우 얼마를 더 갔을 때 우리 마을 교우 한 사람이 오고 있는 것을 보았다. 안드레아의 처남이었다."

진밭에서는 모든 것이 평온했다. 그러나 공주에서 많은 천주교도가 체포되었고 그들 중 몇 명이 이미 처형되었다는 것은 이제 확실한 사실이었다.

좀 더 가다가 우리는 관원 같아 보이는 세 사람을 만났다. 그들 중 하나가 우리 가까이를 지나가며 나를 쳐다보았고 동료들에게 다음과 같이 말했다.

"여기 유럽사람이 지나가네."

다른 한 사람이 대답했다. "이거 보게! 여기 유럽사람이 있을 리가 있겠어?"

"유럽사람 맞다니까."

그들이 멀어져 갔으므로 더 이상의 대화를 들을 수는 없었다. 다른 상황에서라면 그러한 대화에 이토록 큰 관심을 기울이지 않았을 것이다. 그러나 지금과 같은 상황에서 그런 말을 들으면 동행인들이 많이 동요될 것은 당연지사였다.

저녁에는 주막에서 은신을 해야 했다. 거기서 다시 새로운 위험을 감지했기에 두려워진 우리는 그곳을 떴다. 다음 날, 강물이 길을 가로막으니 뱃사공의 도움을 청해야 한다. 그러나 상황이 복잡해지는데, 도망자들이 정부의 파발꾼과 함께 배를 타야 하는 형국이기 때문이다.

"나는 배에 가장 마지막으로 올라타고 들키지 않기 위해 앞쪽으로 돌아간다" 하고 선교사는 이야기를 이어간다.

다음과 같은 대화가 오간다.

—한 승객이 말한다. "나는 파발꾼인데, 서울에서 잡은 그 못된 유럽인들 일로 제천에 갔다 오는 길이오."

—"제천에도 유럽인이 있습니까?"

—"네" 하고 파발꾼이 말한다. "둘 있습디다. 내 이 고을 수령에게 그들을 잡아들이라는 명령을 전해서 체포했지요."

—"그 사람들을 직접 봤어요?"

—"네, 봤어요. 한 사람은 키가 몹시 크고 얼굴 전체가 수염으로 덮여 있었는데 수염이 허리띠까지 닿았더라고요. 다른 한 사람은 키가 그보다 작은데 검은 수염이 아주 무성하고, 다른 사람 것보다 훨씬 짧았어요. 하지만 그자가 수염을 쓰다듬으면 수염이 길어져 그만큼 길어졌어요."

그가 그들에 대해 너무나 정확하게 묘사하는 바람에 푸르티에 신부와 프티니콜라 신부 이야기를 하는 줄 쉽게 알 수 있었다.

이 말이 오가는 내내 교우들은 한마디도 하지 않았으며 선교사는 자세를 잘 유지하려고 애쓰고 있었지만, 동료들의 슬퍼진 얼굴이 의심을 사지나 않을까 걱정이 되었다. 그때 한 사람이 물었다.

―"그놈들의 마누라도 체포했습니까?" 하고 묻자,

―"그놈들은 마누라가 없소"라고 했다.

―"그럼 살림은 누가 한답니까?" 하고 되묻자,

―"내 어찌 알겠소, 그놈들에게 가서 물어봐야지."

이 마지막 말을 듣고 나와 동행한 교우들이 파안대소했기 때문에 그때까지 얼굴에 너무 내보였던 슬픔을 눈치채지 않게 할 수 있었다.

―"그 유럽인을 어떻게 한답니까?"

―"나도 모르겠소. 먼저 잡은 자들과 합류시키려고 서울로 데려갔소."

―"그놈들 어떻게 생겼습니까?"

―"우리와 같습니다. 팔과 다리가 있고요."

―"조선말을 합니까?"

―"네, 쉽게 잘 알아들을 수 있게 말을 합니다."

―"오! 그놈들이 어떻게 조선말을 배웠을까요?"

리델 신부가 처한 위험

드디어 배는 반대편 나루에 닿았고 리델 신부는 제일 먼저 내려 길을 계속 걸어갔다.

파발꾼이 허리에 매단 종이 울리는 소리는, 그에게 숨어 있어봤자 아무 소용이 없다는 사실을 알리고 있었다. 그때 눈앞에 큰 마을이 나타났고, 그곳을 지나가야만 했다. 그런데 그날은 장날이었다. 더욱이 그의 인상착의는 현장 체포령과 함께 즉시 사방에 알려진 상태였다. 그는 자신이 사형에 처해졌음을 알고 있었다. 상황은 매우 심각했다. 그래서 동행 중인 세 교우에게 더 이상 스스로를 위험에 노출시키지 말고 자신을 혼자 남게 해달라고 충고했다.

그는 그들에게 다음과 같이 말했다.

"현재 우리가 얼마나 큰 위험에 처해 있는지 잘 알고 있을 겁니다. 서울에 계신 주교님과 신부님들이 체포되셨고, 방금 신학교 신부님들이 잡혀 가신 경위에 대한 소식도 들었습니다. 이제 다른 분들도 수배 중이고, 만일 누가 나를 알아보기라도 한다면 나뿐 아니라 나와 같이 있는 모든 이들이 체포될 것이라는 사실 역시 잘 알고들 있을 것입니다."

포용력이 큰 이 교우들은 신부의 의지에 강력히 반대하고 그와 운명을 같이하기로 결정했다. 그들은 마을에 도착해서 한 주막에 들어가 여장을 풀었다.

리델 신부는 말한다. "지나가는 모든 사람들이 우리를 보았고, 내가 진짜 조선사람인 양 얼굴을 드러낸 채 다녔으므로 안드레아가 이런 상황에서 내 얼굴이 행색과 어울리지 않아 어색해 보일까 봐 몹시 노심초사했다. 그래서 나보고 잠자리에 들라고 신호를 보냈다. 나는 기꺼이 복종했고, 여독과 하루 종일 겪은 일로 인한 감정의 동요로 지쳐버린 터라 내가 누군가 알아보지 못하도록 얼굴을 벽 쪽으로 돌리고 드러누웠다. 내 옆에서 안드레아와 그의 처남은 식사가 나오기를 기다리며 이런저런 이야기를 나누고 있었다."

그러고 난 지 얼마 지나지 않아, 문 곁에 있던 교우들이 이교도 두 사람이 들어오는 것을 막으며 다음과 같이 말하는 소리가 들렸다.

―"여기는 양반들이 계시는 곳이라 들어갈 수 없소."

―"아니! 양반들이라니! 여기는 아무에게나 열려 있는 주막이 아니오? 누구든지 들어갈 수 있는 것 아니냔 말이오. 우리는 들어가겠소."

그들이 정말 들어와서 방 한가운데에 자리를 잡는다. 처음에는 이 불편한 상황에 대해 아무런 생각도 떠오르지 않았으나, 그들이 하는 말을 들으면서 왜 무례하게 굴었는가 알게 되었다. 즉, 그들은 나를 알아본 포교들이고, 상황을 염탐하고 나라는 인물에 대해 확인하기 위해 들어왔다는 데 생각이 미쳤다.

선교사와 동행인은 꼼짝하지 않고 머물러 있었다. 밥이 다 되어 나왔고 조선의 예법에 따라 각자 자기 상 앞에 다가앉아 가장 행복한 이들이 취하는 격식 없는 태도로 식사를 했다. 이렇게 행동함으로써 발각되지 않고 상황을 수습할 수 있었다.

식사를 마치자, 마을을 나와 길거리에 길게 뻗어 늘어서 있는 장터를 통과해야만 했다. 이 수많은 상인들의 눈길을 어떻게 피한단 말인가? 안드레아는 어려움을 잘 파악하였으므로 기발한 생각을 해내었다. 즉 짐을 지운 나귀를 우리 앞에 내세워 가도록 했다. 신부와 세 교우는 당나귀를 따라 한 줄로 늘어서 조선의 관습대로 나귀를 따라갔다.

그들은 그렇게 시장 한가운데를 통과했다. 아이들은 나귀를 보려고 달려왔는데, 조선에서 보기 힘든 중국 나귀였기 때문이다. 그를 보고 모두들 소리쳤다.

"오! 잘생긴 중국 나귀다! 이 잘난 나귀 좀 와서들 보세요!"

모든 상인은 몸을 돌려 나귀의 움직임대로 눈으로 따라가며 보면서 말했다. "야, 저기 잘생긴 중국 나귀가 지나가네!"

그들이 눈을 떼었을 때는 이미 지나쳐버린 선교사의 뒷모습만 보였으므로 그가 누군지 알아볼 수가 없었다. 나귀는 그렇게 친절하게도 모든 사람의 눈길을 끌었고 모든 찬사를 이끌어내었다.

리델 신부는 다음과 같이 이야기를 계속한다.

"가득 몰려든 사람을 뚫고 길을 가는 것이 어렵고 거추장스러워

10분은 족히 걸렸었다. 좀 멀리까지 떨어져 왔을 때 우리는 들었던 소리를 다시 흉내 내며 마음껏 웃었다. '오! 잘생긴 나귀다! 자! 중국 나귀다! 이 잘난 나귀 좀 와서들 보세요!'"

시장에서 멀어져 약간 가파른 언덕을 천천히 올라갔다. 그런데 꼭대기에서 갑작스레 한 고관의 행렬과 정면으로 맞닥뜨렸다. 하인 두 사람이 앞서고 이어 뒤따르는 고관은 의자에 앉아 행인들을 살펴보고 있었다. 대여섯 명의 하인이 그 뒤를 따르며 말을 탄 호위병이 맨 뒤에서 따르고 있었다.

조선에서는 고관을 만나면 자기 얼굴을 가리는 게 법도다. 나는 부채를 손에 잡고 이 새로운 모험이 재미있어 킥킥거렸다. 호위병이 지나갈 때까지 나는 부채를 계속 들고 있으려 했으나 불행히도 예의범절의 의무가 그만큼 지켜지지 못했다. 그래서 나는 이 관리와 맨 얼굴로 마주쳤는데 그는 나를 유심히 살펴보았다. 그가 놀랐다는 것을 안드레아는 바로 눈치챘다. 그러나 그는 아무 말 없이 가던 길을 갔다.

공주에 가까워질수록 위험의 수위가 점점 높아지고 있었다. 길은 포졸과 상인들로 붐볐다. 조금 전 베르뇌 주교를 비롯한 다른 세 선교사에 대한 체포와 사망 소식을 들었다. 이제는 또 다른 유럽인들이 국내에 돌아다니고 있다는 사실을 모르는 이가 아무도 없었다. 하지만 리델 신부의 임무는 아직 끝나지 않았고 하느님의 섭리가 그를 지켜주고 있었다.

다음 날 밤, 그는 안드레아와 함께 진밭의 거처에 도착했다. 거기서 사흘을 보냈다. 모든 위험을 감수할 마음의 준비가 되어 있는 교우들에게 성사를 베풀고, 위험 요인이 될 만한 물건들뿐 아니라 선교자금을 산에 파묻게 했다.

3월 12일 그는 어디로 피신해야 할지도 모르는 채 다시 길을 떠나 피신처를 찾아 다녔다. 안드레아는 자기 가족과 교우 한 무리와 함께 그를 따랐다. 저녁이면 마을에는 서울에서 온 포졸이 쫙 깔렸는데, 유럽인과 그를 돕는 모든 사람을 체포하라는 명령을 받은 상태였다.

신부의 신병(身柄)을 확보하지 못하자 이들은 그의 처소를 노략질하고 꺼내올 수 없는 것들은 모두 부수었으며, 집까지도 한 이교도에게 팔아버려 그가 즉시 들어와 살림을 차려버렸다.

작은 초가에서의 은신

리델 신부의 흥미로운 이야기를 더 들어보도록 하자.

"우리는 전에 산에 돈을 숨겨놓았던 장소로 사람을 여러 번 보낸 덕분에 생계유지 수단을 준비할 수 있었다. 우리는 이 돈을 가지고 오지 않았었는데 100프랑이라는 거금을 가져가기 위해서는 짐꾼이 필요했기 때문이다. 여러 번 위험 상황이 있었다. 은신처인 초가 주인은, 우리가 더 쉽게 숨을 수 있도록 천장에 구멍을 하나 뚫고 밧줄을 드리워주었으므로 다락으로 올라가기가 상당히 쉬웠다. 안드레아는 이것이 못마땅했다. '거기선 기침도 제대로 할 수가 없잖아요' 하고 그는 말했다."

부활절 다음 화요일 파발이 도착했는데, 다블뤼 주교와 두 사제들이 성 금요일에 처형되었다는 소식을 전해주었다. 이 소식을 접한 교우들은 놀라움을 금치 못했다.

"그러면 이제 신부님들을 모두 죽일 텐데, 우리는 어떻게 되는 겁니까?" 하고 이들은 말했다.

"다른 신부들에 대해서는 아무런 소식을 들을 수가 없었다. 둘중 한 신부가 사망했다는 소리를 여러 번 전해 듣긴 했지만 이 정보는 전혀 신빙성이 없었다. 그 시기에 심지어 나 자신이 죽었다는 소식을 들은 적도 있었기 때문이다. 하루는 안드레아와 내가 다락에서 꼼짝하지 않고 있는데 우리가 숨어 있는 곳 바로 아래 방에 낯선 사람이 하나 들어왔는데, 그의 대화 가운데 다음과 같은 내용의 말을 들었다.

'니(Ni) 신부[10]는 자기가 살던 진밭 마을에서 도망한 후 산에서 홀로 길을 헤매다 낡은 석탄 난로를 발견했는데, 거기서 꼼짝 않고 있다가 아무도 찾아오지 않자 굶어 죽었답니다.'

그 소식은 유쾌한 것이고 결국 모든 사람을 즐겁게 만들었는데, 내가 죽었다는 소문이 퍼질 것이고 그렇게 되면 나를 찾는 것도 중단할 테니 말이다. 우리는 그렇게 하루하루를 보내고 있었다.

밤이 되면 모두들 모였는데 어쩌나 서로 바짝 붙어 앉았던지 옆 사람에게 폐를 끼치지 않고는 움직일 수가 없었다. 장티푸스 열에 시달려 모든 감각을 잃어버리고 무시로 침을 내뱉는 남자가 있었는데, 나는 그 옆에서 거의 1주일 동안 누워 잤다.

낮에는 반대로 모두들 밭으로 일하러 가고 일곱 살짜리 어린이가 우리를 지키고 있었다. 매우 영민한 아오스딩(Augustin: 우리를 지키는 어린 보초 이름)은 마을 어귀에서 놀고 있다가 낯선 사람들이 나타나면 미리 와서 알려주었고, 영특하게도 자신이 무언가 소중한 것을 지키고 있는 보초 노릇을 하고 있다는 의심을 전혀 주지 않으며 그들이 묻는 말에 대답을 하곤 했다."

안드레아의 아이들에게는 저녁에 밖에 나가서, 잠자리에 들기 전 대문 앞에서 공기를 쐬는 것을 허락했다. 그러다가 어느 날 저녁 선교사는 다음과 같은 대화를 들었다. 부활절 다음 화요일이었고 다블뤼 주교의 죽음을 접한 지 얼마 안 되어서였다.

순교를 준비하는 어린이들

열두 살의 어린 소녀 안나(Anna)는 다음과 같이 말했다.

"포졸들이 모든 지방을 다니며 여기 숨어 계신 신부님을 찾아다니고 있어. 그리고 모든 교우도 쫓아다닌단다. 그래서 얼마 전에 그 사람들이 마을 전체를 손아귀에 넣었어. 여자들을 모두 줄에 묶고 엮어서 대처로 끌고 간 후, 여자들에게 천주교도가 아니라는 말을 받아내기 위해 때렸단다.

곧 포졸들이 와서 신부님, 아빠, 엄마를 붙잡아 갈 거다. 우리도 잡아가서는 '거룩한 종교를 믿지 말라, 아니면 네 몸을 토막 낼 테다' 하고 말할 거야. 그럼 우리는 어떻게 해야 하지."

—"나는 이렇게 말할 거야. 당신들 좋을 대로 하세요. 나는 아버지가 하는 대로 똑같이 할 거예요. 나는 천주님을 배신하지 않아요"라고 큰아들이 말했다.

—"그럼 네 목을 자를 거다!"

—"그럼 천주님께로 가지" 하고 이 기특한 소년이 거듭 말했다.

—"너는 어떻게 하겠니, 아오스딩?"

—아오스딩은 대답했다. "나는 사또께 이렇게 말할 거야. 저는 하늘나라로 갈 겁니다. 만일 사또께서 천주교도이셨더라면 하늘나라에 같이 가실 수 있을 텐데요. 그런데 왜 교우들을 죽이십니까?

아무에게도 해를 끼치지 않는데 말입니다. 그 사람들을 죽게 하면 사또께서는 지옥에 떨어질 겁니다."

안나는 두 남동생을 품에 꼭 안으며 다음과 같이 말했다.

"그래, 맞아, 천주님을 배신해서는 안 돼. 우리는 모두 죽을 거고 신부님·엄마·아빠하고 함께 하늘나라에 갈 거야. 그러자면 선하신 천주님께 기도를 열심히 드려야 해. 포교들이 우리를 몹시 아프게 할 테니 말이야. 우리 머리털과 이·손도 뽑아버리고 굵은 몽둥이로 때릴 터인데, 신부님 말씀이 열심히 기도하지 않으면 버텨내지 못할 거라는구나. 그러니 우리 묵주신공(默珠神功)을 드리자."

안나와 베난시오는 즉시 기도를 하기 시작했다.

남동생들을 훈계하기 위한 아름다운 말들을 가슴에 담고 있었던 이 어린 소녀는 매우 모범적이고 신앙심이 깊었다. 보통 일반 교우들이 가지고 있었던 상식 외에도 『구약』과 『신약』 이야기를 상당히 잘 알고 있었고, 아브라함과 요셉에 대해서도 말할 수 있었는데 그 이야기가 몹시도 흥미로웠던 모양이다.

어느 날 소녀는 신부를 찾아가 다음과 같이 말했다.

"저는 교리 공부도 하였고, 아침저녁 「기도문」과 묵주의 신비, 그리고 십자가의 길도 알고 있어요. 어른들처럼 말이에요. 또한 고해성사와 영성체 전후로 정해진 모든 것을 잘 지켜 행합니다. 또한

「아타나시오 신경(信經)」[11]도 배워서 잘 알고 있습니다. 제가 이제 무엇을 더 배워야 합니까? 알려주세요."

그 아버지 역시 그녀 못지않았다. 어느 날 그의 앞에서 조선말로 잘 번역된 「아타나시오 신경」을 읽어주고 있을 때 갑자기 다음과 같은 반응을 보였다.

"그런 양반이 있다니. 좋은 생각을 가진 양반이 여기 계시군요. 그분은 아주 적은 말만 하시는데 아무것도 빠뜨린 것이 없고, 또 말이 길지도 않군요."

하느님께 모든 것을 바치기 위해 가난한 삶을 살고 있는 이 겸손한 가정이 얼마나 많은 교우에게 훌륭한 본보기를 보여주었던가, 다른 교우들은 안락한 삶이 가져다주는 달콤함에 빠져 종교 연구와 자신들이 가진 임무의 중대성을 잊고 있을진대![12]

"나는 이곳에서 순교자의 운명을 소망하며, 그들과 운명을 함께 나누는 행복을 빼앗긴 내 죄를 고백하고 다음과 같은 말을 되뇌며 45일을 숨어 지냈다. '아버지의 뜻이 하늘나라에서와 같이 땅에서도 이루어지소서.' 나는 『로마의 향기』[13]를 다시 찾아낼 수 있었고, 무료하고 긴 낮 동안 그 아름다운 글을 읽는 가운데 우리의 현재 상태와 맞아떨어지는 구도를 거기서 발견했다. 우리는 지금 조선에서 카타콤(Catacomb) 시대를 살고 있는 게 아닐까?"

한편, 이 은신처를 떠날 궁리를 해야만 했는데, 하루하루 날이 갈수록 그곳이 점점 위험해지고 있었기 때문이다.

가족에게 영원한 이별을 고하는 안드레아

안드레아는 아내와 아이들을 안전한 곳으로 보내는 작업에 착수했다.

아버지로서 그가 하던 충고는 더할 나위 없이 감동적이었고, 이 불행한 교우 가족은 고독하고 궁핍한 가운데에서도, 이제는 마지막이 될 수도 있을 참으로 장중한 작별 인사를 나누었다.

안나에게는 이렇게 말했다. "사랑하는 안나야, 나는 네가 제일 걱정이구나. 늘 어머니한테 꼭 붙어 떨어지지 말아라. 엄마가 잡혀 죽게 되거든 너도 함께 죽겠다고 하고, 항상 천주교를 믿을 거라고 해라."

"예, 아버지, 약속해요"라고 어린 딸은 대답했다. 그리고 무릎을 꿇고서 아버지에게 공손히 절했는데, 안드레아의 심경은 매우 착잡했다. 그러나 점잖은 조선 양반인 그의 얼굴은 아무런 감정을 내보이지 않았다.

장남 베난시오는 이미 아버지 앞에 자리를 잡고 있었다.

안드레아는 베난시오에게 "너는 장남이다. 누나와 동생을 보살

펴라. 어머니께 순종하고, 오! 특히 세례 받은 자로서 배신을 해서
는 안 된다" 하고 말했다. 베난시오가 아무 말 없이 엎드려 아버지
께 절했다. 그가 일어서는데 얼굴 표정을 보니, 아버지의 당부를
지키겠다는 굳은 결의가 엿보였다.

그다음은 아오스딩의 차례였고 마지막으로 어머니의 차례가 왔다.

"기운 내시오. 아이들을 당신에게 부탁하니 제발 훌륭한 교우로
키워주시오. 모든 것을 온전히 천주께 의탁하시오, 천주님께서는
우리를 버리지 않으실 게요." 안드레아는 부인에게 이렇게 말했다.

용감한 신자인 부인은 다음과 같이 대답했다. "네, 천주님께 모
든 것을 맡길 겁니다. 그분만이 우리를 구해줄 수 있을 거예요. 당
신은 언제나 신부님을 모시고, 신부님을 버리지 마세요. 천주님의
가호가 있으시길!"

이렇게 영혼이 산산이 갈라진 교우 가족은 마지막 작별인사를
나누었다. 가족은 각자 순교할 생각을 하면서 마음을 굳게 다지고
두려움을 겉으로 드러내지 않았다.

리델 신부, 페롱 신부와 합류하다

얼마 전부터 하느님의 섭리는 리델 신부를 도와주도록 또 한 명
의 교우를 붙여주셨다. 그의 성은 강[14]씨로 위험하고도 까다로운

파발꾼 역할을 잘 수행하고 있었다. 기운이 장사인데다 조심성이 있고 비밀을 간직할 줄 아는 이였다. 페롱 신부의 은신처를 알아내고 다른 두 선교사를 서로 만나게 해준 것도 그였다.

진밭을 떠나온 후 그는 모든 길과 우리 여행을 안내했다. 모든 길, 꼬불꼬불한 오솔길조차 훤히 아는 그는 언제나 귀를 쫑긋 세우고 눈으로 경계하면서 앞장서서 걸어갔다. 햇빛에 그을린 얼굴과 굳은 시선 탓에 좀 인상이 험해 보였으므로 그는 오히려 모든 의심으로부터 벗어날 수 있었다. 양반 출신의 이 용감한 교우는 자진해서 곤궁한 삶을 살고 있었는데, 아내와 아이들을 떠나 그가 즐겨 말하듯 "조선교회를 위해 신부님 한 분이라도" 지켜내기 위해 매일 잔인한 죽음과 맞대면하고 있었다.

어느 날 그는 새 소식을 얻기 위해 갓 수선쟁이로 위장하여 길을 떠돌아다니다가 '작은 노인'이라는 별명을 가진 최요한을 만난다. 상당히 긴 시간 대화를 나눈 후 두 사람은 서로가 누구인지 알아보게 되었다.

그 사람이 "나는 권 신부님(페롱 신부)과 함께 지내고 있습니다"라고 말했다.

"저는 니 신부님의 은신처를 알고 있어요. 그분의 파발꾼이기도 하고요"라고 강은 대답했다.

페롱 신부는 리델 신부가 있는 곳으로부터 70리 떨어진 곳에 숨어 있었다. 만남이 주선되었다. 만날 장소는 높은 산꼭대기 중간에 위치한 한 교우촌이었다. 우리는 출발 준비를 서둘렀고 살고 있던 집 주인에게 위험 요소가 될 만한 모든 물건들을 집에서 없앨 것을 간곡하게 부탁했다. 그러나 어찌하랴! 이러한 현명한 명령에 순응하기를 게을리한 탓에 곧 그와 그의 가족에 커다란 불행을 자초했던 것을.

이들은 길을 떠났다. 파발꾼은 길을 안내하기 위해 앞서갔고 신부가 그 뒤에, 그리고 안드레아가 제일 끝에서 따라갔다. 두 달 이상 밖에 나가지 않았던 선교사는 산의 험한 오솔길을 가는데 어려움을 겪었다. 그는 다음과 같이 말한다.

"계속 발을 헛디며 엉뚱한 곳을 디디곤 했다. 밤의 흑암이 마치 수의와도 같이 우리를 휘감고 있었다. 논을 가로질러 나 있는 작은 논두렁길을 걸어가야 했다. 이 좁은 길을 똑바로 걷기가 힘들어 몇 번씩이나 진흙탕에 미끄러졌다. 곧 길을 잃어버리고 말았고 안드레아와 나는 논 한가운데서 헤매고 있었으며 똑바로 다시 일어서기 위해 안간힘을 쓰고 있었다.

안내인은 지팡이를 길게 앞으로 늘어뜨려 우리를 낚시질하고 있다. 그리하여 우리는 논두렁길로 다시 올라올 수 있었고, 서로 잃어버릴 염려 없게 모두 한 줄로 지팡이를 잡고 뒤를 따라갔는데, 그리하여 그 위험한 곳을 빠져나갈 수 있었다."

그러는 동안에도 안드레아는 이렇게 말하면서 신부를 위로하곤 했다. "우리 옷이 너무 하얗기 때문에 제가 걱정이 많았습니다. 밤에 숨어 다니는 데 흰 옷이 웬 말입니까? 적어도 불평할 필요가 없는 물감을 들인 셈입니다."

도망자들은 머지않아 산꼭대기에 다다랐다. 하늘은 점점 밝아오고 있었고 별이 총총 박혀 있었다. 나이가 지긋한 강씨는 좀 쉬어가자고 했다. 이토록 야생적이고 외딴 오지에서 이들이 만날 수 있는 건 오직 박해받는 자밖에는 없었다.

그때 선교사는 쓸쓸함과 슬픔이 자신의 영혼을 엄습해 오는 것을 느꼈다. 그의 눈길은 밤 속으로, 남쪽을 향해 빠져들고 있었다. 저쪽에서 그가 땀을 뿌려가며 왔던 긴 길들이 보이는 듯했는데, 거기에 발에서 흐르던 피로 발자국을 자주 남기곤 했다. 그의 눈에 불쌍한 교우들의 영혼과 육체가 고문을 받는 것이 보이는 듯했다. 이들은 커다란 고통의 값을 치르고 예수 그리스도 앞에 다시 태어나게 만들었던 바로 그 자신의 자식인 것을. 자신이 이들 가운데 도착하면 기뻐할 것을 떠올렸다. 이 땅 저 너머 하늘나라를 보여주었을 때 이들이 얼마나 순종적으로 이토록 무거운 시험을 받아들였던가!

사람은 무서우나 호랑이는 무섭지 않다

눈으로 덮이고 입산이 너무나 힘든 이 산속, 그에게는 피곤함과 고통의 기억만이 떠오르게 하는 이 산들은, 그러나 얼마나 소중한 산이었던가! 그곳이 바로 그의 조국이요, 그곳에 바로 가족이 있었다. 이들을 떠나는 것은 곧 유배이고, 그의 부서진 마음은 그 유배가 길어질 것을 이미 예견하고 있었다.

거대한 호랑이의 출현으로 말미암아 이 달콤한 추억으로부터 빠져나올 수밖에 없었다. 뜻밖의 동무를 만나 놀란 짐승은 끔찍하게 포효했고 그 소리가 산에 울려 퍼졌으며, 그러고 나서 사라졌다. 안드레아는 곰방대를 피우며 "이상하지요. 사람이 무서울 때에는 호랑이가 겁이 안 나요" 하고 말했다. 안내인은 될 수 있는 한 빨리 도망가는 게 좋을 거라고 판단했다.

안드레아의 말이 맞았다. 인간의 잔인함보다 호랑이의 사나움을 더 겁낼 아무런 이유가 없었다. 그럼에도 아무것도 아닌 것이 큰 위험이 될 수도 있기에 발아래 굴러 떨어지는 조약돌, 마른 풀을 스치는 소리도 조심해야 한다.

더욱 위험한 상황에 처하게 되는 것은 특히 통과해야 할 마을의 어귀에서였다. 조선인은 개고기를 먹고 있다는 사실을 알고 있는데, 각 가정에서는 이를 위해 몇 마리의 개를 키우고 있다. 따라서 아무리 조그만 초가에 들어서더라도 개 짖는 소리가 요란하게 들려오곤 했다.

이러한 요란한 경고음 뒤에 새벽 2시에 드디어 긴 여행의 종지부를 찍게 되었다. 두 선교사에게는 얼마나 큰 행복이며 기쁨이었던가! 이들은 서로 포옹하고 하느님께 감사드리기 위해 땅에 무릎을 꿇었다. 두 사람 중 아무도 서로 다시 볼 수 있으리라 생각지 못했었다. 이 순간 이후 이들은 서로 위로하고, 초기에 찬란했던 소망이 참담하게 무너져가고 있는 가운데 서로를 지탱해주는 데 혼자가 아닌 둘이서 함께였다.

그 당시까지 칼래 신부에 대해 아무런 소식도 듣지 못했으므로 이들은 그가 산에서 죽었다고 믿고 있었고, 자기들이 조선의 선교사들 중 유일하게 살아남았다고 생각하고 있었다.

오랜만의 회포를 풀고 난 후 페롱 신부는 고통스러웠던 지난 며칠간 자신이 극복해야 했던 어려움과 모험담을 이야기했다. 이교도의 추격으로부터 기적처럼 빠져나왔고, 어딜 가나 그들에게 쫓겼으며 이 산 저 산 헤매 다니다가 이 마을에 당도했는데, 여기서 더할 나위 없이 극진한 대우를 받았다. 그는 모든 걸 잃어버렸는데

『기도서』마저도 없어졌다. 몸에 붙어 썩어가고 있는 낡은 옷밖에는 더 이상 그는 지닌 게 아무것도 없었다.

"내가 말할 수 있는 건, 기적의 연속으로 걸어갔으며 원하지 않는 곳으로 갔고 원하는 곳에는 가지 못했다는 것이오. 오! 어둡고 숨이 막힐 듯한 은신처에서도 하느님 가까이에 있는 듯하다니! 다른 어떤 것을 준다 해도 이러한 기쁨과 절대 바꾸려 할 사람은 없을 거요" 하고 리델 신부의 신실한 동료는 덧붙였다.

이들 선교사의 은신처는 확실하게 안전이 보장된 곳이었다. 이 은신처를 제공한 한 여자 교우는 곤궁한 가운데서도, 예상되는 모든 위험도 감수한 채 하느님이 자신에게 맡긴 임무에 대해 매우 행복하고 자랑스러워했다. 이들은 거기에서 약 두 달간 머물렀다.

보릿고개

쌀이 곧 바닥났고, 아직 패지도 않은 파란 보리라도 먹어야 했다. 마을의 가난한 교우들은 그걸 가지고 식량을 삼았으나 유럽인에게는 아무리 적극적인 자세로 받아들이려 해도 위장이 그런 음식물을 거부했다. 페롱 신부는 돈이 약간 있었지만 쌀을 산다는 것은 불가능했다. 이렇게 곤궁한 시기에 가난한 자가 마을에 가서 의심을 받지 않고 쌀을 사올 수는 없는 일이었다.

이러한 상황에 처한 백성은 일반적으로 그럴 만한 돈이 없다. 이들은 아직 패지 않은 좁쌀 혹은 보리로 연명을 하거나, 아니면 허리띠를 졸라매고 이 시기를 넘겨야 한다. 이를 조선에서는 '보릿고개'라 부른다.

이와 관련하여 후일 리델 신부는 후에 한 가지 일화를 이야기해 주고 있다. 하루는 대비께서 경연대회를 열어 사대부 명문가의 규수를 불러 모았다. 대비는 어느 규수가 가장 총명한지 가려낸 후, 세자와 혼인할 처녀를 간택하기 위해서였다. 조선인에 따르면 그중에 매우 총명한 규수가 있었다고 한다. 대비의 여러 가지 질문 중에는 다음과 같은 것도 있었다.

"통과하기가 가장 힘든 곳이 어디인가?" 프랑스어로 말하자면 '넘어가기 가장 힘든 고개는 어느 고개인가?(*Quel est le cap le plus difficile à doubler?*)'라는 질문이다.

그 규수는 "보릿고개입니다"라고 대답했다.

대비와 모든 참가자는 이 대답에 깜짝 놀랐다. 왜냐하면 사실상 조선에서는 쌀이 바닥나고 아무 식량 없이 다음 보리 추수까지 기다려야 하는 그 몇 주간, 그 고개가 가장 힘든 고비였던 것이다.

칼래 신부

6월 15일경 두 선교사는 오래전부터 이들에게 와 있었던 「서한」을 전해 받았다. 칼래 신부가 자신이 아직 살아 있으며 어디에 숨어 있는지 알려주기 위해 이들에게 보낸 「편지」였다.

그 역시 결코 정상적이지 않은 매우 특별한 모험을 겪었다고 한다. 쫓기고 추격당하며 접근이 불가능한 숲속과 진짜 호랑이 굴에서 1주일 동안 살았으며, 밤이면 별을 보며 맨땅에서 잠을 자고 산에서 얻을 수 있는 잡풀과 뿌리로 주린 배를 채웠다. 두 번이나 체포되었었는데, 아직도 살아 있다는 게 그 자신도 경이로울 따름이었다.

이제부터 선교사들은 서로 연락을 할 수 있게 되었다. 만장일치로 이들 중 한 사람이 중국으로 탈출해 이 심각한 상황에 대한 소식을 가지고 가서 순교자를 대신할 다른 동료 사제를 보내달라고 부탁하며, 할 수 있는 한 그들에게 필요한 모든 도움을 요청하기로 했다.

제9장

리델 신부, 중국으로 돌아가라는 명령을 받다

파리 외방전교회의 규정에 따라 아직 생존해 있는 선교사들 가운데 가장 오래된 페롱 신부는 교구장이 되었다. 이리하여 그는 교우들 가운데 남아 이들을 지원하고 격려하기로 하였으므로, 리델 신부에게 중국으로 돌아가기를 부탁했다. 선교사는 그가 그토록 사랑하는 조선을 떠나라는 명령을 받으며 눈물을 흘렸지만, 이는 하느님의 뜻이었으므로 복종했다.

곧 바다를 건너기 위해 타고 갈 배를 수배하기 시작했는데 시간을 매우 많이 들였지만 소용이 없었다. 더욱이 이교도에게 너무 오랫동안 부탁을 하는 것은 의심을 불러일으킬 위험마저 있었다. 선교사들은 이미 좌절해 있었는데, 그때 하느님의 섭리가 간절히 원하고 있었던 기회를 제공했다.

신부들이 모두 사망했다고 믿은 서울 주변의 몇몇 교우들이 얼마 전 일어났었던 일을 알리기 위해 스스로 중국에 갈 계획을 세웠다는 소식을 접했기 때문이다. 정크선이 이미 준비되었고 필요한 식량을 마련할 돈이 모아지는 대로 이들은 떠날 요량이었다. 선교사들은 이 용감한 교우들에게 당장 한 신부가 여행을 떠날 것이며 정크선에 관련된 모든 비용은 그가 감당할 것이라는 사실을 알렸다.

머지않아 모든 준비가 완료되었고 내포만의 깊숙한 곳에서 합류할 약속도 정해졌는데, 며칠 후 로즈 제독은 이곳을 제롬 왕자[1]의 이름을 따서 부르게 된다.

배에 오를 장소까지 도달하기 위해서는 공주 교구를 가로질러 온양까지 가야만 했다. 리델 신부는 1주일, 아니 1주일 반이 걸려 이 여정을 주파했는데, 항상 위험과 어려움이 도사리고 있었다. 아산 방하삭골[2]에 도착하여 페롱 신부에게 작별을 고하고 더 이상 동행할 수 없는 안드레아와도 작별 인사를 했다. 이들과 작별하는 것은 정말 영혼이 부서지는 듯한 일이었다.

며칠 후 그는 이렇게 쓰고 있다.

"나는 곧 다시 돌아올 것이라는 희망을 안고 떠나고 있었다. 가족이 안전한 곳에 있는 안드레아도 같은 소망을 가지고 있었다. 그러나 어찌하랴! 하느님의 계획을 우리가 알 수 없는 법! 내가 이 소중한 선교 임무로부터 그토록 오래 떠나게 될 줄 누가 알았을까? 내가 이 용감한 안드레아를 다시는 보지 못할 줄 누군들 알 수 있었을까? 안드레아는 2년 후 서울 감옥에서 하느님을 위해 죽었던 것이다. 박해의 강도가 배가될 것이고 이 가련한 조선 땅을 많은 교우의 피로 적실 것이라는 누군들 알았겠는가?"

포졸은 도처에 깔려 모든 길목을 지키고 있었다. 세관원은 전례 없이 세심하게 주위를 살피고 있었고 도성을 지키는 군사는 그 잔인한 섭정 대원군의 명령에 따라 건설 중인 궁궐에 쓰일 자재들을 실어 나르기 위해 선박을 장악하고 있었다. 이 역시 피해가야 할 위험이었다.

조선인 선원들

선교사는 배 밑창에 몸을 숨겼다. 신부와 동반하기로 되어 있는 교우들은 동이 트기 오래전에 돛을 올렸다. 그러나 바람이 불지 않았으므로 선교사는 은신처에서 그대로 사흘 동안 꼼짝하지 않고 있었는데, 공기도 부족하고 몸을 움직일 수도 없었다. 언제라도 포졸이 나타나 도망자를 검문할 수 있었기 때문이다.

드디어 조금씩 이들은 조선을 둘러싸고 있는 섬들로부터 빠져 나와, 마지막 뭍들이 멀리 사라져가고 있었다. 신부의 동행인들은 이런 여행을 한 번도 해본 적이 없었다. 하늘과 끝없이 펼쳐진 바다밖에는 보이지 않았고 처량한 선원들은 광활한 수평선을 놀라 그저 바라보고 있었다. 이들은 다음과 같이 말했다. "그런데 신부님, 저기 끝에 도달하면 우리는 어떻게 될까요? 깊은 수렁에 빠져버리는 건 아닐까요?"

이러한 순진무구한 생각으로 미루어 신부를 동반했던 선원들에 대해 짐작할 수 있다. 그가 지휘를 하고 있던 배를 한번 살펴보도록 하자.

조선 정크선

이 배는 바다를 가르며 우리 조국의 힘과 부(富)를 멀리까지 실어 나르는 아름다운 프랑스 선박과는 전혀 다르게 생겼다. 또한 매우 튼튼하게 건조되어서 성난 바람에 버티어 내고 이 근처에서 자주 이는 풍랑을 이겨낼 수 있는 중국 정크선과도 다르다. 전체가 전나무로 지어졌고 나무못을 박았으며 쇠붙이라고는 한 조각도 들어가지 않은 배를 한번 상상해보라. 돛은 풀잎을 꼬아 만들었고,

밧줄은 지푸라기로 되어 있으며, 나무로 된 닻의 끝부분에 돌을 달아 가라앉힐 수 있게 만들어졌다.

파도가 조금이라도 일었다가는 키를 부수어버릴 것이고 두 조선인이 아무리 부지런하다고 해도 여기저기 틈새로 흘러 들어오는 물을 퍼내기에는 역부족이었다. 이 허접스러운 뗏목 같은 배가, 폭풍우가 잦아 사나워지는 바다를 건너 과연 어떻게 중국 해변에 닿을 수 있을까? 리델 신부는 다음과 같이 이야기한다.

"출발할 때, 우리가 타고 갈 조각배를 나는 '성 요셉'이라 이름 지었고, 지니고 있던 커다란 메달을 돛대 위에 고정시켰다. 성모 마리아는 돛대에, 성녀 안나[3]는 망루에 달았다. 항해에 쓰일 도구라고는 작은 나침반이 전부였다. 나는 항해사에게 그걸 사용하는 법을 일러 주었다. 지도는 없었으나 현재 위치의 위도를 잘 알고 있었고 목적지인 체푸의 위도도 잘 기억하고 있었다. 명료한 것은 별로 없었으나 우리는 하느님의 섭리에 의지하고 있었다.

둘째 날 밤 심한 바람이 불어 우리를 목적지 방향으로 얼마나 심하게 멀리 밀어 보냈는지 모른다. 바람은 좌우에서 심하게 요동치며 불어왔다. 바다는 한껏 부풀어 올라 배의 옆구리를 강타해대었다. 심하게 흔들린 돛대는 돛이 나부끼는 가운데 심하게 요동치며 신음을 내고 있었다. 키는 겨우겨우 지탱하며 배에 금이 가서

물이 차올라왔다.

체푸 도착

"어둠 속에서 우리는 한치 앞을 내다볼 수도 없었고 비는 세차게 퍼부었다. 그저 바람이 좀 심하게 부는 것뿐이었는데 우리가 탄 쪽배에겐 진정한 태풍을 만난 듯했다. 그다음 날 밤 역시 똑같은 난항을 겪었다. 나는 항해사의 용기를 높이 샀다. 그는 폭풍이 그치기 전에는 자리를 뜨지 않을 결심으로 이틀 밤 내내 자리를 지켰고 내가 지시했던 방향대로 충실하게 배를 몰아가고 있었다.

드디어 바람이 자고 구름이 걷혔으며 배가 약간 흔들리는 가운데, 마치 불타오르는 동쪽 하늘이 우리에게 아름다운 하루가 시작될 것을 예고해주고 있다. 우리는 어디에 있었던가? 폭풍은 우리를 어디로 떠밀어놓은 것인가?

이런 의문을 되새기고 있을 때 한 선원이 까만 점 하나를 가리키는데 그것은 점점 더 커진다. 그곳은 우리가 가려고 했던 방향에 있는 육지였다. 의심의 여지없이 중국이다.

그러고 나서 유럽 선박이 하나 나타났다고 알리는데, 그 배가 우리에게로 다가온다. 나는 바짝 그 옆으로 지나가라고 명령하고는 조선을 떠나기 전에 신경 써서 준비했던 삼색기를 게양하라고 한다. 돛대가 셋 달린 아름다운 선박이었다. 그 배의 고향은 생 말로[4]이며 얼마 전 체푸를 거쳐 왔다는 것을 알았다. 지나치면서 나는 크게 몸을 움직여 인사를 보냈다. 우리를 주의 깊게 쳐다보고 있던 함장은 중국 배도 아닌 희한한 쪽배에 프랑스기가 펄럭이고 있는 것을 보고 매우 놀라 가장 우아한 방식으로 내게 답을 보낸다. 그러고 나서 그의 명에 따라 깃발을 올린다. 나는 조바심을 내며 기다리고 있었는데 그건 바로 프랑스 국기였다. 경례의 표시로 기가 세 번 올라갔다 내려간다.

내 마음속에 느낀 감정을 여러분에게 그대로 전한다는 건 불가능하다. 가련한 선교사인 나는 6년 전부터 우리 프랑스인을 한 사람도 못 보았는데, 지금 바다 한가운데에서 길을 잃고 갈 길을 알지도 못한 채 아마 그 배에 올라타 그들과 합류하기를 원했을지도 모른다. 그러나 순풍에 부푼 그 선박의 돛은 이들을 이미 멀리 떨어진 곳으로 데려가버리고 말았다."

조선인의 놀라움

"이 사건은 우리에게 크나큰 위안이 되었다. 그러한 선박을 전혀 본 적이 없었던 우리 선원들은 경탄을 금치 못했다. '신부님, 저 사람들도 교우입니까? 오! 돛 만든 훌륭한 천 좀 보세요! 정말 아름답습니다! 크기도 하고요! 저 배가 신부님 나라에서 왔습니까? 저 배가 우리나라에 오면 모두들 도망갈 텐데…… 우리나라를 장악하고 왕에게 종교의 자유를 주라고 힘을 써줄 텐데…….'

머지않아 낯익은 해안이 눈에 들어왔는데 6년 전에 떠나왔던 웨이하이[5] 항이었다. 우리는 산둥반도 연안에 있었으며, 목적지인 체푸로 방향을 잡고 있었다. 결국 우리는 모든 항해 도구를 갖춘 가장 좋은 선박이 할 수 있는 것과 마찬가지로 일직선으로 곧바로 목적지로 가고 있었다. 성모 마리아께서는 얼마나 탁월한 항해사이시던가! 이제 거리가 얼마 남지 않았지만 바람 때문에 그날은 항구로 다가갈 수가 없었다.

7월 7일 아침, 항구가 보였고 정오에는 유럽 선박들 가운데에 닻을 내렸다. 우리는 중국인 무리에 둘러싸인 채 배에서 내렸는데, 이들은 우리의 기이한 옷차림을 놀란 눈으로 쳐다보고 있었다."

리델 신부가 가져간 소식은, 그를 극진히 환영한 유럽인 공동체에서 큰 파문을 불러일으켰다. 그가 배에서 내리자마자 부유한 천주교도 상인인 퍼거슨 씨가 극진한 대접을 해주었다.

조선 선원들은 좋아 어쩔 줄 몰랐는데, 새로 지은 유럽식 가옥을 그냥 보고만 있지 않고 다음과 같이 말하는 것이었다. "만일 조선 왕이 이런 궁전을 가지고 있다면! 신부님, 교회당은 이보다 더 큰

가요?"

그런데 이들의 이러한 칭송은 집 내부로 들어갔을 때 이제 더 이상 한계를 몰랐다. 침대·의자·소파, 이 모든 것에 대한 사용법을 가르쳐야 했는데, 이들에게는 놀라움 그 자체였다. 이들은 놀라서, 땅바닥이 뚫린 것도 아닌데 자고 앉는데 왜 다리를 사용하느냐는 등의 질문을 했다.

거울이 달린 장롱은 가장 큰 관심을 끌었는데, 이들에게는 하나의 진정한 눈속임이었다. 어떤 이들은 앞으로 다가섰다 물러나거나 호탕하게 웃으며 소리를 지르는 반면, 또 다른 이들은 뒤쪽에 다른 방이 없는지 아무도 숨어 있지 않은지 확인을 하곤 했다.

리델 주교, 로즈 제독에게 선교사 학살을 알리다

며칠 후 톈진(天津)에서 로즈 제독은, 조선옷을 입고 그에게 다가오는 한 남자를 보고 매우 놀랐는데, 그의 야윈 얼굴 모습으로 미루어 보아 오랫동안 많은 것이 결핍되어 있었음을 알 수 있었다. 그토록 이상하게 옷을 입은 남자가 하는 말을 듣고 그는 더욱 놀랐는데, 제독에게 조국의 언어로 말하는 것이었다.

"제독님, 저는 프랑스인이며 조선에 파견된 선교사입니다. 윗분의 명령으로 작은 쪽배를 타고 조선을 탈출했습니다. 조선 왕이 명령을 내려 아홉 명의 프랑스인, 저희 주교님, 보좌 신부님, 그리고 제 동료인 일곱 분의 신부님을 학살하였는데, 그 이유는 그들이 유럽인이고 천주교인이라는 것뿐이었습니다. 이 사실을 제독님께 전하려고 이렇게 왔습니다. 조선 선교지에는 맹수처럼 쫓기고 있는 페롱 신부와 칼래 신부, 그리고 이런 고통스러운 소식을 가져온 저, 이렇게 세 사람만이 현재 남아 있을 뿐입니다."

장교들은 선교사를 존경심과 관심을 보이며 둘러쌌다. 제독은 그를 극진하게 환대하고 죽음에 노출되어 있는 다른 두 프랑스 선교사를 즉시 구하러 갈 수 있도록 허락했다.

출발 준비가 다 되었을 무렵, 함대를 이끄는 드 라 그랑디에르 제독[6]은 얼마 전 일어난 소요를 진압하기 위해 가 있던 바스 코친 차이나[7]에서 통지를 보냈다. 자신이 어려운 상황에 처해 있긴 하지만 귀환하는 즉시 계획에 따라 원정을 떠날 것을 약속했다.

리델 신부는 체푸로 다시 돌아와 8월 중순까지 머물렀다. 그 당시 같이 왔던 조선인은 귀국하고 싶다는 뜻을 전했다. 그래서 여덟 명을 떠나보냈고 나머지 세 명과 함께 상하이로 가서 대기했다. 3주 후 폭동이 진압되었다는 소식을 접한 로즈 제독은 그를 체푸로 초대하여 조선으로 같이 가기 위한 준비를 시켰다.

그는 서둘러 떠나 9월 10일 군함 라 게리에르[8]호에 도착했다. 그리고 며칠 후 서울로 귀환하는 길을 떠났다.

가련한 선교사여! 그의 인생은 수면 위의 거품과 같이, 가을 바람이 밀고 또 밀어내는 마른 낙엽처럼 흔들렸다. 그는 중국 해안으로부터 다시 멀어져 얼마 후면 사랑하는 자신의 선교지를 다시 볼 것이다. 그리하여 마음이 흐뭇하고 기쁨에 젖어 흉내 낼 수 없는 어조로 다음과 같이 말했다.

"오, 나의 조선이여! 축복의 땅이여! 순교자의 피로 얼룩진 땅이여! 내가 너를 잠시 하느님을 위해 떠났었는데 이제 다시 돌아간다, 다시 돌아간다. 이제는 내가 너를 위해 향기 가득한 희생제물이 될 수 있으려나!"

그러나 어찌하랴! 그는 다시 그곳에 들어가기 전에 여러 번 해변에 접근을 시도하며, 멀리서만 이 비호의적인 땅의 산에게 인사를 보내야만 했다.

제10장

프랑스의 조선 원정

무척이나 창대한 결과를 약속했던 이번 원정은 선교뿐 아니라 동양에서의 프랑스의 명예와 특권이라는 면에서 볼 때에도 몹시 불행한 결과를 낳았다. 코르벳함 르 프리모게(Le Primaugut)호, 통신함 르 데룰레드(Le Déroulède)호, 포함 르 타르디프(Le Tardif)호가 조선 연안에 제1차 정찰을 하러 가기로 결정되었다. 제독은 나를 통역으로, 조선인 세 명을 항해사로 데리고 갔다. 연안의 구석구석을 다 알고 있는 이 세 선원의 인도 아래 9월 21일 원정이 시작되었다.

우리는 갑곶이 마을 맞은편 부아제^(작약도)¹섬 근처에 닻을 내렸다. 매우 잘 경작되어 논이 넓게 펼쳐져 있는 광활한 벌판, 많은 마을들, 북서쪽 약 400미터 지점에는 강화읍²을 품고 있는 산을 이어 세워진 거대한 성벽 등…… 장교들은 이 나라의 풍경에 매료되었다.

몇 군데 요새는 위치를 제대로 잡고 있고 강변에는 받침대도 없는 녹슨 대포들이 보이나 병사는 하나도 없었다. 이를 보며 이 가련한 백성이 신통한 방어법이 있을 거라는 생각이 들지는 않았다.

겁에 질린 주민은 도망을 갔고, 용감한 사람 몇몇만이 다시 돌아왔는데 그 뒤에 다른 사람들이 따르고 있었다. 곧 이 이상한 배를 쳐다보기 위해 사람들이 구름처럼 모여들었는데, 이 배는 돛도 노도 없이 매우 빠른 물살을 거슬러 올라왔고 화력으로 작동되고 있었기 때문이다.

이들은 진정 어린아이 같은 호기심으로 뭍에 내린 장교들을 꼼꼼히 살폈는데, 그중 몇몇 사람의 푸른 눈과 붉은 수염에 크게 놀라워했다. 그래서 제복을 만져보고서 옷에 단 술과 금단추에도 감탄을 금치 못했다.

이들은 특히 유럽인이 사나운 짐승이 아니라 단지 자신과 똑같은 인간에 지나지 않는다는 사실에 매우 놀랐다.

처음으로 자유롭게 미사를 드리다

9월 23일 모든 정찰이 끝났고, 강을 항해하는 데 문제가 없다는 확신을 가지게 되었다. 어느 일요일이었다. 오전 10시, 리델 신부는 사제 제복으로 갈아입고 르 데룰레드호에 즉석으로 마련한 제대로 올라가 미사를 집전했다.

총검이 대신하는 제대 주위에 호위 의장대가 정렬해 있었고, 선원들의 맨 앞쪽에는 제독과 함대의 장교가 자리를 잡았다. 곧이어 예포가 발사되고 진군 나팔소리가 울려 퍼지고 나서 흰 면병(麵餅), 즉 이 세상의 죄를 없애주는 흠 없는 어린양이 고개 숙인 머리 위로 바쳐졌다. 조선 땅에서 완전히 자유롭게 미사성제를 올린 것은 이번이 처음이었다.

이틀 후 아침, 서울에 점점 다가가고 있었다. 봉아곶이 마을 근처에서, 강을 가로막기 위해 배들이 가로질러 놓여 있는 것을 발견했다. 두세 발의 대포도 발사되었으나 별로 피해는 없었다.

서울 근교의 풍경

서울을 둘러싸고 있는 산꼭대기인 그곳으로부터 대포 소리에 이끌려 온 주민의 모습이 보였다. 좋은 옷을 입고 서양 선박들이 들어오는 것을 보고 있었다. 파랑·흰색·빨강 등 다양한 색깔의 옷들이 볼거리를 제공했고, 언덕의 푸른 잔디에는 여기저기 많은 꽃들이 피어 있었다. 이 거대한 원형극장과도 같은 계단식 지형의 아래서부터 꼭대기까지에는 많은 초가·고관의 저택·탑, 그리고 우아한 묏자리 등이 층층이 자리 잡고 있었다.[3]

선원들은 이 기막힌 광경에 놀라 감상하고 있었는데, 그때 대포 소리가 울려 퍼졌다. 제독은 반격을 명령했고 간단히 한 발 발사했을 뿐인데 조선의 가련한 대포들은 부서졌다.

조금 더 멀리 거의 서울과 맞붙어 있는 성벽 밑에 가자 우리 선원들은 놀라움을 금치 못했다. 거대한 바윗돌들 뒤 강물이 우회하는 지점 한 곳에서, 유럽 선박들이 지나가기를 애타게 기다리고 있던 한 무리의 사람을 발견했던 것이다. 이 용감한 사람들은 대포 소리를 듣지 못했다. 적대적인 감정을 표현하기는커녕 즐거운 기색이었고 계속해서 우리에게 호의의 표시를 건네고 있었다.

선교사 학살 사건 이후 대원군은 조선에서 그 유례가 없을 정도로 끔찍한 독재를 행하고 있어서 그가 명령만 내리면 조선인의 피는 바다를 이루며 흘러내렸다. 우리 선박이 도착할 때 이 사람들이 기쁨을 감추지 못하고 해방자인 선원들에게 인사를 하였던 것은 바로 이 때문이었다.

그 당시 서울은 거의 무방비 상태였다. 아주 적은 수의 사람만으로도 거의 저항을 받지 않고 탈환을 할 수 있을 정도였다. 그러나 제독은 그렇게 할 힘도 충분한 장비도 가지고 있지 않았다. 그는 여론을 조사하도록 했고 고도를 재며 지도를 그리고 방향을 잡도록 지시했다. 첫 여행의 목적은 바로 거기까지였기 때문이다.

9월 30일 선박들이 중국을 향해 돌아가고 있는데 조선 배 한 척이 르 데룰레드호에 가까이 와서 닿았다. 리델 신부를 체푸까지 인도했었던 선원들이 돌아와 합류했고, 교우공동체에 일어난 불행한 사건들에 대해 알려주었다. 기근으로 매일 많은 희생자가 나고 있으며 서울 강변에 서양 선박이 나타난 이후로 박해의 강도가 더 심해졌다는 것이었다.

왕국 내에 머물고 있던 선교사를 체포하기 위해 매우 치밀한 수색작업을 실시하고, 서울 상부에 보고할 필요도 없이 모든 교인과 그 가족을 처형하라는 명령이 내려져 있었다.

리델 신부는 비록 포함 세 대가 자리를 비우는 시간이 길지 않다 하더라도 닥쳐올 수 있는 불행을 예견했기에, 당연히 가질 수밖에 없는 근심거리를 제독에게 전하며 함대가 돌아오기를 기다리는 시간에 적어도 한 척은 잔류하도록 해달라고 간곡히 부탁했다. 포함 한 대의 존재만으로도 조선 정부에 겁을 줄 수 있으리라는 생각에서였지만, 그 요구는 받아들여지지 못했다.

10월 3일, 우리는 다시 체푸 항에 돌아와 있었다.

이러한 일들이 일어나는 동안, 프랑스 선박들이 도착했다는 소식을 접하고, 본격적인 원정이라 믿은 페롱 신부와 칼래 신부는 동료와 연락을 취하려고 애썼다. 그러나 불행하게도 해변에 도착했을 때 함대가 이미 떠나버렸다는 것을 알게 되었다. 되돌아오는 것이 불가능해진 그들은 고통스러운 마음을 가지고 중국으로 떠날 수밖에 없었는데, 10월 26일 많은 위험을 겪으며 중국에 상륙했다. 그러나 그 시기에 리델 신부는 다시 조선을 향해 떠난 후였다. 로즈 제독이 흘린 피 값을 대원군에게 요구하러 함대를 이끌고 떠날 때 따라갔던 것이다.

공식적인 이야기

공식적인 속보의 내용대로라면, 이 원정은 일련의 성공을 거두기만 했고 프랑스는 단 한 명의 병사도 희생시키지 않았다.

1866년 12월 27일, 「르 모니퇴르[4](Le Moniteur)」신문은 다음과 같이 훌륭한 기사를 발표했다.

"함대를 이끌고 간 로즈 제독은 4미터 높이 성벽에 둘러싸인 강화읍 앞에 도달했다. 중앙대문에서 약 100킬로미터 정도 떨어진 곳에 도착했을 때 우리 군대가 상당히 심한 총격을 받았으나 '제국

만세!'라는 외침과 함께 성벽 위로 올라가 적은 항복했다."

"많은 수의 대포, 10만 정 이상의 장총, 모든 종류의 무기들이 거대한 창고에서 발견되었는데, 이는 이 장소가 얼마나 중요한 곳인지 알려주었다."

1867년 1월 7일 같은 신문은 다시 다음과 같은 기사를 썼다.

"제독이 국가의 상황에 대해 잘 알기를 원했으므로 1개 분대가 도시 밖으로 정찰을 나갔는데, 몇 킬로미터 떨어진 지점에서 잘 축조된 탑 안의 방공호에 숨어 있던 많은 조선인을 발견했다. 밖으로 나왔던 적은 쫓겨서 죽은 자들을 버려두고 방공호 속으로 급히 도로 들어갔다. 매우 격렬한 총격전을 치렀지만 사상자는 없었고 불행하게도 부상자 몇 명이 발생했다. 중대는 저녁에 강화로 돌아왔다."

신문 속보는 다음과 같이 글을 끝내고 있다.

"커다란 전장인 강화를 폐허로 만들고, 이 도시가 보유하고 있던 화약고와 공공건물을 파괴함으로써, 프랑스 선교사 학살에 대한 응징은 반드시 이루어진다는 사실을 조선 정부에게 분명하게 알려주었음이 틀림없었다."

진실······ 목격자의 증언
그러나 어찌하랴! 공식적인 버전의 이야기는 우리 눈앞에 있는 여러 목격자들의 증언과는 거리가 있다. 이들에 따르면 진실은 다음과 같다.

10월 11일 제독은 다시 체푸를 떠나, 13일에 함대 전체가 부아제섬 근처 합곳이 마을[5] 근처에 닻을 내렸다. 상륙은 마치 우호 국가에 하듯 이루어졌고, 마을에서 선원들은 노인과 어린이밖에는 만나지 못했다.

해변가에 축조된 모든 요새는 완전히 비어 있었다. 그 섬의 관청소재지인 강화읍을 점령하기로 결정했다. 이어서 도스리 제독(Le commandant d'Osery)은 서울까지 주변 지역에 대해 잘 알아보라는 명령을 받았다. 이는 마치 산책과도 같았다. 소중대는 큰 도시까지 진격했고 전 지역을 주파했으며 별 탈 없이 귀환했다.

그다음 날인 10월 16일 「르 모니퇴르」신문은 기가 막힌 전쟁 이야기를 발표했다. 제독은 함대의 앞에서 지휘하며 출발했다. 도시에서 1킬로미터 떨어진 곳에서 그는 정찰대를 내보내 구릉지대의 꼭대기까지 가도록 했다.

군대는 잠시 쉬었다가 조심스럽게 천천히 다시 길을 떠났다. 성벽·구릉, 그리고 계곡을 샅샅이 살펴보았다. 공격할 준비를 갖추고서 약간 초조하게 기다리고 있었는데, 그때 갑자기 드 샤반(Le capitaine de Chabanne) 함장이 칼을 옆에 차고서 두 손을 주머니에 넣은 채 성벽 위에 나타나 소리쳤다. "와도 좋습니다. 아무도 없어요." 그래서 문짝을 부수어 떨어뜨리고 영락없는 공격을 행태를 취하며 회벽을 좀 헐었다. 그러나 벽 타고 오르기, 그중에서도 특히 격렬한 총격 장면은 제독이 꾸민 조작품에 불과했다.

강화읍은 함락되었는데, 조선인이 이 사태에 대해 미처 준비가 되어 있지 못했던 것이 분명했다. 따라서 시간 낭비를 하지 않고 서울을 향해 진군해야 했다. 프랑스 진영 몇몇 장교는 이제 멈추고 조선 정부의 제안사항을 기다려보아야 할 것이라고 생각했다. 이들의 의견이 지배적이었으므로 방어 태세를 취하게 되었다.

그러는 사이 조선인은 병사와 무기들을 모았다. 이러한 비우호적인 동향을 전해 들은 제독은 육지의 동진 방향으로 다시 정찰대를 보내기로 결정했다.

이를 위해 10월 25일 60명으로 이루어진 정찰대를 보냈는데 이들은 뭍에 닿아 서울 문앞까지 도달했다. 이들이 그렇게 불렀던 문은 돌로 된 고딕식 아치로서, 중국식 탑이 지붕에 얹혀 있었으며, 수도의 길머리를 알리고 있었다. 이 문 주위에는 한 마을과 성벽들이 있었다. 무장한 조선인이 지키고 있었다. 그러나 그 당시 프랑스 장교들은 조선인을 우습게 본 나머지, 교우들이 전날 올렸던 보고를 분대장에게 전하는 것조차 게을리했을 정도였다.

원정의 결과

이 철통같은 문앞에 소형보트들이 겨우 도착하자마자 그때까지 숨어 있었던 조선인이 느릿느릿 이루어지는 상륙을 기회 삼아 배 주위에 모여 있던 병사들에게 총탄을 퍼부어 두 명을 부상시키고 세 명을 죽였다. 정찰대는 땅에 내리자마자 위치를 옮겨 적군 25명을 죽였다. 나머지 조선군은 놀란 나머지 재빨리 마을을 굽어보고 있는 가파른 산으로 퇴각했다.

이러한 첫 경험은 나중에 요긴하게 쓰일 수도 있었을 것이나 불행하게도 장수들은 거기서 아무런 교훈도 얻지 못했다. 며칠 후 비슷한 상황에 처했을 때 다시 낭패를 보고 말았기 때문이다. 도무지 이해가 안 되는 점은, 그들은 실패에 대해 반성해보려는 노력조차 하지 않았다는 사실이다.

하루는 교우들이 리델 신부를 황급히 찾아와, 매우 활 솜씨가 좋은 300명의 호랑이 사냥꾼이 강화도 성채 탑^{6}에 잠복하고 있으며 다음 날에는 500명이 더 합류할 것이라는 사실을 알렸다. 선교사는 서둘러 이 사실을 제독에게 알렸다.

즉시 화약고를 폭파시켰고 중요한 무기고들을 파괴했다. 강화도를 육지로부터 갈라놓는 강물의 양편에 있는 모든 조각배를 불태우기도 했다. 그날 하루 160명이 이 공격에 참가했다. 원래는 작은 포들을 가져가기로 결정하였었으나 놀랍게도 출발 순간에 제독은 마음을 바꾸었다.

문제의 그 탑은 가파르고 높이가 100~300미터 높이의 여러 산으로 둘러싸인 계곡 한가운데 위치하고 있었다.

이 산들의 꼭대기는 4미터 높이의 성벽으로 연결되어 있다. 중대는 길 오른쪽을 따라 도착했고, 소대장들은 완벽히 잘못된 판단을 하게 된다. 즉 미리 정찰하러 그곳 사정을 잘 아는 사람 몇 명이라도 보낼 아주 단순한 주의도 하지 않은 채, 소원정대가 우측 산허리를 거쳐 성벽에서 100미터 떨어진 곳에 가서 자리를 잡은 것이었다.

병사들이 몇 발자국 앞으로 다가왔을 바로 그때 조선인들이 전면적으로 공격을 감행했으므로 33명의 부상자를 냈다. 리델 신부는 다음과 같이 말했다.

"총탄이 사방에서 날아와 발밑으로 머리 위로 휘파람 소리를 내며 날아다녔다. 몸을 돌려보았더니 거의 모든 사람들이 엎드려 있었다. 저마다 몸을 숨기기 위해 안간힘을 다하며 총격이 끝나기를 기다렸는데, 나 역시 마찬가지였다."

갑작스레 당한 일 때문에 우리 군사들은 혼란스러워했고, 장교들은 다섯 명이 부상을 당한 채, 겨우 몇 명의 도망병을 수합하여 퇴각로 엄호를 위한 포병단을 조직했을 뿐이다.

제3대 포대 소속 선박의 한 중위는 오른쪽 팔이 부러지고 머스켓 총탄에 맞아 머리를 크게 다쳤는데, 그를 잡으려고 세 군데에서 추격했던 조선인들로부터 기적적으로 겨우 도망쳐 나왔다.

따라서 소중대는 퇴각을 하여 모든 부상병을 메고 여섯 시간 걸어가야만 했다. 다행히 조선인은 감히 자신들의 방공호를 떠나지 못했고 계곡 한가운데로 추격전을 계속하지도 않았다. 그렇지 않았다면 한 사람의 프랑스인도 이 원정으로부터 살아 돌아오지 못했을 것이다. 그들은 성채 위로부터 부상자를 나르는 소중대가 퇴각하는 장면을 지켜보고 있었던 것이다. 이를 보면서 그들은 서양 오랑캐들을 무찌른 승리를 자축하느라 환호성과 야만적인 탄성을 질러대었다.

이 불행한 일이 일어난 다음 날, 장비들을 배에 실었고, 강화읍은 불탔으며 퇴각이 결정되었다! 조선인의 눈에는 이러한 철수가 그저 도망을 치는 것으로 보였으리라. 한두 번밖에는 사용하지 않을 화덕들을 짓고, 시내뿐 아니라 인근 언덕 위에 방어설비 공사를 시작해놓고는, 그처럼 조속히 퇴각을 할 리가 없다고 생각했기 때문이다.

이러한 갑작스러운 해결책을 접한 장교들은 속이 씁쓸했다. 그러나 그날 내려온 「명령서」를 읽었을 때 그들은 너무 놀라 어리둥절해졌다. 거기에는, 그들이 영광으로 뒤덮였으며 조선 원정대는 군사 기록에 영원히 기억될 것이라고 씌어 있었다. 체면을 차리기 위해서라면 제독은 프랑스 선박에 대해서만 아니라 자기 스스로도 좀 더 겸손했어야 마땅했을 것이다.

우리는 「르 모니퇴르」 신문의 보도를 기억하고 있는데, 거기서는 다음과 같이 끝을 맺고 있다.

"조선인은 우리 선교사들을 죽인 일이 처벌 없이 그냥 지나가지 않을 것이라는 사실을 알게 될 것이다."

만일 「르 모니퇴르」 신문이 한국판이 있어 같은 주제를 다루었었다면 틀림없이 다음과 같이 썼을 것이다.

"유럽의 야만인들, 삼색기 국가의 지도자들은 불을 뿜어대는 배를 타고 우리 해안에 내리는 일이 처벌받지 않고 그냥 지나가지 않는다는 사실을 알게 될 것이다. 우리 조선인은 그들로 하여금 자신이 내렸던 것만큼이나 빠른 속도로 자신의 배를 다시 타게 만들었다."

이 경우, 이 두 가지 「르 모니퇴르」 신문 중 어느 편이 진실을 쓴 것일까?

전 함대가 퇴각했던 이 사건은 여전히 불투명하고 밝히기 힘든 문제로 남아 있다. 한편, 제독은 이 원정에 대한 모든 책임을 자신이 홀로 지려고 했던 게 확실해 보인다. 함대가 이미 그토록 큰 불운을 겪었던 그날에야 비로소 해양부 장관의 「의견서」가 그에게 도달했기 때문이다.

해양부 속보에 따르면 "이 사건에 귀하가 개입하니 좋은 일입니다. 그러나 정부를 개입시키지는 마십시오"라고 했다. 이 문서를 읽은 후 제독은 다음과 같이 덧붙였다. "내가 한 일에 프랑스를 개입시키지 않는다. 나는 떠난다."

그는 떠나며 스스로 승리의 종을 울렸던 것이다.

그날 그의 명령은 선포되었고 그때 대여섯 명의 불행한 조선인이 신부를 찾아와 박해의 폭력 정도가 더욱 심해져가고 있음을 알렸다. 이들이 사는 마을의 모든 교우들과 처자식들은 이미 학살되었다.

그러나 그것은 가련한 교우공동체에 닥쳐올 또 다른 불행에 비하면 서곡에 불과했다. 서양 선박들이 수평선 너머로 사라지자 박해자들은 더 이상 한계를 모르고 분노를 분출했다. 그 시점 이후로 모든 법적 절차가 생략되었다. 모든 천주교도는 가장 가까운 감옥으로 끌려가 즉시 목이 졸려 죽었다.

어떤 지역에서는 사형집행인의 검과 도끼가 제대로 잘 들지 않자 새로운 처형기구를 사용했다. 그것은 두 개의 나무기둥을 겹쳐 만든 일종의 기요틴 같은 것이었는데, 위 부분의 나무가 아래 쪽으로 떨어지며 한꺼번에 스무 명 내지 스물다섯 명의 머리를 내리쳐 뭉개버렸다.

또 어떤 곳에서는 매우 넓은 구덩이를 파고는 교우들을 한 명씩 산 채로 밀어 넣고 거대한 바윗덩어리로 짓눌러버리곤 했다. 그렇게 하여 죽이는 동시에 매장을 해버리는 것이었다. 다시 이 이야기를 꺼내지 않기 위해 지금 모두 다루기로 하는데, 이러한 상황이 1868년 말까지 계속되었고, 이 유혈이 낭자한 박해로 7,000~8,000명 정도가 희생되었다고 가늠해볼 수 있으며, 그다지 오차가 크지는 않을 것이다.

아니다, 그때까지 어떤 군사작전도 프랑스 국기에 더 치욕을 안겨주진 않았을 터이고 천주교를 믿는 국민에게 더 불행을 가져다주지는 않았었다.[7] 제독의 해결책을 들은 우리 사도의 고통이 얼마나 컸을지 짐작할 수 있다. 그는 울부짖는다.

"이 얼마나 슬픈 일인가, 제독이 자신의 뜻을 말했을 때 내 영혼은 너무도 잔인한 고통에 사로잡혀 산산히 부서지는 듯했다! 나는 방금 페롱 신부와 칼래 신부가 해안에서 오랫동안 방황하다가 드디어 무사히 체푸에 닿았다는 소식을 접했던 터였다."

리델 주교, 선교지를 다시 떠나다

"이제 조선 땅에는 더 이상 선교사가 한 명도 없다! 나는 바닷가를 바라보고 있었는데, 눈을 뗄 수가 없었다. 언제 우리가 거기 돌아갈 수 있단 말인가? 그리고 폐허만이 남지 않았던가! 우리의 가련한 교우들은 어떻게 될 것인가? 프랑스를 공격한 이후 자만해지고 나름 빛나는 승리를 거두었다고 자부하여 한껏 부풀어 있는 대원군은 모든 것을 불로 피로 내몰 것인데 말이다. 닻을 내리고 있는 며칠간 나는 정말 슬픈 시간을 보냈다. 마음은 씁쓸함에 완전히 젖어 있었다. 동료들을 다시 만날 수 있다는 희망이 어느 정도 나에게 힘이 되었다. 그들이 사태의 상황을 알고 얼마나 유감스러워했는지는 여기에 상술하지 않겠다."

조선에서 일어난 사건은 유럽에서 고통스러운 반향을 불러 일으켰다. 교황 비오 9세[*]는 이 유감스러운 선교지의 불행한 상황을 전해 듣고 슬픔을 감추지 못했다. 그는 새 신자들의 고통을 덜어주고 이토록 어려운 시험에 처한 그들을 격려하며 지상에서 선한 싸움을 싸운 사람들에게 약속되는 보상을 상기시키기 위해 「편지」를 썼다.

교황의 이 「편지」는 조선교회에게는 하나의 찬란한 영광이었다. 교황의 말 속에서, 베르뇌 주교와 다블뤼 주교의 영광스러운 유업을 이어받아야 할 이의 굳건한 믿음과 타오르는 열성을 동시에 기리는 빛나는 증거를 분명히 찾을 수 있지 아니한가?

성부께서는 비록 멀리 떨어져 계시지만 우리에게 말씀하신다.

"투쟁 정신과 기도로 여러분과 함께하며, 우리의 연약함이 허락하는 한 가장 큰 지원을 보내줄 것입니다. 그리고 오랫동안 목자 없이 흩어진 양 떼처럼 여러분이 더 큰 위험에 노출될까 두려워, 되도록 빠른 시일 내에, 해낸 일에 대해 마땅한 영광의 상을 받은 이를 대신해, 그와 동일한 열성과 에너지를 가진 인물을 보내겠습니다."

박해사건 외방전교회 신학교에 전해지다

조선의 상황에 대해 상세히 보고한 리델 신부의 「서한」이 외방전교회 신학교에 도달했을 때는 9월 초순 방학 기간이었다. 선교사 지망생은 뫼동[9]의 신학교 지방숙소에 가 있었다. 저녁에 교장이 이들에게 조선에서 동료 9명과 주교 2명, 그리고 7명의 선교사가 예수 그리스도를 위해 피를 흘렸다고 전했다.

이 영광스러운 소식에 기쁨의 환호성이 모든 가슴 가슴으로부터 분출되었고 곧 성모 마리아를 보호하고 있던 커다란 단풍나무 가지도 빛을 발했다. 이들은 다음과 같이 테 데움을 아홉 번 반복되는 기원과 함께 노래했다. "순교자의 여왕이시여, 우리를 위해 기도하소서."

그리고 미래의 선교사 중 하나는 즉석에서 영광스럽게 죽은 자를 기리는 「찬미가」를 만든다.

칼은 그들의 숙인 목을 잘랐고,

땅은 그 피를 받아 마시고 영양을 취할 수 있었다.

추수의 하늘나라를 위해서는 흰 꽃, 사랑의 꽃,

이해 못 하는 자들의 눈에는 그들이 죽은 것같이 보인다.

오, 그대, 조선으로부터 날아온 경탄할만한 첫 열매의 맛,

아침이 되자마자 떨어진 칼날 아래

천국의 성찬이 차려진 잔치에 초대되어

끝없는 찬송의 조화로운 목소리.

앵베르, 모방, 샤스탕, 김, 성직자의 꽃들이여,

그대 모두, 주님의 손으로 수확한 이삭들

거룩한 행렬이여, 그들의 승리의 행진을 인도하소서.

영원한 행복이 깃든 영광스러운 체류를 위해.

오! 당신의 술잔에 마시는 것은 얼마나 단가,

오, 나의 예수!

오! 형벌을 받으며 걸어가는 것이 얼마나 아름다운가,

당신이 선택한 자들을 위해 !

복된 병사 나는 경기장으로 내려간다,

나의 믿음의 원수를 갚으러,

추방지로부터 나는 사슬이 풀리는 것을 본다,

당신께 날아갑니다.

성자들의 땅, 용감한 조선,

눈물을 닦으라.

기쁨의 시대는 이미 준비되었다,

그대의 불행에 힘입어.

어두운 카타콤의 밤이 지나가고

그리고 한숨도 지나가고,

소망이 빛나고 그대의 순교자들의 무덤들 가운데

그대 그것을 맞으리.

제11장

리델 신부의 상하이 체류

대중의 눈길이 아무리 무심하다 해도 선교사의 희생이라는 위대함은 절대 눈치 못 채고 그냥 지나칠 수 있는 것이 아니다. 조국에 대해 영원한 이별을 고하는 순간에 그는 자신을 기다리고 있을 시험에 대해 아무것도 알지 못한다. 여행으로 인해 궁핍한 상황, 고통, 아마도 죽음까지도 겪게 되리라는 것, 믿지 않는 땅에서 십자가를 등에 지고 그것을 피로 붉게 물들게 할 수 있으리라는 것은 안다. 그는 이 모든 것을 자신의 의지로 기꺼이 받아들이며 예수 그리스도의 이름을 위해 고통 받을 자격이 있다고 인정받았음에 자신이 복되다고 여기는 것이다.

그러나 리델 신부가 예상하지 못했던 일 탓에, 그의 영혼은 주님이 마지막 순간에 겪었던 단말마의 고통과 같은 슬픔에 빠지게 되었는데, 즉 사랑하는 모든 것으로부터 떨어져 이토록 아까운 시간을 허송세월 하는 느낌이었다. 그는 1867년 초 다음과 같이 쓰고 있다.

"제가 얼마나 고통스러울지 상상할 수 있을는지요. 저는 브르타뉴에도 조선에도 있지 않습니다. 브르타뉴와 조선은 둘 다 너무 사랑하는 곳인데, 브르타뉴를 떠난 것은 조선에 가기 위해서였고, 만일 조선을 떠난다면 그것은 하늘나라로 가기 위함인 것을…….

이제 저는 저의 모든 것을 바쳤던 땅에서 쫓겨났습니다. 그 땅은 저를 밀어내고 거부하지만 저의 눈길과 마음은 여전히 그곳을 향해 돌아갑니다. 사정이 여의치 않아, 싫증이 나서, 어려운 상황으로 인해 아직도 더 오래 기다려야 한다면 인내를 가지고 기다릴 것입니다. 하늘이 제게 맡긴 소임이 그곳에 있으니까요. 하느님이 제게 맡겨주신, 그리고 제 마음속에 늘 간직하고 있는 자녀들이 거기 있는데, 그들을 위로하지도 다시 보지도 못합니다.

그렇다 하더라도, 그 가여운 자녀들, 오! 얼마나 사랑하는지! 그들 가운데 거하기 위해, 그들의 곤궁을 덜어주고 천국의 길을 가르쳐주기 위해 저는 기꺼이 제 피를 다 쏟을 것입니다."

날이 가고 달이 지나가도 선교사는 항상 같은 생각에 사로잡혀 있다. 귀중한 선교지는 그가 생각하고 일을 함에 있어 추구하는 오로지 단 하나의 목적이다.

그가 추방되었고 건강도 무척 나빠졌다는 사실이 브르타뉴에 알려졌을 때, 고향 사람은 그에게, 찬란한 고향의 매력을 보여줌과 동시에 거기에 항상 그를 기다리는 열린 팔과 마음이 있다는 사실을 상기시켜주었다. 이때 성스러운 선교사 역시 마음을 열어 이야기함으로써 완전히 자신의 속내를 드러냈다.

추억과 소망

"나는 아무것도 잊지 않았습니다. 아직도 우리가 함께 거닐었던 길, 큰 도로가 가로지르고 기찻길이 망가뜨려 놓은 오솔길이 눈에 선합니다. 그 바위들·모래사장·고목들, 나는 여기서 그들에게 인사를 보냅니다. 그러나 여러분이 언급했던 그 변형이라는 것이 나로 하여금 두려움에 얼어붙게 합니다. 초원들, 밭, 어린 시절 놀의 추억, 어머니를 따라 그토록 자주 걸어갔던 교회 가는 큰길, 함께 행복한 시절을 보냈던 그 집…… 모든 것이 변했거나 파괴되었습니다. 큰 바위·작은 벽·큰 호두나무·버드나무·밭의 내음이 서려 있던 공기까지, 모든 것이 사라졌습니다.

이미 나는 이방인처럼 보일 터인데 거기서 무엇을 할 수 있을까요? 오! 여러분을 가슴에 꽉 끌어안고 무덤 위에서 울까요! 그러나 여러분도 알다시피 똑같이 소중한 친구 둘이 있어도 그중에서 더 불행한 이에게 모든 것을 바치는 걸 절대 주저한 적이 없습니다.

이제 이해하시겠습니까? 친구가 잘 지낸다는 것을 알아도 멀리 떨어져 있는 건 슬프지요. 그러나 견딜 만은 합니다. 불행하게 지내는 줄 뻔히 아는 친구와 멀리 떨어져 있을 때, 그 고통을 함께 나누지 못하는 아픔, 그것이 한층 더 심하다는 것을 알고 계십니까? 조선의 가련한 교우들, 불쌍한 고아들, 그들을 위로해주고 그 영혼이 필요한 것을 가져다줄 신부가 한 사람도 없답니다. 내 영혼이 왜 이다지도 쓸쓸함을 느끼는지 이해하시겠습니까?

여러분은 너그러운 천주교도입니다. 그렇다면 이제 내 자리, 예수 그리스도의 병사인 내 자리가 어딘가 한번 말해보십시오. 이 소중한 새 신자들은 내게 아버지라는 이름을 주고 나는 그들에게 어머니와 같은 마음을 가지고 있습니다. 어머니가 자기 자식을 불행 가운데 내버려두는 법이 있습니까? 빼앗긴 새끼들이 쇠 우리에 갇혔다면, 어미 사자는 밤에 와서 그들을 구출하기 위해 주위를 배회하다가 자신이 무력하다는 것을 알게 되면 그들 옆에 누워 새끼들

보는 것으로 만족합니다. 어미 사자도 그러하거늘 하물며 성직자인 내가, 예수가 보내신 사제인 내가!

이제 도대체 내가 할 수 있는 일이 무엇일까요? 기다리다가 때가 도래하면 선교지로 다시 돌아가 일을 하는 것이지요. 충직한 일꾼과 마찬가지로 덤불이 점령해버린 밭을 개간합니다. 좋은 의사와도 같이 이 가련한 영혼의 상처에 붕대를 감아줍니다. 선한 어머니처럼 그들을 가르치고 사랑합니다."

선교사는 한마디 불평도 없이 전혀 중얼거리지도 않고 이 새로운 시험을 받아들였지만, 얼마나 힘든 시련이었을까! 용맹한 병사에게 조국의 불행에 참석하도록 처해진 형벌이 아니던가? 그가 할 일은, 적군이 그의 눈앞에서 폐허·비탄·죽음을 자행하는 동안 그자리에 꼼짝 않고 팔에 무기를 든 채 머물러 있는 것이다.

자기 자식들이 위험에 처한 상황을 보고 그들의 구조 요청 소리를 들으면서도 구해줄 수 없는 어머니가 당하는 형벌이 아닐는지?

그는 선교사이고, 갖가지 쓸쓸함은 맛보지만 기쁨이라고는 한가지도 맛보지 못한다. 고통에는 매력을, 위험에는 이끌림을, 추방이라는 빵에는 깊은 풍미를 더해주는 위로도 전혀 맛보지 못한다.

이제 그가 새롭게 마주친 국면을 좀 더 자세히 살펴보기로 하자.

프랑스가 실패했던 조선 원정 이후 리델 신부는 상하이 교구로 돌아와 체류하고 있었다. 그는 프랑스가 빨리 실패를 딛고 일어서는 한편, 미국과 영국이 곧 조선 해안가에서 폭풍으로 인해 던져지고 현지 주민들에 의해 비겁하게 학살된 자국 선원들의 죽음에 대한 복수를 해줄 것을 희망하고 있었다.

가까운 미래에 유럽과의 무역을 개방하는 국제조약이 체결되어, 그에 따라 종교의 자유를 규정하는 것을 이미 그는 내다보고 있었다. 그렇게 된다면 선교지에 돌아가 자신의 삶을 바치는 것을 다시 시작하는 것이 더 쉬워질 것이다. 그러나 그 목표가 실현되기 위해서는 여러 해가 더 흘러야만 했던 것이다.

그렇다고 해도 선교사의 이러한 생각은 너무도 당연한 것이었고, 유럽 국가들, 특히 프랑스와 영국은 현재까지도 이제 겨우 자국을 위해 조선, 아니면 적어도 조선의 몇몇 항구에서라도[1] 자유로운 무역을 할 권리를 얻어내려는 생각조차 하지 않음에 놀라울 따름이다. 일본인은 좋은 결과를 얻어내었다. 왜 유럽 정부들은 조차지를 얻으려고 시도하지 않는 것일까? 조차지는 얼마 지나지 않아 영향력을 발휘할 것이 틀림없을 터인데 말이다.

조선 백성도 외국인에게 나쁜 감정을 가지고 있지 않다. 이들은 오히려 중국인보다 더 개방적이라고 할 수 있어, 조선인은 덜 뻔뻔하고 모든 종류의 개선과 발전에 대해 적개심도 덜 가지고 있으며, 지구상 나머지 땅 위에 살고 있는 오랑캐에 대해 그리 병적인 우월 감을 가지고 있지 않다. 단지 정부만 반기를 들고 있는데, 이는 국 가를 유지하는 데에는 이러한 고립과 대중의 무지 상태가 필요하 다고 믿고 있기 때문이다.

1867년 1월 리델 신부는 자신의 건강 상태로 인해 거의 두문불 출을 해야 하는 지경에 놓이게 되었다. 그러나 그에게는 휴식의 시 간을 알리는 종소리가 아직 울리지 않았다. 그 종은 하늘나라에 가 서야 울리게 될 것이다. 그의 시간은 하느님과 선교지에 속해 있고 그중 작은 부분이라도 떼어내어 여유를 가질 권리가 없는 것처럼 보였다. 따라서 자신에게 맡겨진 영혼을 위해 긴 고통의 시간, 즉 그가 이르듯 여가시간을 사용했다.

그는 『조선어 문법』과 『한불사전』 편집에 필요한 모든 기록과 자료를 수집하는 작업에 착수했다. 조선 철학 연구의 길을 열게 될 이 기념비적 문헌에 대해서는 여러 해 동안 수고가 필요했는데, 그 수고가 얼마나 컸던지! 이 열성적인 선교사는 이에 대해 우리에게 이렇게 말할 것이다.

유배지에서 짊어진 선교사의 과업

"여기서 나는 늘 방 안에 갇혀 지낸다. 이곳에서 나의 관심을 끄는 것은 아무것도 없다. 끊임없이 사랑하는 조선을 생각하고, 그 생각을 계속 유지하기 위해『조선어 문법』과『한불사전』편찬 작업을 했다. 이미 많은 자료를 수집하였지만 그것은 방대한 작업이었다. 유용한 자료의 상태로 약간 손을 보기 위해서만도 몇 개월이, 그를 완성하는 데에는 몇 년이 걸릴 것이다. 여러 가지 어려움과 자료가 부족하더라도 나는 이 작업의 완수를 희망하고 있다.

그러나 얼마나 무미건조한 일상인가! 참으로 무미건조하기 짝이 없다! 너무나 여기에 골몰한 나머지 친구들에게「편지」를 쓸 때조차 내 생각은 자연스럽게 이 일로 돌아올 정도다. 내「편지」들은 그 결과를 반영할 것이므로 분명히 매우 차갑고 인정머리 없어 보일 것이 틀림없다."

조선에서는 외국인을 위한『문법서』를 한 번도 집필할 적이 없다. 이러한 상황에서 리델 신부는 자신 스스로 모든 일을 진행했다는 데 더욱더 그 의의가 있을 것이다.

4월이 되자『문법서』가 완성되었음을 알렸다. 물론 그것은 초안에 불과했으나 이미 대단한 작업이었다. 이 첫 번째 작업 덕택에 순교자를 대신할 새로운 세 선교사 블랑 신부[2], 마르티노 신부[3], 리샤르 신부[4]가 자신이 일할 나라의 언어 공부를 도착과 동시에 시작할 수 있었다. 그리하여 이들은 조선 땅에 발을 딛자마자 사도의 생활을 보다 효과적으로 착수할 수 있었다.

두 달 후 리델 신부는, 일본 교구장 프티장 주교[5]가 보낸 「서한」을 통해 조난을 당한 조선인 여러 명이 일본 선박에 의해 구조되었다는 사실을 알게 되었다. 이들은 나가사키(長崎)에 머물렀고 고국으로 돌아갈 적절한 기회만 엿보고 있었다.

한편, 미국과 프랑스가 동맹체제를 구축할 때까지 더 오래 기다리는 것은 무모한 일일 수도 있었다. 양국 중 어느 쪽도 자국 진영의 영광을 드높일 생각을 하고 있지 않았다. 조선에 들어가기 위해 선교사들은 하느님의 섭리밖에는 믿고 의지할 게 없었다. 그리하여 이들은 결정을 내리게 되는데, 리델 신부와 마르티노 신부는 배를 타고 일본으로 떠나는 한편, 칼래 신부는 체푸를 경유하여 만주로 가기로 한 것이다.

뭔가 방도를 찾아야 했는데, 즉 선교지로 직접 잠입하든지, 아니면 몇 명의 교우와 연락체계를 수립하는 것이었다. 그리고 만날 장소와 시각을 정한 후 신속한 귀환을 보장하기 위해 필요한 모든 준비를 할 작정이었다.

우리 선교사의 건강이 좀 나아졌다. 그는 라르크앵시엘[6]이라는 세돛대 범선에 몸을 실었다. 존경하는 일본 교구장 주교님께서 그를 매우 따뜻하게 환영해주셨다. 두 사도는 10년 전 파리에서 만났고 그 후 상당히 친밀한 관계를 유지하고 있었다. 이들은 전 세계의 수도에 위치한 성 베드로의 묘 옆에서, 머지않아 다시 만나게 되리란 사실을 당시로서는 상상조차 할 수 없었다.

도착한 지 얼마 지나지 않아 리델 신부는 이번 여행이 별로 쓸모가 없음을 인정했다. 조난을 당했던 조선인은 육지에서 약 30리 떨어진 큰 섬 켈파르트(Quelpaert: 제주도)의 불쌍한 주민들이었다. 이들은 조선을 뒤흔들었던 심각한 사건에 대해 별로 관심이 없었으므로 이러한 이교도를 따라 선교지로 들어간다는 것은 부주의한 일이라는 생각이 들었다. 따라서 남쪽으로 잠입하려고 했던 모든 시도를 포기했다.

일본 여행…… 나가사키

일본을 떠나기 전에 선교사의 친절한 초대를 수락하는 게 좋을 듯하다. 그토록 우쭐대는 이 나라를 그와 함께 빨리 훑어보면 어떨까? 그는 우리에게 말한다.

"발코니 앞으로 와서 이 소파에 앉아보세요. 얼마나 아름다운 나라인가요! 당신 오른쪽 50보 떨어진 곳에 성 베드로—바티스트[7]와 일곱 명의 순교자에게 봉헌된 교회가 있습니다. 이것이 일본의 대성당입니다. 왼쪽에는 복자(福者)들이 십자가에 달렸던 거룩한 언덕이 있습니다.[8] 이제 언덕 꼭대기를 보면 진짜 궁전같이 생긴 집들이 있는데, 유럽의 영사관과 무역상인이 묵는 숙소지요. 이들은 절·탑·소박한 일본식 주택들을 압도하고 있습니다! 이곳에서 여러분은 아마 길 한가운데 인도가 있는 걸 보고 무척 놀랄 겁니다! 그 까닭을 알아맞혀보시렵니까? 일본에서는 아무리 황제라 할지라도 마차를 타고 산책을 하지 않기 때문이죠.

이 나라를 돌아다니다보면 마치 조선의 남쪽 지방에 와 있는 것 같은 기분이 든다. 대나무 숲으로 무성한 산들, 논으로 덮인 비옥한 계곡. 모양새는 꼭 같은데 아마도 여기가 조금 더 비옥한 것 같기도 하다. 일본인으로 말하자면 유럽에서 생각하는 것과는 퍽이나 다르다! 아직도 어린아이, 특히 정신연령이 낮은 아이라고 할 수 있다.

나는 조선사람이 더 좋다. 아무도 내 의견에 동의하지는 않겠지만 그 누가 판단을 내릴 수 있으리오? 조선인은 일본인보다 더 강하고 청결하며 아마도 더 가난할지는 모르나 그렇다고 해서 덜 행복하지도 않은데, 일본인만큼 솜씨가 좋고 더 신중하며, 영리하기는 마찬가지여서 교만하기가 일본인보다 덜하지도 않다."

상하이 귀환

가을이 시작될 즈음 리델 신부는 온전히 철학적 연구에 몰두하며 상하이에 머물고 있었다.

그는 이 유배생활의 끝을 알 수가 없었다. 그리하여 일의 단조로움을 깨고, 주로 젊은 사제가 사도 생활에서 마주치는 시험으로부터 보호하기 위해, 추억을 떠올려 모아서 『조선 선교사 행동지침 정보』[9]라는 제목으로 한 권의 책을 엮었다. 이 작은 책은 블랑 주교가 얼마 전 출간한 『조선 선교 관례집』[10] 가운데 상당한 부분을 차지하고 있다.

이 정보서는 교우공동체 관리와 임무 수행 때 행동 방식을 일러주는 동시에 선교사에게 자신이 맡은 임무에 대해 더 폭넓게 깨우쳐주고, 이들이 복음화하고 있는 국가의 관습과 풍속에 빨리 친숙해질 수 있도록 돕는다. 이 나라 백성에게는 다양한 관습과 예절 형식이 매우 중요하고 그 민감성을 제대로 파악해야 하므로 매우 귀중한 정보라 할 수 있겠다.

독자는 아마도 1866년부터 조선에서 일어나고 있는 일을 흥미롭게 받아들일 수 있을 것이다.

리델 신부가 중국에 함께 데려왔던 조선인 중 두 사람은 지난해에 조선으로 돌아간 터였다. 그들은 12개월 후 천상의 왕국에 다시 돌아와 신부들에게 매우 흥미로운 이야기를 들려주었다. 우리는 그 내용을 칼래 신부의 「편지」에서 빌려오기로 한다.

조선인은 프랑스 함대의 증기선들을 보았다. 자신의 천재성을 믿어 의심치 않았던 이들은 비슷한 배를 건조하고 심지어 유럽 시스템을 더 보강하기로 했다. 노동자들은 즉시 작업에 착수했다. 이들 눈에 너무도 쉬워 보였다. 증기선이 다른 선박들과 차별되는 점은 당연히 바퀴와 굴뚝밖에 없었기 때문이다.

조선인이 증기선을 만들다

한 해 동안 쉴 새 없이, 국내에서 가장 솜씨가 좋은 일꾼을 불러 모아 작업을 계속한 끝에, 그 유명한 세 척의 조선 증기선이 서울 성벽을 둘러싼 강물에 진수되었다.

조선의 관례에 따르자면 국왕은 1년에 한 번밖에는 도성을 벗어나지 않는다. 그때가 마침 왕이 나들이 나오기 전날이었고, 이 나들이의 목적은 자연스럽게 최근 건조된 세 선박을 방문하는 것으로 되어버렸다. 왕은 선박을 감상하고 백성에게 진수식 광경을 보여주고 싶어하는 것처럼 보였다. 단지 대원군이 지정한 장소까지 가기 위해서 세 척의 선박이 1리 정도를 이동하여야만 했다.

세 척의 배에는 굴뚝과 거대한 바퀴가 달려 있었고 내부에는 많은 손잡이와 핸들 등이 달린 장치를 설비해두었었다. 이 모든 장치를 작동시켜야 했는데 그러나 그건 어려운 문제였다.

첫 고동이 울려 퍼지자 선원들이 떼를 지어 배의 옆구리 쪽으로 몰려가 그 유명한 바퀴의 손잡이를 잡고 움직이려고 갖은 힘을 다 썼다. 증기선은 꼼짝하지 않았다. 힘에 부친 선원들은 다시 작업에 착수했는데 구슬땀을 줄줄 흘리고 있었다. 소용없는 일이었다. 소리 지르고 살펴보고 기술자들이 제시하는 모든 방법을 써본다. 꼼짝하지 않고 버티고 서 있는 선박은 어떤 사람에게는 화가 나 지르는 큰소리를, 또 다른 사람에게는 웃음과 조롱을, 그리고 모든 사람에게 놀라움을 자아내었다.

결국 굴뚝이나 바퀴가 증기선에 그리 큰 소용이 되지 않는다는 사실을 인정하고 그냥 단순한 여느 배들처럼 케이블을 사용하여 움직이기로 결정해야 했다. 더욱이 사람들이 그렇게 애를 썼는데도 이 선박들을 1리쯤 움직이는 데 사흘이나 걸렸다. 조선의 천재성이 낳은 기막힌 작품이 아니던가!

배들이 도착하자 수군이 승리하는 현장을 재현했다. 반쯤 부서지고 몇 해 전부터 강가에 버려져 있던 낡은 쪽배 한 척은 유럽 함대를 상징하고 있었는데 암묵적으로 그렇게 하기로 약속이 되어 있었다. 조선의 배들은 다음과 같은 상황을 연출했다. 배의 지주대

밑 긴 대나무 통에 숨겨진 줄을 매단 화약통을 묶어놓는다.

왕이 명을 내리면 점화가 되고 줄은 타 들어간다. 잠시 후 흥분한 군중의 갈채 속에 가련한 쪽배의 파편들은 강물에 산산이 흩어진다. 왕은 소리친다.

"자, 내 나라에 쳐들어오는 모든 오랑캐의 배들은 이렇게 처단할 것이다!" 이렇게 말하고 왕은 궁으로 돌아간다.

군함이라고 명명된 그 세 척의 선박은 1868년 봄 미국 선박이 조선 연안에 나타났을 때까지도 그 승리를 연출한 연극 공연장에 그대로 남겨져 있었다. 조정에서는 군함 세 척에게 미국 군함에 대항해 출정할 것을 명령했다. 불행하게도 그 경로가 짧지 않아 적어도 10리 정도는 되었다.

따라서 그 명령은 별로 달갑게 받아들여지지 못했다. 작업에 착수는 했다. 많은 도움과 각종 크기의 케이블들에 힘입어 목적지까지 석 달이 걸려 주파했다. 미국 증기선은 이미 오래전에 떠나고 난 뒤였다. 조선인들은 "우리 배를 무서워한 게 틀림없어"라고 말했다. 현재 이 세 척의 배는 강화 성벽 아래에 정박하고 있는데 너무 가까이 접근하는 자들에게는 불행이 있을지어다!

조정 대신들은 그렇게 해군 개혁을 하는 동시에 천주교도에 대한 박해의 정도도 배가하고 있었다. 더 이상 체포하여 격리시키는 것이 아니라 집단적으로 추방했다. 천주교 공동체의 남은 세력을 완전히 소멸하려는 의도였다.

지방에서는 교우들이 심문과 고문을 받았고 한양에서는 교우였다고 알려졌던 자들이 모두 흩어졌다. 많은 수의 신자들이 커다란 고통을 겪으며 위험에 처해 있었다. 이교도는 이 기회를 틈타 얼마 되지도 않는 이들의 재산을 갈취했다. 새로운 법은 모든 이민자가 도착하면 이들이 천주교도인지 확인하기 위해 거주지 수령 앞에 출두하도록 명했다.

선교사에게는 이것도 극복할 수 없는 어려움으로 비쳐질 수는 없었다. 그들의 열성을 줄어들기는커녕 그러한 어려움은 오히려 너무나 소중했던 새 신자들을 다시 보고자 하는 욕망을 불태웠다. 따라서 조선에 잠입하기 위해 다시 시도해 보기로 결정했다.

제12장

조선 귀환 시도

한 나라의 국왕이 원정대를 지휘할 때 최선의 함대로 많은 전투를 치르게 된다. 살상무기는 폐허 조각과 주검을 공중으로 멀리 날려버린다.

맙소사, 어쩌면 이토록 대조되는 상황이란 말인가! 예수 그리스도의 이름으로 대 조선 왕국을 점령하러 온 군대는 군사가 단지 여섯 명에 불과하다니. 왕이 사는 궁궐과 신을 모시는 사찰 위에, 이 여섯 사람이 자국 군주의 기반을 다지기 위해 가진 거라곤 고작 손에 든 십자가 하나와 마음속에 크게 품고 있는 사랑뿐이다.

그 후로 여러 해 동안 이들은 조선의 국경을 넘을 수는 없을 테지만 잠입 시도는 계속될 것이다. 한 사람의 선교사라도 거기 들어가 쓰러진 십자가를 일으켜 세워야 한다는 걸 알고 있고, 또한 우주의 다른 곳과 마찬가지로 그곳에서도 그리스도가 승리하고 지휘하며 다스려야 한다는 것을 알고 있기 때문이다.

이것이 현재 베드로의 파견자들이 우리에게 전해오는 감동적인 광경인 것이다. 이들이야말로 진정한 믿음을 본받는 자요, 교리를 수호하는 제자들이 아니던가? 이들은 기도했고 결정이 내려졌으므로 떠나는 것이다.

과연 이들이 성공을 거둘 수 있을까? 그것은 하느님만 아시는 비밀이다. 1868년 6월 29일 페롱 신부는 선교지로 잠입하기 위해 조선의 북쪽 파시에트로 길을 떠난다. 동시에 칼래 신부, 마르티노 신부, 그리고 리샤르 신부는 피엔 멘 국경을 통해 조선의 교우들과 연락을 취하기 위해 랴오둥에서 모인다.

한편, 리델 신부는 블랑 신부와 함께 체푸에 도착한다. 거기서 심사숙고 끝에 바다를 통해 당장 돌아갈 모든 방법이 불가능하다는 것을 인정하고, 교우들이 신부를 만나러 올 장소를 정확하게 정하기 위해 자신을 따르는 세 명의 조선인과 함께 길을 떠나기로 결심했다. 그러나 이 계획은 실현될 수가 없었다. 마지막 순간, 중국인들이 조선 연안에 닿았을 때 자신들의 생명을 위협할 수도 있을 유럽인을 배에 태우기를 거절했기 때문이다.

이 모든 언짢은 훼방꾼 같은 사건들로 인해 선교사는 우울했으나 용기를 절대 잃지 않았다. 한 친구에게 보낸 「편지」를 통해 우리는 당시 그의 감정상태를 알 수 있다.

"나는 주를 위해 모든 것을 떠났네. 정말 큰 희생은 떠나는 순간이었다. 하지만 우리의 선교 과정 중 하느님이 일으키신 수많은 개종과 교우들의 열성, 그리고 선교사에 대해 그들이 보여준 애착과 사랑으로 마음속에 부어주시는 풍성한 위로들이 커다란 보상이 되었다고 나는 감히 말할 수 있네. 하느님은 당신의 영광을 위해 우리가 떠났던 것에 대해 100배로 갚아주시는 것 같아.

갑자기 그의 손길이 우리 위에 내려져, 동료 중 아홉 명은 승리의 종려나무 잎을 쟁취하여 이제는 하늘나라에서 면류관을 얻었지. 나는 도대체 그와 비슷한 어떤 영광을 얻을 수 있을까! 거의 그렇게 될 뻔도 했지만 아직은 부족한 점이 많지.

그때 이후로 쫓기고 추격당해 나는 쓸모없는 인간이 되어버렸고 이제 우리의 선교지는 잔인할 정도로 굳게 닫혀버린 것같아 보이네. 그러나 이제나저제나 무기 들어올릴 때만 기다리고 있는 보초와 같은 기쁨으로 팔에 무기를 들고 준비한 채 있네. 어찌 됐든 나는 희망을 잃어본 적은 없어. 시간이 필요해. 갑작스레 그 순간이 오면, 가련한 선교지의 폐허를 복구하고 교우들을 구해내고 순교자들의 뼈를 수거할 것이며, 또 하느님 보시기에 기쁘다면 그들의 뒤를 따를 것일세."[1]

선교지의 우두머리 리델 신부

다른 선교사들의 시도 역시 그보다 더 만족스럽지는 못했다. 페롱 신부는 곧 자신의 일을 포기하고 프랑스로 떠나야 했다. 하느님께서는 그에게 다른 전장에서의 다른 싸움을 준비하고 계셨다. 떠날 때 그는 리델 신부의 손에 이제까지 용감하게 수행해냈던 우두머리 자리의 직분을 넘겨주었다.

우리의 거룩한 선교사는 자기 자신에 대해 늘 겸허한 생각을 가지고 있었으므로 이러한 신념의 표지는 그를 두려움에 떨게 만들었다. 지휘를 가장 잘할 수 있는 자란 가장 잘 순종할 줄 아는 자라는 사실을 그는 분명 잊고 있었음이 틀림없다. 이렇게 임명을 받은 그는 외방전교회 신학교 교장들에게 「편지」를 썼다.

"저는 앞으로 있을 고통과 어려움을 잘 알고, 새로운 임무의 무게를 느끼고 있으나, 새로운 대목(代牧)[2]의 존재에 대한 필요성이 점점 더 절실해지는바, 저는 그러한 분이 임명되어 도착할 때까지 우리 주님의 영을 따라 이 임무를 완수하기 위해 모든 노력을 쏟아 부을 것입니다."

그가 처음 착수한 일은 모든 동료 사제를 소집하여 총회를 연 것이었는데, 선교의 미래를 위해 어떤 조치를 취하는 것이 좋을까 연구하기 위해서였다. 그는 지체하지 않고 선교사들이 노트르담 데 네주(Notre—Dame des Neiges)³라고 명명한 만주의 작은 마을인 차쿠(盆溝)⁴로 향한다. 이제 이들이 순교자들을 대신하여 중단되었던 과업을 재개할 적당한 시기와 기회를 기다리는 곳은 바로 이곳, 선교지와 맞닿은 국경에서다.

조선 천주교회의 제2대 교구가 세워졌던 곳은 바로 이 허름한 마을에서인데, 이곳은 높은 두 개의 산으로 둘러싸였고 그 정상이 눈 가운데 하늘을 향해 뻗어 있으며 사로(Sa—Heu) 연안에 위치하는데, 영하 22도의 추위에 꽁꽁 얼어붙어 있다.

이 작은 모임이 아마도 크게 빛날 일은 없을는지 모르지만 중요하지 않았던 것은 아니다. 리델 신부가 이미 기록해두었던 전교 규칙은 상세하게 검토한 후 승인되었다. 그러고 나서 교우들을 구하기 위해 가능한 한 가장 빠르게 도달할 여러 가지 방법을 모색했다. 봄이 되자마자 두 명의 선교사가 김 프란체스코라는 교우의 인도 아래 조선 연안에 가기로 결정했다. 그는 우선 혼자 내려 정보를 얻으러 갈 것이다. 상황에 대한 소식이 좋고 위원회에서 요구하는 모든 사항들이 보장될 경우 신부들은 차례로 상륙할 수 있을 것이다.

칼래 신부와 마르티노 신부는 이러한 위험한 시도에 선택된 데 대해 몹시 기뻐한다.

노트르담 데 네주의 직책

그러는 동안, 조선 선교사들은 노트르담 데 네주에 정착하는 대로 즉시 '금지된 왕국'을 열어줄 수 있는 모든 정보를 수집하고, 그들의 풍습에 익숙해지며 언어와 법을 학습했다. 특히 신심 어린 기도와 실행으로 이들이 겪게 될 끔찍한 시험을 감당할 용기를 갈고 닦아야 했다.

만주의 관문인 이 문명 기지가 어떠한 곳인지 보여주기 위해서는 예술가의 영혼과 붓이 필요할 것이다. 기독교 문명의 최전방인 이곳에 진리와 과학의 수호자로서 와 있는 용기 있는 프랑스인에 대한 찬미로 감동을 받지 않을 수 없다. 이들은 이같이 위대한 사상을 구현하는 화신으로서 모든 나라에서, 그리고 하늘 아래 어느 곳에서든지 영광과 존경을 마땅히 받을 자격이 있다. 가장 위험한 지역에 문명의 인도자들을 파견하는 일은, 우리 조국으로서는 가장 순수한 영광 중 하나가 아닐까?

리델 신부는 그에게 맡겨진 높은 직분의 사명을, 가능하다면 더욱더 하느님을 위한 사역에 온몸을 다해 헌신할 기회로밖에는 여기지 않았다.

소모임을 막 끝내자마자 신임 대목은 차쿠를 향해 길을 떠났다. 1년 중 그러한 절기에 여행하는 것은 하등 아무런 매력이 없었다.

중국인이 모는 나귀 한 마리가 끄는 보잘것없는 마차를 상상해 보라. 달리는 도중 가끔 어떤 곳에서는 마부가 밭고랑으로 나귀가 뛰어가도록 한다.

한 걸음 뗄 때마다 큰 충격이 온다. 대개는 그 고통이 너무 크기 때문에 탑승자는 마차에서 내릴 수밖에 없는데 중국인 마부에게는 큰일 날 일이다. 마차와 배를 이용하는 이 여행은 보름 동안 계속되었지만 선교사들의 궁핍을 온전하게 완성시키기 위해서는 그것도 필요한 것이었다.

1869년 4월 14일 리델 신부는 선교에 관련된 여러 가지 일을 해결하기 위해 상하이에 들렀다. 거기서 그는 칼래 신부가 자신의 근무지로 돌아갈 배를 사지도 임대하지도 못했었다는 사실을 알게 되었다.

조선 해안에서 청어잡이 문제로 조선인과 중국인 사이에 분쟁

이 일어났던 터였다. 중국 쪽 배들은 이미 귀환해 있었는데 어떤 값을 치른다 해도 다시 바다로 나가려고 하지 않았다. 사도의 애타는 심정이 이해가 간다.

그는 친구들에게 다음과 같이 쓰고 있다.

"이 소식이 나를 몹시 괴롭히지만, 용기를 잃지는 않습니다. '희망이 사라진 때에도 희망하면서!'⁵ 나는 랴오둥으로 돌아가는 즉시 약속을 정할 것입니다. 우리가 전에 사려고 했던 한국 쪽배가 도착하기를 기다리는 곳은 마치 바다 한가운데에 홀로 떠 있는 바위와도 같습니다. 아직은 하나의 계획에 지나지 않으며, 검토해야 할 계획의 작은 씨앗입니다. 우리는 곧 새로운 대목 주교님을 뵙거나 혹은 적어도 그를 임명했다는 소식을 듣기를 희망합니다."

노트르담 데 네주에 돌아오자 새로운 고통이 그를 기다리고 있었다. 만주를 떠날 수밖에 없었던 칼래 신부가 얼마 전 프랑스로 돌아가는 배를 탔다는 것이었다. 과로, 갖가지로 계속된 궁핍한 생활이 이 용감한 선교사를 무력하게 만들었다.

리델 신부, 조선을 향해 떠나다

며칠 후 리델 신부는 하느님의 은총과 거룩한 천사의 보호에 자신을 맡긴 채 블랑 신부와 함께 조선을 향해 길을 떠났다. 그의 말에 귀를 기울여보자.

"5월 28일 금요일 아침, 블랑 신부와 나는 노트르담 데 네주를 떠나 조선으로 길을 떠난다. 두 동료와 중국 교우들의 환송을 받은 후 말에 올라 바다로 향한다. 조선인은 우리보다 먼저 짐을 가지고 떠났었다. 이들 중 두 명은 남아서 한 시간 동안 우리와 함께 길을 간 후, 눈물을 흘리면서 작별 인사를 한다. 나는 이들을 다시 보기 위해 몇 번씩이나 몸을 돌리는데, 길 양쪽에 나누어 앉아 얼굴을 손에 묻고 있는 이들은, 자신들의 불행한 조국을 상기시키는 동시에 선교사를 후에 다시 보고픈 열망을 자극하는 이별의 고통 속에 깊이 빠져 있다.

머지않아 우리는 수레를 탄다. 거기 탄 조선인들은 반대로 명랑하고 기분이 좋아 보인다. 신부들을 인도하러 왔으므로, 이번에는 신부들이 그 요구에 응하고 함께 길을 떠난다. 다음 날 배에 도착하여, 역풍이 불었지만 항구를 빠져 나와 지그재그로 항해한 끝에 타리아오코에 도착한다."

*6월 6일 일요일 하이양섬(海洋島)[6] 남동쪽 10리 지점 해상—우리는 이레 동안 이 섬에 꼼짝없이 잡혀 있었다. 어제 아침 순풍이 불어와 항구를 떠나 봄—치엔 열도까지 갈 수 있었는데 역풍과 거센 파도 탓에 거기서 닻을 내릴 수밖에 없었다.

저녁 무렵 돛을 올리고 군도 사이를 지나가고 있었는데, 이들 섬에는 거의 모두가 사람이 산다. 나무와 녹지 사이에 농부와 어부들의 오두막이 띄엄띄엄 보인다. 해안가는 일반적으로 상당히 높고, 꼭대기는 뾰족한 바위들로 이루어져 있는데, 바닷새들이 둥지를 틀었다. 그중 한 바위 위에서 그야말로 진정한 갈매기의 한 군단을 보았다. 밤에도 우리는 항해를 계속했고, 이제는 처음으로 눈에 들어오는 땅이 조선 땅이리라.

우리가 탄 배는 길이 812.5센티미터, 폭은 260~292.5센티미터 정도다. 위쪽은 거의 모든 중국 배처럼 평평하다. 블랑 신부와 나는 돛대 앞쪽 길이 130센티미터, 폭 97.5센티미터 크기의 선실에서 잠을 잤다. 배 바닥에 모래를 깐 다음 돗자리를 펴면 잠자리가 완성된다. 출입구 위쪽에 걸어둔 또 다른 돗자리들은 비나 태양으로부터 우리를 보호해준다. 드나들거나 단지 좀 더 환하게 하려면 지붕을 들어올려야 한다. 벽 저편 좀 더 앞쪽에는 거의 비슷한 모습으로 자리를 잡고 있는 조선인 두 명이 있다. 모든 중국 배는 흔히 틈이 메워진 수직으로 된 가림 벽으로 단절된 버팀목이 있는데, 만약 한 선실에 물이 들어올 경우 그 물이 옆 칸으로 넘어가지 못하게 막는 것이다.

*6월 7일 월요일—오늘 아침 동이 틀 무렵, 우리는 뭍을 보았다

고 여겼다. 조선인은 조국의 산들이 나타난 것을 본 것이라 생각하고 몹시 기뻐하였으나 10시가 되자 아무것도 더 이상 보이지 않았다. 밤은 고요했고 바람이 약하여 바다는 잔잔한데 조선인들 거의 전부가 병들었고 블랑 신부도 그랬다. 우리는 선주가 우리를 위해 특별히 구입해 두었던 작은 공기들로 식사를 한다. 한 사람 앞에 두 개씩인데, 하나는 밥을 담고, 다른 하나는 차와 냉수를 담기 위한 것이다. 식탁이라고 이름 지어진 조그만 소반에 이 모든 것을 담아 우리에게 가져다주었다. 우리는 그것을 토기 단지 위에 놓고 한국식으로 다리를 꼬고 앉아 소금에 절인 작은 양파와 익힌 생선 토막을 삼키려고 노력한다.

아침부터 우리 배에는 조선사람이 하나 더 늘었는데, 분명 그는 우리에게 자신의 조국에 오는 것을 환영한다고 전하려는 것 같다. 그것은 다름 아닌 예쁘고 작은 새이다. 날아오르고 우리 주위를 뛰어다니고 기쁨을 전하려고 날갯짓을 한다. 우리 눈에는 이 새가 마치 파일럿인 동시에 길잡이인 것처럼 보인다. 이 새보다 훨씬 앞서 조선교회의 수호천사들이 우리를 안내하고 보호하며 우리와 함께하려고 우리 앞으로 왔었다는 생각이 든다. 항해는 순조로웠는데 이 자체가 이미 하늘나라의 큰 가호가 있음이다.

*6월 9일 수요일, 아침 9시 쓰요도[7]와 대륙 사이—월요일 저녁,

한밤중에 우리는 쓰요도 근처를 지나간다. 그러나 바람이 잔잔하고, 단단한 육지에 두 조선인을 내려줄 수 있었던 것은 새벽 3시쯤 되어서다. 어제 하루는 평온했고 저녁에 다른 두 조선인이 내렸다. 오늘도 어제처럼 날씨가 잠잠해 하늘은 맑고 구름 한 점 없으며 태양은 찬란하게 빛나고 바다는 호수와도 같다. 녹색의 평원이 보이고, 더 멀리에는 높은 산들이 있는데 천 가지로 잘려 있는 기묘한 모양으로 소나무가 뒤덮고 있다. 이 나라는 참으로 아름다운데, 여기가 바로 우리가 사랑하는 조선이다. 태양과 의심의 눈초리들로부터 우리를 안전하게 지켜주던 돗자리를 들어올리며 우리는 선실로부터 이 광경을 즐기고 있다. 조선인은 아직 아무도 우리 가까이 오지 않았다.

원정 실패

*6월 13일 일요일—우리는 이미 여러 차례 닻을 내렸다. 오늘은 쌍안경으로 조선인 몇 명이 탄 배를 보았고, 해안에서 어린아이들이 소를 끌거나 바닷가 바위 사이를 가로질러 뛰노는 것도 보았다. 저녁에는 마을에서 별로 떨어지지 않은 곳에 있었는데, 오두막집에서 밥 짓는 연기가 모락모락 피어오르는 것을 볼 수 있었다. 밤 사이에 조선인 몇 사람이 배 위로 올라왔으므로 선원들이 쌀과 굵

은 홍합을 샀다.

아침에는 마을을 확실하게 볼 수 있었다. 풀로 지붕을 인 흙집 열 채 정도가 있었는데 흡사 납작한 벌통과도 같았다. 흰색의 고운 옷을 갖춰 입은 조선인들이 자기 집 문앞에서 평온하게 곰방대를 피우고 있는 한편 역시 흰 옷 차림의 여자들은 물을 길어 나르고 집안일을 하고 있다.

*6월 15일 화요일—일요일 저녁, 우리는 마을에서 조금 떨어진 곳에 정박하고 있었는데, 다행히도 만에서 바위와 산호초로 둘러싸인 섬이 우리를 보호하고 있었다.

조선 배 한 척이 우리에게로 배를 대고는 선원들의 저지를 무릅쓰고 배 위로 올라온다. "팔 물건이 있으면 좀 봅시다." 그들은 우리가 덮고 있던 가마니를 들어올리려 한다. 극구 만류한 끝에 결국 그들은 떠났다.

자리를 옮겨 조선인 선원 두 사람이 묵었던 조그만 선실로 가서 숨고, 사람들은 우리를 가마니로 덮는다. 다른 배 두 척이 저녁 때 왔다가 돌아간다. 그날 밤 우리는 심기가 편치 않았다.

다음 날 3시쯤, 가마니를 지탱하고 있는 끈을 조이는 걸 보니 또 누군가 찾아왔다는 신호다. 선실 안에 우리가 있다는 자취를 남기지 않기 위해 잠자리를 구석에 말아놓고 그 위에 가마니를 펴서 덮는다. 우리는 갑판 아래로 미끄러져 들어가 가능한 한 깊숙이 숨는다.

곧 조선인들이 배 위로 올라온다. 발자국과 목소리로 보아 그들의 수가 많음을 짐작할 수 있다. 그들은 중국말을 조금 하지만, 자기들끼리는 조선말을 한다. "배를 좀 둘러보고자 하오" 하고 말한다. 거기에 팔 물건들이 있기는 하다. 선원들은 그들을 만류하지 못한 채 머리채를 잡히고 돈과 술을 갈취당했다. 조선인들은 가마니를 들어 올려 끈을 풀려고 한다.

그러는 동안 우리는 구석에 납작 엎드려 죽은 시늉을 하며 밖에서 말하는 것을 이해하려고 노력하고 특히 열심히 기도한다. 만일 체포될 경우 그 후에 벌어질 일에 대해 생각하고 있다.

선교사들로서 도성으로 끌려가고 박해는 또다시 시작될 것이며 천주교도들, 특히 우리를 입국시키려 했던 자들은 쫓기게 될 것이다. 그러고 나면 선교사들이 언제 또다시 조선에 올 수 있을까? 이 모든 생각에 이어 또 다른 생각들이 엄습하므로 다시 열심히 믿음을 새롭게 다지며 기도한다.

한 조선인이 말한다. "여기 분명히 돈이 있을 거야. 내가 들어가야겠어."

다른 사람이 대꾸한다. "내 참, 있긴 뭐가 있겠어? 이제 그만 가자."

"아무것도 없습니다" 하고 우리 선원들이 반복해 말한다.

그러나 그자들은 다시 가마니를 들어 올린다. 조금만 더 올리면 발각될 참이다. 그들은 떠날 것처럼 하다가는 다시 돌아온다. 결국 그들은 멀어져 간다.

우리 선원들은 감격에 겨워 지친 채 온힘을 다해 노를 저어 조금 떨어진 곳에 가 닻을 내린다.

"모두들 여기 있소?" 우리는 걱정스럽게 서로에게 묻는다.

"예, 모두 있습니다!"

"그럼, 떠납시다! 여기 더 오래 있는 것은 위험한 일입니다."

바람은 없는데다 물살을 거슬러 가자니 우리는 도망조차 갈 수가 없었다.

그때 우리는, 조선인이 모두 열두 명이며 그들 배에는 대포 두 문과 장총을 갖추고 있었음을 알게 되었다. 이 모든 일은 한 시간 반 동안 지속되었다. 우리가 있었던 곳은 약속 장소였다. 그런데 거기 머무르는 것은 불가능했다. 그렇다고 멀리 떨어질 경우 교우들이 찾아오는 작업을 모두 수포로 돌리는 일이었다.

우리는 육지에서 멀리 떨어진 바다로 갔다. 오늘 아침, 조선의 산들이 사라져가는 것을 보며 우리는 서로를 조용히 쳐다보았는데 마음이 매우 착잡했다.

리델 신부가 가장 최전선에서 자신의 자리를 지키고 있을 때, 비오 9세는 추기경 총회에서 앵베르 주교, 베르뇌 주교, 다블뤼 주교의 자리를 더 이상 공석으로 비워두지 말라고 천명했다.

이들은 이 직함에 마땅한 승계자를 이미 정해놓았는데, 그 당사자는 바로, 이미 여러 날 전부터 보잘것없는 중국 쪽배의 좁은 선창에서 웅크려 지내고 있던 그 겸손한 선교사였던 것이다.

리델 신부, 조선 대목교구장으로 임명되다

6월 15일 추기경총회에서 교황은 필리포폴리스(Philippopolis) 주교라는 명칭과 함께 조선교구의 대목을 임명했다. 조선의 천사와 순교자들이 그를 향해 달려오는데, 손에 교황이 내리는 면류관을 들고 하늘나라에서 내려와 이마 위에 올려놓고 있었다. 리델 신부는 그렇게 자신도 모르는 사이 버거우면서도 영광스러운 순교자의 길을 계승하게 되었던 것이다.

이 고귀하신 신부님은 한참 후 7월 18일이 되어서야, 자신에게 대목의 임무를 지우려 한다는 사실을 알게 되었다.

불굴의 한 선교사는, 10년 동안 사역하며 위험을 감수했던 일, 조선어에 대한 완전한 이해, 모든 주어지는 시험에 임하는 열정, 그리고 높은 덕성으로 말미암아 이러한 영광의 선택을 받게 되었던 것이다. 겸손하였기에 너무도 놀랐고, 자신이 물망에 올랐었다는 사실도 전혀 눈치 채지 못한 그는 외방전교회 지도부에 다음과 같은 「서한」을 보냈다.

"이를 어찌하면 좋단 말입니까! 대목의 임무를 저에게 맡기려 하시다니 어찌 된 일인지요? 저로서는 감당할 수가 없는 영광인 동시에 완수할 능력이 없는 업무입니다. 여러분의 고충을 이해합니다만 새로운 주교는 예전에 선교사를 지냈던 분 중에서 한 분을 선정하시는 게 좋을 듯합니다.

참으로, 그러한 분이 자격을 제대로 갖춘 이일 터인데, 그 선택이 가장 부적당한 저에게 낙점되었습니다. 만일 여러분께서 제가 어떤 인물인지 진정으로 아셨다면 절대 저를 선택하지 않으셨으리라 확신합니다. 저 자신을 누구보다도 완벽히 잘 아는 저로서는 이 결정을 받아들이는 게 무모한 일인 것 같습니다.

오랫동안 진지하게 심사숙고하고, 십자가 아래에서 많이 기도한 끝에 당신의 발아래 엎드려 이렇게 간절히, 다른 대목을 임명해주시고, 새로운 주교의 보좌신부라도 저를 염두에 두지 말아주십사 부탁드리는 바입니다. 제가 만일 이 자리를 수락한다면, 이는 진정 조선교회를 위해 불행이고 폐허로 만드는 일이 될 것임을 믿어 의심치 않습니다.

저는 그동안 책임자 역할을 수락하여 해왔습니다만 그것은 다른 도리도 없고 저 홀로 남아 있기 때문이었습니다. 그러나 그 임무를 잘 수행하지 못했다는 것을 통감하였기에 그로부터 자유롭게 되기를 희망하고 있습니다."

다음 달 말께, 그는 두 통의 짧은 「서신」을 받았는데, 그의 대목직 임명이 인준되었다는 것을 통보하는 내용이었다.

천사들조차 몹시 버거울 정도인 이 짐을 떠맡는 자신을 보며 성스러운 선교사의 놀라움이 어떠했는지 판단하는 것은 어렵지 않다. 그의 눈에는 스스로가 너무 작아 보여서 자신과 주교직 사이에 어떤 무한한 부조화밖에는 보이지 않았다. 주교가 갖추어야 할 모든 덕목을 자신이 갖추고 있다고 상정하는 것은 잘못된 일이라고 생각했다. 자신에게 그러한 덕목은 하나도 없으므로 이 직무에서 도망치는 수밖에 없었다. 그리하여 이 고귀한 직분에 어울릴 만한 다른 사람에게 눈길을 돌려달라고 다시 윗분들과 교황에게 눈물을 흘리며 간절히 부탁했다.

그는 다음과 같이 「편지」를 써내려가고 있었다.

"제가 주교로 승품 되고 선교회 신학교 지도부에 오르는 것을 생각해볼 때 울면서 가슴을 치고 저 자신에게 '저는 자격이 없습니다. 정말 자격이 없습니다'라는 말을 되뇔 수밖에 없습니다. 다른 한편으로, 제가 처리하고 결정해야 할 모든 일에 대해 다시 한 번 생각해볼 때면 '저는 그런 능력이 없습니다……' 하고 다시 읊조립니다.

오! 저는 오직 한 가지 소망밖에는 없는데, 하느님의 성스러운 의지를 실현하고, 그 선한 기쁨을 위해 온전히 저를 희생하는 것입니다. 그래서 저를 주교로 임명하신 것은 잘못되었다고 확신하므로, 여러분께 이 성스러운 직무에 다른 분을 임명하는 데 저와 의견을 같이해주시기를 간절히 청원드립니다. 이 직무를 감당할 능력이 있어야 하고 이 항렬에 오를 만한 자격이 있는 사람이 필요합니다."

그는 예부성성(禮部聖省) 장관 바르나보(Barnabo) 추기경에게 다음과 같이 말하고 있다.

"제가 주교와 조선 대목으로 임명되었다는 두 편의 짧은 「서한」을 방금 받았습니다. 아! 어찌하여 저를 염두에 두셨습니까? 저는 조선 선교사였습니다만 모든 면에서 보잘것없는 선교사일 따름입니다. 책임자의 자리를 수락한 바 있습니다만, 그것은 현재 제가 여기 온 지 제일 오래 된 사람이고, 이성적으로 생각해볼 때 다른 방도가 없었기 때문입니다. 그러나 그것이 몇 달 동안뿐일 거라 생각했고 다른 주교님이 임명되어 곧 오셔서 이러한 책임감에서 저를 해방시켜주시리라 믿었습니다.

외방전교회는 성스러운 선교사들, 즉 이러한 임무를 수행해낼 능력이 있는 선교사들이 부족하지 않습니다. 저는 교단을 이끌 만한 충분한 지식도 없고, 많은 죄로 인해, 하느님의 긍휼과, 동료들의 덕성과 고통과 순교에 대해, 그리고 이 아름답고도 유감스러운 선교지에서 수많은 교우들이 당한 고통과 순교로 인해 돋보여야 하는 은혜에 누를 끼칠 가능성이 있습니다……. 그리하여 예하(猊下)의 발아래 엎드려 저의 청원을 들어주시고, 그것을 교황님께 전달하여 더 이상 조선 대목 자리에 저를 염두에 두지 마시고 다른 분을 선택하기를 간청드립니다.”

이 「편지」들은 겸손한 선교사가 간청했던 것과는 전혀 다른 결과를 초래했다. 오히려 지도부에서는 이 「편지」들로 인해 이들의 선택이 틀리지 않았다는 것을 확신하는 계기가 되었던 것이다. 이들은 리델 신부에게 모든 사람들의 뜻에 대답하고 머리를 숙이며 성스러운 순종으로 그의 어깨에 지워준 짐을 받아들이라고 요청했다. 모든 저항이 불가능해졌다. 그는 교황의 「칙령」에 복종했다.

리델 신부는 다블뤼, 베르뇌, 페레올, 앵베르, 브뤼니에르 주교의 계승자가 되기로 했다. 얼마나 영광된 이름이며, 이 이름 주위에 얼마나 큰 영광이 맴도는가! 이 주교들의 이야기에서는 모든 것이 위대하고 영웅적이며, 순교의 모든 유형을 압축해놓은 것이다.

그레고리오 16세[8]가 조선교구장직을 창설하였을 때 이미 시암의 보좌신부였던 브뤼니에르 주교가 자진하여 이 미지의 선교의 위험을 감수한 바 있다. 3년 후 온힘을 다하였지만 피곤과 근심으로 지쳐 그는 결국은 국경을 넘지 못한 채 숨을 거두었다. 그는 길을 멈추고 문턱에서 잠들었다.

모방, 샤스탕, 앵베르 신부는 이 죽음의 문턱을 넘었으나 곧 교우들과 그 자식들을 죽음에서 건지기 위해 사형집행인에게 머리를 내어 주었다.

페레올 주교는 10년의 사역과 고통을 겪은 후, 자신은 "살아 있는 인간이기보다는 시체였다"고 고백했다. 쇠약해진 몸으로 돗자리 위에 누워 "죽음과 하느님의 지시를 기다리며" 선교를 지휘했다. 그는 죽어가면서도 선교사들에게 천주교인만을 생각하기 위해 주교는 잊으라고 주문했다. 결국 그는 마지막 유언도, 눈을 감겨줄 친구도 하나 없이 마지막 숨을 거두었다.

그의 후계자인 베르뇌 주교는 통킹에서 예수에 대한 믿음을 고백한 후, 잡혀 사형선고를 받았으므로, 목에 씌우는 칼·쇠사슬·철창·수차례의 심문, 즉 살갗이 갈갈이 찢기도록 하는 등나무 채찍 등 모든 것을 겪었다. 그러나 그의 가장 큰 고통은 석방 소식과 영광의 면류관을 놓친 일이었다. 그런데 대목이 되어 조선에서 그것을 다시 회복하고야 말았다.

다블뤼 주교가 대목으로 임지에 처음으로 입성했을 때 자신의 승리를 위해 준비했던 과정이, 고통 당할 희생자들의 과정이 되었던 것이다. 그는 천주교도들을 미소로 격려하고 하느님의 영광을 위해 죽는 기쁨을 알리기 위해 그의 얼굴을 가리지 못하게 했다.

새로 선출된 자의 용기에 걸맞은 이토록 부담스러운 승계는 그의 겸손을 두렵게 하고 있었으나 「칙령」은 강력한 것이었고, 아직 서품을 받지 못했다 하더라도 바티칸 공의회 주교석에 와서 앉을 것을 명령을 받았기에 그는 복종했다. 1870년 초 그는 유럽을 향해 출발했고 그 전에 가족을 가슴에 안아볼 위로조차 받지 못한 채 곧장 로마로 갔다.

리델 신부의 서간문집

제2권

제1장

비오 9세의 영접

리델 주교는 스스로의 연약함과, 자신에게 부과된 위험 부담이 높은 영광 사이에서 깊은 골을 보고 있었다. 그리하여 로마에 가면서도 마음 깊숙이 그 같은 부담감에서 벗어날 희망을 품고 있었다. 교황이 그의 청원을 듣지 않거나 기도를 들어주지 않을 거라고는 믿어 의심치 않았다. 이러한 환상은 거룩한 선교사가 비오 9세의 축복 아래 무릎을 꿇는 순간 사라져버렸다.

교황은 미소를 지으며 그의 말을 경청했고 그가 내세우는 이유가 옳다고까지 여겼으며 그 동기가 매우 진지하다고 생각했다. 그런데 자신의 의지가 결국 관철되었다고 믿은 순간, 교황은 사랑 가득한 아버지와도 같은 표현으로 다음과 같이 덧붙이는 것이었다. "그렇지만 사랑하는 아들이여, 지체하지 말고 주교 서품식을 거행하여, 바로 그다음 날이라도 당장 공의회에 참석하도록 하시오."

하느님의 의지가 명백해졌으므로 더 이상 주저를 할 수 없었다. 그는 친지들에게 다음과 같이 썼다.

"교황께서는 나의 고사(固辭)를 고려치 않으셨고, 내가 주교 되길 원하십니다. 그러므로 이제 이 땅 위 우리 구세주의 대변자인 분을 향해 사랑의 순종을 실천할 순간이 나에게 온 것입니다. 나는 스스로 중얼거렸습니다. '교황님께서 바라시니 나도 그것을 원한다. 윗분께서 나에게 권하시니 다른 어떤 이들보다도 순종할 수 있다.' 이러한 상황에서 나는 앞으로 닥쳐올 고생과 어려움 가운데서도, 하느님의 의지에 인해 모든 것이 결정되었다는 위로를 늘 얻게 될 것입니다…….

불쌍한 조선, 그에게 목자를 주었건만 그가 과연 선한 목자가 될 수 있을까요? 나는 그렇게 되기를 희망합니다. 내 영혼의 모든 힘을 모아 그렇게 되기를 바랍니다만, 나의 연약함으로 인해 전율이 느껴집니다. 목자와 양 떼를 매우 사랑하는 여러분, 그들을 위해 기도해주십시오."

리델 신부의 서품식

주교 서품식은 성령강림대축일(聖靈降臨大祝日)[1]인 6월 5일로 정해졌다. 리델 주교는 프랑스 주교에게 서품 받고자 하는 의지를 표현했으므로 본쇼즈[2] 추기경에게 그 뜻을 전했다.

존경하는 추기경께서는 다음과 같이 답하셨다.

"나는 기꺼이 그렇게 하고 싶습니다만, 서품식은 순리대로 흘러가도록 두는 게 좋을 것 같습니다. 나는 아직 아무에게도 서품을 준 적이 없으니까요."

"존경하는 추기경님, 안심하소서. 저 역시 처음으로 주교 서품을 받는 것이니까요" 하고 선교사는 대답했다.

정해진 그날, 40여 명의 주교와 많은 신부들, 프랑스 대사, 로마 귀족층과 교황 군대의 최고위 인사들이 제수교회[3]에 모여들었다.

이 웅장한 서품식에는 만주 교구장인 베롤(Verrolles) 주교와 일본교구장인 프티장 주교가 참석했다. 리델 주교가 꼼꼼히 따져본 바에 따르면, 프랑스의 절대적인 지원을 받는 면에서 볼 때 조선교회는 손위 자매 격인 이 두 곳 사이에 위치해 있다고 생각했다.

그 당시 만주는 조선 선교사에게 은신처를 제공해주고 있었고, 거기서 하느님이 그들에게 정해진 나라의 문을 열어주기를 때로는 목숨까지 바쳐가며 기다리고 있었다. 일본교회로 말하자면 과거에 리델 주교가 일본 주교와 개인적인 관계를 맺고 있는 것을 우리가 알고 있다.

"이러한 유대 관계는 독특하고도 숭고한 것이었는데, 감정이 극에 달한 상태였고, 모든 사람의 눈은 눈물로 젖었다. 서품식이 끝나갈 무렵, 조선 주교는 일본 형제에게 평화의 입맞춤을 했다. 사람들은 그것이, 죽어서 순교로써 사도직의 영원함을 증거하러 가기 위한 오스티아⁴로 가는 길에서 헤어지던 베드로와 바울의 바로 그 입맞춤이 아닌가 의심할 정도였다.⁵"

이 축제를 지켜보았던 증인의 말을 들어보자.

"어제⁶ 제수교회에서 본쇼즈 추기경께서는 외방전교회 소속 조선의 새로운 주교 리델 신부의 서품식을 주례하셨습니다. 우리는 이미 그 서품식과 장중한 의례, 그리고 아름다운 「기도문」을 알고 있습니다. 거기서 주교가 탄생하고 이 세상에 아무것도 그보다 더 위대한 것이 없으며 로마는 거기에 더 큰 믿음을 부여합니다. 마치 태양이 색채에 생기를 부여하듯 로마라는 이름은 그 위엄에 찬란함을 더하고 있습니다.

게다가 공의회가 열리는 장중한 시간이 있었고, 그날은 마침 승리하는 성령의 축제인 성령강림대축일로서 매우 성스러운 날이었습니다. '주님의 성령은 온 세상에 충만하시며.'⁷ 전 세계로부터 온 수많은 교구장은 갓 태어난 그들의 형제를 둘러싸고서, 불길이 솟아오를 때 혓바닥처럼 갈라지는 것 같은 혀들이 그들에게 나타났습니다.[8]"

그러나 감정을 극에 달하게 하고 특별한 순간으로 만든 것은 선출된 주인공의 목적지인, 그 유혈이 낭자한 조선이었습니다. 여기 자신의 생명을 바치는 한 사람이 있고, 위대하고 숭고한 전쟁이 있습니다. 보라, 숭고하고 위대한 싸움이 있도다![9] 오, 우리에게 이러한 볼거리를 제공하는 로마여! 여기서는 영원한 것들과 잠시 스쳐 지나가는 것들이 삶의 핏줄을 부풀게 하고 영광스런 충만함 가운데 계속 가두게 하므로, 인간의 심장은 찬미·고통·사랑으로 져야 할 짐을 알고 있습니다.

방금 전 서품을 받은 그 주교는, 눈물이 넘쳐흘렀지만 더욱 빨리 귀환하기 위하여 그 기막힌 직분을 수락했습니다. 주교의 손은 선교에 필요한 은혜와 힘으로 충만해 있었기 때문입니다. 그는 자신을 기다리고 있는 몇 안 되는 젊은 신부들과 합류하기 위해 돌아갈 것입니다.

두 번만 휘둘러도 사람을 죽여버리는 칼날이 머리 위에서 여전히 난무하고 있는 자신의 자리로 가서 자리 잡고 앉을 것입니다. 후회하고 있을 배교자를 화해시키고 믿지 않는 자에게 세례를 베풀며 사제 서품식도 거행할 것입니다. 순교의 길에서 모든 이에게 안내와 본이 되는 역할을 하게 될 것입니다. 유럽에서는 더 이상 수여하지 않는 승리의 종려나무 잎을 아직도 열망하는 용맹스러운 영혼들을 유럽으로부터 불러낼 것입니다.

"이렇게 저는 주교 서품식, 증인, 인생의 평범한 광경보다 훨씬 더 웅장한 이 모든 장면을 보았습니다. 행위·장소·인간 들로부터 풍겨져 나오는 진지함이란!"

로마 체류

성 이그나시우스[10] 예배소와 성 프란시스 사비에르[11] 예배소 사이에 위치한, 예수의 이름으로 바쳐진 주제단(主祭壇)에서였고 로마에서 있었던 일입니다. 바티칸과 성 베드로[12] 근처였으며 때는 성령강림대축일이었습니다. 모든 말과 행해진 모든 의식은 영원한 비전, 즉 하느님의 위대함과 하느님 손안에 있는 인간의 위대함에 대한 비전을 고조시키고 있었습니다. 새로운 주교는 복음의 무게를 어깨에 진 채 무릎을 꿇고 있었습니다.

우리가 모든 성인의 호칭기도[13]를 드리는 동안 그는 죽은 듯 엎드려 있었는데, 승리하는 교회의 구원에 의해, 인간은 죽고, 하느님이 보낸 목자 외에는 더 이상 그의 안에 아무것도 남아 있지 않게 하려 함입니다. 눈을 띠로 가리고 손은 묶인 채 그는 일어나 제단 쪽으로 향하는데, 마치 곧 가해질 마지막 일격을 이미 맞은 희생자처럼 얼굴이 창백하고 고요합니다. 이 순간은 얼마나 오래 기억될 추억인가! 그의 전임자였던 다블뤼 주교는 목에 칼을 차고 그를 쳐다보는 군중들에게 침착한 미소로써 인사를 하며 조선의 수도로 입성했었습니다.

서품식이 끝난 후 새로 임명된 주교는 주교관(主敎冠)[14]을 머리에 얹고 손에는 홀장(笏杖)[15]을 든 채 권좌에 앉습니다. 그리고 부제와 청중들에게 첫 번째 축성을 합니다. 가련한 조선의 주교는 이 왕실의 의식을 완수합니다. 즉 금색 옷을 입은 그는 주교 지팡이를 들고 이 웅장한 교회를 한 바퀴 돌고 무릎을 꿇고 있는 군중을 축복합니다.

아, 그러나 그 시선은 성대한 벽과 자신이 축복하고 있는 사람들에게서 멀리 떠나, 다른 곳을 응시하고 있었다. 더할 나위 없이 위대하며 장엄하고 창백한 모습을 한 그의 첫 번째 축복은, 십자가에 못 박힌 채 자신을 기다리고 있는 신부에게로 향하고 있음을 모두가 알 수 있었습니다! 눈물로 눈이 어두워진 우리는 빠르게 진행되고 있는 의식 저 너머로, 땅에 박힌 말뚝 세 개에 올려진 다블뤼 주교의 평온한 두상이 보이는데, 그 말뚝 아래에서는 맹수의 이빨

앞에 놓인 몸체 하나가 신음하고 있습니다. 한편, 주교는 성가대로 다시 돌아왔고 우리는 *테 데움*을 불렀습니다. "주님 당신을 찬양하나이다. 순교자들의 대열이 주를 찬양하나이다(*Te Deum laudamus, Te martyrum candidatus laudat exercitus*")!"

"서품식을 거행하기 전에 성 베드로 무덤에 있는, 날짜가 적힌 교황의 「선거 칙서」를 읽었습니다. 이 「칙서」에 근거하여 선출된 자는 전 세계 교회의 왕자가 되는데, 즉 교황이 부여한 합법적인 목자가 됨으로써, 이에 반대하는 인간적인 모든 능력이 그에게서 빼앗을 수 있는 건 오직 목숨밖에 없습니다. 그러나 그를 죽인다 한들 무슨 소용이 있겠습니까? 생명을 탄생시키는 권능에 대항하여 죽이는 힘 따위가 무엇이고, 하느님이 부여한 시간을 가진 사람에게 대항하는 평범한 시간 따위가 무엇이란 말입니까?

조선에는 왕이라 불리는 사람이 있어 왕관을 쓰고 정승·위인·학자·병사, 심지어 망나니들까지 거느리고 있으나 천주교도들이 자국에 거하기를 원치 않습니다. 그는 이들을 죽일 수 있고 실제로 죽이면서 절대 그 일을 멈추지 않을 것입니다. 얼마 전에도 죽였고, 몇 년 만에 그 수가 1만 명에 달하며 아마도 이보다 더 많을지도 모릅니다.

그는 더 이상 알지 못하나 더 있을 거라는 사실은 알고 있고 하느님 역시 알고 계셔서, 그에게 주교 한 분을 보내시는데, 만일 그를 또 죽인다면 하느님은 그에게 또 다른 분을 보내실 것이고 그 다음에 또 계속하여 다른 분을 보낼 겁니다. 그러면 황제와 제국은 천주교도가 될 것이고 하느님은 그에게 주교들을 보낼 것입니다."

다음 날 리델 주교는 다음과 같이 자신의 영혼이 느끼는 감정을 표현했다.

"하느님은 참 선하기도 하시다! 얼마나 자비스러우신지! 나를 선한 것들로 충만케 하시는 기쁘고 위대하신 주님 앞에 어떻게 나를 낮추어야 할지 모를 정도다. 내 인생의 매 순간은 은혜로 점철되어 있고, 내 삶의 성스러움이 내가 받은 풍성한 은혜에 걸맞게 부합되지 못하지 않을까, 하는 생각을 할 때 전율을 느끼지 않을 수 없었다.

그때부터 나는 매 순간 다음과 같이 되뇌며 눈물을 흘릴 수밖에 없었다. '나는 주교다. 무용지물 사역자인 내가, 이토록 한없이 미천한 존재인 내가 이 세상에서 가장 엄숙하고 존엄한 지경까지 다다랐다.' 나는 여러분에게 그 장엄한 의식이 진행되는 동안 느꼈던 감정을 전하고 싶지만 그를 어찌 언어로 제대로 표현할 수 있으랴!

제대(祭臺)를 향한 계단 위에 길게 엎드려 위대하신 하느님께 나 자신을 바치는 순간 나는 여러분과 가엾은 조선을 생각하고 있

었다. 첫 축성을 할 때 도유(塗油)[16]를 받으면서도 나의 마음속에는
당신들이 같이 있었다. 여러분은 홀로가 아니며, 사랑하는 불쌍한
조선인도 거기 함께 하고 있었다."

무류성(無謬性) 교리에 대한 정의

리델 주교는 성령강림대축일 축제 다음 첫 번째 열리는 공의회
에 참석했다.

분위기는 매우 장엄했고, 총회에서는 불화를 불러일으키는 견
해 차이를 종식하고 교회의 좋지 않은 점들에 대한 처방을 내릴 의
논을 다시 시작했다. 한 세기 전부터 맹렬히 공격을 받아온 신권의
원리가 쟁점이었다.

그 영광을 되찾고, 항상 자신들의 권리와 지식에 대해 긍지를 가
지고 있는 인간들에게, 이 땅에 교리적이면서도 오류가 없는 권위
가 그들 위에 존재한다는 사실을 보여주어야 했다. 이 권위는 하
느님이라는 원천으로부터 비롯되며, 그에 대해 모든 지성뿐만 아
니라 마음이 복종과 숭배를 바쳐야 한다. 로마 교황의 수위권(首位
權)[17]의 본질과 성격, 그리고 특히 교황 무류성(無謬性)[18]에 관련된
부분이 야기했던 어려움을 우리는 기억하고 있다.

새로 선택된 주교는, 성령이 그에게 맡긴 직무를 올바르게 감당

하기 위해 이처럼 숭고하면서도 중요한 질문에 대한 연구를 시작했다. 이 직분을 수행함에 있어 드물게 주어지는 휴가 기간에 영원의 도시 로마에 있는 성소들을 즐겨 방문하곤 했다. 성인들과 관련된 유적 가까이에서, 순교자들의 무덤 위에서, 명상과 기도 중에 그의 영혼은 천국과도 같은 순수함에, 그의 마음은 이루 말할 수 없는 감동에 사로잡혔다.

때는 7월이었고, 무더위로 인해 로마에 머무르는 것이 거의 불가능해졌다. 회의 역시 길게 끌고 있었다. 공의회 자체는 질질 끌었지만 그 끝은 갑작스럽고 아무도 예기치 못했다. 프랑스와 프로이센 사이에 일어난 전쟁[19] 소식이 갑자기 전 세계를 흔들어놓았기 때문이다. 서둘러야만 했으므로 공의회 개정이 7월 18일 월요일로 정해졌다.

영원히 기억될 만한 회의였다. 장중한 교리선포가 끝나자마자 전체적인 환호성이 갈채와 함께 커다란 회의장 전체에 울려 퍼졌다. 성당을 가득 메운 청중 역시 열광적인 반응을 보였다. 그 당시 무시무시한 폭풍이 몰려와 성 베드로 성당 근처를 에워싸고 있어 모든 것이 거의 어둠 속에 잠겨 있었다. 천둥과 번개가 난무하는 가운데 교황 무류성 교리를 선포하는 장면은 시나이산에서 이루어진 「십계명」 선포를 떠올리게 했다.

브르타뉴로 귀환

그러나 어찌하랴! 안타깝게도 이날은 리델 주교에게는 예상했던 만큼 그렇게 좋은 날은 아니었던 것을! 커다란 슬픔이 이러한 큰 기쁨을 압도해버렸다. 하느님께서는 당신의 사도가 이 땅에서 순수한 행복감을 맛보기를 원하지 않으셨던 것이다. 승리와 귀환의 기쁨에 조국의 슬픔을 섞어야만 했고, 그 슬픔은 너무나도 프랑스적인 그의 영혼 속에 고통스러운 반향을 불러일으켰다.

그가 브르타뉴를 다시 찾았을 때 사람들은 자르브뤼켄[20] 승리를 전한 그 유명한 신문을 벽장에 처박고 있었다. 잊을 수 없는 추억이다! 며칠 후 비상부르[21]와 포르바크[22]에서 우리가 참패했다는 소식을 접했고, 동시에 아군이 이탈리아에서 후퇴했다는 것도 알게 되었다. 너무나 공교롭게 일치된 탓에 한번 깊게 생각을 해볼 필요가 있다. 즉 우리 국기가 교황의 도시 로마를 보호하던 것을 멈추던 바로 그날 승리도 그를 따르기를 멈추었던 것이다.

낭트, 반, 생트 안 도레(Sainte—Anne d'Auray)를 비롯한 도처에서 그 지방 출신 인물을 영접하는 축제가 있었다. 주민들은 그가 주교가 된 것을 자랑스러워했고, 그가 순교할 것이라고 나지막이 서로들 수근대기도 했다.

브르타뉴에 짧게 머무는 동안, 가족들이 베풀어준 애정도, 그를 알고 사랑했던 모든 이들이 형성한 존경스러울 만큼의 공감대도, 더 나아가 마지막 순간까지 마음속에 간직하고 있던 교회와 프랑스에 대한 조의(弔儀)까지도 그로 하여금 불쌍한 조선을 잊게 하지는 못했다.

그가 예상했던 대로 전임자들이 이루어놓았던 업적이 박해로 인해 무너져버린 상태였다. 교리 교육·신앙서적 번역, 이 모든 것을 다시 시작해야 할 터인데, 이 어마어마한 폐허를 복구하기 위해 손에 가진 거라곤 열정과 고통뿐이라니!

리델 주교는 이 직무에 자신을 온통 다 바쳤고 쉬지 않고 일했다. 그리하여 가족들과 함께 보낸 수개월 동안 항상 방 안에 틀어박혀 자신에게 맡겨진 소중한 임무에 열중하였다. 하느님의 영광과 자신의 선교사업을 위해 기꺼이 육체를 피곤하게 만드는 행복감에 젖어 있었다.

제2장

.

다시 또 이별

1871년 5월 9일, 리델 주교는 아시아로 길을 떠나기 위해 가족들의 애정을 다시 뒤로하고 있었다. 닷새 후 그는 마르세유에서 르티그르호[1]에 승선한다. 배에 오르기 전 그는 가족에게 다음과 같은 글을 전한다.

"내가 여러분을 떠나는 것은 하느님께서 그렇게 하도록 명령을 내리셨기 때문이므로 하느님의 성스러운 뜻이 이루어지기를 기원합니다. 제 마음으로서는 크나큰 희생이지만, 자연적인 감정을 억누르는 것이 아니라 우리 주님의 명령에 따라 복종할 뿐입니다. 하느님이 내게 너그럽고도 풍성하게 주신 것은 바로 은혜입니다. 아니요, 절대로 저는 여러분 사랑하는 것을 멈추지 않을 겁니다. 여러분의 용기와 믿음을 알고 있기에 그에 따라 하느님께서 여러분에게 상을 내리시기를 기원합니다.

우리는 항상 예수의 마음속에서 서로 자주 만나게 될 것입니다. 살아가는 매일매일 이 약속을 하자고 여러분께 부탁드립니다. 그러니 모든 것을 하느님께 맡기고, 안녕히 계세요. 여러분 모두에게 애정 어린 축복을 보냅니다. 우리 구세주이신 예수 그리스도의 진정한 사도가 되시기 바랍니다."

이 긴 여행에 대한 이야기는 그만 하고, 단지 선교사의 일기 중 몇 장만 살펴보도록 하자.

＊5월 18일―우리 선장은 부알레브(Boilève) 씨이고, 승객은 얼마 되지 않으며 몇 명의 어린이만이 활발하게 움직이고 노래를 한다.

＊5월 21일―열기가 느껴지기 시작하고 바람은 바다 표면에 살짝 주름을 잡아놓는다. 하늘과 바다의 푸르름은 저 멀리 수평선에서 서로 맞닿아 경계가 불분명하다. 내 시선은 그 너머로 깊이 내려 잠긴다. 애타게 나의 귀환을 기다리고 있을 선교사와, 두 팔을 내밀어 도움을 요청하고 있을 사랑스런 나의 신부 불쌍한 조선교회가 보인다. 그러나 어쩌랴! 지금 이 순간 내가 도대체 뭘 할 수

있단 말인가? 하느님께 몸을 돌려 기도하고 '살려주세요, 구해주세요!'라고 외치는 것밖에는. 내가 만일 성인이었더라면 무한한 긍휼이 선사하는 모든 것을 얻을 수 있을 텐데…… 비록 내 시선이 극동을 응시하고 있다 하더라도 서방으로도 자주 향하곤 하는데, 그건 눈에 여러분이 들어오면 바라보기 위해서인데, 사랑하는 여러분, 여러분들에 대한 기억은 내 마음속에 영원히 간직될 것입니다.

이스마일리아를 위하여

"이스마일리아(Ismaïlia)를 위하여? 나는 드 라 메종포르 부인(Mme de la Maisonfort)의 추천을 잊지 않았다. 드 레셉스 부인(Mme de Lesseps) 생각도 했으며, 내가 알지도 못했던 묘 앞을 지나치며 축복을 했다.[2] 살아 있는 사람에게도 동시에 축복을 한다. 「기도문」을 읊을 수도 있었으나 한 천사의 무덤에서 어떤 「기도문」을 암송할 수 있으리요! 천사들이 천국에서 부르는 찬송을 부를 수밖에 없도다! 하느님께 영광을!"[3]

　* 5월 24일—더위가 너무 기승을 부리는 바람에 여러분에게 「편지」를 쓸 수가 없지만 여러분을 향한 나의 애정은 아직도 홍해 위에 떠 있는 태양만큼이나 불타고 있습니다.

　* 6월 1일—사방을 둘러봐도 바다, 바다뿐. 밀려와 부서지는 물

결은 마치 들판의 양 떼와도 같다. 머리 위에는 회색 구름이 두껍게 드리워 있는데 가장자리는 하얀 것이 하늘에서 미끄러지듯 흘러간다. 선박 가까이 이는 파도는 마치 브르타뉴에서 자동차를 따라 어린이들이 달리는 것을 연상시키는데, 누가 이기나 경쟁이라도 하는 듯하다.

배의 속도가 더 빠르니 멀어져가는 파도는 따라잡으려 갖은 애를 다 쓰는데, 은빛 진주를 쏟아내는 것처럼 부서지며 마지막 한숨을 토해낸다. 그리고 그다음, 또 그다음. 눈에 보이니 쳐다보고 말을 걸고, 이 긴 항해 동안 오락거리를 제공해줌에 감사도 한다.

실론에서 또 다른 이별

* 실론에서—마르세유에서 동승했던 신부가 푸두체리[4]로 가기 위해 나를 떠난다. 또 다른 이별. 도대체 언제쯤 이 여행은 끝날까? 언제쯤이면 서로 헤어지는 슬픔을 더 이상 느끼지 않아도 될까? 하늘에서! 하늘에서!

이 섬의 해변과 내부의 모습은 우리가 보기에는 매우 진기한 풍경을 연출하고 있다. 우선 도착할 때 아름다운 야자나무 숲이 보이고, 더 멀리 지평선에는 태곳적 이루어진 숲이 산꼭대기에 형성되어 있는데, 거기 나무들은 처녀림처럼 칡덩굴로 엉켜 있다. 산 아래에는 매우 경치가 좋고 시냇물과 강물이 한없이 흐르는, 물소리로 가득한 거대한 계곡이 자리 잡고 있다. 여기서는 겨울과 여름이 서로 손을 잡고 있다. 이 섬을 둘로 갈라놓고 있는 높은 산들은 적도 부근 모든 지방에서와 같이 몬순 계절풍을 막는 역할을 하기 때문이다. 그리하여 산에 접한 각 지역에서는 같은 해 동일한 시기라 할지라도 계절이 서로 다르다. 예컨대, 현재 몬순으로 장대비로 홍수가 나고 남쪽 전 지역은 격렬한 바람으로 혼란을 겪고 있는 반면, 섬의 반대쪽은 건조하고 빛으로 홍수가 날 지경이다.

＊6월 4일. 황홀한 산책—야자나무 숲 여기저기 흩뿌려진 듯한 초가들. 우리가 지나가는 것을 보러 나온 남녀…… 우리를 따라오는 어린이들……. 길 양쪽에 피어 있는 꽃들. 숲에서 지저귀며 휘파람 소리 내는 새들. 우리가 쓴 양산이 뜨거운 열기를 어느 정도 식혀주었다. 정말 동화 속에 나올 법한 마술 같은 섬이어서 우리는 야자수를 마시고 바나나와 파인애플을 먹는다. 몇 명의 신자들이 달려와 나의 손을 잡고 반지에 입맞춘 후 자녀들에게 축복해달라고 한다. 한국에 있는 나의 자식들은 도대체 언제나 만나 축복을 해줄 수 있으려나."

＊6월 10일—우리의 항해는 순조롭게 진행되어 경로에서 5도밖에는 벗어나 있지 않다. 나는 어제 저녁 배 난간에 기대어 인광현

상을 감상했다. 빠른 항해로 선박 양쪽에서 갈라진 바다는 거품으로 끓어올라 그 불만을 토로했다. 배 주위에는 긴 드레스 같은 모양이 형성되어 펄럭였는데, 온통 금처럼 눈부시게 반짝이는 하얀색이었다. 뒤편으로는 긴 불 같은 항적(航跡)이 별이 촘촘히 박힌 은 벨트처럼 물결치고 있었다. 여러분이 이 아름다운 광경을 보았더라면! 나는 여러분을 떠올리며 그걸 여러분이라 생각했습니다.

다이아몬드곶

 * 6월 11일─다이아몬드곶을 지나가다. 일몰의 장관이 시작되고 있어 금·은, 그리고 불, 다양한 형태와 분위기…… 정말 장관이다. 이제 곧 밤이 자신의 어두운 베일 아래 모든 것을 덮어버리겠지. 이 세상의 모든 것도 이처럼 종말을 맞이하겠지.

 오늘은 (상상 속에서 나마) 여러 번에 걸쳐 프랑스 반으로 이동해서는, 성체 행렬을 보고 따라갔다. 교회에서 나와 리스 광장(place des Lices), 생 뱅상 거리(rue Saint─Vincent), 가렌강(la Garenne) 유역 항구의 오래된 방죽길⁵을 지나가는 성체에 경의를 표하기 위해서 말이다. 그 역시 충직한 신자들을 축복하고 있는 것이 보인다.

사이공

＊6월 19일. 사이공의 강가에서―강의 양쪽 언덕이 매우 낮고 관목과 푸른 풀로 무성하게 덮여 있다. 얼핏 보기에는 흥미롭지만, 천편일률적인 모습이 곧 단조로운 느낌을 준다. 드디어 저 멀리 사이공이 모습을 드러내는데, 거기 도달하기 위해 지그재그로 항해하고 있는 것 같다.”

여기 가련한 하천 경비 포병대를 창피하게 만들었던 조그만 모험이야기가 있다. 도시에 입성할 때에는 경의를 표하기 위해 예포 한 발을 쏘아야 했다. 포탄이 장전되고 초소를 지나며 함장이 “발포!” 하고 외쳤으나 탄알에서는 “틱” 하는 소리가 나는 게 아닌가! 재빨리 두 번째 탄환을 넣고, 뒤 이어 세 번째로 넣었으나 여전히 같은 결과였다. 그리하여 포탄을 꺼내어 살펴보았더니 바닥에…… 양말 한 짝이 들어가 있었다.

파라셀 군도(西砂群島)

＊6월 21일―어제 우리는 파라셀 군도[5]를 보았다. 전체가 거대한 산호 덩어리로, 항해하기에 매우 위험하다. 바다가 그 위를 온통 덮고 있어서 매우 가까이 접근해야만 알아볼 수 있다. 우리가 본 산호초는, 바다가 하도 매끄럽고 평온한 탓에 아주 멀리에서도

알아차릴 수 있었다. 그 표면은 투명하고도 매우 아름다운 초록빛을 띠고 있으며 바다가 거기 부딪혀 하얗게 부서진다. 마치 가장자리에 은술 장식을 수놓은 그린 카펫을 덮어놓은 아름다운 식탁과도 같다.

7월 6일 리델 주교는 상하이에 내렸다. 다음 날, 아홉 명의 조선인이 그를 찾아왔다. 이들은 매우 참혹했던 사건을 전해주었는데, 옷이 너덜너덜하고 몸이 매우 말랐으며 창백한 것으로 미루어보아 이들이 견디어냈을 궁핍한 상황과 고통을 짐작할 수 있었다. 그런 처지임에도 이들은 신부를 보자마자 땅에 무릎을 꿇고 엎드려 눈물을 흘리고 너무 좋아 어쩔 줄 몰라하며 영혼에서 우러나오는 환희를 남김없이 모두 쏟아내었다.

이들은 박해와 죽음의 소식을 전해주었다. 선교지는 여전히 망나니의 손에 농락당하고 있었으며 피도 끊임없이 흐르고 있었다. 주교는 슬픔과 연민의 감정을 실어 그들에게 다음과 같이 말했다.

"불쌍한 교우들이여, 어디로부터 왔는가, 여기에는 어떻게 오게 되었소?"

모두들 한꺼번에 대답했으므로 이해하기가 불가능했다. 마침내 처음 만났을 때의 격한 감정이 한바탕 지나가자 자신들이 주교를 만날 수 있는지 물어왔다.

　—"그렇소, 여러분에겐 주교가 있습니다" 하고 선교사는 말했다.

　—"어디 계십니까? 혹시 랴오둥에 가셨나보지요."

　—"아니요, 여기 있습니다."

　—"그분이 얼마 전 주교가 되신 신부님이십니까?"

　—"물론, 그렇고말고. 손가락에 반지 안 보여? 주교님이셔" 하고 둘 중 한 사람이 말했다.

　"그렇습니다, 교우님들, 교황께서 저를 여러분의 주교로 임명하셨습니다. 저는 이제부터 좀 더 특별한 의미에서 여러분의 아버지가 될 터이며 여러분은 모두 저의 자녀입니다. 여러분은 고통 가운데 있고, 우리는 함께 그 고통을 겪어나갈 것입니다. 그대들은 탈출한 자들이니 여러분의 주교, 즉 아버지의 집으로 들어오세요. 쉬면서 밥도 드세요. 몸 상태가 좀 나아지면 더 길게 이야기하도록 합시다."

　이 말을 듣자 이들은 경의를 표하기 위해 엎드려 절을 했다. 자신들의 주교를 만났다는 기쁨으로 이들의 얼굴은 환하게 피어났다. 리델 주교는 자신이 맡았던 교구 사람들을 이전에 봤던 적이 있는데, 이들 가운데 개선장군과도 같이 도착했었다. 그는 계속 말을 이어간다. "나는 이들을 나의 집, 아니 이 선교관에—왜냐하면 추방자에게 내 집이란 존재하지 않을 터이니 말이다—맞아들이게 되어 기뻤다. 곧 이 용감한 교우들은 모두들 나를 에워싸고 떠날 줄 모른다."

"다른 신부님들은 어떻게 지내십니까? 어디 계시지요?" 그들의 욕구를 충족시켜야 했다.

"그리고 우리 교황님 피오 노노[6]께서는 건강이 좋으신가요? 주교님께서는 피오 노노를 뵈었나요?"

나는 이들에게 교황님께서 어떻게 나를 맞아주셨는지, 또 가련한 조선의 교회를 위해 커다란 애정과 깊은 공감을 가지고 계시다고 이야기해주었다.

"여기 피오 노노를 뵙지 못한 사람들이 있는데, 그분 뵙기를 희망합니다." 이러한 요구가 나로 하여금 미소 짓게 했다. 나는 이들을 교황의 초상이 걸려 있는 방으로 인도했다. "자, 이분이 피오 노노이십니다!"

"이들은 즉시 두 손을 모으고 커다랗게 성호를 그었다. 그리고는 한참 동안 생각에 잠겨 있다가 몸을 돌려 미소 지으며 내게 말했다. '참으로 아름답습니다!' 나는 식탁에 앉아 조선인들이 여기저기 좀 둘러보게 내버려두었다. 불쌍한 사람들! 이들은 아무것도 모르고 있다. 십자형 유리창을 만져보기도 하고 아이들처럼 자물

쇠에 꽂혀 있는 열쇠를 돌려보기도 한다. 글을 쓰고 있는 내게 다시 돌아와서는 내 펜과 주머니칼을 만져본다. 빨간 소형 사진첩을 열었더니, 그것이 그들의 호기심을 자극했다. '이건 제 형이고 누나입니다.' 그들은 탄성을 자아내었고 그중 한 사람이 왼쪽 가슴을 쓸어내리며 내게 말했다. '가족과 친구들의 모습을 이렇게 볼 수 있다니 정말 좋습니다! 그런데 이 주교는 누구십니까?'"

—"제 부모님 사시는 지방의 주교십니다."

—"성함이 어떻게 되십니까?"

—"장—마리(Jean—Marie)라고 하십니다."

—"아니, 그럼 저랑 같으시군요. 저도 '장(Jean)'이라고 합니다" 하고 최씨가 말했다.

"그들의 호기심이 어느 정도 충족되었을 때, 이번에는 내가 그들에게 선교사업이 어떻게 진행되고 있는지 물었다. 하느님 맙소사! 폐허밖에는 남지 않았다! 여러 마을이 통째로 사라져버렸고 나의 불쌍한 진밭에는 이제 몇몇 어수선한 잔해밖에는 남아 있지 않았다. 내가 알고 있던 신자에 대해서는 감히 더 이상 이들에게 물어볼 수가 없었다. 거의 대부분 죽거나 순교했다고 대답하기 때문이다. 이들은 기록을 남기려고 일지를 몇 쪽 썼다. 박해·체포·심문·고문, 그리고 순교자들의 죽음에 대해 그들이 확실하게 알고 있는 모든 것을 더 쓸 수 있도록 나는 그 「일지」를 내가 쓰고 있는 책에 실었다. 끌어 모아야 할 잔해밖에는 남아 있지 않다니!"

이 글을 읽는 독자는 아마 이 가련한 조선인이 어떻게 바다를 건너 상하이 항구에까지 도달할 수 있었는지 궁금해할지도 모른다. 이 불행한 자들의 이야기는 그리 길지 않은데, 다음과 같다.

처음에 이들은 서울 근처에서 평온한 삶을 영위하고 있었는데, 박해가 일어나자 조선 왕국의 남쪽 끝단의 산속으로 피신할 수밖에 없었다. 포교들의 푸대접과 수색을 피해 거기서 숨어 살다가 선교사를 직접 만나서 조선으로 다시 모셔오기로 결정했다.

그리하여 이들은 배를 준비하고 조선 연안에서 상선에 오르게 된다. 이렇게 북쪽을 향해 가고 있는 동안, 남쪽지방에 가톨릭교도가 피신해 있다는 사실을 안 대원군이 사방에 포교들을 보내 남아 있던 교도들을 체포해 죽인다는 소식을 접하게 되었다. 따라서 귀환은 불가능했으므로 이들은 중국 해안으로 가는 것을 선택할 수밖에 없었던 것이다.

조선 해안의 미국 선박들

유럽 선박들이 서울의 강에 닻을 내렸다는 소식을 들었을 때 이들은 이미 내포 앞바다 섬들 가운데에 와 있었다. 이 소식은 이들의 용기를 북돋워주었고 머지않아 함대가 강화도 앞에 정박해 있는 것을 발견했다. 이들은 다가가 십자가 표시를 함으로써 교우임을 알렸다. 이들은 선박 위로 안내되었고 극진한 대접을 받았다. 그러나 자신들의 신부와 주교를 데려다달라고 한 요구는 아무 소용이 없었다.

이 불쌍한 조선인들이 유럽 선박인 줄 알고 올라탔던 선박은 다름 아닌 미국 함대였었다. 그들에게 특별히 친절하게 대했던 함장이 조선에 대한 정보를 줄 것을 요청했지만 거절했는데, 신부라고는 한 명도 없었기 때문이다.

오직 자신들의 신부에게만 알고 있는 이야기를 들려줄 참이었다. 그러니까 그들이 뭘 하고 싶은지 물었다. 조선인들은 다음과 같이 대답했다. "만일 조국에 돌아간다면 우리는 사형을 면치 못할 것이오. 우리 선교사님들을 만나고 싶습니다."

며칠 후 미국 배 한 척이 상하이를 향해 출발했다. 조선인을 태우고 간 것이다. 그리하여 이들은 이 도시에 도착했고 몇 시간 후에 그들의 주교를 만나게 된 것이다.

그런데 어떻게, 왜 이 미국 선박은 조선 연안에 와 있었던 것일까? 처음에는 정말 우연히 이들은 그곳에 오게 되었다. 일본을 향해 가고 있던 중 난파를 당한 조선인 몇 명을 만나 구조했다. 함장은 기꺼이 이들을 본국으로 송환시켜주려 했다.

그러나 전함에서 떨어져 나간 보트가 서울의 강어귀에 닿자마자 조선인들이 감추고 있던 수천의 포대가 맹렬한 폭격을 가해왔다. 이러한 비겁한 공격에 응하기 위해 미국인들은 뭍에 내려 수차례 강력하게 공격을 가해 조선인 243명을 죽였다. 부상자와 포로는 더 많았다. 그러나 정식으로 정벌전을 펼치기에는 역부족이라 생각한 함장은—그것은 사실이었다—지원군을 요청하는 것이 더 신중하리라는 판단을 내렸다.

그리하여 1871년 7월 매우 순조롭게 시작했던 원정은 이를 시작했던 이들에게는 영광스럽게 막을 내렸다고 여겨졌다. 그러나 얼마 후인 8월 3일 미국 함대는 영원히 조선 연안을 떠나버리고 말았다. 이 원정은 조선 정부의 화만 돋워 박해만 더 심하게 만들었을 뿐이다.

제3장

리델 주교의 체푸 체류

최근에 일어났던 일련의 사건에 대한 소식을 듣게 된 리델 주교는 머지않아 잔인하게 짓밟힌 자신의 선교지를 위로할 수 있으리란 것을 쉽게 예상할 수 있었다. 더 이상 상하이에 머무는 것이 무의미하다는 판단을 내린 그는 체푸를 향해 길을 떠났다. 그곳에서는 블랑 신부와 마르티노 신부가 애타게 그를 기다리고 있었다.

예전에는 친구였고 이제는 지도자이자 아버지로서 돌아온 그를 다시 본 두 신부의 행복과 기쁨을 표현하기란 쉽지 않을 것이다. 용기와 덕성으로 미루어 짐작하건대 이미 천사의 면류관을 받은 순교자의 뒤를 이을 자격이 있는 목자를 하느님이 보내준 것에 대해 영혼 깊은 곳에서 우러나오는 감사를 했다. 그의 능력과 애정 어린 지도 아래 이들은 다시 불타오른 열정을 다해 성무에 몸을 바쳤다.

그러나 어찌하랴! 귀환의 즐거움은 오래 지속되지 못했다. 며칠 지나지 않아 선교지에 대한 새로운 소식을 접했기 때문이다. 참담했다.

대원군의 오만과 분노는 절대 사그라지기는커녕 더 이상 한계도 몰랐다. 두 번이나 공격을 받아 막아냈는데 그가 어떻게 화를 내지 않을 수 있으리? 그는 눈앞에서 적어도 두 번이나 프랑스를 물리치지 않았던가? 하늘에서 보내신 아들의 군사들이 실패한 바로 그곳에서 대원군은 쉽게 승리를 구가하고 있었다. 서양 오랑캐는 패하여 전함을 타고 도망을 갈 수밖에 없었다. 사실상, 아무런 재원도 없이 버려진 이 네 명의 선교사들이 미래에 대해 어떤 희망을 걸어볼 수 있겠는가?

그러나 이들의 신념은 흔들리지 않았는데, 그들의 소망이 다름 아닌 하느님 안에 자리 잡고 있기 때문이다. 오직 그분만이 폭군의 마음을 바꿔놓을 수 있고, 오직 그분만이 폭풍우가 지나간 후 평정을 회복시킬 수 있다.

상하이 귀환

11월 10일, 리델 주교는 다시 상하이로 돌아왔다. 그 당시 악화되었던 블랑 신부의 건강을 보살피는 동시에 기후가 좀 더 온화한 곳으로 그를 보내야 했기 때문이다. 더욱이 선교관에 머물고 있던 조선인 아홉 명의 존재는, 이 신심 깊은 주교가 이미 시작해놓은 저술작업을 계속 차질 없이 수행하기 위해 가볍게 여길 수 없는 어떤 마지막 지푸라기 같은 것이었다. 하느님께서 허락하실 시간을 기다리면서, 활동적이어야 하는 자신의 취향에는 별로 어울리지 않는 일이긴 하지만, 다시 이에 전념하기 시작했다.

불타오르는 열정을 품고 있는 사도인 그는 여러 영혼을 구하기 위해 목숨 바칠 선교를 하러 온 것인데, 다시 보잘것없는 단칸방, 사방 벽밖에는 보이지 않는 곳에 여러 달 갇혀 지내게 된 것이다. 매우 무미건조한 연구작업 가운데 무료한 날들이 흘러갔고 그의 삶은 가장 고된 노동을 하는 베네딕트 수도회[1] 수도사와 같이 되어간다. 그럼에도 그의 성스러움은 전혀 퇴색되지 않았는데, 하느님이 원하는 일을 하고 있고 바로 거기에 자신의 단 하나의 야심이 깃들어 있기 때문이었다.

그렇게 별다른 특이사항 없이 8개월이 흘러갔다. 이 아름다운 영혼 속 은밀한 곳으로 좀 더 깊이 들어가기 위해, 지금 여기 눈앞에 놓여 있는 그의 노트와 「서간문」 이곳저곳을 훑어보자.

선교사의 일기

*11월 15일─안녕하십니까. 여기는 모든 것이 늘 일상적이고, 시간만 흘러갈 뿐입니다. 회색과 검은 구름이 커다란 베일을 이루어 상(喪)을 당해 슬픈 우리를 감싸고 있습니다. 간밤엔 북풍이 불어와 커다란 휘장을 걷어올렸으므로 이제 태양은 화창하게 떠오르고 있습니다.

이를 틈타 잠시 외출을 하는데, 나의 애정이 오늘의 태양과도 같이 크고 장엄하다는 것을 여러분들에게 보여주기 위해서입니다. 그곳엔 구름 한 점 안개 한 자락 없으며 감미로운 우정과 감사의 바람이 항상 불고 있지요. 마치 궁휼과도 같은 맑고도 부드러운 어떤 흐름이 여러분으로부터 나에게 전해져 옵니다. 그걸 타고 가도록 내 몸을 맡겨봅니다. 이것이 내가 취하는 휴식이고 오락이니까 말입니다. 하느님의 마음이 시키는 대로 그렇게 믿고 있습니다.

*11월 17일─나는 여러분의 어린 자녀들을 생각합니다. 그 어린 영혼들을 잘 보살피세요. 이들은, 이들을 창조한 선하신 하느님께, 그리고 이들을 구속하신 예수 그리스도께 속해 있습니다. 이들이 늘 선하신 하느님의 자녀로 남아 있고 죄로 인해 악마의 노예가

되는 일이 없기를 기원합니다. 이들에게 동정녀 마리아를 사랑할 수 있도록, 그리고 그에게 모든 믿음을 바칠 수 있게 가르치십시오. 자식에게 이 선하신 어머니를 사랑하는 마음보다 더 부드럽고 확실한 은신처가 또 어디 있겠습니까!

만일 제가 마음에서 비롯된 감정에 굴복할 때가 있다면, 어린 시절부터 받았던 좋은 것들과 감동적인 배려에 대해 자주 되뇔 것입니다. 특히 이 지구상에 더 이상 어머니가 존재하지 않았던 그 순간 이후로 고아였던 나는, 천국에 계시는 어머니의 품에 스스로를 맡겼습니다.

*12월 1일—지금은 여기 모든 것이 고요합니다. 내 방 창문은 열려 있고, 보름달이 옅은 안개 사이를 뚫고 창백한 빛을 드리우고 있습니다. 멀리서 개 짖는 소리, 중국 야경꾼 소리가 간간이 들려올 뿐입니다. 도둑을 쫓아내기 위해 이들은 속이 파인 대나무를 두드리며 저택과 울타리 주위를 돌아다니는데, 다음과 같은 의미입니다. "도둑들아, 다른 데 가라. 여기는 감시하고 있으니." 우리에게는 선한 천사들이 있어 지켜줍니다.

날씨가 점점 추워집니다. 블랑 신부는 약간 몸이 불편합니다. 나는 건강 상태가 좋은 편이고, 철분이 함유된 약을 복용하고 있으니 혹시 내가 강철같이 된다면? 선하신 하느님의 영광을 위해 불이 될 수 있으면 좋을 텐데…….

열렬한 믿음이 없었더라면 여러분과 나를 갈라놓은 이 머나먼 거리감을 도저히 참을 수 없었을 것입니다. 그러나 영원, 즉 하느님과 비교해 볼 때 시간이나 거리가 대체 무엇이란 말입니까! 나는 큰 장사를 벌여 영원한 행복의 창고를 채우기 위해 이곳에 왔습니다.

우리 서로 각자의 자리에서 열심히 일합시다. 도둑이 절대 앗아갈 수 없고 우리가 함께 누릴 풍요로움을 얻도록 애를 씁시다. 저울의 한쪽에 영원, 즉 하늘이라는 것을 놓고 달아보았을 때 얼마 안 되는 시간과 고통, 이런 것들이 대관절 무엇이란 말입니까!

*12월 10일─중국에는 그저 장사…… 장사…… 항상 장사밖에는 없습니다. 범상치 않은 움직임과 모든 것을 휩쓸어갈 듯한 활동. 부두에서 선박들은 짐을 싣고 내리고, 증기선이 도착하고 떠나가고, 그 밖에는 아무것도 없습니다.

그런데 들리는 소문에 중국이 전쟁을 준비하고 있다고 합니다. 이들은 분명히 가슴 깊은 곳에 유럽인에 대한 증오심을 가지고 있어서, 이들 사고의 목적, 가장 큰 욕망은 유럽인을 빨리 자기 땅에서 쓸어버리는 것입니다. 이들은 현재 소형 증기전함을 보유하고 있고 군사들은 유럽 장총으로 무장되어 있으며 병기창에서는 대포를 주조하고 갖은 전쟁 장비를 생산해냅니다.

장사·무기 제조·대포 주조와 같은 사업이야말로 중국인들에게 발전을 가져다준다고 합니다. 그런데 이들이 철도·전신 중계소는 원하지 않으므로, 이 때문에 중국의 발전이 더디다고 합니다. 그러나 그건 한낱 환상에 지나지 않습니다! 증기와 전기 같은 동력을 갖춘다고 해도 중국인은 창피스러운 습관과 미신을 버리지 않을 것입니다. 중국인은 자신이 믿지도 않는 우상 앞에 여전히 절을 할 것이고, 향 같은 막대기에 불을 피울 것이며, 뱀과 용을 숭상하고, 일식이나 월식이 되면 크고 검은 개들이 태양이나 달을 삼켜버리는 것을 방지하기 위해 북을 두드려댈 것입니다.

이 민족을 개화시키기 위해서는 천주교를 믿게 해야 합니다. 천주교 교리만이 그들의 영혼을 양육시킬 수 있고 미신이 얼마나 부조리한가 보여줄 수 있을 것이며, 그 윤리만이, 마음속 매우 숭고한 감정을 모두 죽여버리는 이기주의 대신에 긍휼을 넣어줄 수 있을 것입니다.

두 발의 대포 소리가 울려 퍼지는데,[2] 다음과 같이 말하는 듯합니다. "기뻐하시오, 새 소식을 기다리는 그대들이여, 여기 여러분 가족 친지들의 「서한」들이 있소." 그들의 소망·기원·감정·마음이 거기 있습니다. 그렇습니다. 이 모든 것이 두 발의 대포 안에 포함되어 있습니다. 이 「서한」을 읽을 줄 알아야 하는데 모든 이가 그

글씨를 읽을 줄 알 겁니다.

　*성탄절 밤—하늘에는 별이 총총 박혀 있고, 축제일인 것은 너무도 당연지사입니다. 나는 여러분을 생각하나, 전혀 「편지」를 쓸 시간이 없습니다. 나의 첫 미사는 조선을 위해 드려질 터인데, 조선에 대한 기억이 언제 어디서나 나를 따라다닙니다. 두 번째 미사는 여러분 가족과 친지들을 위한 것입니다. 세 번째는 장엄할 터인데 성스러운 교회와 프랑스를 위해 드릴 것입니다. 사랑하는 브르타뉴 역시 한 부분을 차지합니다. 내 마음의 고향인 브르타뉴를 어찌 잊을 수 있겠습니까.

　얼마나 아름다운 밤입니까! 우리 구세주께서 곧 오십니다. 그를 내 손에 받아 안고, 또 내 마음속으로 그가 내려와 들어올 것을 생각해 보면. 아! 여기서 멈추렵니다. 너무 아름답습니다. 이런 것은 글로 쓸 수가 없어요. 명상을 해야 합니다. 그러니 내가 아기 예수의 작은 손을 잡고 그를 의지하여, 그와 함께 여러분, 여러분의 자녀들, 가족과 친지들, 프랑스와 브르타뉴에게 축복을 기원해드립니다. 또한 나의 불쌍한 조선을 위해서도 복을 기원합니다. 저는 여러분과 함께 아기 예수가 태어난 말구유 옆에 머물러 있습니다. 침묵 가운데 명상합시다, 기도합시다, 서로 사랑합시다, 그래요, 맞아요, 서로 사랑합시다!

*12월 30일—오늘 아침, 여러분에게 항상 감사하고 있는 블랑 신부가 작은 도화지를 용수철 모양으로 잘라 난로 위에 핀으로 달아맬 생각을 해내었습니다. 난로에서 발생하는 열기로 인해 그것은 끊임없이 움직이는데 조선인과 중국인은 놀라움을 금치 못하며 뱀이라고 부르며 지칠 줄 모르고 쳐다보며 경탄해 마지않습니다. 유모에게는 어린아이를 위로하고 즐겁게 해주는 데 좋은 방법이라 말해두고 싶습니다.

*1872년 1월 4일—대형 해상연락선인 페이호(Pei-Ho)호를 통해 여러분의 「편지」가 도착했습니다. 이 멋있는 배는 항구에 정박해 있는데, 우리가 머무는 숙소에서 멀지 않은 곳에 닻을 내리고 있습니다. 여기서 가장 아름다운 선박입니다. 우리는 부두를 지나갈 때마다 그 배 앞에 멈춰서 민족적인 자존심을 가지고 바라봅니다. 선박은 마치 잠자는 거대한 거인과도 같이 꼼짝하지 않고 거기에 있습니다.

물결이 일어 출렁거리게 할 때에도 강물이 오히려 왜소해 보일 정도입니다. 다른 배들은 저 멀리에 닻을 내리고 있는데, 마치 그의 잠을 방해하지 않으려는 배려에서 그런 것처럼 보입니다. 그가 자는 동안 그의 방대한 허리는 갖가지 종류의 물건들로 채워집니다. 수천 개의 상자, 비단 꾸러미, 차 주머니 등등.

며칠 후면 잠에서 깨어나 무거운 쇠사슬을 움직이며 광활한 대양으로 항해를 떠나, 내 애정을 듬뿍 모아 담은 이 「편지」를 실어다 줄 것입니다. 이 바다의 거인에게 너무 많은 짐을 지우지 않고서 내 감정만으로도 그 배를 가득 넘쳐나게 채울 수 있을 겁니다. 그를 통해 나의 애정이 어린 추억 상자 10만 개나 여러분에게 보내고 여러분은 그것을 다시 나의 모든 가족 친지에게 나누어줄 것이기 때문입니다.

*2월 7일—북풍이 매섭게 몰아치는데 중국인까지 한몫을 하고 있습니다. 매일 저녁 북새통이지요. 매 시간 10분씩 모든 집에서 총이라도 마구 쏘는 듯합니다. 곧 음력설이 닥치므로, 지금 이들은 자신들과 함께하던 귀신들을 내쫓고 있는 중입니다. 이 축제 기간 며칠 동안 잡귀들은 하늘에나 가야 하는데, 그들이 가족에 대해 원한을 품지 않게 쫓아내기 전에 축제를 열어주는 것입니다. 또한 자잘한 가정사에 대해 절대 침묵하도록 우상의 입을 틀어막는 수고도 잊지 않습니다. 중국사람들 하는 것이란!

*3월 7일—이제 봄이 성큼성큼 다가오고 있어 새들은 다시 지저귀고 태양은 열기를 되찾으며, 들판에는 꽃이 피어나는 게 보입니다. 그런데 나는, 도대체 언제 조선을 다시 볼 것인가……

내 자신이 강해진 걸 느끼고 이제 다시 고통을 감내할 수 있습니다. 그러나 다른 이들이 고통 받는 걸 보면 나는 약해지므로 그 모든 고통을 나 혼자 감당하고 싶지요. 내가 덜 고통스러울지도 모른다는 데서 비롯된 비겁함일까요.

　＊5월 9일—내가 프랑스를 떠난 것은 1년 전입니다. 그 후로 많은 사건들이 일어났는데, 단지 내 상황만 변치 않은 채 그대로입니다. 벌써 1년이 흘렀다니! 그동안 우리는 무엇을 했단 말입니까? 하늘의 길에서 한 발짝이라도 앞으로 전진했는가. 더 성스러워졌는가?

　오! 친지들이여, 각자 맡은 일을 열심히 합시다, 하느님을 더욱 더 사랑하면서. 행복한 영원 속에서 다시는 헤어질 일 없이 합치게 될 자격이 있도록 말입니다. 만일 이 약속을 놓친다면 얼마나 불행일까요! 나는 감미로운 믿음을 가지고 있고 선하신 하느님의 자비로 인해, 아이든 어른이든 가족이든 친구든 간에 우리 모두 하늘에서 다시 만나기를 기대합니다.

　＊5월 30일—며칠 전 크루프[3] 화포와 포대 부품, 그리고 조립용 부품을 실은 배가 들렀습니다. 중국인이 또다시 기관총과 어뢰를 사들인 것인데, 이들은 특히 어뢰를 보고 감탄을 금치 못했습니다. "이 병기는 사냥꾼에게 아무런 위험 부담을 주지 않은 채 사냥감이 저절로 들어와 잡히게 해주는 덫과도 같다"고 이들은 말합니다.

이 발명품이 수고를 덜 들이고 결과를 바라는 중국인들의 심보와 딱 들어맞지 아니한가.

이들 중 한 명이 묻습니다. "그런데 어떻게, 이런 전쟁 무기를 우리에게 팔아 조국을 배신하는 비열한 유럽인들이 존재할 수 있을까요? 그 사람들은 배신자예요. 우리야 그게 필요하여 받아들이니 이득이지만요. 그렇지만 그 사람들의 행위와 인격에 대해서는 경멸합니다. 만일 중국사람 중 누가 그런 죄를 저지른다면 국민들이 곧 그자를 죽일 거예요."

*6월─날씨가 그리 좋지 못합니다. 바람이 북쪽으로부터 불어오고 쌀쌀한 것이 멋진 가을이 시작된다는 징조입니다. 도처에서 열매를 따고 곡식을 추수하는데, 곡식이 아름답고도 풍성합니다. 그런데 우리는 추수를 하지 못하는도다. 씨를 뿌리지도 못했는데 무엇을 거둬들일 수 있을 텐가? 우리가 땀을 뿌려야 하고 순교자들이 피를 뿌린 밭, 매우 기름지고 수확도 많을 그 옥토를 다시 볼 수가 없습니다. 오, 하느님, 가라지·가시덤불, 그리고 가시뿐이랍니다…… 제 마음이 가는 대로 내버려둔다면 길고도 구슬픈 애가를 끄집어낼 정도입니다. 일단 침묵하고 모든 것은 십자가 아래에 놓아두는 게 좋을 듯합니다.

제4장

조선인들의 귀국

리델 주교가 중국에 돌아온 지 1년이 지났다. 아직도 그의 추방 상태가 언제 종결될지 아무런 조짐도 보이지 않았다. 그가 맞아들였던 조선인도 자주 고국 쪽을 바라다보곤 했는데 가끔씩 하늘과 바다가 맞닿은 광활한 수평선이 살짝 열리는 듯 보여, 이들이 마음으로 보는 눈에는 달콤한 광경으로 비쳐지기도 했다.

저 건너편에는 아내와 자녀들이 있어 많은 고통을 겪었고, 부모는 폭군의 분노에 희생되었으며 분명히 많은 고통과 번민이 이들을 기다리고 있을 것이다. 그러나 그곳은 이들의 조국이었다. 추방

상태에서 편하게 지내는 것이 조국에서 고난을 겪는 것보다 더 쓸쓸해 보였다.

따라서 이들은 주교에게 고국으로 돌아갈 방법을 마련해 달라고 간청했다. 주교는 이들의 아버지이며 이들의 나라가 주교의 조국이기도 했다. 조선을 다시 보고픈 이들의 욕망은 이 존경스러운 성직자의 가장 열렬한 소망이기도 했으므로 그는 그것을 충족시키기 위해 서둘렀다.

블랑 신부는 곧 체푸를 향해 떠났는데, 이 불행한 자들의 귀환을 신속하고도 안전하게 진행시키기 위해서였다. 며칠 후, 준비 작업이 끝나 중국배 한 척이 이들을 기다리고 있었다.

작별 인사⋯⋯ 리델 주교의 작업

이 가련한 조선인들의 작별인사보다 더 감동적인 것은 없었다. 주교를 떠나가는 아픔과, 불쌍한 조선을 다시 볼 기쁨이 교차하였으므로 이들은 목놓아 울었다. 그중에는 최요한(Jean Choi)이라고 하는 희생적이고 신앙심이 강한 노인이 있었다. 이 용감한 교우는 아내와 여섯 명의 자녀가 천주교 믿음을 지키느라 끔찍한 고통을 당했는데, 그 격심한 고통에도 선하신 하느님을 위한 축복과 감사의 말밖에는 영혼 속에 가지고 있지 않았다.

출발 시각이 되었을 때 리델 주교는 그에게, 돌아가면 전국을 훑어보고 각 지역에 흩어져 있는 신자들과 연락을 한 후, 중국으로 다시 돌아와 보고 들은 것을 전해 달라고 부탁했다. 그의 자세한 보고서는 훗날 선교사들에게 지극히 유용하게 쓰일 터였지만 그로 인해 이 노인은 18개월 동안 모든 것을 빼앗기고 추방을 당하게 되었다.

한편, 조선교구의 주교는 다른 새로운 일로 상하이 체류기간이 연장될 수밖에 없었다. 교리교육, 여러 권의 신앙서적 번역은 끝났지만 그것으로 하고자 하는 활동에 충분치는 않았다. 귀국하면 당장 필요하게 될 책들을 즉시 인쇄할 요량으로 나무에 한글을 새기는 작업에 이미 들어갔었다.

이러한 인쇄작업은 정교한 손질과 고도의 능력을 갖춘 지도가 필요했다. 현대 글자체에서 그 수는 알파벳의 수와 비슷하게 제한되어 있었지만 조선어 텍스트를 인쇄하는 것은 전혀 그것과는 거리가 먼 작업이었기 때문이다.

글자수 자체가 알파벳 수보다 더 많은 것은 아니지만, 음절을 만들기 위해 100가지 방법으로 조합이 이루어지는데 그 기본 글자의 수가 1,200개 정도에 달할 지경이다.

노트르담 데 네주로 출발

이 작업을 마치자 선교사는 선교지에 한발 더 다가갔다. 10월 초가 되자마자 체푸에 가서 블랑 신부와 합류했다. 랴오둥으로 가기 위해 이 작은 도시를 떠날 채비를 하고 있을 때 인체(Intze)[1]로 가는 한 천주교도가 와서 선교사들에게 자기 배를 타고 가주기를 부탁했다. 여정이 훨씬 더 길었으나 천주교우의 배를 타고 가는 여행의 즐거움으로 인해, 자신들이 겪을 수밖에 없다고 생각했던 고통이 훨씬 경감되었다.

중국 배를 타고 항해를 하는 내내 많은 사건들이 일어났지만 모두가 다 비슷비슷했다. 숱한 위험을 무릅쓰고 두 선교사는 11월 초 작은 항구 인체에 내렸다. 나머지 여행에 관해서는 리델 주교가 늘 품고 있는 열정을 담아 우리에게 이야기해주리라.

개선한 베롤 주교의 마차

"길 사정이 몹시 나빠서 블랑 신부는 말에 올라타고 나는 베롤 주교의 마차에 올라 자리를 잡는다. 마차라니, 좀 과장인 듯싶다. 바퀴가 두 개밖에 없는데다 방석 같은 완충장치도 갖추고 있지 않지만 마차인 건 분명한 듯하다. 시시각각으로 튀어 오르기를 반복하고 있으니 말이다.

발과 손으로 잘 지탱하고 양옆으로 부딪치는 것을 피하기 위해 항상 경계를 늦추어서는 안 된다. 발로 걸어가는 것이 열 배는 나을 듯하나 뭔가를 타고 여행하는 것이 더 점잖기는 하다. 체면 생각도 좀 해줘야지.

우리가 가로지르고 있는 대평야는 단조롭고 아무런 문화의 흔적조차 보이지 않는다. 분명 생 튀베르(Saint—Hubert)[2]로 가는 길이 있을 텐데, 우리가 될 수 있는 한 피했으면 하는 그러한 길의 모양새를 하고 있다니.

저녁 무렵 식사를 위해 길을 멈추고 주변에 있는 주막에 들어섰다. 여기서 사람들이 내 수염의 길이와 그 아름다움에 경탄하며 계속하여 찬사를 해댄다. 특히 혐오감을 줄 정도로 더러운 행색을 한 부엌데기가 나를 바라보며 거의 황홀경에 빠져 있다.

잠깐 감동의 순간이 지나가자 식사준비를 한다. 우리는 우선 접시와 요리접시부터 훔쳐서 닦기 시작하는데, 주방장이 다섯 손가락으로 찍어놓은 두꺼운 지문을 없애기 위해서다. 다음 날, 안장 위에 걸터앉는데 갈 길이 멀고 말을 타야만 하는 길이기 때문이다. 우리 마부 이름은 비스카로(Biscaro)였는데 타타르[3]족 소년이다.

며칠 여행을 하고 난 어느 날 저녁 무렵 노트르담 데 네주 성당의 첨탑이 눈에 들어온다. 마을 유지 두 사람이 말을 타고 내 앞에 와서 마차를 내준다. 비스카로와 함께 이 여행을 마저 끝내길 바랐었다. 모든 사람이 기분이 좋아 흥얼거리며 마을 입구에 모여 있었다. 종이 울리고 음악을 연주하며 대포가 그르렁거리고 있었는데 비스카로는 분명 이 모든 것에 참여하려는 듯 머리를 꼿꼿이 들고 있었다."

발레―푸르쉬 잠깐 둘러보기

이 슬픈 만주 지방의 쌍갈래 푸르쉬 계곡(Vallée―Fourchue) 차쿠 마을, 즉 다시 말해 노트르담 데 네주에서 조선 선교사들의 힘든 상황은 아무런 변동이 없이 긴 나날, 긴 달이 또 흘러가고 있었다. 엄청난 양의 눈이 내려 그 하얀 코트로 계곡 전체와 주위의 모든 산들을 뒤덮고, 가끔씩은 여러 주간 이 불쌍한 마을의 주민을 외부와 격리시킨다.

그럼에도 필리포폴리스 주교는 이 지역을 매우 아름답다고 생각하고 있다. 그는 다음과 같이 말한다.

"진정한 은(銀)의 나라, 그게 바로 노트르담 데 네주다. 눈은 매우 강렬한 태양빛에서도 녹지 않는다. 특히 야경이 정말 볼만하다. 별은 총총 빛나고 달은 부드러운 빛을 사방에 퍼뜨려 수정 같은 수많은 뾰족한 눈덩이에 반사된다. 여기저기 너무도 아름다운 빛의 효과, 그리고 예술가의 욕구를 자극하는 빙하가 있어 오랫동안 이 광경을 즐길 수도 있다. 하지만 이제 곧 잔잔한 북풍이 찾아와 귀에 윙윙거리며 불 것이다. 그것은 안으로 들어가라는 신호인데, 항상 따를 준비가 되어 있다.”

가끔씩 풍경이 변하기도 하는데 그 역시 매우 흥미롭다. 다음 이야기를 경청해보자.

“지난밤, 도둑이 정원에 들어와 식량을 보관하는 오두막을 강제로 열고 배추를 열 포기 정도 훔쳐갔다. 이 착한 도둑은 적어도 배춧국은 먹을 수 있으리라! 우리 개 두 마리는 잠자코 있었다. 그렇게 하도록 내버려두는 것은 그들의 풍속이기도 하나, 이를 제외하고는 얼마나 좋은 보초들을 데리고 있는 셈인가!

오늘 계곡에 부는 바람 소리를 들었더라면! 정오부터 예사롭지 않은 폭풍우가 세차게 몰아쳐 산맥들이 사라지고 하늘은 몹시 낮게 보인다. 겁에 질린 작은 새들은 도망갈 힘도 없이 경사진 지붕 뒤에 숨어 있다. 까치들은 폭풍우를 이겨내느라 길게 줄지어 버티고 앉아 있는데, 보람도 없이 바람이 그들을 요동치게 하고 멀리 날려 보낸다. 나무들은 꺾이고 눈과 모래가 일어나며 바람은 세차게 불어 가장 높은 음정까지 소리를 내고 있다.

오늘 저녁에도 여기서 자연의 이 기막힌 광경을 참관하고 있다.

폭풍이 계속 그르렁대는데 다행히 우리 숙소는 튼튼하다. 한편 내 주위 모든 것은 고요하고, 등불만이 가끔씩 조그만 소리를 내며 자신이 직무를 충분히 수행했노라 내게 말하는 듯하다. 불빛은 조금씩 꺼져가며 반짝반짝 빛을 내고 자명종은 똑딱똑딱 단조로운 소리를 낸다. 펜은 다른 곳에 있는 친구들에게 보내는 생각과 설명들을 따라가며 긁는 소리를 내고 있다. 그래, 저 멀리! 우리가 저 위에서 만날 때엔 얼마나 행복할까!"

제5장

리델 주교의 베이징 여행

만주에 돌아오자마자 리델 주교는 프티니콜라 신부와 푸르티에 신부가 가르쳤던 제자들을 불러 모으려고 노력했다. 그는 험난한 국경을 용감하게 넘어온 모든 조선 천주교우에게 예전에 신학생이었던 사람들과 하느님에게 봉사하고자 하는 사람을 찾아주기를 부탁했다. 이러한 부탁은 1873년 말쯤 첫 번째 성과를 거두게 된다.

그 시절, 한 젊은 조선인이 주교의 열망을 알게 되었고 거기에 부응하기로 결심했다. 그는 어머니에게 동의를 얻어 한 노인의 인도로 중국을 향해 길을 떠났다. 나무꾼으로 가장한 이들은 포졸의 감시를 피해 겨울의 혹한과 긴 여행에서 부딪치는 위험을 무릅쓰고 두 사람 모두 안전하게 노트르담 데 네주에 도착했다.

이 젊은이를 보고 존경하는 조선교구장께서는 매우 기뻤다. 리델 주교에게는 마치 이 젊은이가, 우리가 방문한 바 있고 베르뇌 주교가 그토록 많은 애정과 소망을 쏟아 설립했던 성 요셉 신학교의 폐허로부터 걸어 나온 것처럼 느껴졌다.

1874년 2월, 노트르담 데 네주에 조선으로부터 「서한」이 도착했다. 그렇게도 심하게 천주교도를 박해했던 대원군이 조정에서 이제는 밉살스러운 존재로 인식되어, 왕은 그를 서울에서 내쫓는 동시에 현명하고 사리분별력이 있는 대신들을 선택하여 정권을 손에 쥐었다는 소식이었다.

이 소식은 매우 중요했다. 리델 주교는 이러한 새 정부의 호기를 놓치지 않고 천주교를 인정해달라는 「탄원서」를 내고 싶었다. 그러나 어떻게 그것을 임금에게까지 도달하게 한단 말인가? 바로 거기에 어려움이 있었다. 만일 중국 정부가 선교사에게 이러한 임무를 하도록 맡겨준다면 더 쉬워질 터인데 어차피 다른 방도가 없었다.

이러한 요청이 이루어진다는 환상을 가지기에는 리델 주교가 중국에 대해 너무 잘 알고 있었지만, 너무도 오랫동안 참을 수 없는 속박을 당하고 있던 조선 천주교도는 그를 설득시키고 말았다.

이 선량한 사람들은, 주교가 베이징 주재 프랑스 대사의 중재로 종교의 자유를 쉽게 얻어낼 수 있으리라 꿈을 꾸고 있었다. 선교사들은 이러한 믿음에 대해 매우 회의적이었으나 그 압력에 못 이겨 그렇게 하기로 하고 결국 마치 그렇게 이루어졌다고 믿는 것처럼 행동을 취하게 되었다. 게다가 임무를 완수하기 위해 할 수 있는 것을 다했다고 스스로에게 말하는 것은 항상 위안이 된다.

이미 하려고 했던 계획 외에, 조선 주교에게 베이징 주재 프랑스 대사를 만나 앞으로의 거취에 대한 보장을 받는 것은 이득이 되는 일이었다. 그리하여 그는 블랑 신부와 두 조선인을 대동하고 길을 떠났다.

1년 중 이 시기에 이렇게 여행을 떠나는 데에는 큰 용기가 필요했다. 중국 북부는 눈에 덮여 있고 여기저기 커다란 개천이 여행자의 앞길을 가로막으며 예상치 못했던 위험을 안겨준다. 강과 하천은 두꺼운 얼음 층으로 덮여 있지만 강변에 사는 중국인이 매일 아침 깊은 구덩이를 파놓으므로 여행자는 자주 거기에 빠지곤 했다. 이럴 때면 구덩이를 파놓은 자들이 바삐 뛰어와 꺼내주고는 그 대가를 상당히 요구하곤 했다. 중국인의 장삿속은 그 정도까지 발전했었다.

드 조프루아와 중국 대신들

한 달간의 피로가 누적될 무렵 선교사들은 베이징에 거의 도착하고 있었다. 드 조프루아(de Geofroy) 대사는 그들을 극진히 환영하였고, 가능한 한 선한 의지를 다해 도와주겠노라 약속했다. 불행하게도 항상 이러한 선한 의지로만 충분한 것은 아닌 법인데, 특히 중국에서는 힘과 생각이 더 필요하기 때문이다. 따라서 프랑스를 대표하는 사람은 주교의 청원을 접수하여 자신이 직접 야멘[1]으로 가지고 갔다.

대사가 얻은 답은, 그가 가져온 소식은 리푸[2]로 보내야 한다는 것이었다. 이 일을 리푸와 직접 처리할 수 없었던 드 조프루아 대사는 야멘 인사들에게 이 건을 직접 맡아 처리하는 동시에, 이를 유권 부처에 전달해달라고 간청을 넣었다. 대신들은 다음과 같이 대답했다. "노력하겠지만 동료들이 그 일을 수락할지는 약속드릴 수 없습니다."

닷새 후, 청원서는 프랑스 대사관으로 돌아왔다. 리푸에서는 그에 대해 알지도 못했으니 중국에서 외교란 바로 이런 것이다.

이 여행을 하면서 리델 주교는 베이징 교구장인 동시에 친구였던 들라플라스[3] 주교를 만나보려는 의도도 있었다. 그에게 자신의 계획을 알리고 충고와 지원을 받고 싶었다. 이러한 관점에서 보자면 그의 수고가 헛되지는 않았다. 사도로서의 애정 가득한 동료의 환대를 받아 그는 천상왕국의 수도에 위치한 선교 본부건물을 둘러보며, 다른 이들의 경험을 잘 이용할 것이라고 스스로에게 다짐했다. 마음속 깊이 늘 강렬히 솟구치는 소망을 간직하고 있었기 때문이다.

만주로 귀환

만주에 돌아온 리델 주교는 조선어에 대한 저술 작업에 착수했고 기도와 격리의 생활로 다시 돌아갔다. 캐나다 선교사인 보니상 (Bonnissant) 신부에게 보낸 「편지」를 보면 그의 실존과 감정 승화를 구하는 삶의 세세한 모습을 엿볼 수 있다. 그는 다음과 같이 적고 있다.

"1874년 10월 24일, 나는 지금 여기 만주 저편 골짜기에서 선교사 세 명과 함께, 어쩔 수 없이 팔짱을 낀 채 하느님이 기약하는 순간을 기다리며 가련하고도 유감스러운 우리 선교지를 향해 눈길을 두고 있습니다. 우리의 상황이 하나도 변하지 않았다는 것과, 과거와 마찬가지로 아무것도 하지 못하고 있다는 걸 말해두고자 합니다. 적어도 나는 희망을 잃지 않고 있으며 우리가 하느님의 의지를 실현시키고 있다는 굳은 신념도 가지고 있습니다. 이러한 생각이 우리에게 용기와 힘을 줍니다.

나는 다른 건 바라지 않습니다. 하느님께서 원하시는 대로 그 뜻이 그대로 이루어지이다. 이러한 상황에서는 여러분에게 보고할 흥미로운 일이 그리 많지 않다는 것을 짐작할 것입니다. 추방 상태로 살고 있는 우리의 삶을 알게 된다면 화나 내지 않을는지요.

지리적으로 우리는 조선 항구로부터 남서쪽으로 30리 정도 떨어진 곳에 와 있습니다. 우리는 베롤 주교의 옛 거처에서 살고 있는데, 선교지로 돌아갈 때까지 이곳을 내어주셨기 때문입니다. 나와 같이 일하는 성직자는 젊은 선교사들 세 명이 전부이며, 모두가 여기서 함께 공동체의 삶을 살고 있습니다.

한 사람은 선교사, 다른 한 사람은 구역 신부이며 그 구역에는 약 300명의 신자를 거느리고 있습니다. 세 번째 인물은 조선신학교를 맡고 있는데, 그곳은 교수 한 명에 학생은 단 한 명뿐입니다. 이 학생은 15세 소년으로 내가 조선으로부터 탈출시켰고 이제 막 공부를 시작했습니다.

가련한 필리포폴리스 주교로 말하자면 모든 일을 조금씩 다 합니다. 즉, 별것 안 한다는 이야기도 됩니다. 내가 『조선어 사전』과 『문법책』을 만들 수 있었다고 한다면 놀라실 겁니다. 분명히 저는 그런 일에 재능을 타고난 사람은 아니나 다만 선하신 하느님께서 모든 종류의 도구를 사용하실 수 있다는 것을 증명할 뿐입니다.

그러므로 여기서 우리의 나날은 기다림 속에 흘러가고, 우리의 삶은 마치 신학교의 그것과도 같습니다. 기상·식사·휴식·공부시간, 그리고 그날의 여러 가지 활동들은 규칙에 의해 정해져 있습니다.

동료 선교사는 하느님의 은총으로 건전한 정신상태를 유지하고 있으며 모범적인 삶과 매우 계몽적인 본보기가 될 신부입니다. 앞으로의 포부도 대단합니다! 며칠 후면 선교지에 다시 들어갈 시도를 하라고 이들에게 말할 수 있습니다. 그런데 이들은 이것을 이미 알고 있습니다. 감옥 같은 삶, 숨어 살기, 모든 걸 빼앗겨 겨우 몸·마음·영혼이나 생각할 여유가 있을까……. 다만 하느님이 같이 계시기만 한다면, 특히 예상하던 일이 너무도 쉽게 현실이 될 수 있고, 그 예상이란 체포되어 끔찍한 고문을 당하고 결국에는 사형집행인의 도끼 아래 목을 내놓아야 하는 것.

그런데 이 모든 것은 상상이 아니라 현실입니다. 조선 정부는 우리 주님의 선교사들을 결코 다른 방법으로 다룬 적이 없습니다. 정말입니다! 잘 이해하실 텐데, 이러한 비전이 굳은 믿음, 그리고 실제적인 믿음을 가지게 하는 데 약간 도움이 됩니다.

또 특히 선하신 하느님을 사랑하고 인간을 구제하는 데 도움을 줍니다. 모든 덕목의 기초라 할 수 있는 겸양을 갖추는 데에도 도움이 되는데, 겸손함이 없이는 아무도 이러한 고문을 견디어낼 수 없습니다. 겸손함이 없이는 아무도 순교자가 될 수 없습니다.

기도할 때 우리를 잊지 마세요. 저를 위해 힘·인내, 그리고 특히 선하신 하느님의 사랑을 구해주세요."

다음 해 겨울이 끝나갈 무렵, 차쿠 마을은 정말 강력한 방어태세를 취했다. 평소 조용한 성품을 가지고 있는 마을 주민들이 산적·전투 얘기만 하고 있었고, 거의 매일 밤 공포스러운 포성이 산 여기저기에 메아리쳤다.

산적 떼를 리델 주교가 쫓아내다

사건의 전말은 다음과 같다. 중국과 조선의 광활한 땅을 형성하고 있는 숲속으로부터 나온 산적 떼가 출몰하고 있었다. 이들은 이웃 지방을 휩쓸고 노트르담 데 네주 계곡도 무섭게 위협하고 있었다. 이러한 위험을 모면하기 위해 마을의 천주교도는 선교사에게 와서 도와달라고 간청을 했다. 신부들의 숙소는 어린이와 노인의 은신처가 되었고 병기창으로 변했는데, 여기서 오래전부터 사용하지 않았던 무기를 손질한 후 새로운 무기를 만들기 시작했다.

하루는 선교관 정원의 작은 테라스에서 보초를 서던 파수꾼이 창백한 얼굴로 와서는 정신이 나간 채, 많은 수의 산적 떼가 마을을 곧 가로질러 갈 것이라는 소식을 전했다. 순식간에 모든 사람이 자신의 위치로 갔다. 심각한 수준의 위험이 다가온 것이다. 드디어 무장을 한 커다란 무리가 질서정연하게 천천히 다가오는 것이 보였고, 이들의 의도가 무엇인지는 의심의 여지가 없었다.

어떤 불행이 닥칠까 두려운 나머지 리델 주교는 두목을 향해 나아가 매우 가까운 거리까지 가서 그에게 말했다. "멈추시오, 이곳을 지나갈 수 없소." 무리는 멈추었으나 곧 매우 흥분한 자들이 다음과 같이 외쳤다. "앞으로 전진!" 그러므로 주교는 목소리를 높여 프랑스어로 몇 마디 소리를 질렀는데, 그것이 퍼져 마술과도 같은 효과를 내었다. 심상치 않은 동작과 눈길로 그는 노트르담 데 네주의 종탑을 가리켰다.

그런데 그날따라 그 아름다운 교회의 종탑은 믿기 힘든 모양새를 하고 있었다. 은빛 같은 종소리의 노래밖에는 나오지 않던 반원형 창문으로부터, 앞으로 쑥 나와 입을 쩍 벌리고 있는 엄청나게 큰 대포가 보였던 것이다. 이러한 광경은 중국 산적에게 자신들이 유리할 것이라는 판단을 안겨주지 못했다. 게다가 이 몹쓸 유럽인은 불처럼 이글이글한 눈, 천둥치는 듯한 목소리, 그리고 턱수염까지 있지 않은가!

이들의 공포는 갑자기 마을 쪽에서 들려온 알 수 없는 날카로운 소리로 인해 극에 달했다. 바퀴소리 혹은 유럽인이 발명했을 어떤 무기가 내는 소리라고 상상한 이들은 다른 방향으로 바꾸어 길을 떠났다. 이들을 공포에 떨게 했던 이 불협화음의 소리는 대나무 관에서 나는 것으로, 한 선교사가 심심풀이로 오르간을 만들었던 것이다. 대포 역시 별것이 아니었을 거라는 상상을 쉽게 할 수 있다. 단순한 난로 연통에 약간의 삼 부스러기와 색칠한 헝겊 조각을 덧대니 가공할 전쟁 무기로 돌변했던 것이다.

이 같은 위기 상황은 매우 빈번했으나 하느님의 은혜 덕분에, 그리고 주교의 넘치는 에너지 덕분에 노트르담 데 네주의 얼마 안 되는 주민들은 아무런 불행도 겪지 않을 수 있었다.

조선 선교지 소식

독자들은 리델 주교가 1872년, 조선 전역을 돌며 각 지방의 천주교우와 연락을 다시 취하여 보고 들은 것을 중국으로 다시 돌아와 보고할 임무를 지워 최요한이라는 한 선한 노인을 조선으로 보냈던 것을 분명히 기억하고 있을 것이다. 지루하고 긴 기다림 끝에 결국 선교사들은 이 노인이 피로에 지쳐 사망했거나 박해의 희생자가 되어 그의 가족처럼 순교의 종려나무 잎을 얻었으리라고 믿게 되어버렸다.

그런데 1875년 1월 중순께, 그들과 함께 기거하고 있던 한 조선인이 방으로 뛰어 들어오며 "최요한이 죽지 않았어요. 저기 파발꾼과 함께 오고 있어요"라고 소리쳤을 때의 기쁨을 어찌 형용할 수 있으랴. 얼마 지나지 않아 그 선한 노인은 신부들 숙소의 방 안에 들어와 있었다. 정말 처참한 몰골이었다! 창백하고 바짝 말랐으며 얼굴은 온통 얼어붙어 있었는데, 이제 막 그는 200리도 더 되는 길을 걸어온 터였다. 한참 동안의 침묵이 흐른 후 그는 "저는 아무것도 모르겠습니다. 살아 있는 건지 죽은 건지, 무슨 말을 해야 할지도 모르겠습니다"라고 말했다. 그러나 휴식을 취하고 신속하게 치료를 받은 덕에 그는 기운을 차렸고, 곧 길고도 위험한 여행 중에 들은 이야기를 전해주었다.

서울에서 중부와 남서지방, 그리고 전라도 한가운데 이르기까지 박해의 위세는 전례를 찾아볼 수 없을 정도로 맹위를 떨쳤다. 순교자의 수를 알 수는 없지만, 그 이전 어느 때보다 박해가 더 많다는 것은 틀림없었다. 천주교를 종식시키기 위해 관리들은 이교도를 선동했다. 이들이 손에 쇠막대와 불을 들고 쳐들어오는 바람에, 가련한 신자들은 집이 약탈당하고 불에 타 서둘러 도망을 쳐야만 했다⋯⋯ 수천의 가련한 백성이 이처럼 모든 것을 앗긴 채, 갈

곳도 생계를 위한 아무런 수단도 보장받지 못한 채 버려졌다. 이들 중 다수가 굶주림·추위, 그리고 처참한 상황으로 인해 죽어갔다. 그것도 모자라 거의 대부분의 고아들은 이교도의 집에서, 가톨릭을 증오하는 가운데 양육되고 있다. 많은 기혼여성은 남편과 헤어져 강제로 재혼하거나 이교도의 노예로 팔려갔다.

얼마 전부터 박해의 강도가 약간 낮아졌다. 임금의 명에 따라, 관리들은 임금에게 보고하지 않고는 한 사람의 신자도 사형에 처할 수 없게 된 것이다. 이들의 운명에는 커다란 위안이 되었지만 그 위상은 아직도 비참한 상태로 남아 있다. 이들은 아직도 법의 보호 밖에 있으므로 이교도들이 끊임없이 표출하는 분노 가운데 노출되어 있었던 것이다.

많은 천주교도가 배교를 했지만 대부분의 교우는 아직도 충실하게 믿음을 지키고 선교사들이 돌아오기를 갈망하고 있다.

어떤 경우 결혼까지도 도저히 해결할 수 없는 어려움을 주기도 하므로, 가련한 백성은 곁에 믿고 의지할 사람이 아무도 없다. 또한 신앙서적이 거의 사라져 이들은 교리와 「기도문」을 잊게 되었고, 이러한 무지 상태는 시간이 흐를수록 심화될 뿐이었다.

그렇지만 선한 노인이 가져다준 소식이 모두 슬픈 것만은 아니었다. 북부와 중부지방에 사는 몇몇 이교도가 예수 그리스도의 종교를 받아들이고 세례를 받고 싶다는 의향을 전했기 때문이다. 따라서 조선에 선교사를 들여보내는 일이 시급해졌는데, 그렇지 않으면 예전에 그리도 꽃피웠던 선교지가 자신들의 오랫동안 부재로 인해 완전히 폐허로 변해버릴 것이기 때문이었다. 한편 이 일은 갖은 위험을 무릅써야 하는 것이었다. 조선의 연안은 매우 삼엄한 경계가 펼쳐져 있고 그 나라에 체류하는 것 역시 박해 전보다는 훨씬 어려워 보였다.

예전에 선교사들은 상복을 입은 채 담임교구를 돌아다니는 데 거의 아무런 위험도 없었다. 그러나 지금은 이러한 복장조차 위험해졌는데, 유럽인이 그런 식으로 변장하고 다닌다는 걸 모르는 사람이 없기 때문이다. 게다가 선교사들은, 귀환을 바라기는커녕 몹시 싫어하는 배신자들과 몇몇 비겁하고 무심한 교우들과 맞서기도 해야 하는 입장이었다.

결국 정부가 국내에 천주교도의 존재를 허용한다면, 혹은 적어도 그들을 향해 이 같은 적개심을 내보이지만 않는다면, 그것은 곧 그들의 세력이 약화되고 유럽인과의 모든 관계가 영원히 끝났다고 정부가 믿는다는 것을 의미한다. 그러나 신자들의 아주 조그만 움직임, 조그만 부주의로 박해의 불꽃은 다시 당겨질 수 있으며 다시는 돌이킬 수 없는 불행의 씨앗을 조선교회에 던져줄 것이다.

제6장

중대한 결정

이 용감한 주교가 어떤 고통 속에 있었는지 쉽사리 알 수 있다.
이제 그에게 필요한 건 모든 열성과 신중함을 모으는 것이었다.

따라서 그는 선교사들을 모아 이들의 의견을 묻고 서로의 불빛
이 되도록 돕자고 했다. 긴 회의 끝에 만장일치로 이들 중 두 사람
이 9월에 북부지방에 잠입 시도를 하기로 결정했다.

이 결정은 매우 중대한 것이어서 교구장의 어깨 위에 무거운 책
임을 지는 일이었다. 그리하여 그는 이러한 작전이 하느님의 뜻에
부합되는지 알아보기 위해 파리의 외방전교회 지도부에 알리는 것

이 좋다고 생각했다.

이 「서한」에서 주교는 이 계획을 실현시키기 위해 가능한 모든 수단과 자신이 직면한 어려움에 대해 털어놓고, 마지막에 다음과 같은 의문을 스스로에게 던진다.

"왜 예전처럼 그냥 간단히 비밀리에 입국할 생각을 하지 않을까? 이것이 아마도 우리에게 남아 있는 단 하나의 원천일 것입니다." 회신을 받는 데에는 그리 오래 걸리지 않았고 그의 모든 소망이 옳다는 것을 확인했다.

그들은 그에게 다음과 같이 말했다.

"현재와 같은 상황에서 인간으로서 어떠한 구조 행위도 소망해 볼 수가 없고 우리의 신념은 주교님과 꼭 같습니다. 단지, 주교님은 중국을 떠나지 말고 남아 사건을 처리하며 우리에게 알려주셨으면 합니다. 주교께서 성무를 시작한 초기부터 상상할 수 있는 가장 어려운 상황에 처해 계셨다는 것을 제일 잘 알고 이해하고 있습니다.

그리고 주교님께서 이제까지 증거해 보이셨던 신중함에 대해 감히 무어라 할 수 없습니다. 이제 우리의 생각이 그러하듯 주교님은 행동을 취할 때가 이르렀고 하느님 앞에서, 교회 앞에서, 그리고 우리 사회 앞에서, 사랑하는 불쌍한 조선이 8년 전부터 겪어왔던 과부신세를 면하도록 최종적인 노력을 기울일 수밖에 없다고 생각하고 계십니다. 이 같은 과업은 주 예수 그리스도만이 허락하실 수 있는 일이므로, 성모 마리아와 용감한 순교자들의 중재를 통해 성공의 면류관을 얻기를 기원합니다."

조선 주교의 신중한 망설임

이 「서한」이 중국에 닿기 전에 리델 주교는 두 번째 「서한」을 이미 발송한 상태였는데, 갖은 어려움과 두려움에 대해 좀 더 소상히 적었다. 그는 명쾌하고도 단호한 답장을 기다리고 있었다. 자기 혼자 목숨만 달려 있었다면 아깝지 않을 일이었으나 하느님의 일꾼인 다른 선교사의 목숨이 달려 있었으므로 그는 망설였다.

이러한 망설임은 당연히 정당한 것이었다. 조선으로 잠입하라고 명령을 내리는 것은 곧 거의 틀림없는 죽음, 그것도 가까운 시일 내의 죽음을 향해 가라는 명령과 다를 바 없지 않는가? 특히 천주교우에게는 또 다른 끔찍한 시험을 겪게 만드는 것은 아닐까?

그런데 그러던 중 파리로부터 짧은 답장이 도착했다. 사도들만이 그 같은 언어를 말하고 들을 수 있다.

"지난번 「편지」에서 우리가 이 일을 어떤 방식으로 바라보는지 주교님께서 이미 느끼셨을 겁니다. 오늘 주교님으로부터 직접 명확하게 전해 듣고 우리는 이에 대해 다시 한 번 심사숙고를 했습니다. 우리는 주교님께서 열거하신 매우 심각한 난제들에 대해 하나하나씩 차례대로 가늠해보았고, 믿음과 사도로서 감당해야 할 의무에 따라 살펴보니, 하나씩이든 총체적이든 이 난제는 8년 전부터 사제도 없이 모든 종교적인 구조의 혜택을 받지 못한 2만 명의 신자들을 구해야 할 필요성보다 더 우위를 점할 수 없다는 결론에 도달했습니다.

현재와 같은 상황에서 조선에 입국하는 것은 분명히 의례적인 의무만일 수가 없는, 진정으로 영웅적인 행위가 틀림없습니다. 그런데 어떤 소명, 특히 사도의 소명과 같은 경우 영웅적인 행위는 하나의 의무가 될 수도, 또 흔히 그렇게 되기도 합니다.

어찌 됐든, 가련하게 버려진 백성들을 구원할 아량을 가진 사람들, 이들은 하느님과 교회의 눈앞에 최고의 자비심 어린 행위를 수행해 내리라는 것에 추호도 의심이 없습니다. 그리고 박해의 칼에 스러진다 해도 이들은 순교자의 반열에 오를 뿐만 아니라, 이들의 영광은, 일부러 추구하지 않았던 이러한 죽음의 기회가 우리 구세주 예수 그리스도에 의해 명확하게 예견되었으며 도량 넓게 받아들여질 것입니다.

가까운 시일 내에 조선에 입국하기가 훨씬 쉬워지리라 예상할 수 있었다면 그 계획을 늦추라고 충고했을 것이나 이러한 희망은 어디에서도 찾아볼 수가 없습니다."

파리와 로마에서 승인을 얻다

"주교님을 향한 우리의 대답이 전적으로 신념에 찬 것이라 할지라도 단지 우리가 아는 것에서만 그치기를 원하지 않았기에, 그리고 우리 자신의 책임을 덮어두기보다는, 주교님께 더 나은 안전과 위로를 보장해드리기 위하여 포교성성(布敎聖省)[1] 장관 추기경님께, 주교님께서 실행코자 하시는 어려운 계획을 알려드림과 동시에 이를 위해 친히 기도해주시기를 부탁드렸습니다.

또 성공 기원을 위한 교황님의 특별한 축복도 요청했습니다. 추기경님이 애쓰신 덕에 주님 공현대축일(公顯大祝日)[2] 후 8일 기간 중 일요일에 그 축복을 얻어냈습니다.

이제 주교님께서 계획에 착수하시기에 아무런 문제가 없습니다. 좋은 결과를 얻는 데 주교님을 신뢰하며, 또 가장 험하고 혹 죽음에 내몰릴 수도 있는 동료 사제들에 대한 사랑을 위해 주님의 선하심에 의지하고 있습니다.

주교님, 오늘 이후로 주교님과 사랑하는 동료들에게, 기도 가운데 특별한 기억으로 새길 것과, 그 커다란 계획의 어떤 일부라도 실현되었다는 소식을 듣자마자 하느님께 자비를 두 배로 더 구할 것입니다.

여러 열정적인 공동체도 우리의 기도에 참여하도록 할 것을 약속드립니다. 그러니 기도와 함께, 그리고 기도를 통해 하느님이 주교님의 일에 축복을 내려주시고 그 수고를 헛되지 않게 하도록 할 것입니다.

우리 자신도 당신의 노력·일, 그리고 이러한 상황에서 겪을 수 있는 위험에 동참할 수 있기를 원합니다. 이와 같은 은혜가 우리에게 허락되지 않았음에, 적어도 가장 좋은 결과를 보장할 수 있도록 아무것도 게을리하지 않을 것이라는 것을 믿어주시기 바랍니다."

이 「서한」들은 리델 주교를 모든 근심으로부터 해방시켰다. 그의 계획에 대한 교황의 축복은 지구상에서 받을 수 있는 가장 높고도 효험 있는 승인을 내려준 것이었다. 이와 같은 일에서 교황의 축복이란 사실상 하느님 자신의 비준을 받은 것이나 다름이 없지 않겠는가?[3] 이러한 인증은 사제에게는 이제 의무가 되었으므로 사람의 의견과 그가 감수할 수많은 위험이 있었지만 즉시 조치를 취했다.

따라서 1875년 9월, 두 명의 선교사는 조선 왕국에 잠입을 시도

하고 리델 주교는 중국에 남아 그 일을 계속 진행하기로 결정이 내려졌다. 그러나 신의 섭리는 그 일을 전혀 다른 방향으로 이미 결정해둔 상태였었다.

마르티노 신부의 사망

출발하기로 한 시각과 거의 동시에 마르티노 신부가 사망한 것이다. 그는 7월 24일 프랑스에서 도착하는 베롤 주교를 마중하러 인체에 가고 있었다. 이 작은 중국 항구도시에 도착하자마자 그는 병에 걸려 며칠 후 성스럽게 주의 품에서 잠들고 말았다.

마르티노 선교사는 신앙심·희생·겸손함 등 사제로서의 모든 덕성뿐 아니라 조선어에 대한 해박한 지식까지 갖추었으므로, 주교는 그를 통해 실현 가능성이 가장 높은 기대를 품고 있었던 것이다. 그러나 항상 놀라운 계획을 펼치시는 하느님께서는 그의 선한 의지에 대해 만족하셨고 이제는 하늘에 들어올 때가 무르익었다고 판단하신 것이었다.

이 고통스러운 소식을 외방전교회 지도부에 알리면서 리델 주교는 자신이 고인의 자리를 대신하여 블랑 신부와 함께 조선으로 가는 배를 탈 것이며 리샤르 신부에게 노트르담 데 네주의 자리를 지키도록 맡기겠노라 알렸다.

그는 「서한」을 마치며 다음과 같이 말하고 있다.

"제가 죽는다면 블랑 신부가 이 선교를 이끌어나가는 책임 역할을 맡게 될 것입니다. 우리가 둘 다 죽는다면 적법한 절차에 의해 다른 책임자를 임명할 때까지 리샤르 신부가 그 자리를 대신할 것입니다."

한 친구에게 보내는 「편지」

드디어 9월 초가 되자 주교는 한 친구에게 다음과 같이 「편지」를 쓰고 있다.[4]

"내 모든 준비는 끝났고 선교지로 잠입 시도를 할 것일세. 앞길에 수많은 위험과 어려움이 놓여 있지만, 나는 단지 선하신 하느님의 손안에 있는 믿음만을 가지고 길을 떠나네…… 내가 성공할 수 있을까? 모르지, 그렇지만 하느님께서는 선한 의지만을 요구하시는 법이니까.

9년 전부터 우리 교우들은 성사를 드리지 못하고 있는데, 그들을 이처럼 더 오랫동안 내버려둘 수 있겠는가?

물론 나는 모든 것을 준비했고 모든 고통을 감내할 준비도 되어 있네. 이러한 상황에 더 집중하기 위해 연례 피정을 갈 작정이네. 마지막이 될 것이 뻔하므로 매우 쾌적한 조건에서 할 예정인데, 아무런 환상도 가지고 있지 않기 때문이지. 우리가 영위해야 할 은둔의 삶은 건강을 매우 빠른 속도로 좀먹을 거야. 내가 바라건대 더 빨리 그렇게 되어 임금이 보낸 포교들이 우리를 알아보고 찾아냈으면 해. 선하신 하느님께서 내가 사도로서 죽고 그의 사랑·영광·영혼들의 구원을 위해 내 피를 흘리도록 해주시기를! *피아트!*[5] *피아트!* 나는 전혀 다른 생각은 없네.

나는 내가 거느리고 있는 선교단의 절반을 데리고 가는데, 즉 선교사 한 사람이라네. 우리는 단둘뿐이니 우리를 위해 기도해주게."

그로부터 며칠 후 리델 주교가 가족에게 쓴 「편지」는 이루 말할 수 없는 커다란 감동을 주고 있다. 이 거룩한 친밀감 속에서 선교사는 자신의 마음으로 이야기하며 자신의 영혼을 모조리 드러내 보여주고 있다. 다음 이야기를 들어보자.

리델 주교, 선교지 귀환을 가족에게 고함

"여러분이 조선을 무척 사랑하고 있다는 사실을 알고 있습니다. 그 불쌍한 교우들에게 내비쳤던 감정에 대해 매우 감동을 받았습니다. 실제로 그들이 고통을 당한 지 이제 곧 10년이 되어갑니다! 그들은 한 사람의 사제도 없이 살며 또 죽어가고 있어요.

신중함이 더 좋은 때를 기다리라 저에게 충고했으므로 저는 추방된 가운데 여러 해를 살았습니다. 드디어 제가 사랑하는 선교지로부터 소식을 접했으므로, 이 불행한 교우들에게 이번 가을에는 두 명의 선교사를 파송하겠노라고 알렸습니다. 이러한 결정은 매우 중대한 것이어서 자문도 구했습니다. 그런데 회신받기를, 그렇게 하는 것이 좋다고 했으며 나아가 그렇게 하는 게 저의 의무라는 것이었습니다.

포교성성에서 비준을 받았고 교황 성하께서 축복을 하셨으니 무엇을 더 바라겠습니까? 이것이 진정한 하느님의 의지가 아니겠습니까? 하느님께서 원하시면 그게 바로 저의 의무이고 그러니 저는 망설일 이유가 없습니다. 모든 준비는 완료되었고 며칠 후면 떠날 것이며 오늘 그것을 여러분께 알리고자 합니다.

이 소식을 접하고 아마 여러분의 마음은 약간 슬플지도 모르겠습니다만, 믿음을 생각하면 곧 용기와 함께 기쁨의 감정이 차오를 겁니다. 우리 교우들은 신부들을 다시 보게 될 것이고, 저는 제 선교 임무를 다시 수행하게 될 것입니다.

조선은 저의 아내, 그것도 매우 고통 받고 있는 아내이므로 제가 위로하고 후원하며 격려해주어야 합니다. 이 임무는 매우 힘겹고도 어렵습니다. 이 아름다운 조선의 교회를 재건하는 데 있어서 저의 약함·무능함, 그리고 무력함을 오늘에야 알게 된 건 아닙니다.

그러나 한편으로 소명은 아름답고도 웅대한 것입니다. 많은 위험이 도사리고 있다고 여러분은 말할지도 모릅니다만, 저도 잘 알고 있고, 이 세상 어느 누가 저보다 그걸 더 잘 알겠습니까. 그렇지만 그것이 선교사의 앞길을 가로막을 수는 없습니다.

우리 구세주께서도 제자들에게 '내가 너희를 보냄이 양을 이리 가운데 보냄과 같도다'[6] 하고 말하지 않으셨습니까. 그러므로 제자들은 물러서지 않았습니다. 우리 구세주는 예루살렘에서 자신을 기다리고 있던 그 모든 고통을 알지 못하셨을까요? 모든 교우는 예수 그리스도가 가신 길을 좇아 걸어가야 하는데 하물며 선교사인 신부에게는 어떻겠습니까.

앞서가신 분의 삶에서, 세상 것을 버리고 희생을 감수하였던 아름다운 예들이 얼마나 많은지요! 오! 그분들께서는 지금 천국에서 행복을 누리시겠지요. 잠깐 동안의 수고로 영원한 행복을 누리다니! 저는 어떠한 위험일지라도 무릅쓰고 그분들의 발자취를 따라 용기 있게 걸어가겠습니다.

이는 모두 하느님의 영광을 위해서입니다. 하느님께서 저를 지켜주시길 바라며, 만일 당신의 뜻이라면 그분을 위해 아주 기꺼이 죽을 것입니다. 이미 그럴 준비가 되어 있습니다. 하느님을 위해 죽는 것, 그보다 더 아름답고 부러움을 살 만한 것이 이 땅 위에 무엇이 또 있겠습니까?

세상은 이런 일을 이해 못 하지만, 그리스도인인 여러분께서는 쉽게 이해할 것입니다. 그러므로 만일 어느 날인가, 하느님의 자비로 인한 특별한 은총의 표지로 제가 그런 영광을 받을 수 있게 된다면 하느님 안에서 즐거워하십시오.

그러나 우리는 아직 그 정도까지 와 있지 못합니다. 제가 조선에 들어가려는 목적은, 조선교회를 폐허로부터 다시 일으켜 세우는 것입니다. 즉 불쌍한 교우들을 구하고 하느님의 영광과 많은 영혼의 구원을 위해 저를 사용하려고 합니다.

저는 오래전에 십자가 아래에 엎드려 입 맞추었습니다. 주께서 당하신 고통과 굴욕과 함께 벌거벗은 그 십자가를 함께 지기로 했습니다. 이것이 한 그리스도인이 따라갈 수 있는 가장 확실한 길이기 때문입니다. 또한 우리 주 예수 그리스도와 친밀한 연합을 이룰 수 있는 가장 훌륭한 길이기도 합니다.

그러나 항상 그러하듯이 우리는 미천한 본성 탓에 이러한 사실을 받아들이려 하지 않고 이런 상태를 달가워하지도 않습니다. 용기와 인내와 사도들이 가졌던 모든 덕성을 갖출 수 있도록, 여러분과 열렬한 신앙심을 가진 영혼들의 기도에 저는 많이 의지하고 있습니다.

제가 절대로 하느님의 뜻을 거스르지 않도록 기도해주십시오. 유일한 위험은 바로 하느님의 뜻을 거스르는 것이니까요. 나머지 것들은 모두 하찮고 신경 쓸 필요도 없습니다. 오! 나의 하느님! 여러분과 끊임없이 연결되기를 희망하고, 절대로 제가 조그마한 실수라도 고의로 저지르지 않게끔 열심히 기도해주시기 바랍니다. 항상 여러분이 저와 함께할 테니 나머지 다른 고충에 대해서는 걱정이 없습니다. 오, 항상 하느님과 함께하시기를!

사랑하는 친지 여러분, 안녕히 계세요. 다시 여러분과 좀 멀어지게 됐습니다만, 이렇게 멀어지는 것은 하느님 안에서 우리가 가까워지는 것이기도 합니다. 각자 자신의 위치에서 할 일을 하면 됩니다. 그러면 우리는 하늘에서 다시 만날 것이며, 하늘에서는 영원히 헤어지지 않을 겁니다.

저에 대해서는 아무 염려하지 마십시오. 저는 선하신 하느님 손 안에 있으니까요. 여러분이 강해질 수 있도록 제가 할 수 있는 한 가장 부드럽고 사랑이 가득한 축복을 보냅니다."

첫 번째 시도

조선 해안가에서의 약속이 확실하게 정해졌다. 조선 쪽배와 중국 정크선은 날씨가 좋으면 10월 3일까지, 역풍이 불 경우엔 10일까지 서로 기다리기로 되어 있었다.

9월 20일 리델 주교를 필두로 작은 원정대가 출발하는데 블랑 신부도 동행한다. 이들과 함께 조선인 세 명도 고향으로 돌아가는데, 어린 신학생 요셉(Joseph), 그의 스승 다두(Thaddée) 노인, 그리고 최근 도착해 도밍고(Dominique)라는 세례명을 받은 인물 등이다. 그리고 매우 비좁은 배 위에 만주인 사환까지 여행객들과 자리를 차지하는데, 그는 그들의 일을 해주는 게 아니라 조선 배에는 옮겨 싣지 못할 짐을 중국으로 다시 가져가기 위해 승선했다.

26일 일요일 저녁, 중국 땅의 마지막 자락이 수평선 너머로 사라지고, 화요일 아침 눈을 뜨니, 조선의 해안이 선교사들을 맞아주고 있다. 블랑 신부는 다음과 같이 쓰고 있다.

"이 땅을 보았을 때 우리 마음에 밀려오는 부드러운 감정을 여러분에게 설명할 길이 없습니다. 이 땅으로 인해 얼마나 오래전부터 한숨지었고, 거의 10년 전부터 골고다 십자가의 큰 희생의 피가 더 이상 흐르지 않으며, 많은 천주교우가 생명력 넘치고 풍요로운 성사의 혜택을 더 이상 받지 못하고 있는 땅이기도 합니다. 이들에게 예수그리스도를 돌려주고 이들을 묶고 있던 사슬을 끊으며 상처에 붕대를 감아줄 이는 바로 복음의 전령사인 우리들입니다.

얼마나 생기 넘치는 은혜로운 행위가 우리 마음으로부터 나오는지요! 우리의 기쁨은 얼마 가지 않았습니다. 선원들이 실수를 저질러 그만 약속장소로부터 북쪽 30리 이상 떨어진 곳인 쓰요도 근처에 와버린 것입니다."

곧 역풍이 불기 시작하자 바다 표면이 부풀어 올라 앞으로 전진하기가 불가능하다. 바다 한가운데 닻을 내렸는데 밤새 보잘것없는 쪽배는 파도의 장난감에 지나지 않았기에 큰 돛대가 휘청대고 키는 금방이라도 빠져버릴 것 같았으며 앞쪽 큰 돛은 반쯤 찢어져버렸다. 정크선 자체도 파도를 견디기에는 너무 낡은 나머지 시시각각으로 부서져버릴 것만 같았다. 겁에 질린 선원들은 더 이상 멀리 항해를 계속할 수 없으며 중국으로 돌아가겠다고 선언한다.

그런데 바람이 잠잠해져 이 가련한 정크선은 드디어 쓰요도에 닿는다. 그때 갑자기 조선 배가 나타났다는 신호가 왔다. 그런데 관리들이 탄 배였으므로 서둘러 도망가야 했다.

추적을 벗어나기 위해 도망자들은 다시 먼 바다로 나아가지만 정크선은 암초에 걸리고 만다. 일엽편주 위로 세차게 부서지는 파도는 배를 침몰시킬 것만 같다. 이렇게 다섯 시간 죽을 고비를 넘긴다.

정신이 거의 나간 선원들은 고사를 지내기 위해 종이를 찾는다. 리델 주교는 이들을 제지하고 아무 염려 말라며, 그보다는 이 위험에서 구해달라고 동료와 함께 기도할 것을 호소한다.

그는 즉시 갑판 위에서 무릎을 꿇고 묵주 신공을 바치며, 루르드[7] 성모님의 가호를 비는데, 어머니와도 같은 보호로 이 위험을 면하게 되면 그 보답으로, 프랑스의 아름다운 성소에서 거룩한 미사를 직접 드리거나 혹은 드려달라 부탁할 것이라 약속한다.

잠시 후 이 불쌍한 우상숭배자들이 깜짝 놀랄 정도로 북풍이 불어와 거의 버려지다시피 되었던 배는 물살을 가르며 항해를 다시 시작한다.

10월 5일, 두 선교사는 약속장소에 도착했다. 벌써 이들은 하느님께 감사드리고 기뻐 어쩔 줄 모른다. 그런데 저녁이 되자 이들에게 은신처를 제공하기로 했던 교우가 위험하게 되었다고 와서 경고한다.

섬을 다스리는 책임자가 아침부터 자기 집 근처에서 정박하고 있던 이들의 존재를 의심하여 즉시 배에 오르려 한다는 것이다. 돌아갈 궁리를 해야 했으나 식량도 다 떨어진 상태다. 사흘 동안, 선원들과 승객들은 약간의 소금으로 간을 한 곡물 죽 몇 그릇으로 끼니를 때운 터다.

이렇게 위험한 입국 시도로 인해 두 선교사의 힘과 건강이 약화된 것은 사실이나 용기까지 잃게는 못했다. 이들은 다시 차쿠의 외로움 속으로 돌아가 신의 섭리를 기다렸다.

초조하게 기다렸던 순간은 그리 머지않았다.

두 번째 원정

1876년 4월 27일, 새로운 선교사 드게트 신부[8]가 조선 선교사로 합류했다. 이틀 후 그는 리델 주교와 블랑 신부를 따라 배에 타도록 지시를 받았다. 조선의 교우들이 서둘러줄 것을 요구한데다, 대원군이 조정에서 추방당한 후 왕국이 상대적으로 평온함을 누리고 있던 차라 이는 놓칠 수 없는 호기라 여겼던 것이다.

출발할 때, 노트르담 데 네주의 교우들은 조선 주교의 주위에 모여 중국을 떠나지 말아줄 것을 간청했었다. 신부들도 충실한 교우들과 함께 기도했는데, 교우들은 다음과 같이 말했다.

"주교님이 중국에 남아 계시면 선교를 위해 미사를 드릴 수 있는 자유를 얼마 가지 않아 쟁취할 수 있고, 아니면 적어도, 조선의 개항도 임박했으므로 훨씬 더 쉽게 열매도 많이 맺으면서 교우들을 이끄실 수 있기 때문이지요."

그러지 않아도 외방전교회에서 그에게 보냈었던, 아주 그럼직해 보이는 이 충고는 이 용감한 사도를 잠시 혼란에 빠뜨렸으나 그렇게 결정하게 하지는 않았다.

그의 마음속에는 이미 굶주린 자들의 목소리가 울려 퍼져 있었다. 빵을 달라고 조르는 이 불행한 자들은 자신의 자식이었고, 이들의 위급한 상황을 잘 알고 있었으며, 박해로 인해 이들 주위에 누적된 재난에 대해서도 잘 알고 있는 터였다.

이 숱한 폐허를 다시 일으켜 세우기 위해, 또한 물리적으로, 특히 정신적 참담함에 구원의 손길을 보내기 위해 이 세 명의 선교사로는 아직도 턱없이 부족할 판이다! '이렇게 많은 사람에게 그것이 무슨 소용이 있겠습니까?'[9]

약속장소인 쓰요도까지 가기 위해 중국을 가로질러 가는 데 1주일이 걸렸는데, 바람을 거슬러 항해를 했는데도 그리 흉한 사고는 없었다. 리델 주교의 이야기를 들어보자.

"5월 8일, 저녁 11시경 우리는 어떤 소리를 들었는데, 처음엔 사람 목소리와 노 젓는 소리가 섞여 웅성거리는 소리였다. 곧 움직이는 검은 점 하나가 해안을 따라 우리 쪽으로 향해 오는 것이 보였다. 중국 선원들은 두 배가 충돌할 경우의 태세를 준비하는데, 만일 상대방이 공격해올 경우 방어를 하겠다는 굳은 의지인 것이다.

작은 배가 접근하고 있다. 우리는 들키지 않으려고 은신처로 들어간다. 잠시 후 노 젓는 소리가 멈추고 정감이 어린 목소리가 들려오는데 바로 다두 노인의 목소리였다. 그는 지난해 우리와 함께 똑같은 여행을 했으며 그 후 조선으로 돌아갔었다. 우리는 너무 기뻐 나왔고 잠시 후 조선인들이 배에 올라탔다. 우리를 찾고 있었던 배의 선원들이었다.

너무 기뻐 소란스러웠던 시간이 한 차례 지나가자 이 가련한 자들이 내게로 와 다음과 같이 말한다. '주교님께서는 우리의 자유를 쟁취하기 위해 왜 다른 신부님들과 함께 남아 계시지 않으셨습니까? 일본 선박을 타고 개항된 항구 중 한 군데로 버젓이 들어오실 수도 있었을 텐데요.[10] 자유를 얻을 희망이 사라졌다는 걸 알면 우리 교우들이 얼마나 안타까워할지 모릅니다! 그렇지만 주교님께서 자신들을 위해 아직도 중국에 남아 활동하신다고 하면 마음속에 희망이 다시 피어날 것입니다.'

동반자 두 사람에게 나는 의견을 물었다. 내가 중국에 있는 것이 더 유리하며, 그렇게 함으로써 천주교우를 위한 자유를 조금이라도 얻어낸다면 그것이 바로 조선의 종교에 할 수 있는 가장 큰 봉사가 될 것이라는 의견이었다.

나는 결정 내리기가 매우 힘들었는데 시간까지 촉박했다. 그때 나 역시 같은 생각을 하고 있으며 노드트담 데 네주에 있을 때 파리로부터 똑같은 충고를 받았었음을 기억해냈다. 이제 이것이 하느님의 의지임이 분명하게 보였고, 따라서 나는 블랑 신부와 드게트 신부 둘만 조선에 잠입하도록 결정을 내렸다.

우리가 서로 헤어지는 값을 치러야 하다니! 마음이 찢어질 것 같았는데, 특히 나의 두 동반자가 나에게 마지막 축복을 내려달라고 부탁했을 때 더욱 그러했다. 이들을 기다리고 있는 모든 종류의 결핍, 고생과 고통을 알고 있었기 때문이다. 이제 이들과 헤어져야 한다!

조선인들은 기뻐 어쩔 줄을 몰랐다. 이제 그들에게는 두 사람의 선교사가 있고, 내가 귀환하기로 했으므로 가까운 미래에 자신들의 신앙을 드러내놓고 지킬 수 있는 자유를 얻을 희망을 엿보았기 때문이다. 그러나 나로서는 그러한 소망을 감히 품지 못했다."

블랑 신부와 드게트 신부의 조선 잠입

"잠시 후 작은 쪽배는 멀어져 밤의 어둠 속으로 사라져갔다. 나는 가능한 한 오랫동안 눈과 마음으로 그들을 뒤따랐다. 그러고는 선실로 들어왔는데, 이제는 이곳이 그렇게 넓고 슬퍼 보일 수가 없었다. 수많은 생각들이 마음속에 교차했으나 선교사들과 교우들을 돕기 위해 내가 할 수 있는 최대한의 결정을 내리지 않았던가. 그런데 과연 성공할 수 있을까? 그건 나도 모른다. 적어도 내가 할 수 있는 모든 것을 했다. 내가 조선으로 온 것은 하느님의 의지를 완성시키기 위해서다. 이제 내가 중국으로 돌아가는 것 또한 그 성스러운 의지를 완성시키기 위해서다."

리델 주교가 선교사들을 떠나보내고 난 직후 폭풍이 불기 시작해 이 가련한 정크선을 거세게 흔들었다. 그런데 이 바람은 그가 돌아가려는 쪽과는 반대로 불었으나 조선으로 가는 중이던 그들에게는 순풍이었으므로 성스러운 주교는 마음속으로 하느님을 찬양했다.

이러한 광풍 덕에 블랑 신부와 동반자는 수도 서울의 강 하구까지 아무 어려움 없이 이르렀고, 지정된 장소까지 거슬러 올라갈 수 있었다. 이틀 후 그들은, 10년 이래로 가톨릭 선교사가 아무도 발을 딛지 않은 바로 이 땅 조선에 도착했다.

블랑 신부는 다음과 같이 쓰고 있다.

"처음으로 조선 땅을 밟았을 때 내 가슴은 쿵쿵 뛰었다. 그러나 확신과 기쁨이 넘쳐나고 있었다. 우리는 하느님의 축복을 받은 자녀가 아니던가? 신의 섭리가 우리를 주시하고 있지 않은가? 성모 마리아, 천사들, 그리고 성인들이 우리를 위해 나서주시고 있지 않았던가?"

제7장

프랑스 공사와 함께 쓴 리델 주교의 보고서

리델 주교를 태운 정크선은 오랫동안 파도에 휩쓸려 시달렸지
만 무사히 만주해안에 도착했다. 용감한 주교는 휴식을 취할 생각
은 하지도 않은 채 유랑생활을 다시 시작했다. 체푸와 상하이, 그
리고 예전처럼 홍콩·나가사키·베이징 사이를 쉬지 않고 왕래했
다. 목적은 단 하나, 프랑스 정부대표들을 만나 동료 선교사와 조
선 교우의 일을 맡아 처리해달라는 탄원을 하기 위해서였다. 베롱
(Véron) 제독, 중국주재 전권공사(全權公使)였던 드 조프루아와 브
르니에 드 몽모랑(Brenier de Montmorand)[1]은, 조선 주교가 얼마나

큰 매력을 발산하고 있었으며, 또 얼마나 감동적인 신념으로, 가련한 천주교우에 대해 관심을 가져줄 것을 간절히 부탁했는지 아직도 기억이 생생하다.

이러한 모든 작업은 소용이 없었다. 어떤 계획을 세우자마자 바로 수포로 돌아가는 것을 보았기 때문이다. 모두들 그에게 희망은 주었으나 금방 실망하게 만들었을 뿐이다.

따라서 점점 더 그는 인간이 가져다줄 구조에 대한 희망을 버려야만 했다. 인간이 실망만 안겨주었다 하더라도 그에게는 구세주가 남아 계셨다. 그리고 그걸로 충분했다. 그는 하루빨리 조선으로 달려가 동료 선교사의 고통과 위험에 동참하기로 결정했다. 그럼에도 얼마 전부터 베이징에서 프랑스를 대표하고 있었던 브르니에 드 몽모랑에게는 이 일에 대해 알리는 것은 신중해야 한다고 생각했다.

선교사는 다음과 같이 말하며 전권공사의 천주교의 이익에 대한 헌신을 치하했다. "특히 중국에서는 프랑스의 이익을 천주교와 따로 분리시켜 생각할 수 없습니다." 이러한 헌신이 주교에게는 미래를 위한 길한 징조로 보였고, 공사가 난징[2]과 상하이에서 이미 증명해 주었던 현명함과 능숙한 솜씨를 믿어 의심치 않았으므로, 그의 긴 경력에 힘입어 이번 베이징에서의 근무가 매우 유리하게 작용할 것이며 좋은 결과를 풍성하게 가져오리라 믿었다.

그의 「편지」는 다음과 같이 끝을 맺고 있다.

"사랑하는 조선 선교에 대해 이로운 일들은 공사님께도 낯설지는 않을 겁니다. 이미 우리가 겪고 있는 일을 오래전부터 알고 계실 테니까요. 그러므로 저는 다음과 같이 굳게 믿고 있습니다. 즉 때가 이르면, 가련한 조선 교우에 대한 선교사업에 도움을 주고, 이 불행한 선교의 현재 상황을 개선하기 위해, 공사님이 가지고 계신 믿음과 지위의 원천을 이롭게 사용하시리라는 것을 믿어 의심치 않습니다. 공사님의 「편지」와 상하이에서 가진 면담 덕분에 이러한 희망에 대한 확신을 가질 수 있게 되었습니다. 하느님께서 여러분의 노고를 후원하시고, 그로 인해 여러분에게 상을 내리시기를!"

베이징 주재 프랑스 공사는 개인적으로 선교사들에게 헌신하였고, 이들에 대해 존경심을 가지고 있었으나 프랑스 정부는 동양에서 어떤 작은 문제도 생기는 걸 원치 않았다. 따라서 리델 주교에게 중국을 떠나지 말 것과, 이미 조선에서 사역 중인 두 선교사까지 불러들이라고 공식적으로 부탁을 할 수밖에 없다고 판단했다.

공사의 이러한 태도가 주교를 낙심시키지는 않았다. 동료 신부를 조선에 파송하기 전에 그는 오랫동안 심사숙고를 했고 또 기도를 했던 터이다. 교황은 그에게 축복을 내렸고, 외방전교회 지도부 역시 그에게 확신을 가지고 앞으로 전진하라고 말한 바 있다. 그에게 교황의 축복과 지도부의 목소리는, 이 세상에서 승리하고 아직도 그의 팔이 기적을 일으키는 하느님의 말과 동일하게 여겨졌다. 이러한 조건하에서 아무런 장애물도, 그 누구도 그를 멈출 수는 없었다. 더욱이 위험한 시기라고 할 수도 없었고, 특히 후원을 잘 받고 있다는 느낌이 드는 이때에, 이제 베테랑이며 주교인 그는 폐허가 된 전장을 떠나 자녀들과 국기를 내버릴 수는 없는 터였다.

그는 다음과 같이 답했다.

"너무나 오래전부터 박해의 갖은 돌풍으로 인해 쓰러진 이 선교를 다시 일으켜 세우는 건 제 의무입니다. 나 자신도 우리 선교사도 어려움과 위험에 대해 환상을 가지고 있지 않습니다. 그러나 사람은 동포를 구하려고 제 목숨을 내놓을 수 있습니다. 최고 행정관역시 정부의 일에 자기 자신을 내어놓는 법이므로, 어떤 순간이 오면 공사님 역시 국가의 명예를 위해 주저하지 않고 자신을 희생하리라는 것을 저는 알고 있습니다.

선교사 역시 헌신하는 한 인간입니다. 우리에게는, 단지 육체의 목숨뿐 아니라 영혼을 구하는 것이 문제가 되고, 결국은 하느님의 영광을 이루는 것이 목표입니다! 목표가 높을수록 우리의 헌신도 더욱 커야 마땅할 것입니다. 우리는 분명히 우리 자신과 교우를 위해 좀 더 쉬운 다른 상황을 원하겠지요. 이것이 바로 제가 선교지에 들어가는 것을 지체시킨 원인 그 자체입니다. 이제 아무것도 저를 붙잡을 수 없고, 저의 의무는 현재 상황을 받아들여 동료 선교사들과 합류하러 가는 것입니다. 조선에서는 늘 그래왔고, 이 일에 있어 저는 앞서가신 분들의 뒤를 쫓아갈 뿐입니다.

선교와 선교사에게 후원을 아끼지 않아왔던 프랑스 정부가 약간의 우려를 가질 수는 있습니다만, 위험하다고 해서 선교사들에게 임무를 저버리라고 충고하는 것은 참된 도리가 아니겠지요. 정부는 의무와 헌신이라는 것에 대해 잘 이해하고 있으므로, 의무를 다하기 위해 결국 희생까지도 감수하는 결단력 있는 사람을 고용하고 있습니다.

공사님, 공사님 자신도 작년에 주민들이 톈진을 떠나갈 때, 얼마든지 실제적인 위험을 겪을 수 있었을 텐데도 어떤 동기가 있어 이 도시로 오게 되셨나요? 프랑스 정부가 베이징에서의 안전을 충분히 보장해주던가요? 아닙니다, 그렇지만 어떤 위험에도 불구하고 남아 있어야 할 의무를 지우는 직책이라는 게 있지요."

이 우아한 문체의 「서한」은 공사를 약간 혼란스럽게 했으나 그는 주교의 의지를 꺾어보려고 했다. 그러나 그 대답은 불행한 것이었다. 선교사들의 용기와 덕성에 대해 경의를 표하며 그는 다음과 같이 덧붙였다.

"주교님의 선교 활동으로 인해 우리 정부에 이미 어떠한 어려움을 야기했으며, 훨씬 나아진 상황에서도 어떠한 불행이 초래되었는지 알고 계시겠지요.

현재 우리에게 모든 군사적인 원정이 금지된 상태여서, 우리와 조약을 체결하지 않은 국가에서 주교님을 보호한다는 것은 저로서는 불가능해 보입니다. 주교님, 주교님과 선교사들께서 현재 걸어가시는 길은 순교의 길입니다. 저는 주교님의 열렬한 신심이 그것을 바라고 있고, 그러한 비전은 용기를 더해줄 뿐이라는 것을 알고 있습니다.

그러나 주교님께서 장차 우리 정부에 야기할 수 있는 모든 불편한 일과, 정부로서는 그러지 않아도 어려운 정세 가운데 처해 있는데 주교님께서 얼마나 그 상황을 더 악화시키실 수 있는지 감히 알려드리고자 합니다.

주교님의 정치적 감각과 애국심에 호소하며 적어도 조선에 가시는 것만은 좀 늦춰주길 간곡히 부탁을 드립니다."

그리고 나서 공사는, 조선에서의 선교사의 존재가 그 나라 국민들에게 야기할 수 있는 불행에 대해 이야기하고, 다음과 같이 말하면서 마친다. 즉 주교가 이러한 정황보고를 염두에 두지 않는다면, 프랑스 정부의 어떤 중재도 기대해서는 안 되고 정부는 따라서 어떠한 책임도 지지 않으리라는 것이었다.

강화도에서 로즈 제독의 원정대가 참패했던 것을 떠올리며, 프랑스의 대표자가, 가장 수치스러운 패주의 필연적인 결과일 뿐인 것을 선교사들의 탓으로 돌리는 말을 듣고 있자면 경악할 수밖에 없다. 단 몇 문만의 포대로 무장한 300~400명의 해병만 있었더라도 대원군을 물리치고 서울을 점령할 수도 있었을 텐데 말이다.

프랑스 정부가 자신의 조건을 내세울 수 있다면 선교사들도 천주교라는 종교를 공개적으로 전파할 수 있는 권리가 있다. 만일 프랑스 함대가 조선에 접근해오지 않았더라면, 그리고 특히 그처럼 형편없이 전투를 치르고 퇴각하지 않았던들, 선교사들의 학살사건 이후 희생자의 수가 그렇게까지 늘어나지 않았을 것이라는 것은 거의 확실하다.

그러나 특히 포졸과 망나니의 손에 무기를 들려준 것, 그들의 마음속에 천주교우에 대한 그칠 줄 모르는 증오를 심어주었던 것은 바로 교우들에게서 프랑스와의 연결고리를 보았기 때문이었다!

그러지 않아도 베이징 주재 프랑스 공사의 「서한」에 대해 이의 제기를 하지 않은 것은 아니었다. 그 「서한」을 살펴보자.

차쿠, 1877년 6월 19일

공사님께

지난 5월 1일, 공사님께 조선 선교를 위해 시작했던 제 계획과, 저를 그렇게 하도록 했던 동기에 대해 알려드렸습니다.

방금 3월 15일자 공사님의 「서한」을 받았는데 제게 계획을 그만 중단할 것을 충고하고 계시더군요.

저는 공사님께서 숭고한 마음으로 이러한 생각을 하셨다는 것을 인정하며, 특히, 공사님이 우리 일을 이렇게 보살펴주시니 감사드립니다. 그럼에도 제가 한 말씀 드리자면, 주신 「서한」 때문에 저는 크게 놀랐습니다. 이제까지 외교관들께서 저에게 신중하라고 충고하셨습니다. 그런데 저는 의무를 다하는 동시에 할 수 있는 만큼 충분히 신중을 기했습니다.

앞으로도 여전히 그렇게 하려고 노력할 것입니다. 신중하게 의무를 수행하는 것, 그것이 원칙이기에 긴 세월을 인내하며 기다려왔고 우리 교우들과 함께 있고 싶은 욕구도 물리칠 수 있었습니다.

기회라고 생각했을 때 두 선교사를 입국시켰고 이 아름답고 도 흥미로운 선교사업을 다시 일으키려고 온 힘을 다했습니다. 모든 것이 성공했어요. 이제 다시 뛰어올랐으니 후원을 하고 발전시켜야 합니다. 나와 다른 선교사들에게 요구되는 것은 가능한 모든 에너지를 모으는 것입니다. 그런데 이 시점에 베이징의 외교단에서는 저의 계획을 일단 보류하라고 충고를 하시다니요! 이 같은 상황에서 우리가 포기한다면 선교와 교우들에게 얼마나 큰 불행이겠습니까. 절대 그럴 수 없습니다, 그런 생각은 추호도 없으므로 행복하게 시작했던 일을 주저하지 않고 계속하겠습니다. 공사님께서도 저와 같은 의견을 가지고 있으실 겁니다.

프랑스를 어떤 곤란에 빠뜨릴 의도는 전혀 없습니다. 1866년 프랑스 정부가 불미스러운 일에 연루되었고 어려움을 겪었다 한들 (이것은 제가 자세히 조사할 일은 아닙니다) 그 책임이 선교사들에게 있지는 않습니다. 공사님께서 이 원정대의 일원이셨으니 이 이야기를 잘 알고 계실 터이고, 이 불행한 일을 잘 간파하실 텐데, 그로 인해 우리와 우리 교우들은 얼마나 많은 불행을 겪었던지요. 우리는 패할 때 복수를 하려 하지 않습니다. 선교사의 피는 복수를 외치지 않고 자비를 구할 따름입니다.

이미 아시다시피, 원정을 통해 원하는 것은 우리에게는 단지, 전교의 자유를 얻는 것뿐이고, 조선인들에게는 종교를 받아들여 실행에 옮기며 사는 일입니다. 틀림없이 우리의 존재는 조선 정부에게는 불편하게 하는 이유가 되어 다시 또 과격한 행동을 하게 만들 수도 있습니다.

그러나 다른 한편으로 보자면, 우리의 부재로 인해 교우들은 당연한 권리인 종교적인 원조를 빼앗기는데, 박해의 억압 아래서도 늘 간직하고 있는 그 열성으로 간청하고 있습니다. 체포되어 사형에 처해지는 것은 끔찍한 일이지요. 그러나 사형에 처해지고 오래전부터 모든 영적인 구원을 빼앗긴다는 것은 한층 더 참혹한 것입니다. 그들은 이 점을 잘 이해하고 있지요. 그들이 선교사를 보내달라고 간청하는 것은 바로 이러한 이유에서입니다.

그들의 간절한 소원에 답하지 않는 것은, 가톨릭교도로서 당연히 누려야 하는 도움을 저버리고 빼앗는 것이 아닐는지요? 또한 제 의무와, 제 머리 위에 지워진 커다란 책임을 회피하는 것이 아닐는지요?

어머니는 자식의 생명을 위해 위험을 무릅쓰는데, 신부이며 주교인 제가, 제 자식들이 저를 찾고 있는데, 그리고 제발 와서 성사를 보아달라는데, 그들의 영혼을 구하기 위해 어떻게 위험을 무릅쓰지 않을 수 있겠습니까! 이러한 울부짖음에 귀머거리인 척하는 것은 우리에게는 있을 수 없습니다. 그러므로 하느님이 부과하신 의무를 완수하기 위해 동료 선교사들은 자신을 내어놓는데 전혀 주저하지 않았습니다.

이러한 헌신은 우리로 하여금 아주 특별한 방식으로 신의 섭리를 믿게 하는 권리를 선사하므로, 머리카락 하나도 하느님의 허락 없이는 땅에 떨어질 수 없음을 우린 알고 있습니다.

저는 이제, 프랑스 정부가 우리에게 아무것도 해줄 수 없다는 것을 잘 이해하고 있습니다. 그러나 언젠가 때가 이르면, 이 일이 선교와 선교사들의 사업에 유용하게 쓰일 영광이 될 것이라는 희망을 품는 것을 막지는 못하며, 선교사들은 이 나라에서 포교하면서도 조국에 대한 사랑을 간직하고 프랑스를 사랑하려고 애쓰고 있습니다.

교황 비오 9세의 회신

브르니에 드 몽모랑은 프랑스 대사관을 경유하여 교황청 포교성성에 자신의 의견을 알려야 한다고 생각했다. 포교성성 장관인

추기경은 교황에게 이 상황을 전하고 그의 의견을 구했다.

비오 9세는 다음과 같이 답했다.

"만일 조선교구장이 자신의 선교지로 가기 원하지 않는다면 내가 그걸 강권할 수는 없소. 그러나 그가 간다면 그를 축복하는 바이오."

이러한 의견에는 더 이상 다른 말이 덧붙여지지 않았다. 따라서 포교성성 장관은 프랑스 대사관에 「서한」을 보내, 선교사들이 열성과 헌신을 가지고 임하는 일에 반대할 수 없노라고 했다.

그러나 그는 선교 대리인에게, 동료들인 조선 선교사들이 프랑스의 도움을 전혀 받을 수 없으리라는 것과 그들의 시도에 따르는 곤란과 위험에 대해 전적으로 자신들이 책임을 져야 할 것이라고 경고를 할 의사가 있다고 밝혔다.

사도들이 세상 방방곡곡으로 퍼져나가 십자가에 달리신 예수에 대해 알리기 시작한 이후로, 우리가 그들 마음속에서 찾아볼 수 있는 것은 언제나 동일한 사랑이다. 언제 어디서나 그들의 가슴에서는 똑같은 외침이 나온다.

"사람이 온 세상을 얻고도 제 목숨을 잃으면, 무슨 이득이 있겠느냐?(*quid prodest homini si mundum universum lucretur animœ vero suœ detrimentum patiatur?*)"[3]

선교사들의 전략

그들 역시 성공하기 위해 매우 오래된 그들만의 전술이 있고, 이는 보통 사람들의 전술과는 매우 다른 게 사실이다. 이 전술은 다음과 같이 두 마디로 요약된다.

"어떤 이는 전차를 자랑하고, 어떤 이는 기마를 자랑하지만, 우리는 주 우리 하나님의 이름만을 자랑합니다(*hi in curribus et hi in equis nos autem in nomine Domini*)."[4] 인간은 자신이 가지고 있는 전차와 말의 수효에 신경을 쓰지만 하느님이 보내시는 이들의 믿음은 그 주인의 이름과 말씀에 의지하고 있다. 우리가 알고 있듯 리델 주교는 사도들을 계승하기에 마땅한 인물이었다.

용기 넘치는 조선교구장의 활동은 그 한계를 몰랐다. 먼 거리에도 불구하고 그는 노트르담 데 네주의 작은 마을을 이끌었다. 또 조선에 잠입한 두 선교사를 위로하고 격려했다. 동시에 파리와 로마에 현재 처한 상황과 선교 현황을 알렸다.

조선 선교지에서는 전과 비교하여 상대적으로 평온한 상태를 누리고 있었는데, 그건 천주교우를 아량 넓게 받아들여서가 아니라, 박해로 인해 많은 사람이 사라졌고, 가족과 친지의 죽음으로 인해 공포에 질린 생존자들이 조상을 모시는 제사상으로 돌아올 것이라 생각했기 때문이다.

조선 조정 대신들이 조선에서 천주교 척결을 완결했다고 생각하고 있는 동안, 영혼 구원과 하느님의 영광을 위해 고통과 죽음을 불사하겠다고 결심한 두 선교사는, 바깥 세계의 문을 굳게 닫고 있는 이 왕국 한가운데서 극비리에 일하고 있었다. 그곳은 감옥과 마찬가지로 대중 앞에 나설 수도 대낮에 다닐 수도 없었지만, 이들은 적어도 믿음이 없는 이교도의 땅 위에 흠 없는 어린양의 피를 흐르게 하고, 세상의 주인 되신 분의 자비 어린 눈길을 끌어들이는 행복감에 취해 있었다.

조선 선교의 현황

블랑 신부는 이미 북부, 북동부, 그리고 동부 지역의 도(道)를 모두 다녀본 상태였다. 그는 야행(夜行) 길에서 가련한 많은 교우에게 성사를 베풀었는데, 그 수가 거의 1만 5,000명 정도에 이르렀다. 선교사의 존재는 그들에게서 신앙심을 일깨웠으므로 모든 교우들이 열성적으로 성서연구에 임하고 이제까지 지키던 자신들의 관습을 개혁하기 시작했다. 그러나 폐허와 죽음은 여전히 그들의 머리 위에 맴돌고 있었고, 더욱더 깊이 숨어 있을 것과 엄청난 조심성을 요구했다.

리델 주교에게는 이 힘든 상황이 자신의 영혼을 영원히 괴롭히는 고통스러운 숙제였다. 그는 프랑키 추기경에게 다음과 같은 내용의 「서한」을 보냈다.

"조금만 더 자유가 주어진다면 선교는 매우 신장될 것입니다. 그러나 여전히 박해의 위협 아래 이교도의 의심을 자극하지 않기 위해 우리는 더욱더 깊이 숨어 지내는 생활을 계속해야 합니다. 조금이라도 부주의하면 당연히 모든 것을 그르치기 때문입니다. 그 때문에 목자와 신자들 사이에 성스러운 임무에 필요한 관계를 형성하는 데 지장을 받고 있습니다. 신부들은 낮에 이동하기 불가능하고 교우들도 선교사의 은신처까지 가는 것이 힘듭니다. 게다가 배교자들과 배신자들에 대한 우려 역시 한몫을 하고 있습니다.

이제까지 신의 섭리는 두 선교사를 손에 잡고 인도해주셨습니다. 앞으로도 계속해 이들에게 가호가 있기를 소망합니다. 하느님의 영광과 영혼 구원을 위해 이들이 해낸 것은, 우리가 폐허로부터 다시 일으켜 세우려는 천주교 공동체를 다시 파괴된 상태로 돌아가게 하지 않을 것입니다."

이러한 물리적인 장애물 외에, 선교사들이 임무를 완수함에 있어 다른 종류의 어려움이 제기되었다.

블랑 신부는 다음과 같이 썼다.

"우리 교우들은 성사에 참여하고 영적인 삶을 되찾기 위해 오륙

십 리 걷기를 두려워하지 않습니다. 사실상 몇몇 사람은 정신적으로는 그보다 더욱더 먼 곳으로부터 찾아옵니다. 그러나 '돌아온 탕자'의 비유에서는 탕자가 돌아오지만, 우리 선교사는 자식들을 찾아 다녀야 할 터인데, 이 비유가 현재 우리 상황에서 하느님의 자비에 한계를 지어줄 수 있을까요? 이교적인 모든 미신에 탐닉하는 이교도들 한가운데서 살아가고 있는 교우들의 상황은 영혼뿐 아니라 육체적으로도 더욱 크나큰 위험으로 가득 차 있습니다."

리델 주교, 무사히 선교지에 상륙하다

리델 주교는 중국을 떠나기 전에 자신의 자리가 비어 있다는 사실도 고려해야 한다고 믿었다. 선교지의 여전히 불안정한 상태, 그곳에 잠입하기 위해 극복해야 할 크나큰 어려움들, 죽음이 박해당한 이 국민에게서 목자를 빼앗아갈지도 모른다는 두려움 등이 그로 하여금 그러한 조치를 취하도록 만들었던 것이다.

이것이 바로 그가 프랑키 추기경에게 「서한」을 보낸 이유이고, 그 「편지」 중 일부분을 여기에 소개하는데, 청원으로 끝을 맺고 있다. 그것은 바로 교황에게 선교 상황에 내재하고 있는 어려움들을 해결하기 위해 필요한 권한을 달라는 것이었다.

이 불행한 교우공동체의 요구에 부응하기 위한 합법적인 청원은 호의적으로 받아들여졌다. 교황은 이 겸손한 조선의 주교에게 가장 극대화된 권리를 부여했다. 즉, 「백지칙서」[5]와 함께 그를 계승할 보좌신부를 원하는 대로 선택하며 그 계승자에게 동일한 특권을 부여하도록 허가를 내렸던 것이다.

리델 주교의 청원이 자신에게 맡겨진 모든 교우에게까지 확대된 것은, 고통을 함께 나누었고 예수 그리스도를 위해 피를 흘렸던 이 모든 사람들이 그의 기억에서 절대 지워질 수 없었기 때문이리라. 이 땅 위에서 그들을 영광되게 하고 그들이 마땅히 받아야 할 존경의 몫을 치르는 작업을 할 호기라고 여겼다. 그러지 않아도 최근에 일어났던 일련의 투쟁과 순교자의 죽음을 목격한 자의 수가 점점 더 줄어들고 있던 참이었다. 생각이 여기에 미치자 그가 품어 왔던 계획을 실현하려는 욕구가 불타올랐다.

이 계획을 좀 더 용이하게 추진하기 위해 외방전교회에서는 뮈텔 신부[6]라는 새로운 선교사를 조선에 파송했다. 이 젊은 신부의 특별한 적성과 지식은 신심이 깊은 주교에게는 커다란 구원과도 같은 존재임이 틀림없었는데, 그는 로마 궁정에 영광스러운 순교자들의 일을 스스로 알리고자 계획하고 있었다. 이러한 일의 성공을 보장하기 위해 어느 한 가지도 게을리하지 않았다. 선교사는 조선으로 떠나기 전, 선교에 요구되는 사항에 대해 알아두기 위해

'영원의 도시(ville éternelle)' 로마를 경유했다. 또한 통킹 서부에도 체류했는데, 이 지역 고해성사 업무를 담당하고 있는 봉(Bon) 신부의 지도 아래 실제적인 경험을 쌓기 위해서였다.

거의 같은 시기에 외방전교회 상하이 대표부 대변인 코스트(Coste)[7] 신부는 조선 선교사들과 합류하고 리델 주교를 보좌할 것을 명령받았다. 비범한 지적 능력을 갖춘 선교사는 중국어에 대단히 해박한 지식을 갖추고 있었다. 따라서 그는 조선교구장에게는 더할 나위 없이 소중한 도움을 주었다.『조선어 문법서』와『사전』 인쇄를 담당한 그는 중요하지만 무미건조했던 이 임무를 수행하기 위해 경탄할 만큼의 열성과 헌신을 쏟아부었다.

이러한 모든 일을 찬찬히 진행시킨 우리의 사랑하는 사도는 조선으로의 새로운 원정을 떠나기 위해 준비를 서둘렀다. 드디어 하느님께서 가장 열망했던 소망을 이루려는 참이셨다.

1877년 봄이 오자마자 새로운 두 선교사 두세(Doucet) 신부[8]와 로베르(Robert) 신부[9]가 노트르담 데 네주에 도착했다. 그해 9월 리델 주교는 이들과 함께 모든 것을 하느님의 거룩한 의지에 맡긴 채 중국 정크선에 몸을 싣는다. 18일 동안 피곤과 위험을 이겨내고 다행스럽게도 조선 땅에 상륙한다.

친구에게 보내는「편지」

그는 한 친구에게 다음과 같이 썼다.

"드디어 나는 조선을 되찾았고, 선한 천사들의 가호 아래 곧 한밤중에, 3리를 훌쩍 뛰어 서울 성벽 아래 내게 마련되어 있던 집에 도착했네. 여기가 바로 내가 사는 곳이고 여러분에게 「편지」를 쓰는 곳도 바로 이 집으로부터네. 동료 블랑 신부가 거기서 나를 기다리고 있지. 모두들 얼마나 기뻐하는지에 대해서는 언급하지 않겠네. 드디어 목자가 양 떼에게 돌아온 것이니.

나를 따르던 두 선교사를 강어귀에 내려주며, 이들이 이 나라의 언어를 익히고 관습에 대한 교육을 받을 숙소로 이용할 집 근처에서 작별인사를 나누었지. 이제 이들은 전국으로 퍼져나가 하느님의 영광과 영혼 구원을 위해 용기를 가지고 일하겠지. 나는 선교의 중심인 수도에 남아 지휘를 하며 모든 문제를 해결할 것이네.

내가 이곳에 다시 왔을 때 그 참담한 상태란! 수천 명의 교우가 사라졌는데, 신자들이 말하길 이제까지 역사상 가장 끔찍하다고 하는 그 잔인한 박해 때문이었소. 어떤 이들은 굶주림·추위·결핍으로…… 또 어떤 이들은, 특히 젊은 처녀들은 노예로 팔려 어딘지 알 수 없는 곳으로 끌려갔네.

지금 우리 눈앞에 있는 이들도 물심양면으로 더할 나위 없이 참혹한 상태에 처해 있네. 도망치고 숨을 수밖에 없었던 이들은 논밭과 집 등 가지고 있던 모든 것을 잃었고 살아갈 수 있는 여력이 전무하지.

여기서 나도 숨어 지내는데, 사방에 이교도로 둘러싸여 있으므로 낮은 소리로밖에는 말할 수가 없고, 교우들에게 성사를 베풀러 나갈 때에는 한밤중 칠흑 같은 어둠 속에서만 가능하다네. 현재까지는 우리에게 아무런 사건도 일어나지 않았으므로, 신의 섭리가 우리를 보호해준다는 걸 피부로 느낄 수 있지.

하느님을 온전히 믿는다는 것은 얼마나 행복한 일인지! 남은 문제로, 들키지 않을 최선책은 모든 것을 할 준비 상태로 늘 지내는 것이야. 따라서 나는 하루하루를 죽음을 앞에 둔 사람처럼 사는 것이 습관이 되었지. 하느님의 거룩한 의지가 이루어지기를!

그리고 만일 내가 그의 거룩한 이름을 위해 고통 받기에 합당하다면, 이제 내 친구들을 기억하고 이들의 기도에 의지하여 나 역시 모든 이들을 위해 기도하겠네."[10]

제8장

리델 주교, 서울에 숙소를 건립하다

리델 주교는 도착하자마자 일에 착수했다. 주어진 임무가 무척 무거웠는데, 예전에 꽃을 피웠으나 지금은 박해를 받아 사방에 흩어져버린 천주교 공동체, 그러나 여전히 활기에 찬 공동체의 파편을 한데 모아야 했다.

동료 선교사들이 비밀리에 온 나라를 누비고 있는 동안 그는 거처에다 거의 하나의 정부를 세우다시피 했다. 이곳에서 그는 동료들이 하는 일을 파악하는 동시에, 여전히 선교의 본거지라 할 수 있는 노트르담 데 네주와 연락을 취할 수 있었다. 몇몇 젊은 새 신자들이 등교할 수 있도록 신학교도 하나 건립해놓은 상태였다. 그리고 스스로 인쇄소를 차릴 궁리를 했다. 모든 일이 그의 노고에 보답하듯 순조롭게 진행되었다. 흩어져 있던 교우들은 주교가 돌아왔다는 소식을 접하고 용기를 되찾았다.

그들이 민첩하게 움직이는 것을 보고서, 또 그 열성이 타오르는 것을 보고 드디어 이 불행한 나라에 평화의 새벽이 밝아온다고들 말했다. 하느님의 전령들을 보고 그 말씀을 듣고자 하는 새 신자들의 욕구를 채우기에 낮과 밤이 모자랄 지경이었다.

그러나 상황은 별로 나아진 게 없었고, 위험도 아직 도사리고 있었다. 금지 칙령이 아직 폐지되지 않았고 천주교에 대한 증오가 사라지지 않았으며 망나니들 역시 여전히 순교자의 피를 흘러내리게 할 준비가 되어 있는 듯 보였다. 리델 주교는 도착하자마자 다음과 같이 기록했다.

"우리는 진정으로 선하신 하느님 손안에 있습니다. 갖은 위험 속에 아무런 힘도 없이, 매 순간 체포되고 새로운 박해가 일어날 수도 있습니다."

그리고 조금 더 내려가면 다음과 같은 내용이 실려 있다.

"나의 위치에 대해 여러분께 무어라 말씀드려야 할까요? 오! 매우 아름답습니다! 선하신 하느님의 의지로 인해 내가 여기 있으므로 아름답다고 할 수 있어요. 그러나 한 인간으로 말하자면 매우 고달프고 힘겹습니다. 여러분을 두렵게 하려고 이런 말씀을 드리는 것이 아니라, 여러분이 하느님의 자비에 대해 찬양하기를 원하기 때문입니다. 나는 여기, 가련한 한 선교사로서 우리를 죽이고자 맹세한 적들로 둘러싸여 있습니다.

나는 이들 한가운데에 잠입해 운 좋게도 들키지 않고 이 땅 깊숙이 들어와, 이교도 세계의 마지막이라 할 수 있는 이들의 수도에 정착했습니다. 이 도시를 가히 모든 마귀의 수도라 불러도 될 듯싶습니다. 나는 우리 구세주의 이름과 명령으로 여기 있습니다. 모든 사람이 볼 수 있도록 십자가를 세울 수는 없으나, 가슴에 십자고상(十字苦像)을 간직하고 있습니다.

매일 나는 성스러운 어린양의 피를 흐르게 하고, 매일 그는 제단에서 내려와 내 마음속에 들어오십니다. 오래전부터 나는 홀로이고 동료 선교사는 지방을 돌아다니며 하느님의 영광과 영혼 구원에 헌신하고 있습니다.

이 고독은 나에게는 하나도 두려울 게 없습니다. 이 새로운 바빌론 한가운데에서 하늘의 삶을 살고 나를 지켜주고 보호하시는 하느님을 느끼며 선한 천사들과 성인들의 존재를 느끼고 있습니다. 미사성제를 드리고, 제 임무를 수행하며 묵주의 기도를 드리는 것도 바로 그들과 함께입니다.

오! 하느님을 위해 모든 것을 떠나는 것이 얼마나 좋은가! 매일 스스로에게 내가 잡혀가는 날이 바로 오늘이라고 말합니다. 예수 님께서는 나를 위해 돌아가셨는데 내가 그분을 위해 죽기를 거부할 리가 있겠습니까? 아, 아름다운 날입니다! 하늘이 열립니다. 하느님, 하느님, 언제나 하느님, 성모 마리아, 천사들과 성자들 영원히, 행복도 영원히!

이것이 조선 땅에서의 나의 상황인데, 너무나 추억이 많고 영웅적인 덕성도 풍성합니다. 이제까지 하느님의 자비의 기적으로 모든 것이 평화롭고 순조로우며 아무런 사고도 당하지 않았습니다."

국경에서 우편물 발각되다

그러나 어찌하랴! 이 평온함은 매우 짧았다. 1878년 1월 하순 한 통의 「서한」이 국경에 도착하기로 되어 있었는데, 리델 주교가 이를 얼마나 기다리고 있었는지 우리는 짐작이 간다.

28일 오전 10시경, 리델 주교는 숙소로 집주인 최 노인이 들어오는 것을 보았다. 그 불쌍한 노인의 얼굴은 심하게 일그러져 있었다. 주교는 아무 이유 없이 공포에 떨게 하는 경고에 이제 너무도 적응이 되어 있었다. 그는 다음과 같이 이야기한다.

"그 사람에게서 평소와 달리 훨씬 심각한 뭔가를 알리려는 분위기를 감지했다. '무슨 일입니까, 또 안 좋은 소식이라도 있나요?' 하고 나는 그에게 물었다.

그는 한숨을 크게 내쉰 뒤 다음과 같이 말했다. '파발이 국경에서 체포되어 심한 고문에 시달리다가 모든 것을 털어놓을 수밖에 없었답니다. 어제 그 소식이 도착했고, 임금도 즉시 포교들을 파견했으며 친히 주교와 모든 신부들을 체포하라는 명을 내렸답니다. 1866년에 배신했던 자들을 불러모아 천주교도들을 찾아내는 데 이용했답니다. 관원들은 오늘 여기 도착할 겁니다.'"

—"잘됐군요, 드디어 진정한 그리스도인이 되는 순간이 왔네요. 이 모든 것이 하느님의 의지에 따라 일어나는 것이므로 우리에게는 아무런 잘못이 없어요. 우리는 잡혀갈 터이니, 절대 실망을 안 겨주시지 않는 하느님의 구조에 희망을 걸어보고 그의 큰 영광을 위해 죽을 준비를 합시다. 이것이 하늘로 가는 직행 길이니까요."

—"오! 저는 이렇게 늙었는데, 죽는 건 무섭지 않아요. 다만, 주교님은 이제 도착하셨고 아직 성사를 받아보지 못한 교우들이 있잖아요! 무슨 이런 일이 다 있습니까! 조선 선교가 끝이라도 나려나봅니다!"

블랑 신부의 「편지」를 보면 이 불행이 어떻게 시작되었는가 알려주고 있다. 리델 주교의 파발꾼들은 이미 국경을 넘었고 무사히 서울에 도착하리라 생각하고 있었는데, 바로 그때 한 작은 마을을 거쳐가다가 도둑으로 의심을 받게 되었다. 조선 정부는 모든 다른 허약한 정부와 마찬가지로 의심이 많다. 통신의 비밀, 개인의 자유 등은 전혀 무시되고 있다. 그들은 백성을 너무도 하찮은 이유를 내세워 체포하곤 한다.

따라서 파발꾼들 역시 체포되어 수색을 당했다. 이들이 지니고 있던 짐 꾸러미의 성격, 유럽 문자는 의심의 여지가 없었다. 즉시 고문하도록 명령이 내려졌다. 끔찍한 고문에 시달린 불쌍한 조선인들은 비밀을 토설했고 그「서한」들을 배달해야 할 유럽인이 어디 살고 있는지도 말을 해버렸다. 이리하여 조선 포교들이 조선교 구장의 자취를 따라와 그의 거처를 알게 된 것이다.

자신이 체포될 것을 믿어 의심치 않았던 리델 주교는 이러한 상황에 대비해 할 수 있는 모든 조치를 서둘러 취했다. 동료 선교사들에게 사건에 대해 알리고 위험 요소가 될 만한 서류를 모두 불태웠으며, 선교에 쓰려고 남겨두었던 얼마 안 되는 돈은 믿을 만한 교우에게 맡겼다.

그러고 나서 피신하기 위해 밤이 되기를 기다렸다. 필요에 의해 몸을 숨기기는 해야 했으나 대망의 날을 떳떳이 맞이하는 것, 그것은 위험을 향해 똑바로 달려가는 일이리라. 그렇다고 해서 그는 자신의 운명에 대해 아무런 환상을 가지고 있지 않았다. 그는 우리에게 이렇게 말한다.

"나에게는 큰 영광이었는데, 내게 맡겨진 커다란 짐을 내려놓게 된 때문이었지요. 구세주에게 고백하고 그의 영광을 위해 죽을 수 있는 기쁨을 누리게 되었으니까요. 그것은 천국으로 가고 영원한 복락을 누리는 나의 여권과도 같았습니다. 나는 준비가 다 되었고 홀가분하며 평온하고 아무런 근심도 없었습니다. 하느님의 선하신 기쁨에 영원히 저를 맡기고, 사랑하는 동료 선교사들과 가엾은 교우들을 위해 기도했습니다."

주교가 발각되어 투옥되다

오후 4시경, 관원들이 길을 지키고 있다는 경고를 받아 이제 도망치는 것이 불가능해졌다.

곧 큰 소리가 나면서 대문이 열리고 가운데 빗장이 부서지며 많은 사람이 집안으로 들이닥쳤다. 포교들이 그를 알아보자마자 다섯 사람이 그에게 덮쳐 '스스로 용기를 북돋우기 위해 소리치고 윽박지르면서' 머리·수염, 그리고 팔을 끌어당겼다. 그러고 나서 그가 신발 한 짝 신을 여유도 주지 않은 채 다른 방으로 끌고 갔는데,

그곳에는 같이 잡혀 온 집안사람이 모여 있었다.

우두머리 중 하나가 자신을 소개하고 그에게 말을 건넨다.

"유럽인 네 사람이 더 있다는 걸 알고 있으니, 그들에게 「편지」를 보내 스스로 자수하라 명령하시오."

"다른 신부가 있다는 걸 어찌 아시오?" 하고 선교사가 대꾸한다.

"오! 우린 잘 알고 있소. 그리고, 주교께선 우리와 함께 갑시다. 기도를 하기 위해 책을 이용한다는 걸 알고 있으니 그걸 내게 맡기시오. 내가 간수했다가 차후에 돌려주리다."

"그런데 어떻게 그런 걸 다 아시오?"

"오! 베르뇌 주교와 다블뤼 주교를 체포한 것도 나요. 그 사람들과 다른 신부들도 잘 알고 있소. 신부님은 시계가 있습니까?

"예, 세 개 있습니다."

"포도주도 있소? 그거 맛 좋죠, 포도주. 그것도 내놓으시오."

죄인은 자신의 소지품 상자를 보여주었다. "좋소, 우리가 이걸 다 맡아놓겠소."

리델 주교는 계속해 써내려간다.

"그사이 올리브 정원[1]에서 주님께서 잡히시던 것을 생각하며 묵상하고 있었다. 우리 주님 가신 길을 따라 걸어가는 것이 행복했고 예수님으로 인해 감옥에 가는 것이 기뻤다. 그러나 사랑하는 동료 선교사들과 교우들을 생각하면 매우 고통스러웠다."

며칠 전 성 프란시스 축일을 준비하기 위하여 이 위대한 성인의 부드러움과 강인함에 대해 명상을 했기에 나는 그를 모방하기로 결심했다. 집 안에서는 소음이 계속 들려왔는데, 포졸·관속 들이 떠들고 웃으며 농담을 하고 모든 것을 어질러놓고 있었다. 그들 중 몇몇은 자기네 우두머리가 질책을 함에도 나에게 욕설을 퍼붓기도 했다.

드디어 우두머리가 내게 떠나야 할 시각이 되었다고 알렸다. 두 관속이 나를 붙들었으므로 나는 일단의 포졸들과 함께 집 밖으로 나오는데, 불쌍한 조선 노인이 나와 같은 처지로 나를 따르고 있었으며, 이러한 소동 중 우연히 집 안에 들어와 있던 한 젊은이도 뒤따르고 있었다.

이런 소란에 이끌려 나온 이웃사람들은 우리가 지나가는 것을 보고 있었으나, 일단 그 동네를 빠져나오니 아무도 우리에게 관심을 가지지 않았는데, 게다가 한밤중이었다."

선교사는 처음으로 서울의 길을 여유롭게 둘러보며 들킬 위험 없이 가로질러 갈 수 있었다. 그는 그 당시 자신이 관찰했던 것들을 이야기했다. 이 기록은 매우 흥미롭고도 경탄할 정도로 평온하면서 침착하다.

"나는 이 시각이면 항상 우글거리는 백성들, 크게 외쳐대는 떠돌이 상인들, 뛰어다니고 노래하며 노는 아이들, 강렬한 색깔의 긴 장옷으로 몸을 감춘 채 조용히 오가는 여인들을 보았다. 높은 양반이 지나가는 행렬도 보았는데, 시종들이 앞서 뛰어가며 사람들에게 길을 비키라고 크게 소리를 지른다. 버려진 불쌍한 어린아이들을 보았는데, 그들은 길 한가운데 앉아 추위에 꽁꽁 언 채 지나가는 행인들에게 눈물로써 동정을 구하고 있었다.

이 시각 서울은 진정으로 기이한 모습을 보여주고 있다. 상당히 깨끗한 가지각색의 옷, 행인이 저마다 손에 하나씩 들고 있는 등롱(燈籠)들은 오가며 서로 교차하면서 묘한 길거리 분위기를 연출한다. 나를 매우 세게 부여잡고 상당히 흔들어대는 간수 두 명의 압박에도 나는 이 모든 것을 관찰할 수 있었다.

그러면서도 내 정신은 하느님을 알지 못하는 이 가련한 백성의 불행에 대한 생각으로 온통 사로잡혀 있었다. 나는 믿음의 빛을 전파하고 이들에게 천국의 길을 가르치러 왔었는데, 오자마자 체포되고 만 것이었다. 적어도 이 불행한 사람들을 구원하기 위해 목숨을 내놓고 우리 구세주에게 나를 온전히 바치지 않았던가."

이들은 드디어 포도청(捕盜廳)에 다다랐다.

서울에서 포도청은 두 군데로 분명하게 구분되어, 궁을 중심으로 오른쪽과 왼쪽에 청사가 하나씩 배치되어 있다. 이런 이유로 전자를 우포도청, 후자를 좌포도청이라 부른다. 우포도청에서는 법관들이 목격자의 진술을 듣고 범죄 이유를 살피는데, 고문을 통해 피고인의 자백을 받아낸다. 좌포도청은 선고를 내리는 법관들로 구성된다.[2]

리델 주교는 우선 우포도청으로 보내졌다. 그를 심문하는 법관들에게 답하는 그의 말을 듣고 있자면 마치 초기 기독교 시대로 옮겨간 듯하다. 그는 여러 가지 심문들, 여러 달 동안의 긴 옥고, 석방, 만주로의 귀환 등에 대해 이야기해주었다. 이 이야기는 매우 간결하고 꾸밈이 없으며 때로는 숭고하기까지 하므로 마치 순교자 행전의 한 페이지를 읽는 듯한 착각에 빠진다.

제1차 심문

포도대장은 돗자리 위에 앉아 있고, 포졸들은 좌우로 도열해 있으며 죄인은 이들 가운데로 나아간다. 등롱 두 개가 이 모든 장면 위로 희끄무레하고도 슬픈 빛을 던지고 있다.

문초가 시작된다.

예절에 관한 한 조선인들이 얼마나 민감한지 알고 있기에 리델 주교는 법관과 동등한 신분의 사람들 사이에서 통용되는 점잖은 말투를 쓰기로 결심하고, 처음부터 대장에게 다음과 같이 밝혔다.

"저로서는 정중한 예절에 따라 말씀드리고자 하지만, 그럼에도 혹시 제가 말이 서툴러 옳지 않은 표현이 저도 모르게 나온다 하더라도 신경 쓰지 말아주기 바랍니다."

배석하고 있던 사람들은 놀라 그를 쳐다보고 법관은 그에게 묻는다.

"네 이름이 무엇이냐?"

"니(李)입니다."

"이름은 무엇이냐?"

"복명이입니다."[3](Félix—Clair라는 의미)

"언제부터 여기에 와 있는가?"

"일곱 번째 달[4]에 왔습니다."

"어떤 경로를 통해 왔는가?"

"장산[5](조선 해안 서쪽 끝단)을 통해 왔습니다."

"왜 이곳에 왔느냐?"

"천주교를 전파하고 사람들에게 바르게 행동하는 걸 가르치기 위해서요."

"그래서 많이 가르쳤는가?"

"아직 온 지 얼마 되지 않았으므로 많은 사람들을 가르칠 시간이 없었습니다."

"너를 이리 데려온 자들은 누구더냐?"

"이 질문에 답할 경우 여러 사람을 다치게 할 수 있으므로 답하지 않는 것이 저의 도리라 생각합니다."

"네가 가르친 자들은 어디 있느냐?"

"저는 이 나라를 그다지 잘 알지 못하고, 제가 보았던 사람들이 어디 사는지도 모를 뿐 아니라, 조금 전 말씀 드린 같은 이유로 인해, 저와 접촉했던 사람들 중 어느 누구의 이름도 말하지 못함을 이해하실 것입니다."

"너는 신부냐?"

"네, 그리고 더욱이 주교이기도 합니다."

"아! 틀림없이 예전에 도망쳤던 니 신부가 니 주교가 된 것이구나?"

"네, 맞습니다, 그렇습니다."

포도대장은 '그렇다면, 이자를 끌고 가되 잘 대접하도록 하라'고 그는 덧붙인다.

리델 주교는 계속 이야기한다.

"사람들은 나를 경비대에 넘겼다. 거기서는 쉬게 내버려두기는 커녕 엄청나게 많은 질문들을 퍼부어대며 나를 압박했다. 나는 할 수 있는 한 성실하게 답했다. 드디어 하나둘씩 모두들 물러가고 두 명의 포졸만 남았다. 자정이 가까워지자 베개로 쓸 네모난 작은 나무 토막을 건네주었다. 나는 기도를 하고 쉽게 잠이 든다.

다음 날, 나는 「기도문」을 토막토막 읊을 수밖에 없었는데, 자꾸만 사람들이 말을 걸어왔기 때문이다. 성무도 보았는데, 내가 간직하고 3월 16일까지 암송하던 「성무일도」를 가져다주었었기 때문이다. 처음에는 매우 힘들었지만 내가 이 책을 읽을 때면 말을 걸 필요가 없다는 것을 모든 이가 곧 알게 되었다."

차꼬를 찬 죄수

체포된 지 이틀이 지나자 선교사는 양반과 국사범(國事犯)만을 다루는 금부[6] 감옥으로 끌려갔다. 그곳에서 그에게 '발고랑'을 채웠다.

발고랑이란 길이 약 4미터, 폭 15센티미터 크기의 나무토막 두 조각을 맞대어 만든 족쇄를 말한다. 아래쪽 나무 조각은 움푹 파였는데, 그 안에 발을 발목 높이까지 넣는다. 죄수의 두 발이 그렇게 넣어지면 한쪽 끝에 경첩이 달려 여닫게 되어 있는 윗부분을 내리고, 다른 쪽의 자물쇠로 채운다. 이러한 장치를 '차꼬'라 부른다. 이렇게 차꼬가 채워진 죄수는 도망을 갈 수가 없다. 어떤 경우에는 죄수의 두 발을 모두 이렇게 채워두기도 한다.

"이 기구를 보여주면서 그들은 나에게 한 가지를 가르쳐줘야만 했다. 두 포졸은 나로 하여금 이 자세를 취하게 하는 것에 대해 부끄러움까지 느꼈으므로, 이 상황을 좀 더 부드럽게 넘어가기 위해 그들은 나에게 다음과 같이 말했다. '여기서는 이게 관습이고 처음 들어온 사람에게는 발을 이 기구로 채워둔답니다.' 차꼬를 채웠음에도 등을 대고 누울 수 있었고 조금 요령을 더 부리면 옆으로 누울 수도 있었다. 이러한 새로운 삶에 피곤해진 나머지 몇 시간 동안 잠이 들 수 있었다."

주교에게 있어 차꼬라는 기구가 주는 것보다 같이 수감된 다른 자들이 훨씬 더 큰 고문이었다. 버러지에게 갉아 먹힌 두 흉악범이, 누더기를 걸친 채 곁에 누워 있었는데 끊임없이 움직이며 도무지 그가 쉴 수 있도록 내버려두지 않는다. 선교사가 자신을 처형할 망나니들과 같이 있다고 생각할 정도로 그들의 얼굴은 혐오스러웠다. 나중에야 그들이 비밀경찰 소속 거지들이었다는 걸 알게 되었다. 그가 감옥에서 들었던 말들은 그의 운명에 대해 전혀 환상을 가지지 못하게 했다.

1월 31일 하루 동안, 그다음 날 사형될 거라는 소리들만 했다. 그다음 날 밤은 죽음을 기다리느라 온 밤을 지새웠다. 그 밤 내내 그 감방에서, 머나먼 이국 땅에서, 하늘과는 매우 가까이에서 선교사의 머릿속에 어떤 생각, 어떤 앞날에 대한 생각이 떠올랐는지 상상하는 것은 어렵지 않다. 틀림없이 영원한 상을 기대하는 영상이 그의 영혼을 강건케 해주었을 것이다. 그러나 우리가 알기에 그토록 지극한 애정을 가진 그가 가족과 프랑스, 그리고 사랑하는 조선을 잊을 수 있었을까?

다음 날 아침, 그는 「성무일도」에 다음과 같은 기록을 남겼다.

"오후 3시경까지 「기도문」 암송. 조금 후면 나는 아마도 죽을 것이다. 나는 이제 온전히 하느님께 바쳐지는 것이다. 예수 그리스도 만세! 조금만 있으면 천국으로 간다."

선교사가 이 글을 쓰고 있는 사이에도 죽음의 위협, 감옥 바로 옆에서 포교들이 지르는 큰 소리가 그에게까지 들려와, 그의 마지막 시각이 임박했음을 알려주는 듯했기 때문이다. 인간이라면 당연히 나약해질 수밖에 없는 이러한 순간에도 그의 얼굴은 빛났고 그의 목소리는 감옥 안에 쩌렁쩌렁 울려 퍼졌다.

목적지 항구에 다다랐다고 생각한 그는 「라우다테 도미눔」[7]과 「아베 마리스 스텔라」[8]를 불렀다.

제9장

포교들의 위세

리델 주교는 믿음을 위해 고통 받고 죽기를 열렬히 소망했으나 하느님께서는 그의 제자에게 순교의 종려나무 잎과 왕관을 허락하지 않으셨다. 그렇지만 조정 대신들은 그를 잊지 않고 있어서, 어떤 이들은 그를 중국으로 추방하자고 했고, 또 어떤 이들은 즉시 사형에 처하자고 했다. 조선 역사상 처음으로 가톨릭 선교사의 피를 흘리게 하는 데 조선 정부가 주저하고 있었던 것이다.

2월 초순에는 한 아전(衙前)이 주교를 찾아와 다음과 같이 말했다. "너의 일에 대해 '천자'께 의견을 여쭙고자 중국에 「서한」을 보냈으니 명령이 떨어지면 그대로 처리할 것이니라."

상당히 신빙성이 가는 이 소식은 수감자에게 한 줄기 소망의 빛을 던져주었으나 그와 동시에 길고도 고통스럽게 이어질 형벌을 엿볼 수 있게도 했다.

프랑스는 방방곡곡 그리스도교의 문화가 들어오지 않은 곳이 없으므로 감옥이란 자유를 빼앗는 처벌 중 하나이지만, 조선에서는 다른 독재국가와 마찬가지로 감옥이란 모든 고통을 접하는 곳이라고 할 수 있다. 가장 악독한 고문은 정확히 말해, 법으로 정해진 형벌 가운데 존재하지 않는데, 수감생활이 바로 그것이다. 커다란 박해의 시험을 겪은 천주교우들은, 심문의 고통보다 이 끔찍한 옥고가 훨씬 견디기 힘들었다고 한목소리로 이야기한다.

이해를 돕기 위해 말하자면 우리는 높은 장벽으로 둘러싸인 커다란 공간에 수감되어 있는데, 판자로 지어진 허술한 막사들이 이 벽에 기대어 있고 그 막사는 안쪽 마당으로 열려 있다. 이 감방에는 창문이란 전혀 없고, 단지 낮고 좁은 문 하나가 있어 빛이 몇 줄기 그리로 새어 들어온다. 목마름·배고픔은 매일의 형벌이고 수감자는 자주 자기가 깔고 자는 썩은 지푸라기를 삼킬 지경이다.

서울에는 감옥이 두 군데 있는데, 이미 앞서 말했듯이 왕족과 양반에게만 한정된 금부와, 미천한 신분의 부랑자들이 뒤섞여 갇혀 있었던 구류간(拘留間)이 바로 그것이다. 이 두 가지 형태의 감옥에는 각각 50명의 포교가 일하고 있다. 그리고 이 포교 아래에 법정의 포졸·옥졸, 그리고 험악한 얼굴을 한 망나니들이 있다.

포교들의 복장은 매우 다양한데, 밖에 나가 업무를 볼 때 눈에 띄지 않도록 옷을 바꿔 입는다. 이들은 책임자로서 계급은 하사 혹은 중위 정도에 해당된다. 제1급은 망건 편자에 옥관자를, 제2급은 금관자를 달고 있다. 이들은 모두 포도대장의 명을 따르는데, 일반 범죄수사를 지휘하는 데 그의 권력은 절대적이었다.

포교들은 신분을 밝혀야 할 때를 위해 나무 판을 사슴가죽 줄로 꿰어 바지에 항상 달고 다녔는데, 그 위에는 글자와 관인이 찍혀 있었다.[1] 이들의 권위는 대단하여, 이들을 멸시해 때로 푸대접을 일삼던 양반들을 제외하고는 아무도 대들지 못했다.

그러나 이들 손에 떨어진 평민에게는 이보다 더 큰 불행이 없는데, 그 복수가 매우 잔인하기 때문이다. 뭔가 앙갚음을 할 때, 그리고 부자의 재산을 탐할 때는 특히 끔찍하다. 아무 이유 없이 고문을 자행하며 법도 규칙도 없다.

고문을 받는 교우들

가장 일반화된 고문은 매달기와 팔다리 비틀기다. 어떤 경우 고문받은 자는 살아 있는 사람이라기보다 가죽이 벗겨진 시체와도 같다. 늑골이 드러나고 수염·속눈썹·눈썹은 다 타버렸으며 눈두덩이 부풀고 발은 탈골되었으며 무릎도 뭉개지고 허벅지와 아랫배도 불에 타 있기 때문이다.

천주교우들이 이런 야만인들의 손에 넘어왔을 때, 정보를 캐내고 배교를 강요하기 위해 어떠한 형벌이 그들을 기다리고 있었을지 가히 짐작이 간다.

리델 주교는 다음과 같이 말한다.

"가끔씩 나는 우리 구세주를 위해 고문을 받아 고통당하고 있는 불쌍한 이들의 한숨과 외침소리를 들었다. 기가 막힐 노릇이다! 나도 그들의 고통을 나누고 있지만 내가 가장 힘들었던 것은 포졸과 망나니의 비웃음과 커다란 웃음소리였다. 이 같은 자들에게는 한 점 자비의 여지도 없다!"

그러나 한편, 덕성의 힘도 매우 커서 이 용기 있는 믿음의 고백자가 옥졸들을 압도하고 있었다. 이들은 다음과 같이 말하곤 했다. "이자에게 어찌 차꼬를 채울 수 있을까? 조선에서는 찾아볼 수 없을 만큼 정직하고 올바른 사람인데. 땅에 내려오신 진정한 현자(賢者)시네."[2] 이들은 그와 함께 이야기하는 것을 좋아했고, 유럽과 프랑스에 대한 질문은 끊일 줄 몰랐다. 또한 자주 사계절·달의 모양·

일식·증기선·기차 등에 대해 설명을 해주어야 했다. 선교사는 이 기회를 이용해 가톨릭교·하느님·천지창조·「십계명」에 대해서도 말했다. 이렇게 계속되는 대화가 달콤함이 없지는 않지만, 피로를 주지 않는 것도 아니었다.

그는 또다시 말을 이어간다.

"나는 항상 포교들과 함께였는데, 보통 여덟에서 열 명이었고, 어떤 때에는 스무 명 정도가 한꺼번에 오가며 교대를 하기도 했다. 이는 내게 적잖은 고통을 주었는데 도무지 충분히 휴식을 취할 수가 없었다. 끊임없이 말을 걸어왔으므로 가까스로 명상을 할 시간만 잠시 낼 수 있었는데, 그럴 수 있을 때면 밤중에 기도했다. 이런 북새통 한가운데서 항상 내가 지니고 있었던 「성무일도」를 암송하는 것은 너무도 어려웠다!

내 숙소에서 압수된 여러 궤짝들이 포교 경비대에 놓여 있었다. 자기 맘에 드는 건 가져가고 심지어는 내게 와 이러 이러한 물건은 어디에 쓰는 것이냐고 물어보기까지 했다."

비눗방울

"하루는 한 포교가 작은 십자가를 가져와 금이냐고 묻는 것이었다. 나는 그것이 성유물을 담고 있는, 주교가 가슴에 다는 십자가의 가로대라는 것을 알아보았다. 그것은 이미 깨어진 상태였었는데, 아마도 모든 것이 불타고 녹은 모양이다. 이 십자가를 다시 본 적이 없었으니까.

또 한번은, 그들이 내게 비누조각을 가지고 와 무엇이냐고 물은 적도 있다. 나는 장난치려 했는데, 상당한 성공을 거둔 것 같다. 비눗방울 만드는 법을 보여주었더니 모든 사람이 서로 누가 더 잘하나 비눗방울을 만들기 시작했는데, 심지어 고관들까지도 너무 좋아해서 비눗방울을 만들기 위해 종이로 만든 대롱으로 열심히 불어대고 있었다. 이들은 이 신기한 현상을 보여주기 위해 외부로부터 친구들을 데려왔으므로, 모든 이들이 비누를 가지고 싶어할 거라고 생각했다. 이들은 저마다 비누를 좀 달라고 했는데, 그건 소용이 없었다. 나에겐 이미 아무것도 남아 있지 않았으니까 말이다."

한 포교가 내게 말했다. "이 비누란 걸 먹어도 됩니까?"

나는 그에게 "아니오, 먹는 게 아니라 탈이 날 수도 있소"라고 대답했다.

그는 말했다. "아이쿠, 내가 열 살짜리 아들이 있는데 비누 한 조각을 주었어요. 그랬더니 거기서 나는 냄새를 맡고는 과자인 줄 알고 먹어버렸어요. 그래서 많이 아팠습니다."

"나는 이 기회를 이용해, 내 궤짝 안에 유럽에서 사용하는 몇 가지 약이 있는데, 사용방법을 잘 알고 사용할 때에는 이로우나 그렇지 않을 경우엔 위험하고 죽을 수도 있다고 경고했다. 그들은 다음과 같이 말했다. '네, 그렇지만 포도주는 오! 얼마나 맛있는데요! 우리도 그건 잘 알고 있습니다.' 다른 자가 덧붙였다. '얼마나 독한지, 내가 몇 잔을 마셨더니 흠뻑 취하는 바람에 이튿날에야 깼다니까요.' 그들은 선교 미사용 포도주를 몇 시간 만에 모두 다 마셔버렸던 것이다.

하루는 어떤 이가 와서 '포도대장께서 당신이 그림을 그릴 줄 안다는 소식을 들으시고 조선인·중국인 그리고 유럽인의 초상화를 한 장씩 그려달라고 하시오'라고 말했다. 처음에 나는 망설였는데, 그림을 그릴 줄도 몰랐지만 특히 어떤 함정이 도사리고 있는 게 아닌지 두려웠기 때문이다.

그러나 하도 조르기에 그림을 그리기 시작했다. 조선인의 초상화는 어렵지 않게 그렸고 중국인 역시 그러했으나, 유럽인은 약간 내 상상을 더하여 그린 다음, 포도대장에게 보냈다. 그랬더니 대단히 솜씨가 훌륭하다며 감사의 말을 전해왔다. 그 후 모두들 저마다 그림을 그려달라고 했으나, 나의 명성을 지키기 위해 거절했다."

서울에서 쇠는 음력설

"2월 중순경, 나는 처음으로, 음력설에 이어서 한 달 동안이나 계속되는 어떤 놀이에 대해 말하는 것을 들었다. 그것은 야만적으로 즐기는 놀이지만 그 얘기를 해주는 포교들은 신이 나 있었다. 이 놀이는 진정한 전투로서 200~300명으로 구성된 두 군대가 팀을 이룬다.

이들은 길이 두 자의 굵은 몽둥이로 무장을 하고서 서로 마주보고 선다. 신호가 떨어지면 맹렬히 상대편을 향해 돌진한다. 두 팀 가운데 한 편이 항복하고 도망쳐 상대방에게 승리를 안겨줄 때까지 좌우로 사정없이 몽둥이질이 빗발친다.

이 놀이의 결과로 타박상, 어깨 탈구, 머리·턱·다리와 팔의 골절상을 입고, 사망자까지도 생긴다. 이는 진정한 글래디에이터(검투사)의 싸움이라 할 수 있다.

서울 시민들은 이보다 더 재미있는 볼거리를 알지 못하며, 이를 보여주며 자랑스러워한다. 이 싸움은 위험하고 비도덕적이라고 일깨우자, 그들은 다음과 같이 답했다. '오! 그런 몽둥이질을 견디고 죽음을 불사할 용기를 지닌 건 오로지 조선인뿐입니다! 만일 유럽인이 이 놀이를 본다면 조선인을 얼마나 높이 볼지 모르지요! 우리 밖에는 그런 백성이 없을걸요.'"

조선 병사 교도 방법

"나는 또한 포졸들을 어떠한 방법으로 징계하는지 여러 번 목격할 기회가 있었다. 우선 죄인에게 차꼬를 채웠다가 곤장 석 대, 다섯 대 혹은 열 대를 친다. 나보고 이 체벌 장면을 구경하라고 여러 차례 권하였지만 수형자 보기가 불쌍해 거절하였는데, 포교들은 이런 내 말을 듣고 웃었다.

사실 나는 아무것도 본 것은 없지만, 모두 듣기는 했다. 죄인을 동료가 보는 앞에서 멍석 위에 눕게 한 다음 군관이 훈육을 한다. 그러고 나서 몽둥이, 아니 여덟 자 길이나 되는 곤장을 든 사람이 다가왔다. 군관의 지시에 따라 형구를 들어올려 죄인을 때리면, 한 대 맞을 때마다 비명을 질렀다.

그런데 그의 비명 소리를 무마시키기 위해 다른 두 포졸이 다른 어조로 '으이유!…… 오!…… 윽!……' 하며 추임새를 넣었다. 곤장은 상당히 짧은 간격으로 계속되었다. 흔히 이러한 태형은 하나의 꾸며진 희극에 지나지 않을 때가 많았지만, 어떤 불행한 이들은 곤장 열 대를 맞고 나서 살점이 심하게 떨어지고 허벅지에 깊게 상처가 패이기도 했다. 때로는 의식을 잃기도 하며 회복하기까지 한 달이 걸렸다.

포도청 직원들의 종교는 양반과 관리들과 마찬가지로 유교다.

이들은 공자를 기리고 떠받들며 칭송하며 찬미하고 제사를 지낸다. 이들의 철학에 대해 직접적인 논쟁을 하는 것은 소용없는 일이고, 이들을 자극하기만 한다.

그럼에도 여러 차례에 걸쳐, 공자의 도가 완전치 못하며, 이들이 조상에게 지내는 제사 역시 흔히 희극일 뿐이라고 말해주었다. 이 모든 것에는 많은 주의가 필요했는데 조선인은 이 주제에 대해 매우 민감하게 반응하기 때문이다.

이들을 가톨릭으로 개종시키기 위해서는 우선 그리스도교 교리를 설명해주고 그 아름다움이 빛나게 하며, 증거를 보여주어야 한다. 정면으로 이들의 도를 공격한다면 개종시키기는커녕 모욕하는 격이 되고 말 것이다."

옥졸들

"포교와 포졸들 밑에는 옥쇄장(獄鎖匠)과 회자수(劊子手)[3]들이 있다. 옥졸들! 얼마나 올바르지 못하고 음흉하며 걸핏하면 화를 내는 성격의 소유자들인가! 만일 동정이 이들 마음에 가끔씩 들어간다면 그건 필시 다음에 따라올 이득에 대한 감정 때문일 것이다.

이들은 웃으며 사형집행을 하는데, 사람 목 조르는 것쯤은 여흥거리요 오락이다. 군관이 때리는 소리를 듣고 이들의 화를 진정시키러 왔다 가고 나면, 이들은 복수로, 그리고 다시 주의를 끌지 않기 위해 바늘 모양으로 생긴 뾰족한 철심을 나무 젓가락에 꽂아 불쌍한 수형자들을 찌른다. 그러면 수형자들은 신음과 비명을 내지 않으려고 억누른다.

어느 날, 열이 높이 올라 고생하던 한 가련한 교우가 물을 조금만 달라고 했다. '아! 그래, 물 갖다주마, 개 같은 천주쟁이 같으니라고!' 하고 이들은 그 뾰족한 막대기를 가지고 그의 가슴을 마구 찔러댔다, 두 시간 후 당연히 이 불행한 자는 죽고 말았다. 공식적인 사인은 병사였고 시체는 끌어다가 도성 밖에 버려졌다.

조선의 감옥에서는 죄수가 죽더라도 절대 자세히 살피지 않으므로 살인자인 옥졸은 그런 일로 처벌받지 않을 것이라 확신하고 있다."

망나니들

"이보다 더 비천하고 못된 사람들을 찾아보기란 어려워 보이지만, 바로 이곳에 그런 사람들이 있으니, 바로 말 그대로 망나니들이다. 이들은 괴물 같은 얼굴에 역겨운 형상을 하고 있으며, 보는 것만으로도 힘들다. 이들은 때리고 가죽을 벗기며 다리와 팔을 부러뜨린다.

이 모든 것을 수형자들의 고통을 비웃으며 행하며, 저속하기 짝이 없는 농담으로 그들을 윽박지른다. 이들은 피 냄새를 풍기는 것 같다. 감옥에 이들이 나타나면 그건 곧 고문·처형을 의미하므로 수감자들에게 공포를 안겨준다. 그래도 인간인데 어떻게 저 지경까지…… 비인간적으로, 또 잔인하게 타락할 수 있을까?"

조선의 감옥에서 일하는 사람들에 대해 이야기한 후 리델 주교는 거기서 영위하는 삶에 대해 말한다.

"수감자들은 세 부류로 나뉘어 있다. 즉 절도범·채무 죄수·천주교도인데, 이들이 대부분을 차지한다. 일반적으로 이 세 부류는 각기 하나의 특별한 감방에 수감되어 있다.

절도범들의 처지가 가장 불쌍하다. 밤낮으로 발에 차꼬를 차고 있는데 모두 병에 걸려 있다. 옴이 살을 파 들어가 상처가 썩어 떨어지는데 굶주려 고생까지 한다. 이들은 그야말로 걸어다니는 시체라 할 수 있으며 이들 중 몇몇은 뼈와 가죽만 남아 있다. 낮 동안 혹시 밖으로 나오는 게 허락되면 이들은 겨우 몇 걸음만을 걸을 수 있을 뿐이다. 이보다 더 끔찍한 광경을 상상하기는 어려울 터인데, 어떤 것인지 짐작하기 위해서는 일단 한번 보아야 할 것이다.

이들에게는 취침이 금지되어 있으므로, 밤 동안 보초는 굵은 몽둥이를 들고 이들을 지킨다. 만일 누군가 졸려서 혹은 피로하여 졸면, 보초는 즉시 자신의 무기를 이용하여 등·다리·머리를 내려쳐 잠을 깨운다. 한밤에 이런 미치광이들이, 자주 술에 취한 채, 이 불쌍한 자들을 내리치는 몽둥이 소리를 얼마나 셀 수 없이 들었던가. 죄수들은 이제 더 이상 생명이라곤 한 가닥 숨밖엔 남지 않았고, 사람이라기보다는 금수에 가까운 야만적인 보초들의 몽둥이 찜질을 당하고 흔히 사망하기도 했다."

감옥의 규율

절도범 감방은 거의 지옥에 가깝다. 수감자들은 겨울이나 여름이나 마찬가지로 거의 몸에 걸친 것이 없다. 이들에게는 손이나 얼굴을 씻을 물 한 방울도 주어지지 않아서, 가끔씩 밖으로 나와 안마당 가운데 고여 있는 썩고 냄새 나는 물 웅덩이에 손이라도 담가 얼굴·가슴과 다리를 시원하게만 할 수 있게라도 허락되면 그렇게 좋아할 수가 없다. 그래서 이들은 모두가 두꺼운 옴과 끔찍한 종기로 뒤덮여 있다.

식사는 아침저녁으로 전혀 간을 하지 않은 죽을 조그만 종기 하나에 주므로 충분치 않다. 풍채가 좋고 건강상태가 양호했던 죄수들도 20일만 지나면 해골만 남게 된다.

빚을 지거나 절도 이외의 다른 이유로 들어온 죄수들은 덜 심하게 다루어진다. 이들은 '차칼'이라는 이름으로 불린다. 이들은 가족 친지들과 접촉하고, 외부에서 들여보내는 사식을 받을 수도 있어서 굶주린 절도범들의 눈으로 보자면 상당히 즐거운 생을 영위하고 있다.

천주교우들은 절도범들과 마찬가지 식사를 하였고 외부 사람과의 접촉이 일절 금지되어 있었다. 이들에게 대한 멸시는 더 이상 심할 수가 없었다. 이들의 고통을 경감시킬 수 있는 단 하나의 계기는, 가끔씩 옥졸들이 자기네 재량으로 차꼬를 풀어주는 것이었다. 이들의 감방은 전체적으로 볼 때 절도범의 그것과 비슷하다고 할 수 있다.

출입구라고는 밤에 닫히는 문이 하나 있었는데, 그 위 유리창 모양의 창살을 통해 약간의 공기와 빛이 새어 들어온다. 벽은 벌어진 참나무 판자로 덮여 있었다. 지붕은 그 상태가 불량하여 수감자들을 비와 눈 녹을 때 반쯤밖에 막아줄 수 없었다. 여름의 열기도 겨울의 혹한도 거기에서는 도저히 참을 수가 없을 정도다.

조선 주교와 천주교도들이 절도범들보다 더 멸시를 당하며 이들 생의 마지막 날이라 여기며 이처럼 오랜 세월들 견디어낸 것은 바로 이러한 누추한 감옥에서였다.

그들의 덕성이 서로 매우 대조를 이루므로 옥졸들과 망나니들의 증오와 야만성을 자극시킨다. 조용히 자신의 불행 안에 머물러 있으며, 모든 이들에게 봉사할 기회를 찾는 천주교도는 고통과 놀림을 아무 불평도 중얼거림도 없이 감내하고 있다.

이 불결한 감방에는 가족이나 친지 한 사람 그들에게 찾아와 불행한 처지를 동정하고 상처를 감싸주며 물 한 방울로 고열로 불타는 듯한 입술을 시원하게 해주는 일이 절대 없다. 그들은 천주교인이므로 더 이상 인간이 아니라 해체시켜버려야 하는 금수만도 못한 존재였기 때문이다.

가족들이 없다 하더라도 적어도 하느님께서 함께 계셔서 그들을 위로하며 용기를 북돋워주신다. 기도는 아침이 되자마자 시작되고 낮 동안에도 계속되며 자주 밤에 오랫동안 이어지기도 한다.

리델 주교는 다음과 같이 말한다.

"감옥에서는 기도가 잘되고 하느님의 존재가 더 잘 느껴지므로 자신 스스로가 아무것도 아님을 더 잘 알게 된다. 여가 선용을 위해 나는 스스로 규칙을 정했는데, 머릿속으로 미사를 집전하고 또 같은 방법으로 거기에 참여하곤 했다.

「성무일도」가 없어졌을 때 묵주를 빼앗길까봐 잘 간수해두었다가 묵주의 기도를 드리기도 했다. 성체를 알현하기 위해 머릿속에 그린 어떤 교회로 나를 이동시키는 상상을 즐겨 했다. 낮 동안에 여러 차례 쉽게 명상에 잠겼는데, 시간이 마치 1주일의 피정 기간 동안처럼 맞추어져 있었다. 물론 피정 기간이 훨씬 더 연장될 수 있었지만 말이다.

감옥에서도 잘할 수 있고 많은 위로를 가져다주는 또 다른 훈련은 십자가의 길이다. 이 묵상의 나날들, 구세주께서는 얼마나 많은 은혜를 아낌없이 퍼부어주셨던가! 나는 아무것도 염려치 않고 하느님의 거룩한 의지를 실현하기 위해 그 손에 나를 이미 온전히 바쳤다. 그리고 하느님께서 허락하시는 일만이 일어나리라고 굳게 믿고 있다."

제10장

리델 주교에 대한 제2차 문초

3월 16일, 선교사의 감방 앞에 가마 한 대가 와 있었는데, 이는 시신을 운반하는 데 사용하는 것이었다.

―"주교, 여기 이 안에 올라타게" 하고 군관이 명령했다.

―"어디로 갑니까?"

―"그건 조금 있으면 알게 될 테니 어서 오르기나 하게."

그들은 나를 법정으로 데려갔다.

커다란 안뜰로 그 안쪽에는 종사관들이 자리를 잡고 있는 방이 있다. 이들은 꽃무늬 돗자리 위에 앉아 비단 보료에 기대어 있는

데, 위엄을 돋보이게 갖가지 장식을 달고 있었다. 양쪽에 날개 같은 것이 달려 있는 말총으로 된 모자나 갓을 쓰고 있었고, 푸른 비단옷으로 성장을 하고 거북이 등 혹은 보석으로 온통 화려하게 장식된 허리띠를 두르고 있었다.

여기 도착하자 죄수를 형리의 손에 넘겼는데, 그는 중죄인들을 묶는 데 사용하는 붉고 긴 오랏줄로 주교를 묶은 후 종사관들 앞으로 데려갔다.

"무릎을 꿇으라" 하고 포교들이 그에게 말했다.

그는 그대로 서 있었다. 그러자 사방에서 포교와 형리들이 "무릎을 꿇으라!⋯⋯" 소리쳤다.

그러나 그는 여전히 꼼짝 않고 서 있었다. 그러자 종사관이 말한다. "편하게 앉거라."

그러자 포교와 형리는 마치 그것이 자신들이 한 명령인 양 미소를 지으며 "앉거라, 앉거라" 하고 말했다.

그는 볏짚 위에 조선식으로 다리를 꼬고 앉았고 문초가 시작되었다. 그의 이름·나이, 그리고 조선 체류 등에 대한 여러 가지 질문을 한 뒤 종사관이 물었다.

—"네 나라는 어디냐?"

—"불란서요."

―"그걸 써보아라."

선교사는 다음과 같이 말한다. "그들이 종이와 붓을 건네주므로 나는 '불란서'라고 조선어로 썼다." 종사관은 이를 보고 말했다.

―"네 나라 글로도 쓰라."

"나는 'France'라고 썼다. 이때 나는 가슴속에 뭔가 구름 같은 것이 스쳐가는 듯한 느낌을 받았다. 가여운 나라! 나의 프랑스! 그리고 이와 동시에 긍지도 느꼈다."

―"네 나라에서 벼슬이 있느냐?"

―"벼슬은 아무것도 없습니다. 나는 아무런 공무도 맡고 있지 않습니다."

―"네 나라에 돌아가면 정부에서 네게 높은 관직이나 큰 권세를 하사하겠지?"

―"내가 조선에 온 것은 여기서 영원히 살다가 죽고자 함이었소. 만약 내 나라로 돌아간다 해도 거기에서 어떤 벼슬도 받지 않을 것이오."

―"네 여권을 보여주던데, 어디에서 구한 것이냐?"

―"베이징 정부로부터 받았습니다. 베이징 정부에서 선교사들이 체포의 위험 없이 왕래할 수 있도록 모두에게 발행해주고 있습니다."

―"이 위에 찍힌 관인은 무엇인가?"

―"중국 정부의 관인인 것 같습니다."

―"네가 직접 신청하였는가?"

―"아니오. 베이징 주재 프랑스 대사가 나를 대신해 여권을 청했습니다."

―"그 대사 이름이 무엇이냐?"

―"루이 드 조프루아라고 합니다."

―"뭐라고?"

―"루이 드 조프루아."

"그러자 거기 있던 모든 사람이 귀를 기울이며 그 이름을 따라 하려고 노력하였는데, 그중 얼굴을 찌푸리고 입술을 삐죽거리며 가장 발음을 잘하는 자가 다음과 같이 말하는 소리를 들을 수 있었다. '뉘즈 소포아.' 나는 그 단어의 음절을 하나하나 강조하며 다시 말해주었다. 종사관은 한 번 더 이름을 발음해보려고 노력했으나 소용이 없었다. 계속하다가는 품위를 잃을 지경이었다."

이렇게 잠시 중단되었던 심문을 종사관은 이내 다시 시작했다.

―"어째서 떠났다가 다시 돌아왔는가?"

―"바다에서 뱃사공이 항해를 하던 중 갑자기 폭풍우를 만나 어떤 항구로 피신했습니다. 그리고 폭풍이 지나간 다음에 다시 바다

로 나가 그리되었습니다."

　종사관은 낮은 소리로 다음과 같이 말하며 미소 짓기 시작했다.

　—"오! 그렇지는 않지. 무엇을 하려고 왔느냐?"

　—"훌륭한 교리를 전하려고 왔습니다."

　—"어떤 교리인가?"

　—"가톨릭이라는 종교, 즉 하늘의 주인이신 하느님을 기리는 것을 가르치는 것입니다."

　—"하느님이 무엇이더냐?"

　—"하늘과 땅을 창조하신 분이며, 우리의 선조인 최초의 사람을 만드신 것도 그분이지요. 모든 사람은 자신의 부모를 섬겨야 합니다. 그러니 하물며 모든 인간의 아버지이신 하느님을 섬겨야 하는 것은 물론이지요. 천지만물을 주관하는 것도 바로 그분이십니다.

　—"누가 일찍이 하느님을 본 자가 있더냐?"

　—"하느님은 인간에게 말씀하셨습니다. 인간이 반드시 지켜야 할 「십계명」도 바로 하느님 스스로 주셨습니다. 게다가 하느님의 존재를 증명하는 것들은 도처에 있으며, 나리께서 이미 보신 우리 천주교 서적에서도 많은 증거를 보여줍니다."

　—"그 교리에 무슨 훌륭한 것이 들어 있느냐?"

　—"하느님을 그 무엇보다도 사랑하고, 모든 사람을 자기 자신처

럼 사랑하는 법을 배울 수 있으며, 선을 행하고 악을 피하며 풍속
을 통제하여 다스리고, 죽은 다음에 올 좋은 것을 소망하며 삶의
고통을 인내하고 참아내는 법을 배울 수도 있습니다."

―"죽고 나면 너는 어디로 가느냐?"

―"모든 사람은 죽고 나면 하느님 앞에 나아가 생전에 했던 좋
은 일과 나쁜 일에 대해 심판을 받게 됩니다. 선한 자는 천국으로,
악한 자는 지옥으로 가지요."

―"그럼 너는 어디로 가느냐?"

―"자기 자신이 어디로 갈 것인지에 대해서는 아무도 대답할 수
없습니다."

―"그럼 네 생각은 어떠한가, 어디로 가기를 희망하느냐?"

―"하느님의 자비로써 천당에 가기를 바랍니다."

―"죽음이 두렵지 않은가?"

―"사람이라면 누구나 죽음을 두려워하는 법이지요."

―"그럼 지금 당장 우리가 너를 사형에 처한다면, 두려울 것 같
은가?"

―"저는 단 한 가지 두려운 게 있는데 바로 죄입니다. 만약 이
순간 제가 하느님을 위한 어떤 일 때문에 죽는다면 전혀 두렵지 않
습니다."

―"그러면, 너는 어디로 가느냐?"

―"하늘에 계신 하느님 앞으로 가겠지요."

―"거기서 얼마 동안이나 머물 것이냐?"

―"영원토록이지요."

―"하지만 육신은 땅속에 묻힐 텐데?"

―"그렇습니다. 육신은 땅에 묻혀 썩게 되겠지만, 영혼은 죽지 않습니다. 게다가 언젠가 모든 육신이 부활하여, 영혼이 부활 전까지 있었던 곳에서 영혼과 다시 합칠 터인데, 그러므로 그 후에는 그 둘이 영원히 함께하게 될 것입니다."

절도범 감방에 수감된 리델 주교

종사관이 "그만 되었으니 그를 데려가도록 하라" 하고 말했다. 형리들은 즉시 죄인의 오랏줄을 풀어주고 포교 경비대로 데리고 갔다. 종사관 두 명은 밤이 꽤 깊도록 토의하였고 선교사는 머리를 벽에 기댄 채 맨땅에 누워 깊이 잠을 잤다.

그로부터 사흘이 지난 후인 3월 19일, 포교 하나가 그에게로 와서 매우 불편한 기색으로 말을 꺼냈다. "종사관이 당신을 덜 시끄러운 다른 감방으로 옮기라고 명령하셨소." 이들은 주교를 보통 절도범들을 수감하는 좁은 감방으로 데리고 갔다. 그곳에 들어서며 처음으로 만난 사람은, 이미 오래전에 죽은 줄만 알았던 최요한 노인이었다. 바닥에는 새 짚을 조금 깔아놓았었지만 그 아래 썩은 짚을 들어내지 않아 고약한 냄새를 퍼뜨리고 있었다.

리델 주교는 다음과 같이 덧붙인다.

"이 보잘것없는 감방에 들어가면서 무엇보다도 규율을 절대 어기지 않는 것이 시급하다는 사실을 깨달았으므로, 규율이 무엇이냐고 물어보았다. 죄인들 가운데 첩자 노릇을 하는 늙은 이교도 하나가 내 말을 듣고는 쉰 목소리로 퉁명스럽게 응수했다. "규율? 규율이라고? 밀짚 위에 앉아 조용히 있는 게 규율이다."

너무도 명료한 이 정보를 듣고 나서 나는 지시된 장소에 앉았고, 무릎까지 꿇고 앉아 기도를 하며 또 잠을 잘 수 있었다. 다음 날 날이 밝기 전에 일어났더니, 어떤 한 노인이 깊은 묵상에 잠기기 위해 고요한 어둠의 시간을 만끽하며 기도에 들어간 것이 보였다."

주교와 거의 비슷한 시기에 서울에서 체포된 여성 천주교도 세명이 같은 감옥에 수감되어 있었다. 존경하는 주교님께서는 다시 다음과 같이 말씀하신다.

"내가 여기 왔을 때 그들 중 한 여자는 병이 들었는데, 이 감옥에 만연하고 있는 페스트이거나 티푸스인 것 같았다. 나이는 스물여섯, 두 아이의 어머니로 둘째는 생후 고작 여섯 달밖에 되지 않았었다. 박해 시기에 이교도와 혼인을 하고 남편에게 교리를 가르쳐 입교하게 함으로써 남편은 세례 받기를 기다리고 있던 차였으며, 시부모 역시 마찬가지였다.

그런데 불행히도 그녀가 과거에 배교를 하고 말았었다는 얘기를 들었다. 나는 그녀에게 동정심을 가지고 있었고, 다른 사람 몰래 그녀를 쳐다볼 때면 나에게 여러 번 성호를 긋는 것을 보았다. 밤에 자신을 돌보아주던 한 여신자에게 그녀는 이렇게 말했다. '나의 가장 큰 병은 배교라는 나쁜 행동을 한 것이에요. 오! 저는 죄인입니다!' 그리고 그녀는 눈물을 펑펑 쏟아냈다.

그녀의 고해성사를 들어주는 것이 불가능했기 때문에 사죄경을 베풀겠노라고 전하도록 했다. 그녀는 그 준비를 했고, 나는 아침이 밝자 약속된 신호대로 자리를 뜨지 않은 채 그대로 사죄경을 외웠다. 얼마나 기뻐하던지! 이는 그녀에게 가장 효험 있는 치료제가 되었고 그 순간부터 점점 나아지게 되었다. 위험은 사라지고 이내 병에서 회복되기 시작했다.

나는 그녀와 한 번도 얘기를 나눌 수는 없었으나 그녀가 지닌 좋은 인품·신앙심, 그리고 하느님에 대한 믿음과 정의로운 영혼을 보며 자주 감탄하곤 했다. 이교도로 통했던 남편 역시 그녀를 볼 수는 없었지만 오물 버리는 구멍을 통해서 얘기를 나눌 수는 있었다. 옥졸이 이들에게 호의를 베풀었던 것이다!

그리하여 우리는 바깥세상의 소식을 전해 들을 수 있었지만 절대 교우공동체에 관한 소식은 들을 수 없었다. 나머지 두 여인은 나이가 꽤 많은 편이었다. 세 여인은 모두 고문을 당했었지만, 가장 고통스러웠던 것은, 형리들의 외설스런 말과, 그녀들을 음란하게 괴롭히며 다루는 것이었다."

리델 주교가 이 감방에 도착하기 이틀 전, 또 다른 여성 신자가 페스트로 사망한 일이 있었다. 사망 후 닷새가 지나서야 시신을 수습하였는데, 쥐와 족제비가 시신을 갉아먹어 이미 뼈밖에는 남지 않은 상태였다.

길고 긴 한 주 동안 천주교도는 자기 눈앞에서 벌어지는 이 끔찍한 광경을 모두 목격해야 했는데, 이 죽음의 상황 속에서도 이들은 하느님의 품으로 돌아간 그 여인의 영혼을 위해 기도했다. 살아남은 모든 사람은 곧 같은 길을 따라갈 것을 기다리고 있었다. 이러한 소망이 이들의 고뇌를 진정시키고 또 가장 끔찍한 수감 생활의 고통을 줄여주었다.

믿음을 위해 굶주림과 불행을 당하며 죽는 것, 차꼬를 차고 죽는 것이 바로 순교가 아니던가? 그리고 순교는 이 땅에서 천국으로 이르는 직행 길이기도 하다.

장엄한 부활대축일

부활대축일에 우리는 서울의 감옥 안에서 감동적인 기념의 시간을 가졌다. 경건한 주교님께 이 이야기를 들어보자.

"그날, 나는 천주교우에게 조선의 모든 백성을 위해 특별하고도 장엄한 축복을 내리겠다고 말했다. 이는 좋은 소식이었지만, 때를 잘 정해야 했는데, 왜냐하면 우리 중에 한 늙은 이교도 노파와 승려가 한 명 있었기 때문이다. 이 승려는 우리에게 거의 방해가 되지는 않았으며 항상 잠을 자고 있었다.

가장 좋은 기회가 왔을 때, 천주교우는 모두 무릎을 꿇고 종교적인 묵상에 들어가 축복을 받았다. 얼마나 기쁘던지! 우리만의 부활대축일 축제였다. 모두가 기뻐하였고 그날의 나머지 시간도 큰 열정 속에 보냈으니, 종교적 의식이 신앙심에 얼마나 도움을 주는지 증명해준 일이었다."

자신과 마찬가지 처지일 뿐 아니라 내일이면 같이 죽을 수도 있는 운명인 천주교도에게 베푼 조선 감옥에 수감 중인 주교의 축복, 이것이 바로 장엄한 의식이 아니겠는가?

천주교우들은 감방에서 자신에게 닥칠 모든 일들에 대한 준비가 되어 있었는데, 모든 일을 하느님 섭리의 손에 맡긴 채 자신의 의지를 성스러운 의지에 복종시키고, 수감돼 있는 이교도의 영혼을 예수 그리스도 앞에 데려가기 위해 기도와 본을 보임으로써 노력하고 있었다.

4월 말께 매우 잘난 척하고 오만한 한 노파가 그들 가운데 들어왔다. 이 여인은 절도범들과, 또 무엇보다 천주교인과 함께 수감된 것을 불쾌하게 여겼다. 그런데 투옥된 지 몇 주일 후, 이 여인은 티푸스에 걸려 이내 심각한 지경에 빠졌다.

정신을 잃은 채 아무 도움도 받지 못하고 누워 있는 그녀는, 세 명의 여신자들이 그녀의 못된 성품과 자신들을 대하던 경멸의 태도를 잊은 채 밤낮으로 그 여인을 살리기 위해 헌신하지 않았다면 누가 봐도 곧 죽을 처지에 있었다.

그녀는 건강을 회복하자 자신의 잘못을 깨닫고 비통해하며 회개했다. 이렇게 천주교적인 되갚음은 병자의 몸뿐 아니라 영혼에도 작용하여 놀라운 변화를 일으켰다.

그리스도교의 자비심에 관련된 모범적인 예들은 형리들의 고문과 함께 조선 감옥 안에서 새로운 역사를 쓰고 있었다.

스스로 감옥에 들어온 젊은 천주교도

새로운 죄수가 들어오는 일은 언제나 감정을 흔들어놓고 괴로운 심정을 일으키게 하지만 스무 살의 젊은 박씨가 들어왔을 때 느졌던 감정은 무어라 형용하기가 참 힘들다. 그는 예수 그리스도를 고백하는 영광을 입기 위해 스스로 죄수가 되기를 자청하였던 것이다.

그는 종사관들에게 다음과 같이 말했다.

"저는 나리들이 저의 스승이신 주교님과 천주교인을 체포하셨다는 걸 알게 되었습니다. 그런데 저 역시 어릴 때부터 교인이었습니다. 저의 아버지와 어머니께서는 1868년 여러분의 손에 죽임을 당하셨지요. 그때 저는 고작 열 살밖에 되지 않았습니다만, 그분들의 가르침을 잘 새겼습니다.

저는 하늘과 땅의 창조주이신 하느님을 사모합니다. 우리에게 생명을 주고 지켜주시는 것은 바로 그분이십니다. 그분은 우리를 위해 고통 받으셨으므로 저 역시 그분을 위해 고통 받기를 원합니다. 나리들의 고문을 견디어내는 것밖에 저는 원하는 것이 없습니다. 저를 굶주림과 갈증으로 고통 받게 하시고, 저의 다리와 손을 부러뜨려 주십시오. 제 목숨은 하느님의 것입니다."

사람들은 처음엔 그를 미치광이 취급하여 쫓아냈으나 그는 그때마다 다시 되돌아와 예수 그리스도를 위해서 고통 받게 해달라고 간청하곤 했다. 그가 너무나 간절히 청하였기 때문에 종사관은 결국 그를 감옥에 가두라고 명령했다.

그는 절도범들과 함께 섞여 너무나 고생을 한 나머지 보름이 지나자 모습을 알아볼 수 없을 지경이 되어버렸다. 그러나 그의 용기는 절대 무너지지 않았다. 리델 주교가 떠났을 때에도 젊은 박씨는 여전히 그 감방에 남아 있었다.

감방에서 죄수들은 거의 매일, 매질을 당하고 굶주림과 비참함 속에서 죽은 죄수들이 지나가는 것을 본다. 가끔씩 법정으로부터 돌아오는 죄수는 아직 숨을 쉬고 있는 경우가 있는데, 의식을 잃고 하인의 등에 업혀 돌아온 죄수는 머리가 축 늘어진 채 피를 바닥에 철철 흘리기도 한다.

5월 1일, 형벌과 고문이 새로운 폭력성과 함께 다시 시작되었다. 낮 동안에는 죄수들의 감방으로 사형에 쓸 밧줄을 들여왔으므로, 저녁이 될 때까지 그 불행한 죄수들은 모두 자신이 영원의 문턱에 이르게 된 게 아닌가 자문할 수밖에 없었다.

생에 있어 그 얼마나 장엄한 순간들인가! 밤이 되면 포교 한 사람이 들어와서는 그날의 희생자를 가리키며 말하곤 했다. "나와라, 교수형에 처할 것이다" 혹은 "겁내지 마라, 곱게 죽여줄 터이니"라고도 했다.

그러고는 어떤 형식도, 어떤 재판 절차도 없이 그 불쌍한 죄수를 선교사의 감방 가까이에 있는 시체실로 데려갔다. 잠시 후, 죽어가는 자의 헐떡이는 소리와 구슬픈 경련소리, 그리고 이보다 더 끔찍하고 더 불길한 옥졸과 형리들의 야유와 조소가 들려오곤 했다.

감옥은 기나긴 순교의 길

5월 말이 다가오자 더위는 참을 수 없을 지경이 되었다. 이 고약한 감방은 공기가 전혀 통하지 않았고 선교사는 스스로 몸이 쇠약해지는 것을 느꼈다. 최요한 노인 역시 쇠약해져 상태는 점점 더 심각해졌다.

두 사람은 아직도 5개월 전부터 입던 겨울옷을 그대로 입고 있었다. 리델 주교는 말한다. "우리는 두 겹으로 누빈 솜을 걷어내야 했고, 그리하여 옷이 좀 가벼워지기는 했지만 여전히 불결하기는 마찬가지였다." 주교에게 얼마나 기막힌 상황이런가!

"막센티우스[1]에게 체포되어 외양간에 살면서 짐승들을 돌봐야 했던 성 마르첼로[2] 교황을 얼마나 자주 떠올리곤 했던가! 이러한 기억은 나에게 용기를 주고, 또 더 강하게 만들었다.

게다가 좀 더 최근에는 앞서간 전임자들의 예가 있지 아니한가? 동료였던 세 주교님이 지금으로부터 불과 50년도 지나지 않은 과거에 이곳을 거쳐갔다. 아마도 그분들 역시 같은 감방에 계셨으리라. 만일 벽이 말을 할 수 있었다면 얼마나 많은 것을 내가 알 수 있었을까! 게다가 러시아와 독일에서 투옥된 다른 많은 주교님을 어찌 생각하지 않을 수 있을까! 내 친구이자 생 쉴피스의 학우였던 마세도(Macédo) 주교는 간수에게서 나보다 더 나은 대접을 받았을까? 그리고 이제 쫓기고, 추방당한 나에게 아직도 스위스와 폴란드 주교님의 예가 남아 있지 아니한가? 언제 어디에서나 박해가 난무하고 있다. 불쌍하게 여겨야 할 것은, 그로 인해 고통 받는 사람이기 보다는, 특히 이들을 다스리는 형리들과 박해에 정복되어 스스로 굴복하는 자들이다.

감옥이란 매일매일 걸어가는 기나긴 순교의 길과도 같다. 머리는 피로해지고 육체는 약해지며, 성격까지도 고약하게 변해간다. 생동하는 믿음과 한결같은 신심, 그리고 무엇보다도 신실한 겸허함만이 선하신 하느님의 은총과 더불어 나약함을 견디고 원수와 낙담 앞에 굴복하지 않게 후원해줄 수 있다. 시험이 고통스러워도 은총의 구원은 잘 감지할 수 있다.

나와 함께 있었던 천주교인들은 모두 기도 가운데 하느님에 대한 믿음을 지켜나갔다. 그럼에도 가끔씩 다음과 같이 말하곤 한다. '대체 언제까지 우리가 이렇게 지내야만 하나. 어차피 사형을 내린다면 그날이 빨리 왔으면 좋겠소.'"

그리고 또 때로는 새로운 희망이 살아나기도 해서, 가족·아이·

부모에 대한 추억들이 마치 꿈처럼 떠오르기도 했는데, 하지만 언제나 그 끝에 가서는 감옥, 감옥…… 끝없는 감옥이 있을 뿐이었다.

리델 주교의 서품 기념일

"6월 5일은 나의 서품식을 기념했다. 나는 교인에게 미리 말을 해두었었다. 우리는 다시 한 번 이 감방에서 잔치를 벌였다. 그런데 갑자기 우두머리 아전이 성장을 하고서 우리 문앞에 나타나서는 '옷을 차려입고 나를 따르시오' 하고 내게 말했다.

또 어떤 새로운 일이 일어날 수 있단 말인가? 나는 노인과 악수를 하고 모든 교인에게 축복을 내린 다음, 안내자를 따라 밖으로 나와 감방 밖 포교의 숙소로 갔다. 이들은 나를 다른 빈 감방으로 들어가게 한 다음, 씻을 물을 주었는데 나는 정말 씻을 필요가 있었다. 손·얼굴·발까지 씻으며 진정한 기쁨을 누렸다는 것을 더 이상 말로 할 필요가 있을까?

해가 뜨자 나는 거기 나 있는 풀 몇 가지를 쓰다듬었는데, 실로 얼마나 오랫동안 풀을 못 보았던가! 하늘을 물끄러미 바라보니 저 멀리 있는 산도 눈에 들어왔다. 이 모든 것이 새롭게 느껴졌고 또 아름답게 보였다. 산책도 할 수 있어 매우 기분이 좋아졌다. 그러나 반면 나 자신이 너무나 나약하게 느껴지기도 하는 것을!

머지않아 도성에는 내가 감방에서 나와 법정 안의 숙소로 옮겨져 있으므로 면회가 가능할 수도 있다는 소문이 돌았다. 그러자 법정은 호기심 가득한 모습으로 거대한 행렬을 이루며 몰려드는 사람이 득실득실했는데, 주로 공무원·양반·부자 들이었다. 이들을 통제하기 위해서는 서너 명의 보초가 필요했다. 곧 나를 안쪽에 가둘 수밖에 없게 되었는데, 채 얼마 지나지 않아 이곳의 벽도 넘어오려는 사람들이 생겼다.

포교들은 부모와 친구를 데리고 왔으므로 이들을 모두 만나보고 모든 질문에 답을 일일이 해줘야만 했다. 서울 사람들은 정말 선해서 모두들 예의 바르고 친절한 어조로 말을 했다. 그중에는 양반도 있었는데 이들은 때로 서른 명씩 몰려오기도 했다.

감옥을 다스리는 관리는 법정 안에 관저가 있어 나를 가끔 불러 친구들과 함께 여럿이서 그의 집에 틀어박혀 편안하게 담소를 나누곤 했다. 이들은 매우 즐거워했으므로 나는 이들에게 이 땅에 내가 전하려고 했던 교리에 대해 말할 수 있었다.

두 번인가는 이들의 질문에 답하느라 밤늦도록 남아 있었던 기억이 있다. 이들은 천지 창조에 대한 설명에 매우 감탄했으며 「십계명」에 대한 교리는 매우 훌륭한 것이라고 말했다.

그의 중재로 그를 찾아왔던 정부 관료를 다수 만나볼 기회가 있었다. 이들은 일반 사람처럼 행동하고 싶어하지 않았기 때문에 전통적인 조선식 법도대로 정중하게 인사를 나누곤 했다. 내가 자주 법도를 어기곤 했지만 다들 내가 왕궁 사람이 아니라는 것을 잘 알고 있었다.

그러나 나는 감옥에 있는 가여운 교인들에 대한 생각을 떨쳐버릴 수가 없었다. 어느 날 나는 이에 대해 우두머리 종사관에게 이야기하고 '오! 만약 제가 최요한 영감을 볼 수 있다면 얼마나 좋을까요!'라고 말했다. '그이를 보고 싶소? 아주 쉬운 일이니 보게 해주리다. 그 사람들 다 이리 오라고 하겠소.'

그는 즉시 모든 교인을 부르라고 명령했고 이들은 차례로 줄을 이어 찾아왔다. 이들을 보자 마음에 위안이 되었고, 인내하며 하느님에 대한 믿음을 저버리지 말라고 격려해주었다.

그러나 어찌하랴! 나는 자유의 몸이 되었고 이들은 여전히 죄수의 몸이니, 이런 시험이 얼마나 큰 것인지 누가 이해할 수 있으리요? 나의 존재가 이들에게는 틀림없이 위안이었을 텐데, 이제 나는 이들을 떠난 몸이 되었다.

최요한 노인은 그곳에 더 오래 남아 있었다. 그가 있는 앞에서 나는 종사관에게 이 천주교인 죄수들이 앞으로 어떻게 될 것인가를 물어보았다. 그는 곧바로 '모두 돌려보낼 것이오, 데리고 있어 무엇 하겠소, 이들의 두목도 풀어준 마당에?'라고 대답했다. 믿을 수 없는 일이기는 했지만, 최 노인도 별로 믿고 있지 않는다는 것을 나는 알아보았다.

최 노인은 우리를 떠나가며 매우 슬퍼했다. 그는 말했다. '아! 저는 이제 두 번 다시 주교님의 얼굴을 못 보겠군요!' 나는 그에게 '용기를 내세요, 우리는 분명 천국에서 다시 만날 것입니다'라고 말했다. 그러고 나서 그는 떠났고, 감옥으로 되돌아갔으며, 다시는 그를 만나지 못했다."

제11장

리델 주교의 석방······ 중국으로 출발

석방되는 날이 왔으나 주교에게는 그것이 바로 추방을 의미했으니 마음이 찢어질 것만 같았다. 포교들이 그에게 찾아와 그가 일에 성공을 거둔 것, 고국으로 돌아가게 되어 얼마나 기쁠까 축하해 주었다. 그러나 자신의 주위에 감도는 기쁨을 그가 공감하지 못하는 것 같아 보여 한 군관이 말했다.

—"너는 네 왕국으로 돌아가는 것이 기쁘지 않은 모양이로구나. 이보게, 자네 정부에 대해 뭔가 죄라도 지었더냐?"

—"아니오, 아무 죄도 짓지 않았소" 하고 그는 짤막하게 대답

했다.

한심하도다! 가여운 사람들, 주교가 느끼는 영혼의 고통과 추방된 자의 고뇌를 이들이 어찌 이해할 수 있을까! 그는 조선에서 강제로 쫓겨났지만 선교지를 저버리지 않았다. 그렇지만 그의 자녀들을 언제 또다시 볼 수 있으려나?

감옥의 문턱에서는 다시 한 번 고통스러운 희생이 리델 주교를 기다리고 있었다. 포도대장이 주교의 모든 궤짝을 열어 중국어와 조선어로 쓴 책을 따로 분류해놓으라 명령했는데, 심지어 한자와 한글이 몇 자 섞여 있는 유럽 서적까지도 그렇게 했다. 분류를 마치자 불을 가져와 모든 책을 거기 던져버렸다.

모든 필사본이 소각되었고, 그중에는 새로 번역한 책도 몇 권 있었는데, 이에 대한 필사본은 오직 하나씩밖에 없었다. 다행히 주요 서적에 대해서는 미리 안전조치를 취해, 가장 중요하다고 판단되는 책은 중국에 한 권씩 남겨두었다. 다음에 언급하겠지만, 이러한 현명한 대비 덕분에 『조선어문법』과 『한불사전』은 불행한 사태를 모면할 수 있었다.

다음 날인 6월 11일, 조선교구장은 사람들이 가져다준 두껍고 투박한 천으로 만든 새 옷을 차려입고 중국을 향해 길을 떠났다.

행렬은 우선 서울의 중앙통 거리를 지나갔는데, 이는 끝이 안 보이게 길게 뻗어 있는 정말 큰길이다. 그 양쪽으로는 짚으로 지붕을 이은 토담집들이 늘어서 있는데 너무도 작고 낮아 혹시 비버가 사는 곳이 아닐까 의심이 갈 정도다. 그를 가둔 가마에는 문 역할을 하는 쇠창살이 있어, 이를 통해 선교사는 이러한 풍광을 구경할 수 있었다.

선교사 행렬

수도의 변방은 매력적인 풍경을 선사한다. 온화하게 물결치는 듯한 언덕들, 그리고 저 멀리 높은 산들이 있는데, 그중에 삼각산[1]도 보인다. 어디에나 밭·녹지, 그리고 작고 큰 숲들, 정성을 들여 키우고 있는 교목들이 있다. 더 멀리 나가자, 암벽 사이 좁은 길로 들어서는데, 위쪽에 나무가 무성한 암벽은 양쪽으로 뾰족하게 솟아 있다.

중국 국경까지 리델 주교를 데리고 갈 행렬은 가마꾼 네 명과 포졸 두 명으로 구성되어 있었다. 그 뒤로는 조선 청년 두 명이 노새에 짐을 싣고 따랐다. 마지막으로 작은 말을 탄 소관(小官)이 행렬 맨 뒤에 따라오며 이들 일행을 감시하고 있었다.

처음 며칠간, 도성으로부터 온 공무원은 위엄을 앞세우고 차가운 인상을 내세우며 과묵했지만 조금씩 명랑해지기 시작했다. 그리고 그 후로 포졸과 가마꾼 들이 탄성을 지르고 웃는 소리가 들릴 때면 그는 한결같이 다음과 같이 묻곤 했다. "유럽인이 무엇이라 하였느냐?" 그러면 한 가마꾼이 행렬에서 벗어나 그에게로 가서 자신들의 이야기 주제와 왜 같이 웃었는지 한 마디 한 마디 그대로 전달하곤 했다.

그 소관은 분명 가진 장점이 있을 터이나 말을 잘 타는 사람은 아니었고, 더욱이 용기가 부족하여 "조선인처럼 용감하고 일본인처럼 재주가 많다"라는 조선의 속담을 무색하게 만들었다. 이를 속히 간파한 선교사는 그를 이런 난처한 상황에서 구해주기 위하여 자리를 바꾸자고 제안했다. 약간 망설인 후 이 제안은 흔쾌히 받아들여졌다. 따라서 주교는 작은 조선말에 올라 공무를 수행하고 있는 고을 수령의 모습을 갖춘 채 길을 계속 갔는데, 마치 자신을 호송하는 자들을 오히려 감시하는 것처럼 보였다.

유럽인은 백성 때리는 걸 원치 않는다

모든 사람들이 완벽히 착각을 일으켰으므로, 가마꾼들은 "유럽인이 말을 타니 아무도 알아볼 수가 없네" 하고 말하곤 했다.

마을에서 마을로 이어지는 이 여행은 길고, 사고로 점철되었다. 주교가 가로지르는 지역마다 그가 오는 것을 알아보면 사람들이 즉시 떼로 달려와 에워쌌다. 길거리와 고급관리들 관저에 길게 늘어선 채, '서양에서 온 위대한 양반'의 말을 들어보려 안달이 난 사람들을 보자니 진기한 풍경이 아닐 수 없었다.

가끔씩 포졸은 몽둥이를 들어 군중을 막기도 했다. 그러나 존경하는 선교사의 영향력은 포졸들을 압도했다. 그는 포졸에게 몽둥이로 치지 말라고 명령했고 그럴 때면 어김없이 소관이 다음과 같이 소리지르곤 했다. "때리지 말라, 때리지 말라, 유럽인이 백성 때리는 걸 원치 않는다."

사실상 이 백성은 예수의 명령에 따르자면 주교의 백성으로 주교를 만나보고 그에게 말을 거는 것이 기뻤던 것이다. 따라서 그는 이들에게 하느님의 웅대하심과 그리스도교의 훌륭함을 보여주었다. 모든 사람이 그의 말을 듣고 나서 놀라고 환희에 사로잡혀 서로 돌아보며 웅성거렸다. "그래, 높은 양반이셔, 진짜 양반이라니까." 이 가련한 백성은 그가 정말 위대한 인물이라고 확신했는데, 거룩한 주교가 의심할 수 없을 만큼 고상하고 훌륭한 자태를 지니고 있었기 때문이다.

리델 주교가 매력적이면서도 간결한 문체로 들려주는 많은 세부 사항을 잠시 제쳐둘 수밖에 없다. 하지만 그가 주파하는 긴 여정에 눈을 돌려, 가장 눈길을 끄는 세 가지 장면을 골라 살펴보기로 하자.

옛 도읍 송도를 지나다

서울에서 10리² 밖에 고려³ 왕조의 옛 도읍인 송도(松都)⁴가 있다. 이 도시에 가까이 다가감에 따라 모든 것이 여기가 왜 유명한 곳인지 깨닫는다. 오랜 세월로 인해 주목받을 만한 거대한 묘, 석교, 장인들의 작품들…… 이들이 남긴 유적이 고려시대 왕도가 얼마나 번성했었는지 상기시킨다. 송도는 조선에서 가장 상업이 발달한 도시다. 거기에는 모든 공산품과 더불어 조선 농산물이 진열되어 있고, 게다가 중국을 거쳐 들여온 유럽 물건까지 있다.

송도를 벗어나자, 때로 헐벗었거나 때로 나무로 무성하게 뒤덮인 산들 사이로 길이 접어드는데, 계곡 아래로는 비옥한 논이 펼쳐져 있다. 여기저기 마을도 보이는데 모든 집이 비슷하게 생긴 촌락들이다.

봉산⁵ 근처에 이르면 위험이 도사리고 있는데, 여행자 두세 사람만 모여서는 감히 모험을 하려 들지 않고, 산속의 제왕인 호랑이에 맞서기 위해 무리를 지어 간다. 리델 주교는 다음과 같이 말한다. "그곳 탑에 가까이 다가가는 한 남자가 보인다. 그는 자주 절하고 손을 비벼대며 「기도문」을 암송하고 있다. 그는 이 세상 전체를 위해 기도하는데, 여행자라면 누구나 저마다 자신의 특별한 기도가 있기 마련이고, 나 역시 내 기도가 있다."

위험이 도사리고 있는 구간

"그런데 다음과 같은 소리를 들었을 때 놀라지 않을 수 없었다. '복명이[6] 무사히 협곡을 통과하게 해주십시오. 호랑이로부터 보호해 주시고, 아무 사고 없이 여행을 잘 마치도록 해주십시오. 오! 여행자를 보호하시는 당신, 그렇게 해주십시오!' 숲은 점점 더 무성해져 산림이 더 두터워진다. 얼마나 많은 종류의 나무·관목, 그리고 모든 종류의 식물이 자라고 있는지! 그런데, 사실상, 이곳이야말로 호랑이들이 우글거리는 본거지일 터이다. 우리는 이처럼 경이로운 곳을 오랫동안 누빈다."

우리는 앞서 리델 주교가 감옥에서 석방될 때, 입고 있던 썩은 옷을 갈아입으라고 새 옷을 받은 사실에 대해 이야기한 적이 있다. 그러나 그에게 모자는 지급되지 않았었다.

"나는 햇빛에 머리를 노출시킨 채 며칠 동안 그렇게 걸었다. 개울을 건널 때 짐을 싣고 가던 노새가 헛발을 디뎌 내 짐 궤짝들이 물속으로 굴러 떨어졌다. 물가로 올라왔을 때 나는 그걸 열어보고자 했다. 일행이 와서 내가 가지고 가는 것들을 들여다보았다. 여러 짐 가운데에서, 나는 반 주교이신 베셀(Bécel) 주교가 내게 주셨던 소중한 주교관이 들어 있는 종이상자를 열었다. 그들은 그 아름다움에 대해 경탄했지만, 그것이 어디에 소용되는 것인지 알지 못했다."

주교관

—"어디에 쓰는 것이오?"

—"천주교 의식을 거행할 때 주교가 머리에 덮는 장식품이오."

"아, 그럼, 네가 가진 모자가 하나도 없고, 모두들 그렇게 말을 하니 머리에 그걸 쓰거라, 그러면 햇빛도 가리고 또 사람들이 더 이상 아무 말도 안 할 테니" 하고 나와 동행하던 소관이 말했다. 이러한 충고는 옆에 있던 사람들을 웃게 만들었을 뿐 아니라 모두들 따라서 이렇게 말하는 것이었다. "그래, 이거 아주 훌륭한데, 유럽인이 머리에 쓰면 정말 신기하겠구나." 나 역시도 웃음을 참을 수가 없던 참인데, 그들은 즉시 나에게 주교관을 씌우려 하는 것이었다.

—"이 괴물들 같으니라고, 좀 조용히들 하지 않겠소?" 하고 나는 프랑스어의 점잖은 표현을 사용하여 그들에게 말했다.

—"너 뭐라고 했느냐?"

"나는 조선 모자가 있었으나 서울에서 다른 많은 소지품들과 함게 도둑맞았다고 했다. 내게 주어야 할 것은 그와 비슷한 물건이었다. 이 주교관은 볼품없는 옷과 어울리지 않아, 단 한 가지밖에는 할 일이 없으니, 그걸 궤짝에 도로 넣는 것이었다. 나는 곧바로 이를 장엄하게 실행에 옮겼고 그들도 더 이상 뭐라 하지 않았다."

여행이 막바지에 다다르고 있었을 즈음, 일행은 어떤 산의 정상에서 쉬고 있었다. 리델 주교는 다음과 같이 말한다.

"가마꾼들이 옆집에서 더위를 식히고 있는 사이, 나는 조선의 큰길가에 세워져 있는 거의 비슷한 모양의 작은 탑들 중 하나를 유심히 들여다보고 있었다."

어느 선한 노인

"그때 갑자기 오두막집으로부터 '아니 이런 일이? 성자이신 그분이 여기 계시다니…… 아주 오래전부터 성자 뵙기를 소원했는데!'라고 소리치며 나오는 백발의 한 노인을 보았다. 그리고 나를 보더니 자신의 다리가 허락하는 한 빠르게 내게로 달려와서는 붙들고 손을 눌러대며 다음과 같이 외쳤다."

"오! 주교님 이야기를 얼마나 많이 들었던지요! 얼마나 오랫동안 그 얼굴 뵙기를 소망하고 있었는지요! 이 나이 되어 늙도록 살다보니 이런 큰 영광도 주어지는군요. 이제 죽어도 여한이 없습니다. 우리에게 훌륭한 교리를 가르치시려고 와서는 너무도 많은 고통과 피곤을 몸소 겪으신 존경하는 분들 중 한 분의 얼굴을 뵈었으니까요. 그분들은 성자입니다. 저는 성자님의 얼굴을 뵌 것이고요."

나는 이러한 느닷없는 상황에 어리둥절하여, 끊임없이 말을 하는 이 선한 노인의 손을 힘과 애정을 실어 꽉 잡아주었다. 그는 이 광경을 지켜보고 있던 가마꾼을 향해 몸을 돌리며 이렇게 말했다.

"우리나라에서는 찾아볼 수 없는 분입니다. 우리를 가르치려는 목적으로만 여기 오셨고, 어떤 이가 말하는 것처럼 우리나라를 점령하기 위해서가 아닙니다. 이분들의 목적은 단지 우리에게 훌륭한 교리를 가르치려는 것뿐이에요. 그런데 우리 조선사람이 이분들을 너무 푸대접했고, 서울에서 체포해서는 처형했어요. 우리나라를 위해 얼마나 큰 불행인지요. 우리의 안녕만을 위하는 이런 분들을 죽이다니! 얼마나 화가 나는 일인지 모릅니다! 너무도 부당하고요! 이분들은 아무에게도 어떤 해도 끼치지 않았어요. 오! 우리 정부는 얼마나 잔인하고 눈이 멀었는지!"

가마꾼들은 그를 물끄러미 쳐다보다가 '그건 그렇지'라고 말하는 것같아 보였다. 그가 내게 말하길, 자기는 진도(조선의 남서쪽에 위치) 출신이라고 했으며 예전에 거기서 유럽 선박들을 보았노라고 했다. 그는 나이가 일흔둘이었으며, 천주교 알기를 원하고 있었다.

나는 그를 격려하며 다음과 같이 말했다.

"우리가 가르치는 교리는 단 하나의 진실된 것이고, 우리에게 우리 아버지이신 하느님을 알고 공경하며 선을 행하고 악을 피하는 법을 가르치며, 영원한 삶을 가져다줍니다. 어르신께 지금 가르쳐드릴 수 없으나 그를 알고 있는 사람들을 찾아보세요. 그들은 가르쳐드릴 것입니다. 하느님께서는 어르신을 구원하기를 원하시니까요. 저는 자유의 몸이 아니고, 정부에서 저를 체포하여 나라 밖으로 추방했습니다. 제가 원하는 좋은 일들을 하지도 못한 채 떠나야만 합니다."

노인은 눈물을 글썽이며 덧붙였다. "오! 우리 나라로서는 얼마나 큰 불행인지요! 대관절 정부가 무슨 일로 그리 화가 났기에 우리에게 행복을 가져다줄 것을 이리 내친단 말입니까?" 그러고 나서 노인은 다시 내 손을 잡으며 말했다. "오세요, 저의 집으로 잠깐 들어오세요. 저를 위해, 가족을 위해 큰 축복이 될 것입니다. 제가 포도주도 조금 있어요. 더위를 잠시 식혀야 하지 않으시겠습니까."

"저는 그럴 수 없습니다. 우선, 저는 술을 마시지 않고, 더욱이 저기 우리 소관까지 오는군요. 어르신께 불행한 일을 일으킨다면 정말 유감스러울 겁니다. 진정하시고 조용히 계십시오. 어르신을 뵈었고 그 말씀이 저를 압박하는 아픔 한가운데에서 위로가 됩니다. 어르신을 잊지 않고 하느님께 기도도 올려드리겠습니다. 그러니 어르신을 가르쳐드릴 신자들을 찾아보시기 바랍니다."

소관이 도착하므로 노인이 위험에 처하지 않게 나는 옆으로 비켜섰는데, 그는 멀어지면서도 나에 대한 칭송을 계속했다.

중국 땅에 발을 들여놓을 때 추방자의 마음은 울컥해졌다. 그는 말한다. "이 아름다운 나라, 나의 선교지를 다시 한 번 바라보려고 몸을 돌렸다. 어찌나 아름다운지! 얼마나 장관인지! 강제로 떠날 수밖에 없는 나에게 조선이 미소를 짓고 있는 듯했다. 내 마음 저편에서는 이 나라 전체에 입맞추며 애정이 어린 축복을 보냈다. 그리고 '잘 있거라, 곧 다시 보자꾸나'라고 말했다."

노트르담 데 네주 도착

7월 12일, 리델 주교는 노트르담 데 네주로 귀환하는데, 이곳 신자들은 용감한 예수 그리스도의 고백자에게 그들의 믿음과 신심에 걸맞은 영접을 준비하고 있었다.

마을을 2킬로미터 정도 앞둔 지점에 하나의 행렬이 형성되어 있었다. 말 탄 사람들이 장총을 어깨에 두르고 선두에 서서 전진해 오고 있었다. 나뭇잎과 화환으로 장식된 꽃수레 다섯 대가 그 뒤를 따르는데 거기 타고 있는 아이들은 손에 펜던트와 깃발을 들고 있었다. 여섯 번째 수레는 더욱 정성을 들여 준비한 것으로 주교를 기다리고 있었다. 그가 수레에 오르는 즉시 행렬은 음악소리에 맞춰 움직이며 앞으로 전진한다. 곧 예포 소리가 진동하고 폭죽이 터지는데, 환호와 만세 소리가 심벌즈와 신자송에 뒤섞여 있다. 이 광경을 구경하러 달려온 이교도들도 경탄을 금치 못했다.

마을 입구에서 주교는 소백의(小白衣)[7]로 갈아입고, 모제타[8]와 영대(領帶)[9]를 착용한 후, 신자 네 명이 운반하는 이동 닫집[10] 아래서서 교회를 향해 나아간다.

그가 도착하자 선교사들은 아름다운 응답송가[11] 「사르체도스와 교황(Sacerdos et pontifex)」을 부르기 시작한다. "오 사제여, 오 교황님이시여, 모든 덕성을 갖추셨도다! 백성을 위해 헌신하시는 목자시여, 오셔서 하느님께 우리를 위해 기도해주소서." 그리하여 이러한 신심이 깃든 초대에 응하기라도 하듯 주교는 얼마 전 쇠사슬에 묶였던 그 손으로 거룩하고도 영광 가운데 매우 빛나는 성체를 취한 다음, 신심으로 엎드려 있는 백성에게 축복을 내렸다.

이렇게 긴 여행은 끝이 났다. 한 주교가 방금 동료 선교사들과 강제로 이별을 고하였으나 다시 다른 세 사람을 얻으니 이들은 하느님의 섭리의 때가 이르면 언제라도 조선에 남아 있는 동료들을 구조하기 위해 대기하고 있었다.

제12장

중국·일본이 리델 석방을 위해 취한 조치

리델 주교가 체포되었다는 소식을 접한 브르니에 드 몽모랑과 베이징 교구장 들라플라스 주교는 중국 정부를 경유하여 부랴부랴 조선 주교의 석방을 요청했다.

베르뇌 주교 학살 사건 이후 그 유명한 대원군은 다음과 같이 거만하게 중국에 답했다.

"우리는 여러 차례에 걸쳐, 유럽인을 죽였지만 한 번도 그 나라 사람들이 우리에게 항의를 한 적은 없소. 우리 국가 내정에 아무도 간섭을 할 수 없소."

지금은 그런 시절이 더 이상 아니었다. 프랑스 공사는 총리아문 (總理衙門)[1]에 직접 찾아가 공친왕(恭親王)[2]에게 조선의 왕으로부터 프랑스 죄수를 석방시킬 수 있도록 힘을 써달라고 간절히 부탁했다. 이러한 일에는 황제의 「칙서」가 필요했으므로 지체하지 않고 성사시켰다.

5월 15일, 조선 정부 앞으로 「공문」을 포함하고 있는 급행 우편물이 발송되었다. 며칠 후 리델 주교는 석방되었으나, 자유 대신 추방이라는 이름이 대신했을 뿐이다.

프랑스 정부 대리인이 베이징에서 이 업무에 열중하고 있을 동안, 일본 북부교구장 오주프 주교[3]와 도쿄 주재 프랑스 영사 드 조프루아는 일본 정부로부터 같은 결과를 얻어내기 위해 갖은 애를 쓰고 있었다. 프랑스의 전함인 르 위공(le Hugon)호와 르 코스마오 (le Cosmao)호는 그 당시 일본 해역에 와 있었는데, 조선 정부에 접근하여 곤경에 빠져 있던 선교사들을 구조하기 위해 조선 해안으로 가라는 명령을 받았다.

이윽고 천황은 프랑스인 거주자의 청원에 대해 호의적으로 받아들이기로 결정했다. 그는 외무대신에게 조선 왕 앞으로 속달 「서한」을 보내라는 지시를 했다.

6월 11일, 서울로 그 「서한」을 전달할 임무를 띤 특사가 파견되었는데, 이는 대략 다음과 같은 내용을 담고 있었다.

　　일본 정부에서는 조선 정부가 프랑스 가톨릭 사제들을 투옥
　　했다는 소식을 접했습니다.
　　조선과 일본 사이, 그리고 일본과 프랑스 정부 사이의 우호관
　　계에 의지하여, 일본 정부에서는 조선 정부로 하여금 다음과
　　같은 내용을 알리고자 합니다.
　　과거(1866)에 처형되었던 프랑스 신부들에 대한 학살은 조선
　　정부의 명에 따라 이루어졌고, 프랑스가 유럽의 한 국가와 전
　　쟁을 치르느라 그에 대해 응징을 하지 않은 채로 있습니다.
　　그러나 만일 조선이 또다시 그러한 잔인한 행위로 도발할 경
　　우, 아마도 프랑스의 무력적인 대항을 받게 될 것입니다.
　　일본은 두 국가 사이의 평화를 지키기 위해 중재하기를 원합
　　니다. 평화를 위한 수단, 그것은 부산에 설치되어 있는 일본
　　공관에 수감자를 넘겨주어 보호토록 하는 것입니다.

　이 속달「서한」을 전달하는 이가 서울에 도착했을 때 리델 주교
는 이미 조선 땅을 떠나고 없었다. 그럼에도 일본 천황의 이러한
조치는, 극동의 교회사 기록에서 간과해서는 안 될 중요한 사건이

라 할 수 있다.

이로 말미암아 선교사들의 입지가 향상되었고 조선 정부로 하여금 과거에 행사했던 폭력을 재현하는 데 다시 한 번 숙고하게끔 만들었기 때문이다. 특히 이는 명시적으로, 만일 이교도 국가들이 하느님의 일 수행하는 것을 거절할 경우, 하느님께서 자신의 일을 이루기 위해 직접 이교도 국가를 사용하시며, 그가 원하는 곳에 도구들을 들어 쓰실 것이라는 사실을 보여주었다.

그리하여 어제까지도 박해국이며 그리스도의 이름을 무자비하게 배격했던 두 국가가 오늘에 와서는 선교사를 보호하는 나라가 된 것이었다.

이 땅의 예수 그리스도 교회는 전투적이어야만 하며 그것이 바로 뚜렷한 특징 중 하나다. 그리하여 리델 주교가 자신이 가는 길에서 끊임없이 부딪혔던 어려움들이 평정을 찾기에는 너무도 거리가 있었다.

프랑스는 중국과 일본이 선교사를 구조하도록 밀어붙였다. 그러나 불행하게도 그것은 더 이상, 그의 믿음이 고상하게 도약했음에 답하기 위해서도, 교회의 장녀이자 그리스도의 챔피언이라는 숭고한 그의 선교지에 걸맞다는 것을 보여주기 위해서가 아니었다. 유럽 국가와의 외교관계 수립을 계속 거부하는 조선의 상황과,

응당한 대가를 치르게 하지 않은 채 오랫동안 남아 있는 학살사건으로부터 프랑스는 정치적인 스캔들과, 이 작은 왕국 주위의 대국들을 위한 좋지 않은 본보기라는 사실만 보려고 했다. 그런데 자기 땅에서 종교를 박해하던 자들이 외국에선들 과연 진정으로 그 수호자가 될 수 있었을까? 그리스도교가 야만스러운 백성들에게 가져다주는 좋은 것들을 알 수나 있었을까?

새로운 어려움

중국으로 돌아온 조선 주교는 우리 외교관과 투쟁을 다시 시작해야 할 필요성을 느꼈다. 그러나 그의 용기를 꺾게 하기라도 하듯 이러한 계획은 전혀 실현되지 못했다. 9월 초가 되자마자 리델 주교는 프랑스 대사관에서 공친왕의 속달 「편지」 한 통을 받게 되었기 때문이다.

조선 왕은 총리아문의 수반 앞으로 보낸 회신에서 공친왕에게 프랑스 정부로 하여금 선교사들에 대한 감시를 잘 할 것과 이들의 재시도를 막도록 말해달라고 간절히 부탁했다. 그리하면 모든 염려스런 일들을 피하는 이점이 있고 또 평온함이 유지될 것이라고 했다.

이러한 상황에서 중국 공사는 우리 정부 대리인에게 「서한」을 냈는데 다음과 같이 끝을 맺고 있다.

리델 주교는 얼마 전 발생했던 사건 이후로 당신의 충고를 따르지 않았던 것을 반드시 뉘우치는 동시에, 더 이상 조선에 돌아갈 생각을 품어서는 안 될 것입니다. 그럼에도 만일, 다른 선교사들이 같은 시도를 감행할 경우, 이 나라의 관습이 여타 국가들과는 다르다는 것을 주지하셔서, 유감스러운 복잡한 문제를 미연에 방지하기 위해 과거와 같이 이들을 억제하고 말려주시기를 강력하게 희망하는 바입니다.

이와 같은 「서신」교환에 있어 브르니에는 단지 다음과 같이 덧붙였을 뿐이다.

"저는 모든 결론 내리는 것에 대해 말을 아낍니다. 저의 「편지」와 이전에 했던 말들에 의지하여 생각해보시면 추측이 잘되리라 믿습니다."

이들 문서에 따라 용감한 주교는 스스로 다음과 같은 결론에 도달했다.

"자, 당신께서 보시는 바와 같이 저는 아직도 투쟁을 해야 할 터인데 하느님께서 우리를 위해 우리와 함께 계십니다. 용기와 믿음을 가집시다. '용감히 싸우라, 그리고 인내심을 가지고 참으라'[4] 이 것이 바로 나의 좌우명이고 거기에 충실할 것입니다."

한 중국 왕자가, 긴 감옥생활의 고통으로 말미암아 주교가 선교 사 임무 완수를 중도에서 포기하리라고 상상했다한들 별로 놀라운 일이 아니다. 리델 주교는 마치 전쟁터로부터 후송되어 와서 빨리 상처가 아물기를 초조하게 기다리는 병사와도 같이, 원래 위치로 복귀하여 자신이 이루어내려는 커다란 사업에 남은 힘과 생을 바 치기 원했으므로, 어제의 위험 때문에 내일의 위험을 두려워하지 않았다. 게다가, 그가 베이징 주재 프랑스 공사 앞으로 보낸 단 하 나의 「서한」만으로도 공친왕의 환상은 곧 깨어졌으리라.

브르니에 드 몽모랑이 이 일을 위해 보여주었던 헌신을 칭송하 고 난 후, 그는 다음과 같이 덧붙였다.

"이 불쌍한 신자들의 상황에 어떤 가톨릭 신자가 연민을 품지 않을 수 있단 말입니까! 자기 자식의 불행을 생각하면서 어떤 주교 가 가슴 찢어지는 감정을 느끼지 않겠습니까? 상황이 이토록 좋지 않으므로 중국 정부는 우리가 모든 걸 포기할 거라고 믿을까요? 오! 그런 생각을 가질 수 있는 건 오직 이기적이고 이교도적인 마 음밖에는 없을 것입니다.

공사님, 공사님께서는 믿음이 저에게 명령하는 것, 의무가 저에게 명령하는 것이 무엇인가 잘 알고 계시지요. 그러나 저의 도가 지나친 열성, 즉 부주의한 열성에 대해 걱정하시는 것 같아 보입니다. 부탁하건대, 안심하세요. 저는 언제나 진정으로 천주교적인 신중함과 전적으로 제자적인 열성으로, 행동하는 데 최선을 다할 것입니다."

리델 주교의 신중함

의무가 명령을 내릴 때 존경하는 주교의 열성이 어떠한 장애물 앞에서도 뒤로 물러서지 않는다면, 그것은 다른 한편으로는, 그의 현명함과 신중함으로 인해 어떠한 변덕과 우연에 좌우되는 일이 없었기 때문이다.

그는 프랑스를 대표하는 사람에게 이와 같은 최후의 보장을 해 줄 수 있었고, 거의 같은 날 형에게 다음과 같이 감동스러운 「서한」을 썼다.

"형 「편지」에 질문이 하나 있었는데, 내가 요약하면 다음과 같겠지요. '현재 조선에 입국을 할 수 있는가? 거기 들어가는 것이 안전한 일인가?' 그런데 사실상 이 질문은 많은 심사숙고를 요하는 것이죠. 나는 그에 대해 골똘히 생각했고, 지금도 생각 중인데, 아직 해결하지 못했어요. 내가 희망하건대, 하느님의 섭리가 어떠한 상황, 어떤 사건을 일으켜 해결이 되었으면 한답니다.

저로서는 선교지에 들어가기를 간절히 바라지요, 제 자리가 거기니까요. 밖에 있자니 저는 마치 탈골된 뼈와 같고, 상황은 그리 유쾌하지 않으나 인내를 기르기에는 좋습니다. 그렇다 하더라도 안심하세요, 항상 신중하게 행동하겠습니다.

저의 욕구가 항상 정상적으로 행동의 규칙이 되는 건 아닙니다. 욕구들은 제가 어떤 결정을 내리는 데 충고하거나 영향을 미칠 목소리를 내지 않아요.

이 세상에서는 얼마나 많을 것을 바랍니까! 하느님은 우리의 상상·욕망, 심지어 우리의 현명함보다도 더 확실하게 인도해주십니다. 하느님의 이러한 인도에 그저 맡겨버리는 것이 얼마나 달콤한지요! 상황이 주인의 의지를 알게끔 하자마자 행동할 준비가 항상 되어 있고 모든 것에 소용이 될 것입니다.

따라서 방황할 수 없는 이 길에서 아무것도 저를 우회하게 하지 못할 것입니다. 하느님이 원하시는 것을 저도 원하며, 그것이 제가 저에게 인정하는 단 하나의 자유입니다. 거룩한 자유는 목표에 도달하기 위한 힘과 용기를 줍니다. 하느님의 자녀 된 자의 자유는 이 세상에서 원하는 것과 꼭 같지는 않지만, 그게 더 나으리라는 걸 이해하는 건 쉽지요."

외교관들은 이 용감한 주교가 곧 다시 선교지로 돌아가는 일을 감행하리라 잘못 생각했다. 브르니에는 불만이 역력했고 조선에 남아 있던 모든 선교사들을 중국으로 불러들이라고 협박했다.

이러한 잔인한 앞날의 전망은 신심 깊은 주교의 마음을 찢어놓았으며, 그의 미래에 잠시 어두운 그늘이 드리워졌다. 만일 프랑스가 중국 정부를 매개로 복음의 전령사들을 추방시킨다면 그의 유감스러운 선교지는 어찌 될 것인가? 도대체 누가 신자들을 가르치며 관리할 것인가? 누가 있어 힘과 인내의 원천인 성무를 그들에게 집행할 것인가?

분명 열성적이고 충실한 교리 교육자들이 남아 있기는 하겠지만 아무튼 이들은 단순한 평신자에 지나지 않는다. 그들의 일을 활성화시키고 번창시키기 위해서는 신부의 활동이 필요했다. 그들을 축복하기 위한 손과, 죄를 사하고 헌신시킬 말이 필요했다.

리델 주교는 폭풍을 피해가기 위해 공사의 근심을 진정시키려고 애썼다. 그에게 사람들이 자신의 생각을 오해했음을 보여주었다. 일련의 사건이 일어난 뒤, 즉시 조선으로 귀환하는 것이 불가능함은 너무나도 명백한 일이었기 때문이다.

그러나 즉시 귀환과 자신의 가톨릭 공동체를 완전히 포기하는 것 사이에는 하나의 심연이 존재했다. 그가 유일하게 바라는 것은 앞날의 활동을 위해 완전한 자유를 보존하고, 적절한 시기에 대한 판단을 하기 위해 그대로 남아 있는 것이었다.

그리고 나서 그는 만일 조선 왕이 프랑스 대표의 청원에 귀를 기울일 경우 자신의 선교지가 어떠한 수난을 겪을지 역설했다. 포졸은 다시 선교사의 뒤를 쫓을 것이며 신자를 잡아 신부들의 은신처를 캐내기 위해 이들에게 고문을 자행할 것이다. 이들이 숨을 장소는 산중밖에 없으니 이들은 곧 추위, 굶주림, 혹은 맹수들의 이빨이라는 위험에 노출되게 될 것이다. 한마디로 말해, 가톨릭교도를 잔인한 박해의 모든 끔찍한 상황으로 내모는 꼴이 될 것이었다.

존경하는 주교는 다음과 같이 말하며 끝을 맺는다.

"제발 부탁하건대 공사님께서 선교사를 위해 헌신하시는 것에 기대어 일을 극한까지 밀어붙이지 말아주시기 바랍니다. 선교사들이 체포되더라도 이들의 생명이 보존되기를 요구하는 것에 그치십시오. 중국으로 데려오기 위해 이들을 찾아내고 추적하여 성무를 보지 못하게 끌어내는 것을 요구하지 마십시오.

공사님께서는 조선과의 조약을 체결시키기 위해 많은 애를 쓰신다고 저에게 말씀하시는데, 우리는 오래전부터 그걸 원하고 있었지요. 제발 성공하시길! 프랑스가 조선의 첫 번째 조약 체결국이 된다면 저는 매우 기쁠 것입니다. 그 조약을 통해 완전한 자유를 얻기 위해 공사님의 자비심에 모든 기대를 걸 것입니다. 조선의 그리스도 교도는 매우 오래전부터 프랑스를 사랑하고 있습니다! 오늘도 이들은 프랑스를 향해 눈길을 돌리고 있고, 이들의 소망 역시 프랑스에 두고 있답니다."

교구장의 간절한 기도가 관철되는 듯 보였다. 프랑스는 선교사들이 이 비우호적인 나라에서 재건활동과 구조 작업을 벌이는 것을 막지 않았다. 그렇지만 그것이 투쟁의 끝은 아니었다.

일본 여행

오랜 수감 기간 겪어야 했던 고난에서 겨우 몸을 추스르자마자 리델 주교는 일본으로 길을 떠나야 했다. 2년 전부터 동료 선교사 코스트(Coste) 신부가 요코하마에 살며 조선어 서적 출판을 지휘하고 있었다. 이 지칠 줄 모르는 일꾼은 자신의 시간·고통·재능을 아낌없이 이 일에 다 쏟아부었다.

그러나 그는 천재적인 지적 능력을 가졌지만, 언어를 아직 완전히 익히지 못해 어려움에 부딪혀 작업을 중단할 때가 가끔 있었다. 이 같은 일을 수행할 때에는 아무리 빈번하게 「서신」 교환을 한다고 해도 충분치 않았다. 통신이 지체되어 모두가 애타게 기다리는 작업의 완수가 자꾸만 느려지고 있었다.

더욱이 조선에서 일어난 사건들로 말미암아 북쪽 만주 국경에 대한 경계가 더욱 삼엄해진 반면, 남부지방에서는 장애가 약화되고 있었다. 일본과 조선 사이에 새로이 수립된 외교관계는 리델 주교에게 귀중한 이득을 가져다주었으므로, 그는 이 호기를 놓치지 않으려고 서둘렀다. 이 긴 여행 기간 내내 모든 이들의 친절함, 존중심 서린 숭배가 믿음의 고백자 주위를 맴돌았다.

일본 정부의 우호적인 환영

일본 정부는 도쿄에서 그에게 지극한 환대를 베풀었다. 선교사와 신자의 처지 개선에 어떤 노력도 아끼지 않겠다고 약속했다. 외무대신 데라시마가 최선을 다해 개입하여, 부산에 주둔하고 있던 일본 영사는 선교사에게 전하는 「편지」와 이들에게 보낼 물건을 자신이 책임지고 건네주겠노라 했을 정도였다. 이 경로를 통하여 미사주·성유·성물 등을 예배와 선교 비용으로 사용될 돈과 함께 조선으로 보내는 일이 한결 쉬워졌다.

이러한 훌륭한 결과는 리델 주교가 자신의 자녀들을 위해 일본 정부에 탄원하는 것에 용기를 실어주었다. 조선 왕과의 사이에서 자신의 중재자가 되어줄 것과 일본에서는 이미 주어진 자유를 조선 교우에게도 허락되도록 요구해줄 것을 부탁했다.

일본인들의 자존심은 이러한 부탁으로 인해 매우 고무되어 외무대신은 앞날을 위해 지극히 아름다운 약속들을 해주었다. 물론 이 약속들은 아직은 말뿐이기는 했지만, 이로 인해 선교사는 훗날 같은 요구를 다시 할 수 있었다.

복음을 전하고 조선 땅에 십자가를 곧게 세울 수 있는 자유, 그것은 우리 사도의 꿈이었다. 그러나 어찌하랴! 그는 이 꿈이 조선 땅에서 실현되는 것을 보지 못할 것이다. 하느님께서는 이 행복을 다른 이에게 주기로 하셨으니 말이다. 그가 유업으로 받은 것은 투쟁과 반박이었으니, 이 세상에서는 십자가의 쓴맛밖에는 맛볼 수가 없을 것이다.

일본에서 목적을 달성하고서 기쁨에 찬 리델 주교는 서둘러 중국으로 돌아갈 채비를 했다. 그때 블랑 신부에게서 온 「편지」는 동료 선교사인 드게트 신부[5]가 체포되었음을 알렸다.

그런데 기가 막힐 일이 일어났다! 한 마을에 신자가 100명도 넘었건만 포교들은 서너 명밖에는 체포하지 못했는데, 이들이 사전에 미리 사람들에게 원하는 것을 모두 가지고 피신하도록 강력히 독려하였던 것이다.

블랑 신부의 통신문은 일본에 도착하기 전에 노트르담 데 네주를 경유했다. 드게트 신부의 체포 소식을 접한 조선 선교의 책임자는, 얼마 전부터 베이징 외교대표부에서 브르니에 드 몽모랑의 후임으로 일하고 있던 파트노트르(Patenôtre)에게 이 사실을 서둘러 알렸다.

그는 중국 정부로 하여금 호의적인 개입을 유도하라고 강력히 요구했다. 외국의 모든 영향력에 대해 시기심을 가지고 있던 천자의 대신들은 처음에는 그것은 힘들 것이라고 했지만 결국은 물러섰다. 그들이 취한 조치는 너무나 큰 성공을 거두었으므로, 조선 왕은 이 선교사를 중국으로 추방하기 위해 그들이 이 일에 개입하는 것을 기다리고만 있었던 것같아 보일 정도였다.

이 사건은 프랑스의 영향력이 꾸준히 상승하고 있고, 서울에서도 외국인 멸시 풍조가 있지만 프랑스에 대해 중요하게 생각한다는 사실을 베이징 주재 우리 외교관에게 확연히 보여주었다.

그러나 불행하게도 이들은 확실히 보이는 일에 눈을 감아버렸다. 주교와 프랑스의 자녀인 신부들의 애국적인 충고에 귀를 기울이기는커녕, 중국의 한 왕자와 몇몇 대신의 의견을 따른 것이다. 그렇게 하여 자신들의 임무를 쉽게 처리는 했으나, 조선에 대한 복음과 문화 발전을 느리게 만들었다. 그들은 이미 프랑스의 피를 많이 흘린 이 땅에, 조국으로 하여금 독일·영국·러시아에 앞서 와서 국기를 꽂는 영광을 누릴 수 없게 해버렸던 것이다.

제13장

조선의 최근 현황

리델 주교가 중국으로 귀환하는 사이, 조선에서 최근 일어난 사건들을 잠시 훑어보도록 하자.

주교의 체포로 시작된 박해는 별로 길게 끌지는 않았다. 그러나 몇몇 신자가 수도의 감옥에 갇혔거나 혹은 망나니의 손에 스러졌다. 많은 새 신자는 박해를 피하기 위해 깊은 숲속 혹은 산꼭대기에 피신하여 가진 것도 안식처도 없이 혹한의 겨울을 견디며 살아야 했다.

선교사들 역시 쫓기는 신세가 되어 마치 맹수 사냥하듯 추격을 당했으므로, 천사들만이 이들이 견뎌낸 것을 증거 할 수 있을 것이다.

그러나 당신의 일을 지켜보시는 하느님께서 폭풍을 잠재우시고, 사도들에게 계속 자신의 구역에서 성무를 다시 집행할 수 있도록 해주셨다. 8,000~9,000명의 신자가 성무를 받는 행복을 누렸고, 수백 명의 예비 신자가 세례를 받았다.

고생스럽지만 그만큼 보람 있는 임무를 수행한 후 선교사들은 피곤한 몸을 쉬고 있었고 믿음도 다시 살아나기 시작했다. 그러나 1879년 5월, 한 배신자가 드게트 신부를 포교에게 넘겨주고 말았다. 이러한 배신은 나라 전체를 뒤흔들었고 신자들 사이에서 안타까움을 사게 되었다.

드게트 신부의 수감

죄수는 서울로 호송되어 포도대장에게 넘겨졌다. 선교사가 도성에 도착했다는 소식을 접한 임금은 무척이나 불편한 감정을 드러냈다. 사전 예고도 없이 골칫거리가 떨어진데다, 중국과 일본이 개입할 경우 사태가 복잡해질 수도 있는 문제였다.

그는 심지어 다음과 같이 소리쳤다고도 전해진다. "유럽인들을 잡았으면 왜 모두 이리로 데려오지 않았느냐! 그들 중에 백[1]이라는 자, 또 최[2]라는 자가 있다는 건 모두가 아는 사실인데."

그리고 그는 포도대장 두 명을 파면시켜버렸다.

드게트 신부는 넉 달간 옥고를 치렀다. 관리들은 그를 험하게 다루기는커녕 더 잘 대해주기 위해 궁리를 했다. 매일 제대로 된 음식을 배식하도록 명령을 내렸고 어떤 때는 조선 감방에서 절대 있을 수 없는 달콤한 음식들을 더 얹어 주곤 했다.

그럼에도 죄수는 병에 걸렸다. 약이 처방되었고 포교들은 가능한 한 모든 방법을 동원하여 그를 치료했다. 이들은 선교사를 감방에서 나오게 하여 더 넓은 집으로 옮겼는데, 그곳에는 방 세 개와 편안히 거닐 수 있는 뜰까지 갖추어져 있었다.

한 유럽인에 대한 조선 정부의 이와 같은 처신, 체포 소식에 대해 임금이 표한 불만, 포도대장 해임, 선교사들과 신자들이 현재 누리고 있는 상대적인 평온함, 이 모든 것은 조정의 생각이 완전히 변화되었음을 의미하는 것은 아닐까?

이러한 조치에 대해서는 누구나 다 아는 사실이 되어버렸다. 수개월 전부터 도시나 마을이나 모두들 천주교라는 종교에 대해서만 말들을 했다. 그리고 이러한 대화는 문인들과 고상한 지성인들을 자극시켜 열렬한 반론을 제기하게 만들었으므로, 이들의 이런 주장에 대항하여 가련한 백성들은 다음과 같이 대답하곤 했다.

"폐하께서 가톨릭 종교를 끌어안으시려 하시는 마당에 왜 나리들께서는 반대하십니까? 예전에는 이를 믿는 사람들을 죽였으나, 천주교 신자들은 계속 그걸 고수했지요. 이제는 이 종교가 별로 해를 끼치지 않다는 게 분명해졌습니다."

거의 어디를 가나 수령들은 천주교도들을 괴롭히지 않으려고 했다. 어떤 촌락은 신자들만 모여 살고 있다는 사실을 그들이 이미 알고 있었다. 한편 포교도 파견하여 정보를 많이 수집하고 있었는데, 이들은 아무런 소동도 일으키지 않고 신경도 쓰지 않은 채 이런 지역을 그냥 통과해 가곤 했다. 물론 조선 관원들의 이러한 무관심한 행동은 중앙 정부에서 떨어진 명령에 따른 것밖에는 설명할 길이 없었다.

새로 부주교로 임명된 블랑 신부는 다음과 같이 썼다.

"드게트 신부가 체포되었지만 상황은 상대적으로 좋은 편이어서 우리를 조용히 놔두고 더 이상 포교들이 추적하지도 않을 것이라 믿게 되었다. 만일 길에서 포도대장을 만난다면 체포되어 아마도 중국으로 추방될 것이다. 그러나 그런 일로 해서 전면적인 박해가 이루어지지는 않을 것으로 보인다."

선교사를 새로이 파송하는 데 따르는 어려움과, 교우공동체가 급하게 필요한 것이 무엇인가 오랫동안 살펴본 후 블랑 신부는 다음과 같이 말을 맺는다.

"심사숙고해보니, 내 생각에는 금년에는 작년보다 위험이 더 많아 보이지는 않는다. 새 신자들을 압박하는 괴로움 가운데 하나는 위로부터 내려오는 구원의 손길이 필요하다는 것이다. 성사의 은혜는 그들의 믿음을 강건하게 하고, 용기를 배가시켜줄 것이며, 고통을 경감시켜서, 성자와 순교자의 새로운 세대가 이 유감스러운 교회의 폐허로부터 나오게 될 것이다. 그리고 또, 만일 주인이신 하느님께서 우리를 원수의 손아귀에 떨어지게 하시더라도 그것은 하느님의 은총인 것을! 그렇지만 나는 일이 그렇게 되지 않기를 희망한다."

따라서 미래는 가장 찬란한 소망 아래 놓여 있었다. 선교사들의 입지가 아직은 매우 열악하더라도 조선에 가톨릭교가 전래된 후 이렇게까지 상황이 좋았던 적은 없었다.

프랑스 정부가 어떤 작은 조치만 취하더라도 당시로서는 신자와 복음의 전령사에게 완전한 자유를 줄 수도 있을 터였다. 불행하게도 전권을 가진 우리 정부 각료들은 리델 주교의 「서한」을 전혀 고려하지 않았고, 이 호기를 그냥 지나쳐버렸던 것이다.

그와 더불어 프랑스와 조선 사이에 무역과 외교 관계 수립을 할 수 있는 유일한 기회도 놓쳐버렸다. 조선 정부에서는 모든 행정을 쇄신하고자 하는 중요한 정책을 발표하였기 때문이다.

조선 왕과 왕비의 심경

그때까지 정부는 옛 체제를 고수하기 위해 모든 노력을 하였으므로 고립되었고, 이제는 그와는 다른 새로운 정책을 펼 의지가 있어 보였다.

젊은 왕은 심성이 별로 강한 편은 못 되었지만 이러한 진보에는 앞장을 설 것처럼 보였다. 그러나 그 주위에는 유럽이나 아메리카 대륙의 정세에 대한 정보를 전해줄 수 있는 이가 아무도 없었다.

왕비는 사치와 쾌락에 온 정신을 다 팔고 있는 것같아 보였지만 이런 경박한 겉모습 뒤에는 지극히 교활한 모습을 감추고 있었다. 그녀는 남편의 의도를 찬양했고 힘껏 그의 용기를 북돋워주었다.

그와 동시에 왕의 부친은, 정사에 도입하려고 하는 모든 개선책에 대해 깊은 경멸감을 내보였으며 그녀에게서는 결정적인 적대감을 발견했다.

우리는 이 점을 강조한다. 그는 문명으로 가는 길에서, 조선 백성을 위한 중요한 진일보를 내딛게 하였기 때문이다. 선임자들의 한 서린 정치, 그리하여 국가를 황폐화시킬 뻔했던 정치에 종지부를 찍은 것은 이 두 젊은 수반 덕택이라고 할 수 있다.

이들이 국제무역과 기독교문화에 나라 문을 활짝 열어 호시탐탐 노리는 북쪽 이웃나라의 위협으로부터 독립을 굳히게 되기를 소망해보자. 이 조그만 왕국이 얼마나 으뜸가는 지정학적 위치를 점유하고 있는지, 그리고 유럽과 아메리카의 열강들이 이 나라를 중국과 러시아의 지배 아래에 들어가도록 내버려두지 않으리라는 사실은 단지 아시아 지도를 펼쳐보기만 하면 충분히 알 수 있기 때문이다.

다른 한편으로, 조선과 무역관계를 수립한 지 몇 년밖에 되지 않은 일본은 이 나라에 영향력을 넓히기 위해 광범위한 활동을 펼치고 있다. 이들은 여러 번 실패했지만 어떤 면에서는 성공을 거두었다고 말할 수 있다.

이들은 1879년[3] 중요한 양도를 얻어냈기 때문이다. 즉, 두 번째 개항에 이어, 세 번째 항구가 개항될 예정이었는데, 이는 조선에 유입되기 힘들었던 많은 물류를 수출하기 위한 훌륭한 기회를 제공했다.

따라서 이 시기에 유럽 제국, 특히 프랑스와 영국 등은 단 몇 개의 항구를 통해서라도 조선과 자유로운 통상 관계를 얻어낼 것을 진지하게 숙고해야 했다. 또한 「통상조약문」에도 종교 자유를 위한 조항을 집어넣는 것이 분명히 가능했으리라.

만일 베이징 주재 프랑스 외교관들이 이러한 것을 원했다면 이제는 이 나라에 대한 평화와 번영의 시대가 열렸을 것이고, 프랑스는 자신의 영향력을 되찾았을 것이며, 복음의 승리가 머지않았으리라.

그러나 리델 주교가 중국으로 돌아왔을 때 또 다른 난제가 그를 기다리고 있었다. 그것은 훨씬 더 어려운 문제였고, 프랑스에 그 원인이 있으므로 더더욱 고통스럽게 만들었다.

그는 블랑 신부에게 다음과 같이 「편지」를 보냈다.

"나는 1879년 10월, 톈진⁴에 도착했습니다. 그 즉시 프랑스 외교대표부로부터 베이징에 오지 말라는 명령을 받았습니다. 만주로 돌아가지 못하게 하는 것은 물론, 심지어는 조선에 대해 생각하는 것조차 금지시키더군요. 그래서 나는 다른 곳을 경유하여 노트르담 데 네주로 왔습니다. 그들이 뭘 원하는지, 또 뭘 할지 의문이 갑니다. 그저 기다릴 뿐이지요. 그러니 이와 더불어 인간들의 후원에 기대를 해봅시다! 다행히도 선하신 하느님이 우리에게 남아 계시지요! 아! 늘 그분 단 한 분만 믿고 의지합시다! 이것이 바로 나의 생각입니다. 그러나 이러한 정세에서 선교지의 안녕을 위해 무엇을 해야 할까요?"

리델 주교는 노트르담 데 네주에 도착해서 그의 가족에게 「편지」를 썼다.

"나는 선교지로부터 새로운 소식을 들었습니다. 동료 선교사는 모두 자유롭게 왕래하고 일하며 여러 공동체에 가서 성무를 집행하고 있습니다. 이들에게는 용기뿐 아니라 일거리도 넘칩니다. 모든 일이 우리가 소망했던 것보다 더 잘되고 있어요. 그런데 여러분의 봉사자는 차쿠의 작은 마을로 돌아와서 강제 휴식에 들어갔습니다.

나머지 다른 모든 것은 아마도 일에서 손을 뗀 듯 보입니다. 나는 매우 난처한 입장에 처해 있지만 그래도 가능해 보이는 것에 대해서는 모두 결정을 내립니다. 나의 연약함으로 볼 때는 아무런 기대를 할 수가 없지만 모든 구원은 저 위에서 내려주실 것입니다. 다시 한 번, 하느님 섭리의 품 안에 저를 온전히 남김없이 맡깁니다. 그것이 바로 선교사의 은신처이지요. 나는 그것으로 피난처와 거처를 삼았습니다."

외교관은 항상 외교만을 한다

하느님에게만 의지한다는 성스러운 주교의 생각은 옳았다. 수도원에 공권력을 휘둘러 성직자들을 쫓아낸 후, 군대·학교·병원에서조차 하느님을 금지시켜버린 박해자 정부로부터 무엇을 기대할 수 있단 말인가?

그런데 다음과 같은 사실은 진실이며, 또한 우리는 이를 말해야 할 의무가 있다. 파리의 외무부로부터 베이징 외교대표부에 하달되는 지시사항은 선교사들에게 호의적이었다. 그러나 외교관들은 항상 외교만을 할 뿐이다.

즉 그들은 바람이 어디서 부는지 잘 살피고 주인님들의 진정한 의도가 무엇인지 파악하려고 애쓴다. 그 의도라는 것은, 그 당시 국회에서 가장 영향력 있는 의원들 중 하나가 우리에게 알려주었는데, 그는 2~3년 후 통킹 총독으로 임명 받아 떠나며 다음과 같이 말했다. "나는 앞으로도 항상 선교사들을 이용하지 이들에게 절대 봉사하지는 않을 것입니다."

이런 연유로 베이징 외교대표부에서는 성직자에 관련된 업무에 개입하기는커녕, 동쓰촨[5] 주교였던 데플레슈(Desflèches) 신부에게 자신의 선교지로부터 물러나라는 가장 거만한 추방령을 서슴없이 내렸던 것이다.[6] 이들은 심지어 중국의 주교들로 하여금 중국인 신부들에게 서품을 주는 것을 금지하고, 리델 주교에게는 조선으로 돌아가지 말라고 요구했다.

다행히도 이런 명을 내린 이들은, 신부들과 주교들이 중국과 일본의 고을에서, 소위 자유의 정부라 일컬어지는 프랑스의 성직자보다 훨씬 자유롭다는 사실을 잊고 있었다.

항상 거짓뿐인 중국의 불평과 충고에 귀를 막아버리는 반면, 선교사를 후원하고 그들의 열성을 북돋우는 것이 슬기롭고도 프랑스의 이득에 합치되는 정책이었으리라.

리델 주교의 고통스러운 어려움들

현재 우리를 사로잡고 있는 특별한 상황에서, 가장 가혹한 법들을 무릅쓰고 그들만이 조선 왕국의 국경을 넘었었고, 그들만이 가톨릭 신자들의 열망과 궁궐 내부의 동태를 파악하고 있다는 것은 주지의 사실이었다.

따라서 위에서 이미 밝혔듯이, 프랑스 자문위원회에서 그들의 의견은 상당히 무게가 있었고, 적어도 이는 공친왕의 욕망 또는 전례법정 대신 한 사람이 내세우는 이유만큼은 중요성을 가질 것이라는 것은 당연한 일이었다.

불행히도 리델 주교는 베이징 외교대표부 인사들의 호의를 사지 못했다. 그는 자신의 선교지를 위해 일본 정부의 보호를 요청하지 않았던가? 드게트 신부의 석방을 관철시키기 위해 직접 파트노트르의 중재를 신청하지 않고 선교단 책임자에게 이 일을 맡겼다는 비난을 받았다.

심각한 일, 불평치고는 정말 심각한 주제가 아닌가! 따라서 우리의 사랑하는 선교사는, 괜한 열성으로 혼란을 일으키고, 극동 외교 정책에서 돌이킬 수 없는 장애물과도 같은 인물로 파리에 비쳐졌던 것이다.

프랑스 정부는 대사에게 교황청에 다시 한 번 이 급박한 문제를 전하도록 명령했다. 리델 주교가 다시는 조선에 돌아가지 않을 뿐 아니라, 그 왕국에 거주하고 있는 선교사들을 강제로 출국시킨다는 약속을 받아내기 위해서였다. 그들의 귀환이 쉽도록 중국까지 가는 통행증을 발급해 준다는 약속도 했다.

이 모든 조치는 물론 커다란 염려의 신호이기도 했다. 도대체 주교와 선교사들이 조선에 체류한다는 사실이 어떤 두려움을 자아냈을까? 프랑스와 조선 정부 사이에는 아무 조약도, 국제관계도 수립되어 있지 않으므로 두 나라 사이에 어떤 복잡한 외교문제가 일어나면 그 해결이 어려워질 수 있었다.

사실상, 주교와 선교사들이 체포되어 서울의 감방에 갇히는 일이 일어날 수도 있으나, 그럴 경우 베이징 주재 프랑스 공사가 나서서 수감자들의 편에서 다시 조치를 취하거나 아니면 개입하는 걸 거절할 권리가 있었다. 따라서 어려운 점은 여기까지였다.

외교상 난제는 선교사들이 죽는다 하더라도 문제가 더 커지지는 않는다. 이 경우 프랑스 정부는 예전부터 사용해온 낡은 책략을 사용할 것이 뻔하다. 즉 자기들 이득이 관련되어 있으면 조선에 프랑스가 흘린 피를 배상하라고 요구할 것이요, 그렇지 않을 경우 눈을 감아버릴 것이다.

그 아래 악마가 있다

순교자들은 한번도 이와 다른 보상을 받아본 적이 없다. 따라서 리델 주교의 업무에 대해 이러한 조직적인 반대가 이루어지는 게 아니었을까? 베이징에 주재했던 파트노트르의 후임자 부레는 우리에게 명쾌한 답을 주었다. 몇 달이 지난 후 우리가 지금 이야기하고 있는 것과 유사한 상황이 벌어졌는데, 이 유능한 외교관은 중국 대신들의 교활한 술책을 관찰하고는 다음과 같이 말했다.

"거기엔 악마가 있습니다. 그게 많이 움직일수록 더 잘된 일이지요, 두려움을 느낀다는 말이기도 하니까요."

그렇다, 그것이 바로 존경하는 조선 주교가 가는 길에 숨겨져 있던 모든 장애물을 만들어낸 자요 진정한 요인이었던 것이다. 악마는 최후 방어진지에서 공격을 받았으므로 두려워졌는데, 그는 공포에 떨고 있다. 그는 자신의 영원한 적인 교회가 아직 정복을 완수하지 못했고, 모든 나라들이 마지막으로 평온을 찾는 길은 그 품안으로 들어가야 한다는 것도 알고 있다. 그런데 아시아 민족들 중조선만이 아직도 수도에 십자가를 세우지 않았다.

프랑스 정부가 피력한 소신을 접한 로마의 시메오니 추기경의
놀라움은 매우 컸다. 교회의 왕자이자 포교성성 장관이었던 그에
게 프랑스 정부는 조선 왕국에 복음을 전하는 도상에 장애물을 설
치하라는 요구를 하였던 것이다.

후일 추기경은 다음과 같이 말했다.

"나는 거절했다. 절대 안 된다고 거절했다. 그러나 프랑스 정부
의 비위를 건드리지 않기 위해, 리델 주교는 우리의 새로운 지시를
받기 전까지는 조선에 입국하지 않을 것이며 선교사들도 출국을
원할 경우 포교성성에서 프랑스 정부의 개입을 요청하겠다는 약속
을 했다.

주교로 말하자면, 스스로 선교지로 들어가야 한다는 확신이 서
는 날이 오면 교황청이라도 그를 막지는 못할 것이 확실했다."

블랑 신부와 동료는 교우를 포기하지 않는다

조선에 체류 중인 세 선교사에게는 어느 날 갑자기 신자들을 포
기하여야 한다고 판단되면 중국에 은신처를 마련할 수 있을 것이
라는 소식이 전달되었다. 블랑 신부는 동료들의 이름을 대신하여
그들이 기대했던 그대로 말했다.

"하느님을 위해, 그리고 그를 사랑하고 모시는 이들에게 약속하

신 후원에 힘입어 조선에 온 우리는, 어떠한 경우에도 정부가 할 수 있는 말과 행위로 인해 우리 일을 중단할 수는 없습니다. 매일 제가 원하는 단 하나의 은혜는, 남은 힘과 삶을 전쟁터에서 모두 소진한 후 죽는 것입니다. 저의 두 동료 선교사들 역시 저와 같은 심정이며, 따라서 외교적인 경로를 통해 조선을 떠날 의향이 전혀 없음을 덧붙여둡니다."

시메오니 추기경에게 보낸 리델 주교「서한」

포교성성의 결정을 전해들은 리델 주교는 장관 추기경 앞으로 「서한」을 쓰며 그에게 언제라도 필요할 수도 있는 한 가지 승인을 부탁한다. 이 훌륭한 「서한」의 전문을 여기에 싣는다.

노트르담 데 네주, 1880년 3월 18일
추기경 예하,

조선 선교는 불쌍한 교우공동체를 피로 물들인 잔인한 박해 한가운데서도 신자들의 믿음·용기, 그리고 그리스도교에 대한 이들의 애착에 의해 이제까지 돋보였습니다. 이 나라의 교우공동체를 송두리째 흔드는 가장 큰 불행은, 바로 목자들을 빼앗기는 것입니다.

많은 사람들이 이것을 이해합니다. 선교사들을 모셔오기 위해 예전에 했던 많은 시도에 대해 언급하지 않더라도 최근 몇 년 사이 우리는 보지 않았습니까. 그들은 이 나라에 다시 신부들을 모셔오기 위해 긴 여행을 마다하지 않고 극도의 피곤함을 견뎌내고 온갖 위험에 자신들을 노출시켰습니다.

신부들은 일단 입국하면 서둘러 신자를 모으고 교육하며 오래전부터 종교적인 구조의 혜택을 앗긴 채 살아왔던 영혼들 속에 믿음을 일깨웠습니다.

귀중한 새 신자들의 열성을 다스리는 것에 커다란 어려움이 따랐는데, 그들이 너무 서두르는 나머지 선교사의 안전을 위협할 수도 있었기 때문입니다. 모두들 믿음·힘, 그리고 용기를 얻기 위해 신부를 직접 보고 그의 말을 들으려 했고 즉시 성무를 받으려 했습니다.

이러한 도약은 계속되고 있습니다. 선교사는 밤낮으로 쉴 틈도 없으며, 박해·위협·위험을 무릅쓰고, 이교도들은 천주교의 진리를 인정하고 그들의 미신적인 관습을 버리고 입교한 후 세례를 받습니다. 모든 교우는 선교사를, 자신을 위로하고 후원하며 비천함을 치료하는 동시에, 천국으로 인도하는 하느님께서 보내주신 천사라 여깁니다. 이들은 하늘에 다다르고자 하는 욕구와 굳은 소망을 간직하고 있습니다.

이와 같은 상황에서는 아비가 자식을 포기하고, 목자가 자신의 양들을 떠나며, 선교사들이 새 신자들을 저버리는 것이라 하지 않겠습니까?

조선에 있는 저의 동료는 선교업무로 고생은 하고 있으나 불평은커녕, 자신의 십자가를 조용히 스스로, 심지어 기쁘게 기꺼이 지고, 우리 구세주께서 이들에게 상속해주신 유산의 몫을 받음에 자기자신에게 축하하고 있습니다.

이들이 가진 힘이 이 고된 삶을 영위하는 걸 허락하는 한, 이들은 절대 조선을 떠나지 않을 것이라고 저는 확신하고 있습니다.

떠날 준비를 하는 이들은 자신을 기다리고 있을 고난·버려짐, 그리고 위험들을 알고 있습니다. 이들은 단 한 가지 바람 밖에는 없는데, 그것은 하느님의 선한 기뻐하심을 따라 사랑하는 교우들 가운데에서 살다가 죽기 위하여, 그 형제들에게 구원의 손길을 가져다주러 가는 것입니다. 제가 파리 신학교 지도부로부터 예하의 명령을 저에게 알리는 「편지」를 받은 것은 이러한 상황에서입니다.

성성(聖省)에 언제나 복종할 준비가 되어 있는 저는 겸손하게 머리를 숙이고 조용히, 그리고 기꺼이 저를 복종시킵니다. 왜냐하면 저의 마음속 깊은 곳에는 단 하나의 감정밖에는 없기 때문인데, 하느님의 거룩한 의지를 항상 온전하게 행하는 것입니다. 로마로부터 내려진 명령이므로 이것이 틀림없이 하느님의 의지이심을 추호도 믿어 의심치 않습니다.

이제까지 저는 신중하게 행동하느라 미뤄왔지만 이제는 인내를 가지고 기다립니다. 제가 귀환할 때가 언제인지 알 수 없지만 좋은 때가 머지않아 도래할 수 있겠지요.

이 기회를 이용하지 않는다면 그것은 조선 선교에는 낭패가 될 것입니다. 따라서 시간을 지체할 경우 조선 교구에 더 많은 해를 끼칠 수 있는 상황을 되도록 피하기 위해 저는 길이 열리는 즉시 조선으로 돌아갈 의향이 있음을 예하께 먼저 알려드리는 바입니다. 그럼에도 제 계획을 행동에 옮기기 이전에 성성에서 부디 저에게 지시를 내려주시기 기다리겠습니다. 그렇게 되면 제 계획에 대한 확실한 뒷받침이 되리라 확신하고 있습니다.

저에게 맡겨주신 직책에서 저를 왜 오라고 하는지에 대한 모든 심각한 이유들을 여기서 설명드릴 필요가 없어 보입니다.

단, 박해와 모든 영혼적인 구조를 빼앗긴 폐허로부터 불쌍한 조선교회가 막 일어서기 시작했다는 것, 그리고 또한 다시 그곳을 포기하는 것은 진정 그곳을 사라지게 만드는 일이라는 것만 말씀드리는 걸로 족할 것입니다. 이 불행한 신자들도 다른 곳의 신자들과 마찬가지로, 아니 더 불행한 상황에 있으니 그들보다 더욱, 우리의 헌신과 추기경님의 사랑 받아 마땅한 권리를 가지고 있는바, 이 요청은 모든 선교사들에게 널리 알려져야 합니다.

따라서 부탁드리건대 이 불쌍한 신자들이 예하의 발앞에 엎드려 있는 것을 굽어 살피소서. 그들의 주교와 선교사들은 그들과 합류하여 예하께 이 기도를 긍정적으로 들어주실 것을 간절히 부탁드립니다.

포교성성 장관의 회신에서, 추기경은 존경하는 믿음의 고백자에게 기꺼이 보내는 찬양과 신뢰의 증거와, 그의 열성과 헌신을 기리는 「칭송문」을 썼는데, 우리의 마음을 행복하게 해준다.

추기경은 그에게 말한다.

"나는 그대에게서 자기 염소들을 위해 생을 바칠 준비가 되어 있는 목자를 봅니다. 그대의 용기에 대해 어떤 칭송을 바쳐야 할지 모르겠습니다. 그것이야말로 사도로 하여금 이 세상을 개종하고 순교자를 꺾을 수 없게 만들었던 바로 그 용기이기 때문입니다.

포교성성에서는 구세주 안에서 가장 유효한 것이 어떤 것인지 판단하기 어려운 상황에 처해 있으므로, 그대에게 어떠한 명령을 내리지도, 조선 입국을 막지도 않을 것입니다. 이는 전적으로 그대의 판단과 신중함에 따라 이루어지기를 바라는 바입니다."[7]

이러한 미묘한 일에 있어 포교성성에서 할 수 있는 것은 이것이 전부였다. 이 공문의 사본은 틀림없이 프랑스 대사에게 전달되었을 것이다. 따라서 대사의 마음을 달래기 위해서라기보다는 교구장의 행동에 대해 일정한 선을 그어두기 위해 추기경은 다음과 같이 덧붙였다.

"그럼에도 그대의 귀환을 실행에 옮길 방도를 모색하는 동안 너무 지나친 열성으로 인해 예상치 못한 위험에 부딪치지 않도록 주의하기를 권합니다. 그로 인해 그 나라의 교인들에게 어떤 유감스러운 일과 박해가 야기될지 그대는 알지 못할 수도 있으니까요.[8]"

조선 주교는 자신이 처한 상황의 어려움과 너무 서두르면 초래될 수 있는 불편한 일들에 대해 누구보다도 더 잘 알고 있는 터였다. 그러나 좋은 기회가 불현듯 닥쳐오면 그의 의무는 분명하게 드러날 수밖에 없었다.

제14장

리델 주교, 조선 선교사를 격려하다

파리와 로마에서 조선 선교지 문제에 대해 골몰하는 동안, 리델 주교는 동료 선교사의 작업을 염려와 배려가 가득한 눈길로 지켜보고 있었다. 이들과 자주 「서신」을 교환하고, 이들의 심한 고통을 같이 느끼는 동시에 기쁨과 성공에 동참하였는데, 마치 아버지와도 같은 선함과 권위로써 이들을 격려하고 있었다.

그는 이들에게 다음과 같이 말했다.

"우리는 하느님의 손안에서, 당신의 섭리가 그 선한 의지에 따라, 또 그의 크나큰 영광을 위해 사용할 수도 깨버릴 수도 있는 도

구입니다. 그러므로 우리는 이 땅에서 우리 주인의 영광만을, 그리고 성스러운 의지가 완수되기만을 바라고 있습니다. 그러므로 항상 복종하고 당신의 성스러운 섭리에 믿음과 사랑으로 우리 자신을 내맡깁시다. 그분의 허락 없이는 우리 머리에서 머리카락 하나도 떨어지지 않습니다.

하느님께서는 우리를 통해 조선을 구원코자 하십니다. 이러한 성스러운 일을 위해 고통 받아야 한다면, 그리고 죽어야 한다면, 우리 구세주 예수 그리스도의 일을 계속하고 영생에 들어가기 마땅한 엄청나게 무거운 짐을 받아들여야 할 것입니다. 하느님께서 그토록 엄숙하고 거대한 사업을 위해 눈을 돌리신 것은 바로 우리에게입니다. 얼마나 훌륭한 소명입니까! 우리의 감사를 하느님께 드리기 위해 어떻게 충분히 굴복해야 할까요?

내가 그대들과 똑같은 삶을 살고 있는 것을 알고 있습니까? 그대들의 아픔과 고통을 동감합니다. 크나큰 고통과 공포 속에 여러분을 떠나고 또 저버려야 했지만, 매일 나는 여러분을 예수의 마음 한가운데 사랑으로 두고 있습니다. 여러분의 「서한」은 현재 그곳의 상황을 나에게 알려주는데, 상대적으로 양호한 데 대해 하느님께 찬양드립니다.

현재까지 여러분은 고생을 많이 했으나 성품이 용기 있고 또 그 용기를 실행에 옮겼습니다. 그에 대해서도 우리 구세주께 감사드리며, 주께서 여러분 각 사람 하나하나에게 즉 '용기 있도다, 착한 종아!(*Euge, serve bone!*)'라고 말씀하시는 게 내 귀에 들리는 듯합니다. 나도 그분과 함께 다시 말합니다. '용기! 용기!(*Euge, euge!*)'

여러분은 곧 다음과 같이 그분의 자비로운 부르심을 듣게 될 것입니다. '기쁨과 행복 가운데로 들어오라(*intra in gaudium*)'[1] 예수의 고난과 십자가는 부활과 영광으로 가는 길이기 때문입니다(Per passionem ejus et crucem ad resurrectionis gloriam).[2]

수감자 석방 작전

용기 있는 하나의 새로운 작업, 즉 수감자들을 석방시키기 위한 작전이 이미 개시되었던 터였는데, 이는 모든 교우공동체에서 왕성하게 번져나가고 있었다. 이들은 궁핍했지만 자신의 형제인 수감자를 위해 서로 갹출을 하는 한편, 매우 끈질긴 이들은 포교 혹은 이교도들과 흥정을 벌이고 있었다. 그들의 비위를 맞추거나 후한 인심으로 대했으므로, 감방의 끔찍한 생활 가운데 용기 있게 예수 그리스도를 고백하는 이들의 고통을 경감시키기에 이르렀다. 어떤 이의 이런 용기와 또 다른 이의 헌신은 초기 그리스도교 시대의 가장 감동스러운 장면을 상기시킨다.

그런데 리델 주교는 아직도 한 가지 다른 생각에 사로잡혀 있었다. 이 시기에는 유럽의 제국들이 조금만 더 강하게 시도했더라면 성공을 거둘게 뻔했다.

더욱이 이러한 조치는 조선정부의 비밀스런 욕망에도 부합했을 터인데, 혼자 힘만으로는 나라의 세속적인 전통을 너무 빨리 너무 대놓고 끊어버릴 수 없었기 때문이다. 그런데 프랑스와 서양의 열강들은 이 호기를 잘 이용할 수 있을까? 과거의 예로 볼 때 그런 기대는 별로 안 하는 게 좋을 것이다.

이제부터 교우공동체가 누리고 있는 상대적인 평화는 궁궐 내부의 혁명에 달려 있었다. 그리고 또한 다소간 먼 미래에 박해가 재개되고 이 불쌍한 선교지가 크나큰 불행에 다시 빠져든다는 염려를 안 할 수 없었다.

그럴 경우 현재 이 나라에 체류 중인 선교사들은 어느 날인가 모두 사라질 것이고 그렇게 되면 누가 그들을 대신할 것인가? 어쩌면 이미 그러한 순간이 현실화되었다고도 할 수 있었는데, 이들의 적은 수효로는 일을 감당하기에 충분치 않았다.

이러한 상황에서 신심 깊은 주교의 머릿속에서는 가능한 한 빠른 시일 내에 조선인으로 사제단을 구성해야 한다는 생각을 자연스럽게 가지게 되었다.

조선인 사제는 사실상 포교의 추적을 피하는 데 더 용이할 것이며, 언어로 보나 외모를 보나 아무것도 들킬 것이 없다. 그 나라의 자손인 이들은 아무런 구조 요청이나 안내인이 없어도 모든 오솔길까지도 홀로 갈 수가 있다. 교우 촌락 사이를 이동하면서도 아무에게도 위험을 주지 않은 채 신자들에게 성무를 베풀어 위로를 가져다준다. 평온이 정착되는 즉시 이들은 현지에서 폐허를 수리하거나 박해로 인해 당겨진 불길을 뒷받침해줄 준비가 되어 있을 것이다.

조선 신학교 창립

리델 주교는 1876년 이미 노트르담 데 네주에서, 그리고 후에 조선에서 학교를 세울 희망을 안고 아이들을 모집한 적이 있다. 불행하게도 박해로 인해 교사들과 학생들이 뿔뿔이 흩어지고 말았다. 그러나 처음 한 번의 실패가 우리 사도의 용기를 꺾을 만하지는 못했다.

그리하여 자신의 계획을 포기하기는커녕, 그는 1880년 더욱 확장된 규모로 다시 사업을 계획했다. 동료 선교사에게 자신들이 거느리고 있는 가장 덕성 높은 교리지도 교사들 중에서 하느님의 사업에 기꺼이 헌신하기를 원하고 이러한 영광을 담당할 만하다고 여겨지는 이들을 찾아내기를 명했다.

중국에서는 필요불가결한 신학적 지식, 성제를 지내고 성무를 집행하기 위해 필요한 라틴어 요소들을 그들에게 가르치고 있었다.

그 당시로서는 현학적 지성을 갖춘 사제를 양성하는 것은 고려할 수는 없었다. 무엇보다도 중요한 것은, 특히 그처럼 야만적인 국가에서 존엄한 선교사업을 영위할 이들에게, 성직자의 덕성을 실천에 옮기도록 교육하고, 모든 사제들에게 필요한 열성·헌신, 그리고 용기를 불어넣어주는 일이었다.

이러한 계획을 실행하는 것은 분명 어려운 일이었으나 존경하는 김 신부와 신심 깊은 최요한, 이들 조선 사제들을 기억할 때 훌륭한 결과를 기대를 할 수 있었다. 용감한 주교는 동료 선교사에게 다음과 같이 「편지」를 썼다.

"그러니 찾아보시오, 여러분 보기에 신자들 가운데 성직자 반열에 오를 수 있는 자격을 갖춘 이들을 찾아보세요. 여러분이 먼저 시험을 해본 후, 그들을 가르치고 영적인 업무를 실행에 옮기는 것과, 모든 것의 기초인 성직자의 덕성에 대해 훈련을 시작하십시오. 스무 살에서 마흔 살 정도면 좋겠지만, 만일 큰 자질을 갖추었다 판단되면 쉰 살까지도 받아들이십시오.

모든 다른 제약과 미풍양속에서 자유로운 동시에 그 지역에서 평판이 좋은 사람이어야 합니다. 머리가 좋고 종교 교육을 받았으며, 특히 그 성품이 덕스럽고 겸손하며 진지하고 신심이 깊어야 합니다."

훌륭한 주교는 이렇게 매우 현명한 행동 지침을 주고 나서 스스로 자신의 지식에만 의지하지 않고, 같은 날 그의 부주교에게 「서한」을 보냈다.

"다른 주제들에 대해서와 마찬가지로 조선 신학교에 대해 그대에게 의견을 구합니다. 그러나 폐를 끼치지 않고 그대가 계획하고 있는 선한 일에 걸림돌이 안 되게 그대에게 모든 자유를 맡기는 바입니다.

그러므로 어떤 방향을 제시하는 것 외에 명령을 내릴 의향은 없습니다. 그저 최선을 다해 내가 할 수 있는 일을 할 뿐이지만, 내가 틀릴 수도 있으니 그대의 의견을 듣고자 합니다.

더욱이 몇 해 후면, 곧 그리 될 테지만 (내가 많이 늙었다는 것을 느끼기 때문이오) 그대가 조선을 지휘하게 될 것이고, 그래서 나는 후임자에게 귀찮은 일을 남겨주고 싶지 않습니다. 그러니 앞날의 목표와 선교지의 안녕을 위해 행동할 것입니다. 그대에게 더 자주 의견을 묻고 싶지만, 서신 교환이 빠르지도 쉽지도 않구려. 다시 한 번 말하건대 그대의 행동에 걸림돌이 되고 싶지 않습니다.

그대가 선교 현지에서 지휘하는 것을 지켜본바, 그대의 지도력이 하느님의 큰 영광을 위해 항상 현명하고 신중했다고 나는 확실히 말할 수 있습니다. 그 고마움을 어떻게 표현해야 할지…… 오늘 이 업무에 다시 착수하며, 그대도 알듯 내 마음의 모든 신실함을 동원하고 있습니다."

블랑 신부는 8월 28일 다음과 같이 「회신」을 보내왔다.

"저의 형제들과 저는 주교님의 염원에 부합하기 위해 최선을 다하겠습니다만, 그게 쉽지는 않습니다. 특히 금년은 더욱 그렇습니다. 계획하고 있는 일에 참여할 능력을 갖춘 대상자를 찾아볼 수 있는 기회는 성무를 집행하는 동안뿐일 것입니다. 그리고 그러한 대상자를 찾아낸다고 해도 그다음에는 어떻게 해야 할지요?

예하 주교님께서도 아시다시피, 여섯 달 넘게 우리 각자는 신자들을 찾아다니는 일을 해왔습니다. 이러한 상황에서 선교사가 교우 촌락을 돌아다니며, 가능성이 있는 성직 희망자를 함께 데리고 다니는 것은 매우 어려운 일입니다. 어찌됐든 한번 시도해보는 것이 우리의 의무이긴 합니다. 이러한 새로운 일에 주님의 축복이 있으시기를 바랍니다."

블랑 신부의 후원 요청

몇 주일 후 '조선신학교'의 첫 학생들이 학업을 시작하기 위해 중국을 향해 길을 떠났다. 그러나 조선에서는 선교사들이 큰 고통을 겪게 되었으므로 블랑 신부는 구원을 요청할 필요를 느끼게 되었다. 그는 다음과 같이 말했다.

"저는 선하신 하느님 앞에서 다시 심사숙고를 했고, 작전회의를 열기도 했습니다. 그리고 현재 올해 새로운 원정을 결행할 의무가 저희에게 있다고 믿습니다. 우리 건강이 그리 좋지 않은데, 저는 반쯤 다리를 절고 있습니다만 그래도 힘닿는 데까지 가겠습니다. 만일 중단해야 할 때가 되면 중단할 것입니다. 두세 신부도 더 이상 좋은 건강을 유지하고 있지 못합니다. 로베르 신부만이 혼자서 그럭저럭 괜찮은 건강 상태를 누리고 있습니다."

이러한 「편지」가 만주에 도착했을 때 작은 촌락 노트르담 데 네주는 초상 분위기에 잠겨 있었다. 선한 리샤르 신부가 방금 하느님께 영혼을 맡겼기 때문이다. 근면한 영혼의 소유자이며 신심이 깊고 성품이 온화한 이 선교사는 모든 사람들의 기쁨과 찬양을 안겨 주었고 프랑스에서 멀리 떨어진 유배지에서 선종했는데, 조국을 매우 사랑했으며, 제2의 조국으로 받아들인 조선을 눈앞에 둔 채 그곳을 향해 매일 눈을 돌리고 마음으로는 영감을 얻곤 했다.

리샤르 신부의 선종……리델 신부의「편지」

1880년 9월 28일, 그가 죽던 바로 그날 저녁, 리델 주교는 다음과 같은「편지」를 썼다. 급히 써내려간 몇 줄이었으나, 선교사 혹은 오히려 사랑하는 자식에 대해 떨리는 손으로 써내려간 신부의 칭송가라 할 수 있다.

사랑하는 친구들에게

때가 조금 이른 감이 있긴 하지만, 그리고 얼마 전 지난 나날이 가져다준 피곤함에도 나는 마지막 순간에 꼭 여러분에게 이 글을 쓰려고 결심했습니다. 우리의 결속은 항상 자비로 이어져 더할 나위 없이 강했는데, 내 기쁨과 고뇌가 여러분의 것이 되지 못하며 또한 여러분의 그것이 내 것이 된다는 건 불가능한 일입니다.

오늘 내가 여러분에게 알리려는 소식은 정말 커다란 고통입니다. 내 심장이 폭발할 것 같고, 눈은 눈물로 가득 차 있음을 느낍니다. 방금 선교사 한 분을 잃었습니다.

여러분도 잘 아는 사랑하는 리샤르 신부는 여러분에게 이미「편지」를 쓴 적이 있었죠. 이미 여러분이 좋아하고, 내 친구이자 동반자이며 충고자이고, 무엇보다 앞서 나의 자식이었는데, 이제 더 이상 그가 없습니다.

바로 오늘 아침 그는 우리 곁을 떠나갔습니다. 인내와 근신으로 참아냈던 병으로 인해 그의 영혼은 하늘로 날아갔습니다! 선하고 거룩한 신부로 그의 기념비적인 삶은 거룩한 죽음으로 면류관을 얻었을 테니 말입니다..

여기 우리들은 모두 고통과 슬픔 속에 잠겨 있지만, 모두가 스스로에게 자문합니다. '나도 그렇게 죽을 수 있을까?' 그렇습니다. 우리 사랑하는 형제의 평온함·신앙심·믿음·감내함을 되짚어보는 것이 우리에게는 커다란 위로가 되었습니다. 우리는 한 친구를 잃었기에 울기는 합니다만 우리의 믿음은 위로를 주고, 그의 삶이 항상 기념비적이었고 그는 선택된 자의 왕관을 받을 자격이 있다는 희망을 가지라고 속삭입니다.

그럼에도 우리는 지금 그를 위해 많이 기도할 것입니다. 여러분도 잊지 말고 우리와 동참하여 하느님께 그를 자비 가운데, 또한 하느님의 거룩한 천국에 받아들이도록 부탁드립시다.

그렇게 죽는 자들은 복이 있고, 또한 하느님의 부름에 답할 준비가 되어 있다는 것은 얼마나 선하고 신중할까요! 며칠 아픈 것으로 우리가 영생을 얻는다고 생각한다면 말입니다 !

뮈텔·리우빌 신부, 조선을 향해 출발하다

이토록 고통스러운 일이 있었지만 다음 달, 뮈텔 신부와 리우빌 신부[3]는 블랑 신부의 부름에 응하기 위해 배를 탔다. 목숨을 잃을 수도 있었던 긴 항해 끝에 두 선교사는 무사히 조선땅에 상륙했다. 이 두 사도는 노트르담 데 네주 체류 시절 너무도 열심히 조선어 공부를 하여 순교의 땅에 도착하면 바로 업무에 착수할 준비가 되어 있었다.

조선의 교회재판소

뮈텔 신부를 우리는 잊지 않고 있다. 그는 특별한 임무를 가지고 있었다. 그리하여 곧 도성 한가운데에서까지도, 베르뇌 주교·다블뤼 주교, 그리고 그 동반자들의 죽음을 목격했던 신자들이 정기적으로 열렸던 교회재판 장소로 모여드는 것을 보게 된다. 이들은 와서 손을 거룩한 복음 위에 얹고, 이들이 알고 있었던 순교자들의 행동과 영웅적인 죽음, 그리고 이들이 들었던 순교자들의 마지막 말들에 대해 이야기해주곤 했다.

그리고 이들은 믿음의 고백자들의 귀중한 시신을 믿을 수 있을 만한 장소에 이장할 것에 대해 심사숙고했는데, 신자들의 주의에도 불구하고 우연 혹은 배신으로 인해 그들을 사라지게 할 수도 있었기 때문이다.

순교자들의 유물을 수거하였던 신자들은 아직도 생존해 있었다. 블랑 신부의 지휘 하에 이들은 매장지로 가서 시신을 각각 한 분씩 따로 발굴하여 시신의 각 부위에 특별한 표식과 교구장 직인을 달았다.

몇 달 후, 이 존경스러운 유해는 프티장 주교의 손으로 전달되었다. 그리고 현재, 거룩한 교회가 그들을 찬양하고, 그들의 업적과 순교를 이 땅에서도 기려 면류관을 선사하는 영광으로 그들을 다시 감쌀 결정을 내릴 때를 기다리며 그들은 여전히 일본 땅에 잠들고 있다.

두 선교사가 떠나간 후 노트르담 데 네주에서는 오랫동안 근심을 했다. 두 여행자가 겨우 배를 타고 떠나자마자 바람이 세차게 불기 시작했기 때문이다. 이 광란의 폭풍은 4주간이나 계속되었다.

리델 주교는 다음과 같이 이야기한다.

"여행은 열이틀 혹은 보름 동안 순조로웠다. 그런데 중국 쪽배가 떠나간 지 한 달이 지나자 그때부터 아무런 소식이 없었다! 드게트 신부와 나는 각자 느끼는 두려움을 서로에게 내보이는 것이 무서워 감히 말도 하지 못하고 있을 정도였다.

북풍이 엄청나게 심하게 불고 있었는데, 춘분 무렵 브르타뉴 해안에도 강풍이 분다 하더라도 이를 상상하는 건 힘들 것이다. 눈도 내리고 있었다. 사실상 눈이 온다고 할 수 없고 태풍에 의해 수평으로 떠밀려간 눈은 산허리에 쌓이고 있었다. 평야에서는 그런 것을 느낄 수 없었다. 나는 그 긴 나날과 끝없는 밤들의 기억을 영원히 잊지 못할 것이다.

어느 날 저녁 10시쯤, 아직도 두 선교사 생각으로 슬픈 마음이었는데, 그때 우리 대문에서 소리가 들렸는데, 수레 한 대가 와서 멈춰 서는 것이었다. 내가 얼른 일어나 가보니, 블랑 신부가 보낸 조선인 학생 셋이 거기 있었다.

사흘 전부터 그들은 항구에 도착해 있었으나 풍랑이 심한 바다 탓에 상륙이 전혀 불가능했었던 것이다. 하루 종일 밖에서 수레를 타고 있었으므로 그들은 추위로 얼어붙어 겨우 말 한마디 할 수 있을 뿐이었다. 다행히 뮈텔 신부와 리우빌 신부를 조선 땅에 내려놓은 중국 쪽배가 이들을 다시 우리에게 데려왔던 것이다. 우리 구세주님 영원히 찬양합니다!"

선한 리샤르 신부의 사망 이후 드게트 신부는 조선 선교 대리인의 역할을 훌륭히 수행하고 있었고 따라서 그가 이 조선 학생들의 교육도 담당하지 않겠는가?

이 질문에 대해 리델 주교는 다음과 같이 우리에게 답할 것이다.

8학년 교사를 맡은 리델 주교

"드디어 오늘 아침 수업이 시작되었는데, 내가 바로 교사가 되었습니다. 학생은 세 명으로 그들은 이미 읽고 쓸 줄 알지만 그것이 전부입니다. 오늘은 우선 *mensa*에 대한 첫 번째 굴절어미부터 시작했습니다. 교사로서의 직무는 많은 시간을 필요로 했는데, 문법과 사전 등 내가 혼자 모든 것을 스스로 해결해야 했기 때문입니다. 여러분에게 「편지」를 쓰는 것도 밤을 도와야 합니다."(1880년 10월 10일 「편지」)

그와 같은 교사의 사랑과 재능으로 후원하고 인도한 신입생들은 당연히 공부하기가 수월했고, 가장 힘든 학업에도 용감하게 혼신의 힘을 다했다.

훌륭한 주교는 이 새로운 교사 일을 마음 깊숙이 받아들였고, 몇 달 후 다음과 같이 썼다.

"우리 학생들은 8학년[4]이고 잘 지내며 짧은 라틴어 문장을 번역하기 시작했습니다." 그리고 마지막에는 감동적인 겸손함으로 덧붙였다. "연령이 낮은 두 학생은 성공할 것인데, 그들은 좀 더 나은 선생한테 배웠더라면 훨씬 더 크게 발전을 했을 것입니다."

조선교구장이 겸손하게 8학년 교사를 하고 있을 동안 그의 명성은 그의 이름 위에 다시 새로 빛을 더 했다. 『한불자전』과 『조선어

문법』 출판작업이 드디어 끝나『사전』은 이미 출판되었었다. 이 사전을 만드는 데 들인 많은 공, 사전이 포함하고 있는 풍부한 정보 등이 학자·상인·외교관 등 한마디로 말해 조선에 관심을 가진 모든 이의 관심을 집중시켰다. 일본·중국·미국·영국의 신문들은 그에 대해 크나큰 칭송을 아끼지 않았다.

더욱이 이 중요한 저서는 때맞춰 잘 나왔다. 왜냐하면 이미 열강들은 조선 정부와 협상에 들어가려던 참이었기 때문이다. 중국 정부 역시 조선의 개국에 호의적이고, 다른 나라들이 주도권을 잡고 접촉을 할 경우, 조선 왕에게 이러한 목적의 제안을 수락하기를 권고했었다는 소문도 진실로 판명되었다.

이러한 연구가 거의 없었음에도 15년이 넘는 기간 우리 선교사에게 그토록 많은 수고와 밤샘작업이 조용히 묻힌 채 지나간다면 그건 안 될 일이다.

제15장

『한불자전(韓佛字典)』[1] 나오다

이제까지 동양학자들은 조선 문학에 대해 거의 아는 게 없었다. 『한불자전』은 조선어에 대한 진정한 첫 번째 저서로, 이 언어는 이를 말하는 국민만큼이나 우리에게 알려져 있지 않다.

리델 주교는 선교지에 도착하자마자 조선어를 특별하고도 심층적으로 연구해야 할 대상으로 삼았다. 그는 그 왕국 내에서도 전반적으로 명성을 얻었다. 그리고 오늘날에도 흔히 조선인과 대화할 때 첫 번째 질문 중 하나는 다음과 같다. "니[2] 주교를 아십니까? 그분께서는 조선어를 우리처럼 잘하십니다."

현학적인 고위 성직자의 이 저서는 사전학적 측면 이외에도 호기심을 자극하는 흥미로움을 담고 있다. 즉 조선의 동물·어류·식물·과학·예술에 관하여 특별하고도 다채로운 인상을 조선만이 가진 색채감으로써 기술해놓았다.

외국인으로서 거의 한 걸음 옮길 때마다 미지의 새로운 것을 만나게 되는 한 나라의 관습과 제도에 대해 상세하고 진기한 내용을 알고자 한다면 이 책을 몇 장 훑어보는 것만으로도 충분하다.

더욱이 역사상 유례없이 유럽의 많은 눈길이 조선을 향하던 그 순간에 이 나라에 대한 지리 사전의 편찬은 그야말로 더할 나위 없이 시기적절한 것이었다. 이러한 생각은 리델 주교도 예외는 아니었다. 그 시대로서는 가장 최신의 지리적 약정에 따라, 조선 정부의 공식문서에 기초해 저술된 이 작업은 조선의 도(道)·도시·산·강 이름과 위치, 그리고 또한 일반 시민행정·군사·행정구역 표시를 포함하고 있었다.

"이와 같은 저술을 구성하는 것은, 적어도 15년 이상 걸려야 하고, 그 세월 동안 그 전날의 결과에 다음 날의 그것이 덧붙여지는데, 많은 인내심을 요하는 작업이었다. 이것은 절대 고립된 연구 작업의 결실이 아니라 활동적이고 세심한 주의를 요하는 협동작업으로서 하나의 개별적인 발견이 이루어지면, 공동 통제를 받는 시험을 통과하고 엄격한 검증과 선별을 거친 후에야 등재될 수 있었다.[3]"

『한어문전』[4] 출간

『한불자전』이 출판된 지 여러 달이 지난 후, 조선어 문법서『한어문전(韓語文典)』이 출간되었다.

서설은 어떤 면으로 보나 이 책의 다른 부분만큼이나 중요한데, 여기서 저자는 조선과 중국 사이의 유사한 점을 논하고 있다. 그에 따르면 중국 군대가 조선을 점령한 것은 기원전 12세기 말쯤이었고 이때 이미 정복자의 언어가 영향을 미치기 시작했다. 그리하여 이 시대 이후 많은 중국어 단어가 조선어에 유입되었다고 한다.

한 가지 주목해두어야 할 사항은, 조선의 글은 25개의 글자만으로 이루어져 있는데, 글자에 관한 한 이토록 큰 장점을 보유한 나라가, 순전히 자발적으로 그 어려운 중국의 상형문자 연구를 고집하며, 자국 언어에 대해서는 그리도 심한 경멸감을 가지고 있었을까 의문이 간다.

따라서 현재까지도 어느 정도 교육을 받은 두 사람이 있으면 서간문을 모두 한문으로 써서 통신하고 있다. 상점 간판과 경리장부 등 역시 한문으로 작성하는 것이 정상이다. 이 나라 지식인은 한글을 좋아하지도 않고 그 글로 책을 읽을 줄 알기를 꺼린다.

이들은 여기에 아무런 흥미를 느끼지 않아 아이들이나 그렇게 하라고 하며, 이들이 읽는 책은 중국책이다. 공부를 하는 언어도 조선어가 아니라 중국어이고, 열의를 가진 추종자를 거느리는 철학 학문의 체계 역시 중국 것이다.

이로 인한 당연한 결과로, 사본이 원본의 수준을 절대 넘어설 수 없는 법이라 조선 학자는 중국 학자를 절대 따라갈 수 없는 처지다.

조선어에 있어 가장 어려운 문제는 존대법 형태로부터 비롯된다. 조선인은 거기에 매우 큰 중요성을 부여하고 대화에서 윗사람·같은 항렬·아랫사람 사이의 구분을 엄격하게 규정짓는 것을 절대 잊지 않는다.

그러므로 동사의 각 시제가 현재 말하고 있는 대상이 되는 사람의 사회 항렬에 따라 변화할 경우 얼마나 복잡한지 상상할 수 있을 것이다. 저자는 매우 명확하게 이러한 규칙을 설명함과 더불어 예문을 매우 적절히 선택하여 학생에게 제공하려고 애썼다.

책의 다른 부분들에도 같은 수고를 쏟았으며 조선어를 공부하려는 사람들에게는 크나큰 관심의 대상이다.

부록에는 조선의 시간·무게·길이 측정법에 대한 정보를 담고 있다. 마지막으로 문법은 담화의 일부분들에 대한 점진적인 일련의 연습문제로 끝을 맺고 있는데, 간단한 문제에서 복잡한 문제로, 쉬운 것에서 어려운 것으로, 학생의 발전을 따라가고 지도하는 방식으로 꾸며져 있다. 주제 선정에서도, 시인의 충고 따라 심각한 것에서 부드러운 것으로, 재미있는 것부터 엄격한 것까지 두루 거쳐 유용성과 편리함까지 더하는데 게을리한 것이 없다.

아직까지 별로 알려지지 않았던 한 민족에 대한 가정·사회·정치적 삶, 그리고 관습과 교육에 관한 자세하고 진기한 정보가 풍부한 이 책은 연구에 대한 흥미와 교육적 동기를 증진하는 데 기여할 것이다.

한마디로 말해, 『한불자전』과 『한어문전』은 리델 주교와 같은 강인한 사람에게서 기대할 수 있고, 또 기대하여야 하는 그런 작업임이 틀림이 없다. 그는 조선어를 끊임없이 연구했으며 또 그에 대해 매우 정확한 지식을 보유하고 있었다.

인간 정신에 있어 아무리 작은 발견이라 할지라도 어디서나 격려를 받는 우리 시대에, 이 존경하는 고위 성직자와 그의 헌신적인 동료의 길고도 끈기 있는 노고에 따른 성공에 어떻게 찬사를 보내야 할지 모를 정도다.

"이와 같은 저서의 출판은 다시 한 번 더, 선교사들이 무엇인가를 과학적으로 잘 이해시키는 것에 전혀 관심이 없는 게 아니라는 사실과, 가장 비우호적인 땅에서까지 모든 종류의 어려움 한가운데에서도 미지의 보물이 숨겨진 과학을 탐구하는 데 시간을 쪼개어 바칠 수 있다는 사실을 밝혀준다.[5]"

어느 곳으로부터나 우리가 방금 말했던 이 책들의 출판을 축하하는 칭송이 그 겸손한 저자에게까지 다다라 유배지에 있는 그를 위로했다. 그는 이 성공을 자축했으나 너무도 겸손한 태도였다!

그는 동료 선교사들에게 다음과 같은 「서한」을 보냈다.

"『한불자전』이 나왔고 모두들 크나큰 칭송을 보내주고 있어 나는 기쁘기 그지없습니다. 좋은 평판을 얻는다는 것은 항상 좋은 일입니다. 그러나 우리는, 이 저서가 불완전하고 많은 결점투성이라는 것을 알고 있습니다. 따라서 우리 각자가 단어들을 더 첨가해야 하며, 후에 시간이 흐르면 그렇게 검증한 단어들은 이 책을 개정 증보할 때 소용될 것입니다."

"영어·독일어판 번역은 안됩니다"

조선어와 프랑스어로 저술된 이 두 책은 존경할 만한 주교에게 여전히 자신의 애국심을 표출할 기회를 제공했다. 중국의 개신교 성직자들은 이를 영어로 번역하고 모든 경비를 지불하며 그의 선교를 위해 많은 돈을 지불할 것을 제안했다. 독일인들은 그보다 더 매력적인 제안을 해왔다.

주교는 "아니, 절대 안 됩니다. 내 인생 15년을 바친 업적을 다른 이에게 팔아넘기는 건 스스로 용납할 수 없습니다. 나는 프랑스인이고, 조선인들이 프랑스어를 배우기를 원하지 다른 외국의 언어 배우는 걸 원치 않습니다" 하고 말했다.

동시에, 선교지로부터 그가 받은 좋은 소식은 기쁨을 절정에 다다르게 했다. 수평선이 점점 더 밝아져오고, 주인이신 하느님이 거룩한 복음의 일꾼들 주위를 둘러싸고 있는 보호의 힘은 점점 더 확연하게 드러나고 있었다.

선교지 소식

극동으로부터 리델 주교가 쓴 마지막 「서한」들 중 하나는 우리에게 그의 선교지에 대해 흥미로운 세부사항들을 알려주고 또 그 나라에서 믿음이 얼마나 성장했는가를 보여준다.

"매우 가톨릭적인 여러분의 마음을 기쁘게 해드리기 위해 선교지에 대해 몇 말씀 드리고자 합니다.

한 선교사[6]가 신의 섭리에 따른 방식으로 매우 커다란 불행을 초래할 수도 있었을 사건으로부터 벗어났습니다. 그는 포졸들에게 들켜 투옥되었는데, 이틀 후 관찰사(觀察使)의 특명으로 풀려났습니다. 이건 진정한 발전이라고 할 수 있습니다. 두 그리스도인 역시 그와 마찬가지로 체포되어 투옥되었습니다. 배교를 거부하였기에 고문을 받았지만, 믿음을 굳게 지키며 견뎌냈습니다. 얼마 후, 수령이 이들을 그냥 석방했습니다. 그리스도인이 그처럼 석방된 것은 처음 있는 일입니다.

지난 5월(1881) 대원군은 승려들에게 1866년 이후 처형된 새 신자들의 넋을 추모하기 위한 제사를 지내고, 그들의 뼈를 모아 화장하라는 명령을 내렸습니다. 승려들은 처형장에 흩어져 있던 뼈를 주워 모으며 '우리는 그리스도인의 뼈만 원하지 도둑들의 뼈는 원하지 않습니다'라고 말했다고 합니다. 제사를 지낼 때 그들은 '오소서, 오소서, 그리스도인들의 영혼이시여. 그러나 당신들, 도둑들의 영혼은 물러가라, 이는 너희들을 위한 게 아니니라'라고 외쳤습니다.

이 작업을 위해 승려들은 3,000개의 끈을 미리 지급받았습니다. 일을 빨리 끝내고자 그들은 찾아낸 모든 뼈 조각들을 사람·동물 구분하지 않고 한데 모았고, 또한 화장하는 대신 땅에 파묻어버렸습니다. 이 작업은 엿새 동안 계속되었고, 따라서 여섯 번의 장엄한 제사를 지냈습니다.

이러한 일 처리 과정에 대해 전해 듣고 화가 난 대원군은 승려

14명을 체포하도록 하였고, 심하게 매질한 후 감옥에 가두었습니다. 그 후 이들은 주동자 두 사람만 제외하고 한 사람씩 풀려났습니다.

이 나라 사람은 저마다 대원군과 그 부인의 행위에 대해 자기 생각대로 말합니다. 그토록 무고한 피를 많이 흘리게 한 것에 대한 양심의 후회일까요? 복수의 영들이 그에게 불행을 몰아다 줄까봐 미신적인 두려움에서 연유된 것일까요? 그의 감정을 알아내기는 쉽지 않습니다.

어찌 되었든 이제 이전의 박해에서 죽임을 당한 교우가 아무 죄도 없었던 희생자로 공공연히 밝혀진 만큼, 우리는 이제는 이길 일만 남았습니다. 왜냐하면 역사상 어느 누구도 도둑·살인자, 그리고 모든 여타 공공의 적을 위해 속죄의 화목제물(和睦祭物)을 바칠 생각을 한 적이 없기 때문이지요.

조선에서 온 새 소식은 이와 같습니다. 이 나라에서는 천주교에 대해 많이들 이야기하고 있는데, 열렬히 비난하는 적과 성실히 방어하는 자가 동시에 존재합니다. 거의 결정의 순간이라 할 수 있습니다.

앞으로 어떻게 될까요? 우리는 하느님의 손안에 있고, 우리 구세주께서 매우 특별한 보호 아래 우리를 지켜주시기를 기원합니다."

이제까지 불신이 너무도 강한 탓에 문화적인 변화를 제외하고는 고집을 세워왔던 조선 왕국은 세속적인 전통과 이별을 고하고 있었다. 얼마 전 미국이 협상을 시작했는데 이는 분명 통상우호조약의 체결로 이어질 것이 분명하다.

의심은 더 이상 불가능했다. 선교사들이 그토록 오랜 세월 기다려왔던 그 아름다운 날의 여명이 드디어 밝아오고 있었다. 이제 조선교회는 카타콤으로부터 영광스러운 모습으로 떠오르고, 당당히 세운 십자가 역시 수도의 성곽과 궁궐을 굽어보며 곧 오게 될 예수 그리스도의 승리를 예고하고 있었다.

그런데 리델 주교가 이 땅에서 할 일은 이미 다 이루어진 상태였다. 하느님께서는 그의 충실한 종으로 하여금 자신의 승리에 대한 기쁨을 전혀 맛보지 못하게 하신 채 십자가의 모든 쓴맛만을 맛보게 하셨다.

그럼에도 영원의 보상을 받을 순간은 아직 오지 않았다. 이전에 하느님의 섭리는 분명 그에게 길고도 고통스러운 시험을 주었는데, 그가 병상에서 우리에게 인내와 물러남으로 완성되는 하나의 모범을 보여주기 위해서였으리라.

리델 신부의 서간문집

제3권

제1장

발병······ 홍콩 요양원 입원

리델 주교가 자각 증세를 처음 느낀 것은 1881년 3월경이었는데, 이 병은 결국 그의 가족과 친지로부터 그를 앗아가게 된다. 류머티즘으로 극심한 고통과 함께 참을 수 없을 정도의 두통, 그리고 숨막힘 증상이 심해져 그는 홍콩 요양원으로 갈 수 밖에 없었다.

도착한 지 며칠이 지나자 환자는 코스트 신부에게 자신의 상태에 대해 다음과 같이 알렸다.

"내가 길을 떠날 때 가슴에 피로감을 느꼈습니다. 얼마 전부터 자주 가슴이 답답하곤 했는데, 처음에는 감기인 줄 알았었지요. 상하이에서 홍콩까지 가는 도중에 병세가 더 악화되어, 선교회 사무실에 도착했을 때엔 어찌나 심해졌던지 질식할 것 같았어요. 말을 다섯 마디도 연달아 발음할 수가 없었고 계단도 오를 수가 없었습니다. 의사가 진찰을 하더니 폐는 괜찮은데 천식증세가 있다고 하더군요. 즉시 휴식을 취함과 동시에 식이요법에 들어갔고 그래서 조금 안정을 얻었어요. 하지만 처음 계획했던 것처럼 쇼스 주교님의 미사에는 참여하지 못했습니다. 여기 며칠만 더 있으면 거의 다 나을 것입니다."

일본 여행

그러나 어찌하랴! 이것은 용감한 선교사가 혼자만의 상상이고, 겉모습만 조금 차도가 있는 듯 보였던 것이다. 사도로서의 삶, 스무 해 동안 겪은 궁핍과 고통은 그의 힘을 소진시켜버렸다. 더 이상 의지할 것은 스스로의 강인한 성격으로부터 뿜어져 나오는 에너지밖에 없었다. 그는 자신의 용기만을 믿고 일본으로 갔고, 노트르담 데 네주에서 맡아보던 직책을 그곳으로 옮겨가 수행하기로 결심했다.

파리에서 같이 보낸 신학교 시절, 그리고 장엄했던 바티칸 공의회를 다시 한 번 회상하게 하며, 예수 그리스도를 위해 그토록 고생을 했던 옛 친구를 다시 대하는 프티장 주교에게 동시에 복받쳐 올랐을 기쁨과 고통의 감정을 여기에 표현한다는 것은 어려운 일일 것이다. 뚫어질 듯 쳐다보는 강렬한 눈빛, 미소를 머금은 입술, 선한 분위기의 얼굴, 이 모든 것은 변한 게 없었지만…… 나이보다 앞서 찾아온 백발, 여윈 자태로 보아 감옥에서 겪은 기나긴 고통을 능히 짐작할 수 있었다.

그런데 바짝 다가온 종말에 대해서는 아무런 예상도 할 수 없었다. 이 존경할 만한 환자는 일본 주교 공관에서 치료를 잘 받았으므로 자신이 너무도 열렬한 보살핌의 대상이라고 여겼다. 이토록 이상적인 조건에서 그의 건강은 한동안 차도가 있는 듯 보였다.

뇌졸중

그런데 10월 5일 오후 2시경, 의자에 앉아 머리를 숙이고 눈길이 꺼진 채 겨우 숨을 쉬고 있는 그가 발견되었다. 다행히도 그날, 나가사키 항구에는 러시아 전함이 정박해 있었으므로 급히 서둘러 의사를 불러 왕진했다. 의사는 한순간도 망설임이 없이 뇌졸중임을 선고했다. 그의 훌륭한 치료 덕분에 위험한 고비는 곧 넘겼으나 오른쪽 팔과 다리가 마비되었다. 그럼에도 러시아 의사는 이러한 마비증상이 빠른 시일 내에 사라질 수도 있다는 희망을 안겨주었다. 이러한 새로 닥친 시련이 리델 주교의 차분함을 변질시키지는 못했다. 프티장 주교는 다음과 같이 썼다. "우리의 존경하는 믿음의 고백자께서는 존경할 만한 인내심을 가지고 계시고, 우리 모두에게 위대한 가르침의 본보기이십니다."

거룩한 선교사 자신은 다음과 같이 썼다.

"나는 많이 고통스럽지 않았지만, 내 주위 사람은 두려워하고 내 상태가 갑자기 악화되지나 않을까 근심을 했어요. 그래서 프티장 주교는 성사에 대해 내게 말했습니다. 나는 고해성사를 했습니다. 그리고 나서 주교께서는 내게 병자성사(病者聖事)[1]받을 것을 제안하셨지요. 나 자신이 그토록 깊이 병들었다고 생각하지는 않았으나 그분께 다음과 같이 대답했습니다. '그렇게 하겠습니다. 준비를 하겠어요. 그러지 않아도 죽음이 너무도 가까이 지나쳐 가는 것을 자주 보았고, 더구나 이처럼 심하게 모습을 드러내고 있는 상황이니 그에 대한 아무런 감정이 없습니다.'"

병자성사(病者聖事)

매우 감동적인 장면이었다. 선교회의 사제들은 백색의 전례복을 걸쳐 입고 프티장 주교를 동반했다. 신학교 학생은 손에 촛불을 들고 왔으며 그 뒤에 몇몇 신자가 따르고 있었다. 환자는 겨우 몇 마디 말을 할 수 있을 정도였지만 입술의 움직임으로 볼 때 그가 마음과 입술로 기도에 동참하고 있는 것이 보였다. 그의 빛나는 얼굴은 기쁨과 은혜를 표현하고 있었다.

영원한 세월에 대한 한 가지 생각만이 그를 온통 삼켜버렸고, 이 세상 육신의 껍질을 벗어버리고 날아가기를 학수고대하는 그의 아름다운 영혼은, 상으로 받을 하느님을 이미 영광 가운데 엿보고 있을 정도였다. 사제·신학생, 그리고 신자들은 무릎을 꿇고 거룩한 의식의 기도에 대한 화답을 하며 도저히 참을 수 없어 모두들 눈물을 흘렸다.

후일, 리델 주교는 다음과 같이 말했다.

"나로서는 기뻤고 진정으로 죽음을 소망했는데, 나 자신 스스로가 그럴 준비가 되었다고 느꼈기 때문입니다. 그런데 내 자식들을 생각하니 슬픔의 구름이 한 점 저의 마음에 드리우는 것이었어요. '이 일을 알게 되면 그들은 어찌 될까?' 하고 스스로에게 자문했어요. 그래서 조선, 그리고 그 신자를 위해 나의 삶과 애정을 모두 희생 제물로 바치고 난 뒤, 그 후로는 단지 하느님과 영생만을 생각했습니다."

사흘째 되는 날, 경미한 차도를 보이더니 몇 주간 그 상태가 지속되었지만 날씨가 참기 힘들 정도로 더워졌다. 밤낮으로 신학생

두 명이 번갈아 당번을 정해 환자를 지키며 모기도 쫓아주었다. 다정하면서도 인내심을 품고 있는 그의 선한 미소·부드러움, 그리고 아버지와도 같은 세심한 보살핌은 곧 이 청년들의 마음을 사로잡아 그들은 치료와 관심에서 서로 경쟁을 하게까지 되었다.

이러한 완벽한 불구 상태에서 낮 시간이 하염없이 길게 느껴졌는데, 고통과 불면증으로 밤은 더더욱 길게 느껴졌다. 아침이면 사람들은 그를 의자에 옮겨 앉히고 저녁이면 침대에 도로 눕혔다. 가여운 마비환자에게는 참으로 단조로운 하나의 일과였다. 그러나 용감한 그의 인내심은 항상 명랑함을 잃지 않았다. 불행하게도 곧 다가오리란 쾌유의 소망은 점점 꺼져가고 있었다.

10월 말께 러시아 전함이 나가사키를 떠났다. 의사는 출발 전에 환자를 홍콩 요양원으로 옮기라고 충고했다. 이 황폐화된 환자를 위해서는 그곳에서 받을 수 있는 치료·기분전환, 그곳으로 옮겨가는 여행 자체까지도, 그보다 더 유익한 효과를 기대할 수 있는 것은 없을 것이라 했다. 이 유익한 충고는 곧 하나의 명령이었다.

11월 23일, 리델 주교는 들것 같은 것에 실려 프티장 주교의 공관을 떠났다. 나가사키의 신자들은 그를 항구까지 배웅했는데, 조선 주교에게 자신들의 사랑과 존경을 표현하고자 했다. 배로 향하기 전에 항구의 부두와 도시 전체를 굽어보는 언덕 경사로에 위치한 은혜로운 건축물인 교회로 가는 길로 먼저 접어들었는데, 그곳에 올라보면 웅대한 파노라마가 펼쳐져 있었다. 사람들은 이 성스러운 곳의 계단을 올라갔다. 그리고 문턱에서 멈춰서 '*아베 마리아 스텔라*'를 부르기 시작했다. 곧 신자들 역시 선교사들의 목소리에 보태어, 바다의 별이며 장애우의 구원자인 성모 마리아를 향해 지극히 고양된 어조로 탄원을 했다.

환자는 자신을 들고 가는 사람들에게, 자신을 위해 그토록 간절히 하늘나라에 애원하고 있는 군중을 향해 몸을 돌려달라는 부탁했다. 그리고 힘겹게 애를 써서 겨우 왼손으로 오른손을 받쳐 올리고는 그들을 축복했다. 이와 거의 때를 같이 하여 여러 척의 선박이 항구로 들어오면서 도착을 알리는 대포소리가 사방에 울려 퍼졌다. 모인 군중은 흐느껴 울었고 「'*마니피캇*'찬가」가 모든 이의 가슴으로부터 군데군데 짧은 토막으로 끊겨 흘러나오고 있었다. 선교사는 예상치 못했던 광경을 접하고 감동에 사로잡힌 나머지 굵은 눈물줄기가 흘러내렸으며, 그의 입술은 다음과 같이 중얼거렸다.

"이 장엄한 이별은 마치 마지막 이별과도 같도다!"

홍콩으로 귀환

잠시 후 리델 주교는 조선으로 가는 선교사 푸아넬(Poisnel) 신부[2]

와 함께 중국을 향해 길을 떠났다. 그는 상하이에서 상당히 오랜 기간 머문 뒤 이듬해 초 홍콩에 도착했다.

선교사들이 아직까지 '베다니의 집'이라 부르는 요양원은 매우 넓은 공간을 보유한 곳으로 입원 환자들의 상태에 완벽하게 맞추어져 있다. 이곳은 도시를 굽어보는 작은 언덕에 위치하고 있는데, 거기서 보면 바다가 수평선까지 펼쳐져 있다.

환자는 그곳에서 중국에서 가장 깨끗한 공기를 들이마시고 있다. 전쟁과 상업 용도로 지어진 건물들이 줄지어 늘어서 있는 대양의 해변 풍경은 휴식과 새로운 충전을 가져다준다. 또한 이 휴식처에서는 형제애만이 가져다줄 수 있는 의술과 정성이 가득한 모든 구급처치를 받을 수 있다.

홍콩에 도착하여 지내면서 리델 주교는 가장 생동감 넘치는 공감의 대상이 되었다.

"이곳에서 사람들은 커다란 애정으로 나에게 가능한 한 모든 치료를 해주고 있어요. 치료를 받으러 왔는데, 너무 잘 대해줘 게을러지게 만듭니다. 내 방에서 바다와 저 멀리 섬들이 보이는데, 저녁이면 자주 아름다운 일몰 광경을 접하지요.

그러나 가장 중요한 것은 내가 경당(經堂)에 아주 가까이 있어 선하신 하느님의 이웃이라는 사실입니다. 그리고 나는 매일 영성체를 받을 수 있어 기쁩니다. 다른 환자의 팔에 의지한 채 요양원 주위를 몇 걸음 걷곤 합니다. 의사는 내가 나을 수 있을 거라 말하지만, 나로서는 하느님 원하시는 게 최선이라 생각합니다."

이러한 짧은 산책 중에도 가끔씩 잔인할 정도의 고통을 겪기도 했지만 용감한 주교는 마비된 팔다리에 생기와 유연함을 불어넣기 위해 다시 걷기 시작하곤 했다. 방에 돌아오면, 오른손이 더 이상 할 수 없는 일을 왼손에 맡기기 위해 훈련을 했다.

그가 그렇게 힘들게 써내려간 글들이 지금 여기저기 흩어진 채 우리 눈앞에 놓여 있다. 글 한 줄 한 줄마다, 하느님의 선하신 기쁨에 모든 것을 바쳐 일치되기를 바라며, 숭고한 희망을 품은 거룩한 영혼이 내비치는 침착함과 만족감이 모두 동일하게 표현되고 있다. 떨리는 한쪽 손으로 써내려간 이 글자들을 보고 있으면, 이토록 많은 고통을 감내하는 값을 치르고 있다는 생각에 심장이 조여옴을 느끼고 절로 눈물에 젖는다.

이 「서한」들은 시작할 때에는 단순히 메모 정도 적으려고 한 것이었으나, 그의 힘이 점점 강해짐에 따라 그만큼 더 길어진다. 「편지」 한 장 한 장마다 선교사가 자신의 모든 영혼을 실었으니 당연한 일일 것이다. 어디에선가 무작위로 한 편을 골라 여기 싣는다.

리델 주교가 가족에게 보낸 「서한」이다.

홍콩, 1882년 1월 26일

사랑하는 가족 여러분,

여러분에게 좀 더 자주 「편지」를 쓰고 싶지만 내가 겪고 있는 어려움을 아시겠지요. 지금은 조금 나아졌지만 오른팔에 여전히 통증이 있습니다. 이것은 선하신 하느님의 의지입니다. 하느님의 축복이 있기를! 그래서 이제부터는 그에 따라 여러분에게 「편지」를 쓰려고 합니다. 용기와 인내를 가지도록 하고, 특히 슬퍼하지 마세요. 여기 우리는 항상 명랑합니다. 구세주 안에서 기뻐하십시오.

2월 25일—나는 계속 여러분 생각을 하므로 더 자주 「편지」를 쓰고자 하나 어찌하겠습니까? 내 왼손은 별로 발전이 없고 오른손은 아직 여전히 게으르기만 합니다. 사람들은 그럼에도 내가 좀 나아졌다고 하고 내가 완치될 수 있다고 확인시켜줍니다. 나도 모르고 아무도 알 수 없는 일일 것입니다. 하느님이 원하시는 것이 항상 최선이고 가장 이득이 많을 겁니다. 여러분의 모든 「편지」에 일일이 답을 하지 못한다 하더라도 읽을 수는 있습니다. 그러니 용기를 잃지 말고 할 수 있는 한 자주 내게 「편지」를 보내주세요. 근심치 마세요.

나는 이곳에서 내가 원하는 모든 것을 가지고 있습니다만, 효과적으로 일하기 위해 내 상태를 좀 더 잘 활용할 수 있도록 나를 위해 기도해주세요.

5월 3일—시간·인내심, 특히 믿음! 여러분이 내게 권고한 것처럼 유럽에 돌아갈 의향은 없는데, 내 상황에서 그런 여행이 내우 힘들 것이라 보기 때문입니다. 또한 여기보다 프랑스에서 더 쉽게 병이 나을지 알 수 없고, 특히 내가 전혀 회복되지 않을 경우, 나를 붙잡을까 두렵기도 합니다. 나는 아직도 마음 깊은 곳에 조선에 대한 사랑이 자리 잡고 있습니다. 내가 살고 또 죽고 싶은 곳은 바로 그곳입니다.

그러나 무엇보다도 하느님이 사랑받으시고 그의 거룩한 의지가 이루어지기를!…… 여러분은 내 이유들을 이해하고 그에 동의하며 여러분에 대한 나의 열렬한 애정에 대해서도 의심하지 않을 겁니다. 우리가 천국에서 서로 사랑할 텐데, 그곳에서는 우리 다시 만나 다시는 헤어지지 맙시다!

안녕, 사랑하는 친지들이여, 우리 구세주의 마음 안에서 하나

되어 머무릅시다. 그에게 여러분을 보호하고 축복해주기를 간절히 기도합니다.

7월 10일—여러분의 훌륭한 「편지」와 애정이 어린 기원에 감사드립니다. 저의 상태는 거의 같습니다. 여러분 보기에 참 길다고 느껴지겠지만, 인내를 가지세요. 사실은 이 땅에서 고통을 받는 것이 정말이지 유익합니다. 스스로를 구원하기에 가장 확실한 방법이니까요. 하늘나라가 너무도 아름다우므로, 그곳에 가려면 아무것도 게을리해서는 안 됩니다. 그리고 우리 구세주님께서도 우리를 위한 사랑으로 그토록 고난을 받지 않으셨습니까! 우리 역시 그에 대한 보답으로, 그 거룩한 의지에 복종함으로써, 특히 그토록 선하신 스승에 대한 사랑으로써, 그의 자비로운 섭리가 우리의 크나큰 안녕을 위해 살아가는 삶의 여정에 심어 놓으신 역경을 기꺼이 겪어내는 것은 당연한 일이 아니겠습니까. 그러니 용기를 가지세요, 하늘나라에서 휴식을 취하는 것은 얼마나 훌륭한 일입니까!

이 글은 선교사 주교가 거의 마지막으로 가족에게 보낸 「서한」 중 하나다. 이미 우리가 알아차릴 수 있듯, 초자연적인 생각이 여전히 그의 「편지」에 감돌고 있다. 진정한 사도였던 리델 주교는 자신 내부의 모든 것을 강론으로 전하기를 원했기에, 그가 쓴 매우 사적인 「편지」에서도 하느님께 더 가까이 다가가려는 단어를 하나라도 빠뜨린 것은 찾아볼 수가 없다.

병이 찾아와 사도로서의 일을 멈춘 지 벌써 거의 열 달이 되었다. 모든 의술이 동원되고 지극한 보살핌에도 병의 완강함을 이길 수는 없었다. 그러므로 사방 각지에서 간절한 기도가 하늘에 올려졌다. 한편 또 다른 친지들은 하늘나라에 계신 분들께 예수 그리스도의 고백자를 기억해달라고 기도를 드리기도 했다. 하늘나라의 친구들은 땅의 친구들보다 훨씬 힘이 강하기 마련이다.

종에게 상을 주기 원하시는 하느님께서는 그의 용기에 대해 시험을 펼치셨다. 지극히 숭고한 희생을 치르기 전에 또 다른 것을 요구하셨다. 사람들이 용감한 선교사에게 프랑스로 귀향할 것에 대해 말했을 때 그의 첫 번째 반응은 세차게 이를 거부하는 것이었다. 그의 모든 생각과 영감은 그를 조선 쪽으로 데려가고 있었기 때문이다. 이렇게 사나운 병마와 투쟁하고 있으면서도 그는 여전히 그런 생각을 했고 또 끊임없이 거기에 집착하고 있었다.

전에도 그는 매우 힘든 고비를 겪었고 어떤 고통이나 장애도 다 치러내었다. 그럼에도 하느님이 그에게 부과하신 모든 희생 가운데 가장 크고 힘든 것은 자신의 선교지로부터 멀어지는 것, 그리고 아마도 영원히 그렇게 되는 것이었다. 그러나 동료들의 의견은 만장일치였으며 의사의 소견도 단호했다. 즉 단지 고향만이 완치에 이를 수 있게 해주거나 아니면 적어도 조선으로 다시 옮겨가는 데 충분한 힘을 충전해줄 수 있다는 것이었다. 후자의 의견에 그는 공감했는데, 스스로 보기에 하느님께서는 이러한 새로운 시험을 요구하고 계시다고 느꼈기 때문이다.

며칠간 그가 투쟁하고 있음을 감지할 수 있었고 희생을 감수하리라는 것도 예감할 수 있었다. 결국 그는 신의 의지에 동화되고자 하는 욕구를, 자신이 가장 사랑하는 것보다 우위에 두게 되었다. 그 후로 단 한마디의 불평도 그의 입술에서는 새어 나오지 않았고 고통이 찾아와도 절대 찡그리지 않았으며 희생이 온전히 이루어졌다. 이 세상에서 자신이 가장 사랑하는 것에 대한 희생이야말로 그의 덕성이 완성되는 순간이라 할 수 있다.

블랑 신부의 부주교 임명

우리는 리델 주교가 교황청으로부터 스스로 후계자를 선임할 권한을 부여 받았음을 기억하고 있다. 이 특권을 사용할 만한 적절한 순간이 이르렀다고 그는 판단했다.

오랫동안 성령의 지혜를 내려달라 구하고 나서 존경하는 사제는 블랑 신부에게 이를 받아들여 빠른 시일 내에 앙티곤 주교[3]의 이름으로 조선의 부주교 성성 받기를 부탁하는 「편지」를 썼다. 다음에 그 「서한」을 옮겨 싣는다.

친애하는 블랑 신부에게

나의 가장 큰 바람은 그대를 보고 그 곁에서 살며, 그대의 피곤함과 고통에 동참하는 일일 것이오. 박해로 인해 그대와 갑작스레 헤어지고, 이제 여기서는 병이 나로 하여금 다시 멀리 떨어지게 하는구려. 건강을 회복할 목적으로 나를 프랑스로 보낸다고 합니다. 도대체 나의 미래는 어찌 될까요? 도무지 알 수가 없소. 이번 출발이 내게는 가장 큰 희생이 될 것이나, 하느님의 뜻이 이루어지기를…….

하느님과 함께하며 오랜 숙고 끝에, 성 안나 축일에 그대를 부주교로 임명했습니다. 진정으로 단순하게 그리고 하느님의 선함을 신뢰하는 가운데 수락해 주고 최대한 빠른 시일 내에 주교 성성 받기를 부탁합니다.

그대에게 내가 가진 모든 권력을 넘겨주고 선교지 내외의 모든 업무를 맡기며 나의 신변까지 그대의 처분에 맡깁니다.

우리가 방금 읽었던 본문은 리델 주교가 불러 다른 이가 받아썼던 부분이고, 다음 이어지는 글은 그의 손으로 직접 쓴 것이다.

부주교, 그대도 아는 바와 같이 우선 그대에게 이 지위를 부여할 수 있는 권한이 내게 얼마든지 있고, 그대 역시 본인의 위대함을 내가 얼마나 아끼는지 알고 있을 것입니다. 지극히 힘든 상황에서도 그대가 수많은 증거를 통해 보여주었던 헌신에 대해 나 역시 소리 높여 증인이 되고자 합니다. 그러나 어찌하리요! 나는 떠나 있고 내 왼손은 너무 서툴러 마음이 전하는 바를 전부 쓸 수가 없소.

그대에게 모든 동료 신부들과 신자들, 그리고 특히 큰 사랑으로 나를 살펴주었던 푸아넬 신부를 조선의 모든 선교사 이름으로 맡깁니다.

이미 시작된 일들을 계속하십시오. 신자에 대한 성사업무, 순교자에 대한 재판 절차, 그리스도인에게 유용한 새로운 서적의 번역·교정·인쇄…… 특히 모든 동료 신부들과 신자들의 성성화 작업을 잘 지켜봐주세요.

하느님께서 그대를 보호해주시고, 평화와 많은 개종을 이루시길 기원합니다. 내가 곧 다시 복귀할 수 있기를!

안녕히, 아니 곧 다시 봅시다. 우리 구세주 마음에 기뻐하는 이가 되시기를 바랍니다. 하느님의 큰 영광과 영혼 구원을 위한 모든 것, 우리 구세주와 성모 마리아 안에서 그대의 친구이자 형제인 나를 위해 기도해주세요.

프랑스로 출발

이 임무를 완수한 후 리델 주교는 프랑스로 떠나는 배에 올랐다. 고통을 겪던 와중에도 나탈(le Natal)호 선상에서 선교사에게 다시 한 번 좋은 기회가 찾아와, 그리스도인으로 구성된 선원의 우두머리인 한 남자를 만나게 되었다. 그는 마음이 선하고 상냥한 성격의 소유자로 매우 총명하고 깊은 믿음까지도 두루 갖춘 사람이었다. 자신에게 사랑하는 병자를 맡기는 선교사들에게 노디에(Nodier) 함장은 다음과 같이 진지하게 말했다.

"신부님들, 아무런 염려하지 마세요. 주교님은 우리와 함께 계시는 가족이니까요."

항해 초기부터 신심 깊은 주교는 모든 동반자들이 베푸는 애정 공세에 흠뻑 빠져버리고 말았다. 선함은 자연스럽게 흘러넘치고 명랑한 분위기 역시 매우 쉽게 조성되는 것처럼 보였다. 곧 그의 입술로부터 찬양이 흘러나왔다. 이처럼 신실하고 강한 영혼에 가까이 다가가면 그의 감정과 함께 덕성의 향기 같은 것이 느껴지곤 했다. 사람들의 경탄은 점점 커져갔고 결국 존경심을 표하는 말이 자연스럽게 흘러나올 정도였다.

그로부터 2년 후 승객 중 한 사람은 다음과 같이 말했다.

"나는 나탈호 배에서 그분과 함께했던 한 달을 평생 잊을 수 없을 것입니다. 신부님께서는 마비증상 때문에 고통이 크고 불편하셨을 텐데도 지극히 한 결 같은 성품의 소유자여서, 오히려 우리에게 기운을 북돋아주는 것도 그분이셨습니다. 일기가 좋을지라도 약 80일간 배를 타고 여행한다는 것이 그리 유쾌한 일만은 아니었기 때문이지요.

친애하는 주교님께서는 빨리 쾌차하시어 선교지로 복귀하기를 간절히 원하셨는데, 그곳에 장기간 거주하셨을 뿐 아니라 거기서 얻은 특별한 지식이 유용하게 쓰일 수 있기 때문입니다. 그런데 하느님께서는 다른 방향으로 결정을 하셨고, 그것이 그분을 더욱더 성인으로 만든 것이지요."

제2장

조선, 서양과 외교관계를 수립하다

리델 주교가 프랑스를 향해 가는 동안 조선에서는 심각한 일들이 일어나고 있었다. 그것을 여기에 간략하게 소개하는 것이 그리 나쁘지 않을 것 같다.

지난 해 초 조선의 임금과 왕비는 일본으로 많은 수신사(修信使)를 파견했다. 이들의 임무는 서양 오랑캐들의 관습에 대한 정보를 수집함과 더불어, 어느 편이 자국의 이득이 되는 지 알아오는 것이었다. 즉 조선 정부가 쇄국정책을 계속할 것인가, 아니면 외국 국가들과 조약을 체결함으로써 새로운 방향으로 선회할 것인가가 문제였다. 양반 가문에서 선택된 수신사는 분명히 총명한 자들이었으므로, 다소간 진실에 가까운 이들의 보고가 국가의 젊은 수반이 가지고 있었던 의향을 더 촉진시켰다.

이러한 긍정적인 보고는 왕에게 용기를 주었고, 문인들의 고집을 꺾는데 증거가 될 만한 충분한 설명을 제공했다. 조선만을 보는데 익숙한 구체제 인사들은 조선 것이 아니면 모두 오랑캐 것이라 여기고 있었다.

4월 2일(1882), 매년 베이징에 공물을 바치러 가는데, 조선의 사신단이 바닷길을 이용하여 서울로 돌아올 때 텐진에서 칭하이(Ching—Haï)라는 중국 포함에 승선했다. 정사(正使)[1]는 조미수호통상조약(朝美修好通商條約)의 사전 협상 임무를 띤 슈펠트 준장[2]과, 조선의 여러 항구에서의 세관 업무 조직을 담당한 휴즈(Hughes)를 동반하고 있었다.

6주 후 미국과 조선 사이에 통상조약이 체결되었다.[3]

조미수호통상조약이 체결되고 난 후, 1883년에는 영국의 차례였고, 다음에는 독일·오스트리아·러시아와 이탈리아가 차례로 와서 동일한 혜택을 요구했다. 이들 열강의 대표들은 조선 정부의 극진한 예우를 받았다. 당시 조선 정부는 이들의 요구를 호의적으로 받아들였기 때문이다.

프랑스는 1882년부터 협상을 해왔으나 1886년이 되어서야 조약이 체결되었고 1887년에 겨우 비준되었다.[4]

조선 소요사태

임금이 아낌없이 베풀었던 영광은『조선실록』역사상 유례가 없는 일이었고, 큰 불만을 유발시키기도 했다.

수구파(守舊派)는 다름 아닌 바로 대원군을 여전히 염두에 두고 있었다. 이 인물은 우리가 절대 잊어버리지 않을 법한 사람으로 왕자의 어린 시절 후견인 역할을 하던 기간에 섭정을 했다. 천주교도에 대한 유혈 칙령과 지나친 행동으로 인해 그가 너무도 큰 불쾌감을 안겨주었으므로, 임금이 성인이 되자 맨 처음 한 일은 그를 궁에서 내쫓아버린 것이었다.

그런데 최근에 일어난 사건들은 그에게, 왕에게 당했던 것에 대해 설욕하고 복수할 기회를 제공했다. 이는 기대했던 대로 갑작스럽고도 끔찍하였지만, 상상을 뛰어넘을 정도로 잔인하고 야만적이기도 했다.

블랑 주교는 다음과 같이 썼다.

"그 결과는 두려울 만한 것입니다. 임금은 자리에서 물러나 아무 힘도 권력도 없이 의지할 사람 하나 없게 되었고, 조직이 와해

된 군대는 아무도 지휘자로 인정하려 하지 않습니다. 일본인은 쫓겨나고 이들의 가옥은 불타고 약탈당했습니다. 열두 구 정도의 시체가 훼손되었고 민(閔)씨 일가의 모든 세도가는 추방되거나 학살당했습니다. 또한 많은 무고한 이들이 용의자로 지목되어 처형되었습니다. 여기까지가 이 끔찍한 군란에 대한 일부 결과 보고입니다."[5]

군사들이 궁궐을 점령하고 임금을 모욕하며 죽이겠다고 협박하고 있을 때 소요 군중은 끔찍할 정도로 아우성을 쳤다. 뮈텔 주교는 이렇게 말한다.

"게다가 총 쏘는 소리, 북·나팔·천둥·굵은 장대비까지, 필설로 다 못 할 만큼 위태로운 상황이었습니다. 이런 난리 소리를 들으며 나는 혈관 속의 피가 다 얼어붙어버릴 지경이었습니다."

이번에는 선교사와 천주교도가 왕의 충직한 신하로 보였으므로 그렇게까지 많은 고통을 당할 일은 없었다. 광분한 자들의 분노는 특히 왕족과 일본인에 대한 것이었기 때문이다.

일본인들은 괄목할 만한 용기를 보여주었는데, 이들의 수가 좀 더 많았더라면 흥분해 날뛰는 군중을 좀 더 쉽게 대항했을 것이다. 이들은 자신들이 수적으로 너무 열세라고 판단하고, 한 군데 모여 수장인 하나부사[6]를 가운데 두고 차근차근 후퇴를 감행했다. 그렇게 이들은 인천에 도착 후, 쪽배 두 척을 구해 올랐다. 몇 안 되는 용감한 일본인은 갖은 위험을 겪은 끝에 영국 쾌속 전투함을 만나 구조되어 일본으로 돌아갔다.

일본 정부의 강력한 요구

이러한 끔찍한 소요사태 소식을 접한 일본은 전국이 술렁거렸고 대사를 능멸했던 것과 조선인의 살인 행위에 대해 빠른 시일 안에 배상할 것을 요구했다. 하나부사가 다시 조선에 돌아올 때, 이번에는 막강한 군대를 지휘하며 왕과 대원군이 기다리고 있는 수도로 향했다.

일본 정부의 요구는 매우 강력했으나 정당하기도 했다. 일본은 다음과 같이 요구했다.[7]

1. 죄인들에 대한 징벌.

2. 희생자 가족에게 5만 엔(円), 그리고 일본 정부의 전쟁준비 소요 경비로 50만 엔 지불.

3. 일본공사관 수비를 위한 일본 군대 유지.

4. 새로 1개 항구를 개방하고 항구 주위 100리 범위 내에서 자유롭게 왕래할 권리.

5. 마지막으로 조선의 대사를 파견해 일본 천황에게 사과하는

왕의 친필 사인을 담은 「서한」을 보낼 것.

수도에 도착한 일본 대사는 대원군의 가식적인 배려를 받으며 연회가 한참 벌어지는 와중에도 자신의 임무를 잊지 않았고, 그의 굳은 의지 앞에 조선 정부는 양보했다.

하나부사가 조선을 떠난 직후, 이번에는 중국의 속국인 조선을 대신하여 외국 열강과의 협상을 주도했었던 중국인 외교관이 수도로 들어왔다. 그 역시 왕과 대원군에게 융숭한 대접을 받았다. 며칠 후 이 두 인물이 배석한 연회에서 그는 대원군에게, 자신이 그를 체포해 베이징으로 데려가 재판하도록 명령을 받았다고 밝혔다. 이 명령은 즉각적으로 시행되어 조선은 이 잔인한 괴물을 넘겨주었다.[8]

조선 임금의 선포

왕국은 다시 질서를 회복하였고 왕은 자신의 모든 권력을 되찾았다. 대원군과 공모한 자들을 엄중하게 징벌한 후 그는 백성에게 다음과 같은 포고문을 선포했다.

"우리나라는 1876년 일본과 우호조약을 수립하였고 3개 항구를 통상에 개방하기로 약속했다. 그리고 이제 우리는 미국·영국·

독일과 또 다른 조약을 체결했다. 이는 분명 국가의 개혁이었고 우리 백성이 이때문에 불만스러워하며 놀랄 일은 아니다. 국제관계는 이제 완벽하게 관습대로 행해질 것이며, 따라서 진정한 원칙과 믿음을 토대로 하여 외교관계를 수립하는데 아무 어려움이 없다.

우리가 맺는 우호통상조약들은 국제법 전례에 따라 조정될 것이다. 종교에 관해서는, 국내에서 그를 설파하는 행위를 묵과할 수 없으므로, 특별법에 의해 금지시키기로 한다. 이제 우리가 서양 국가들과 우호관계를 유지하고 있는 바 짐은 새로운 질서에 따라, 수도 이외의 지역에서 외국인들에게 그 한계를 넘지 않도록 금지되었던 모든 도로 경계선들을 폐지할 것을 명한다. 유생과 백성, 너희들은 이 점을 잘 이해하기 바란다.

정부 당국에 의해 선포된 이 명령은 이 나라 종횡으로 주요 지역에 두루 방을 붙여 널리 알리도록 하라."

리델 주교, 마르세유에 도착

리델 주교가 홍콩을 떠나기 전 자신의 선교지가 처한 위험에 대해 알았더라면 그가 느꼈을 아픔과 근심을 우리는 짐작할 수 있다. 그러나 하느님의 가호로 이러한 사건들을 전하는 「서한」은, 질서가 회복되었고 죄인들을 처벌했다는 소식과 모두 함께 마르세유에 도착했다.

마르세유에서 며칠 휴식을 취한 후 조선 주교는 발라뤼크(Balaruc)로 향했는데, 그곳 의사들이 온천치료를 받아보라고 권고했기 때문이다. 거기서 신선하고도 맑은 공기, 토(Thau) 연못 주변 산책, 그를 돌보는 사람들의 사려 깊은 치료는 그에게 안식을 가져다주어 미래에 대해 진지하게 소망을 품어볼 수 있게 되었다.

그러나 불행하게도 손발은 여전히 마비된 상태였고, 아직도 가끔씩 심한 고통을 느끼고 있었다. 그러나 용감한 사도에게 부드러움과 명랑함은 언제나 그날의 과제였으므로 그의 주위에서 아무도 그러한 기미를 눈치 챌 수 없었다.

루르드 성지 순례

"그토록 명랑하고 친절한 환자를 돌보는 것은 진정한 기쁨이었다"라고 그를 동반했던 선교사는 썼다.

그러면 여기에 주교가 자신의 상태에 대해 어떻게 생각하고 있었는지 옮겨보기로 한다.

"나는 완치가 되든 안 되든 두 가지 모두에서 이득 볼 게 있고 잃을 것은 하나도 없다. 만일 완치된다면 하느님의 의지에 따라 내 선교지로 돌아갈 것이고, 치유되지 않는다면 연금이나 받으며 조용히 살아갈 터인데 그 역시 하느님의 뜻이다. 따라서 나는 행복할 수밖에 없는데, 애써 힘든 것을 찾지 않고 어떤 면으로 보면 항상 하느님의 뜻을 행할 것이기 때문이다."

단언하건대, 성 곤자가[9]와 성 프란치스코 살레스[10]도 이와 다른 방식으로 생각하지는 않았을 것이다.

가족을 만나기 전에 신심 깊은 선교사는 1876년 조선 해안가에서 블랑 신부와 함께 죽을 뻔했을 때 드렸던 서원을 성취하기를 원했다. 따라서 그가 프랑스 땅에 내리자 처음 찾아간 곳은 루르드의 성소이며 성모 마리아를 위해서였다.

반 도착

11월 초, 리델 주교는 반에 돌아와 있었다.

아! 사랑·헌신, 애정이 어린 청원 같은 것들이 그에게 건강을 돌려줄 수 있다면!

"그분은 밤낮으로 항상 가족들에게 둘러싸여 있었는데, 이들은 리델 주교가 자신들과 같이 피를 나눈 같은 한 가족임에 행복하고 자랑스러워했습니다. 그의 가족에게 사도의 존재, 그것은 또한 그의 기쁨인 동시에 영광이 아니겠습니까?[11]"

제3장

반에서의 체류

한 인간의 삶에 있어, 경박한 이들은 겉으로 빛나는 것을 찬양하여, 눈부시게 자신을 사로잡는 것에 현혹되어버린다. 그러나 거기에는 진정한 위대함이 존재하지 않는다. 위대함이란 아무리 초라한 상황에 처해 있다 할지라도 절대 더 이상 스스로를 굽히지 않는 것이라 할 수 있다.

이러한 완벽한 수준에 이른 사람은, 조류가 고르지 못함에도 꿋꿋이 자신의 목표를 정하고 앞을 향해 전진하는 조타수와도 같다. 하느님의 뜻이 곧 그의 뜻이고, 한 결 같은 에너지로, 다양하게 일어나는 많은 사건 한가운데에서도 한결같은 고귀함으로, 우리가 흔히 행운 또는 불행이라 부르는 것들 한가운데를 통과하여 건강하든 병들든, 영광스럽든 비천하든, 기쁨이나 고통을 막론하고 그는 그것을 완수해낸다.

그는 조선 주교로서 처해야 했던 심각하고 어려운 상황에서 항상 훌륭한 성품과 고귀한 감정을 지닌 인격체임을 보여주었다. 겸손한 선교사로서 위험에 처한 선교지를 위해 조국의 후원을 간청하러 갈 때에, 형편없이 초라한 쪽배에 몸을 싣고 바다를 건너가는 그를 우리는 지켜보았다.

또한 프랑스 군대를 지휘하며 조선 연안에 프랑스 기를 꽂게 하는 것도 보았다. 바티칸 공의회에서 주교 성성식(成聖式) 장면에도 우리는 참석했다. 베이징 주재 외교관들과 협상하는 것도 지켜보았다.

또 조선의 산중에서 자신에게 맡겨진 양 떼를 개종하거나, 혹은 만주의 얼어붙은 계곡에서 가장 까다롭고도 흔하지 않은 책을 저술할 때, 또는 8학년 학생들을 가르치느라 모든 것을 바칠 때, 이런 그의 모습 역시 우리에게 위대해 보인다.

더욱이 감방의 지푸라기 위에 누워 기아와 비참함으로 죽어가는 그리스도인들 한가운데에서, 몰래 그들의 죄를 사하고 부활절

엔 장엄하게 축복을 내렸을 때, 그때 역시 위대해 보인다.

언제 어디서나 과장됨 없이 순수한 덕성으로, 끊임없는 희생으로, 또한 용기를 꺾이지도 않고 스스로 연약해짐도 없이 맡은 바 의무에 충실하게 임했다.

그렇다면 우리 사도를 기리는 칭송사를 쓰는 이와 함께 말을 해 볼까? 모범이 될 만한 언행을 하는 영혼을 만나면 그를 찬양해야 하는데, 이는 그 행위들이 칭송 받고 이러한 본보기를 우리에게 주신 하느님께 감사드림이 마땅하기 때문이다.

가난한 자들에 대한 리델 주교의 애정

생의 마지막 몇 개월 동안, 몸이 자유롭지 못하였으나, 그는 스스로 작은 것들을 더할 나위 없이 고상하게 행했는데, 그의 아주 작은 움직임까지도 성스러움이 빛을 발했다.

그의 질녀(姪女) 중 한 분은 다음과 같이 이야기한다.

"저희 삼촌이 우리와 함께 보냈던 첫해 겨울, 정원 샛길에서 구근류 꽃식물을 갖다가 단지에 넣은 다음 방으로 가져가셨던 일을 기억하고 있습니다. 석 달 동안 삼촌은 이 식물을 보살폈습니다. 물을 주고 창문가에 두었다가 저녁이면 들여놓기도 하셨습니다. 그 식물에 너무도 많은 관심을 쏟으시기에 어느 날 제가 그 녀석을 갖다드리며 다음과 같이 말했습니다.

'정말이지, 이 작은 뿌리식물을 너무나 아끼시니 제가 샘날 지경이에요.'

그러자 삼촌 얼굴에 환한 미소가 번지며 저에게 이렇게 말씀하셨어요.

'내가 이 녀석을 왜 이리도 아끼는지 아느냐?'

'잘 모르겠어요. 못생긴데다 말라비틀어져 꽃도 피우지 못할 거예요. 저 같으면 더 예쁜 걸로 골랐을 것이고요, 그러면 제가 당연히 잘 돌보아주겠지요.'

그런데 삼촌께서는 저에게 다음과 같이 대답해주셨어요.

'내가 그 녀석을 고른 것은 바로 못생기고 허약하기 때문이야. 고통을 받으며 자연의 혜택을 받지 못한 자들을 내가 항상 사랑한다는 걸 모르고 있었니?'"

실제로 리델 주교는 이웃의 두 아이를 특별히 보살펴주고 있었는데, 이 꼬마 숙녀들은 그를 보기만 하면 멀리서도 뛰어와 인사를 하곤 했다. 하루는 이들 중 한 아이가 병에 걸렸다는 소리를 듣고 리델 주교는 즉시 산책로를 바꿔 미천하기 짝이 없는 오두막으로 발길을 옮겨 안으로 들어갔다.

가엾은 소녀는 티푸스 열병에 걸려 섬망(譫妄)증세에 시달리며,

하늘나라로 가서 남동생 만나기를 소망하고 있었다. 잠시 후 섬망 증세가 가시고 어린 환자는 주교를 알아보았다. 소녀는 머리를 약간 움직여 인사를 건넸고, 미소도 보냈는데 그녀의 기쁨이 입술에 한 가득 담겨 있었다. 신심 깊은 주교는 소녀의 이마에 손을 대고는 십자가 성호를 그으며 축복했다.

열은 금방 내렸지만, 가여운 소녀는 몸 오른쪽이 마비되어버렸다. 이렇게 새로 찾아온 불행으로 인해 그녀에 대한 선교사의 애정은 더욱더 커졌고, 그 후로 몸이 마비된 어린 소녀는 리델 주교의 귀염둥이가 되었다.

선교사는 매일 바닷가로 산책을 나가는 데 온 힘을 썼다. 걷는 데 고통이 덜하고, 그나마 마비된 손으로 발걸음을 보조해주는 지팡이 잡는 것이 좀 수월해졌으므로 그는 다시 소망을 품어볼 수 있어 몹시 기뻤다. 그래서 걸음걸이를 더 재촉했고 좀 더 강도 높은 훈련으로 힘을 키우기 위해 일부러 케리노(Kérino)의 울퉁불퉁한 오솔길로 접어들곤 했다. 만일 피곤해져 할 수 없이 멈춰야만 할 때는 바닷가의 큰 바위나 모르비앙만을 굽어볼 수 있는 높은 장소를 골라 쉬곤 했다.

예전에 조선의 풍경이 고향 브르타뉴를 상기시켰던 것처럼 오늘은 브르타뉴 풍경이 조선을 연상시키고 있었다. 그는 우리에게 자주 말하곤 했다.

"오! 이 지방은 정말 아름답군요! 구릉들, 나무숲, 여기저기 흩어져 있는 마을들이 내포를 생각나게 합니다. 그러나 조선은 나에게는 훨씬 더 아름답게 보인답니다. 그곳은 사람의 발길이 닿지 않은 곳이고, 처녀지와도 같아요."

그리고 그는 다시 이야기를 시작하는데, 그 안에는 희귀하면서도 자세한 내용과 진지한 교육내용이 담겨 있으며 매우 부드럽고도 발랄한 기운이 넘쳐흐른다.

이러한 산책 중에 그는 자신의 품성의 바탕을 이루는 지극히 친절한 사랑을 실천할 방법을 찾게 되었다. 매일 지나가는 길목 근처에서 양 떼를 지키는 어린아이를 몇 명 만난 적이 있었다. 그는 이들에게 선하신 하느님과 거룩한 동정녀 이야기를 해주었고, 종교의 진리를 가르치거나 몇 가지 재미있는 이야기를 들려줌으로써 이들에게 믿음에 관한 추억을 남겨주곤 했다. 어린이들은 이 유명한 주교를 좋아했고 아마도 그가 사망했다는 것을 알았을 때 많이 울었을 것이다.

또 언젠가는, 이웃 고아원의 어린 소녀들이 항구 반대편에서 그를 알아보고서, 나무가 늘어서 있는 오솔길에서 나와, 선교사의 축복을 받기 위해 반대편 물가언덕에 와서 꿇어앉았다.

단순한 하나의 장면에 지나지 않겠지만 이 축복 장면은 너무나 장엄해 보였다. 선교사는 아름다운 백발을 드러낸 채 지팡이에 몸을 의지하고 떨리는 손으로 어린이들에게 축복해 주었다.

이 광경을 보고 산책을 하던 이들은 멈춰 서서 모자를 벗었고, 대부분의 사람들은 성호를 그었다.

반의 고위 성직자

리델 주교에게 가장 달콤했으면서도, 마지막 추방 생활 동안의 고뇌를 달래주는 데 크게 기여했던 기쁨 중 하나는, 반의 고위 사제단 수뇌부 가운데서, 그에게 형제처럼 매우 헌신했던 사람을 다시 만났다는 사실이다.

존경하는 반 주교는 머나먼 외지에 가 있던 조선의 사도를 끊임없는 관심을 가지고 지켜보았었다. 그는 리델 주교의 사도 활동에서 모든 기쁨과 어려움에 동참했었다.

주교의 투옥 소식이 주교를 형제처럼 사랑했던 그의 영혼에 얼마나 큰 고통을 심어주었는지, 그리고 석방 소식을 접하고 너무나 희열에 사로잡힌 나머지 자기도 모르게 얼마나 큰 소리를 질렀는지에 대해 이야기하는 감동적인 「서한」들이 주교에게 전해졌었다.

반의 사제는 사제대로, 하느님의 믿음을 그토록 용감하게 증거한 훌륭한 주교를 존경해 마지않았다. 이들 중에 어린 시절 친구가 하나 있었는데, 그는 리델 주교에게, 거룩한 계획들, 예전에 했던 신앙심 깊은 대화들, 그리고 모르비앙에서 쪽배를 타고 갔던 잊지 못할 소풍, 그들의 미래에 닥쳐올 피곤함을 대비한 신체 단련으로 밭과 꽃 핀 광야를 가로질러 종탑으로 달려가던 일을 상기시켜주었다.

이러한 친밀함을 같이 나누기에 마땅했던 그 친구는 오래전부터 대성당의 수석사제로 일하고 있었다. 심술궂은 사람들도 그를 높이 평가하고 선한 이들은 그를 사랑하며 가난한 자들은 그를 축복한다.

여기서 선교사가 성소의 학생들 가운데 들르곤 했다는 일탈의 시간들을 잊지 않도록 주의하자.

성인을 보노라면, 이들의 덕성은 표현이 불가능한 매력을 발산할 뿐 아니라 저도 모르게 이끌리게 된다. 이들과 접할 때 사람들은 누구나 자신이 미천하다고 느껴 얼굴이 붉어지고, 마음속 저변에 스스로가 좀 더 나아지고 싶다는 욕망이 생겨나는 것을 느낀다. 이는 초현실적인 질서에 의해 하느님을 향해 이끄는 흡인의 법칙과도 같은 것이다.

조선 주교는 모든 그리스도적이고 사도적인 덕성에 있어 하나의 본보기였다. 우아함은 그에게서 가장 친절한 형태를 취하고, 그는 자신의 말·행동, 그리고 모든 인격을 통해 스스로를 드러냈으므로 마치 하늘나라에서 전해져 온 향기와도 같은 그런 싱그러운 것이 또 있을까 싶을 정도다.

신학교로서는 그가 방문하는 것은 매우 좋은 기회가 될 수 있었다. 영성 관련 분야에 정통해 있었으므로 현명한 교장은 이러한 호기를 그냥 지나쳐버릴 수 없었다. 그의 야윈 몸, 예전에는 강건하였으나 너무 돌보지 못했고, 과로할 정도로 떠맡았던 일들의 무게에 짓눌려버린 그의 기질을 보고서, 어떤 그리스도교인이, 그리고 특히 성직의 길을 준비하고 있는 어떤 신학도가 자신 속에서, 영혼의 열성과 희생에 대한 사랑이 자라나는 것을 느끼지 않을 수 있으리요! 그의 아름다운 모습은 이미 더 이상 성인으로서 부족할 것이 없었으므로, 우리 구세주께서 곧 그의 이마 위에 정의의 면류관을 선사하실 일만 남았던 것이다.

반의 대신학교(大神學校) 방문

리델 주교가 신학교를 방문할 때면 학교는 항상 축제 분위기였다. 휴식시간에는 종을 울리므로 지역 주민이 몰려와 순식간에 그를 둘러싸곤 했다. 수업시간에는 더 수월했다. 한 현명한 교수는 과학 강의를 다음 날로 미룬 채 노트를 접고 강단에서 내려와 그

자리를 주교에게 내드렸다. 그러면 과연 학생들은 이에 대해 무어라 할까? 그들 역시 아무런 후회가 없었다.

1883년 5월 4일, 학교 행정서기는 다음과 같이 기록했다.

"깜짝 놀랄 만한 좋은 일이 있었는데, 우리는 오늘 아침, 그를 보는 것만으로도 반 신학교 교사와 학생에게 항상 새로운 기쁨을 선사하는 한 주교님을 교회법 교수로 모셨다. 조선 선교의 사도인 리델 주교께서 오늘 오셔서 이전에 두 번이나 하신 적이 있던 약속을 행동에 옮기신 것이다.

우리에게 자신의 선교지에 대해 말씀해주셨는데, 상당히 신비스러운 내용이기에 이해하기가 쉽지는 않았다. 당연히 그 우아함과 평온함은 우리가 모두 기억하고 있는 성 프란치스코 드 살을 상기시켰다."

생트 안 소신학교에서

생트 안 소신학교를 방문할 때는 거의 승전하는 개선장군과도 같았다고들 말한다. 반 출신 니콜(Nicol) 신부는 그것이 사실이었음을 증거 해줄 것이다.

"생트 안 마을에서는 어린이와 어머니가 사랑하는 축일인 성영(聖嬰) 축제[1] 기간 중이었다. 이날 역시 더욱더 감동적인 일이 일어났다. 군중이 기념성당의 신자석을 가득 메웠고, 그 당시 모든 사람은 조선 주교가 긴 세월 동안 얼마나 고통을 겪었는지 이미 알고 있었다.

용감한 그 주교는 많은 사람들이 밀집해 앉아 있는 열 가운데에 와서 앉은 후, 친밀하고도 신심 어린 감동적인 이야기를 통해 성영에 대해 말했다. 그는 선한 행위로 훌륭한 결과를 보았다. 성영축일의 필요성에 대해서는 고통스러운 현실에서 이미 관찰하였으므로, 버려진 어린이들의 이유를 대변하기 위해서는 자신이 본 것을 이야기하는 것으로 족했다. 분명 그와 같은 사람은 그러한 중대한 일에 대해 이야기할 수 있는 능력이 있다."

하루는 한 중국인이 그에게 다가와 말했다. "너는 우리나라에 왜 왔느냐? 여기서 네가 할 일은 아무것도 없다. 더 이상 말할 필요도 없다."

—"내가 할 수 있다면 꼭 한 가지 할 일은 있소. 여기 길을 지나며 버려진 아이들을 보았는데 죽어가고 있었소. 큰 집을 사서 그 아이들을 데려와 먹여 키우고 싶소" 하고 주교는 대답했다.

—"그거 참 훌륭한 일이군, 그런데 네가 그토록 부자냐?"

—"아니오, 나는 가난하오."

—"그럼 거기 필요한 돈을 어디서 구할 건데?"

―"프랑스의 자녀들이 내게 줄 것이오."

―"그 자녀들은 돈이 많은가?"

―"아니오, 적어도 대부분의 사람은 그렇지 않지만, 그 사람들은 선한 마음씨를 가지고 있다오."

이 얼마나 감동적인 말인가! 선한 마음씨를 가지는 것, 그것은 훌륭한 일에 기여하는 데 필요함과 동시에 또 그걸로 충분하다. 그러므로 우리는 내핍생활을 가끔씩 하고, 나누어주는 것도 가끔 하지만, 기도는 항상 해야 한다.

저녁에 소신학교 부속 경당에서 또 다른 집회가 열렸다. 곧 성인이 되고, 그리고 대부분 하느님께서 허락하시면 장차 신부가 될 어린 청소년에게 리델 주교는 그가 잘 알고 있는 불쌍한 나라에 대해 가장 흥미로우면서도 상세한 이야기를 들려주었다. 그곳에는 악마가 열심히 일을 하고 있지만 은총은 기적을 일으킨다. 그런데 어떤 영혼들에게 있어 그 행위는 흔히 가시적으로 나타난다.

존경하는 주교가 우리에게 증거의 예를 든 한 남자가 있는데, 그는 현인으로 자신의 교리에 만족하지 않고 초조하게 진리가 어디 있을까 자문하고 있었다. 그래서 주술사들을 찾았고, 고승들의 책도 연구했으며 깊이 명상하고 여행하였으나 자신이 찾고자 하는 것을 발견하지 못했다. 그런데 한 선교사가 그에게 그것을 주었다.

그는 그리스도인이어서 기쁘다.

이 신심 깊은 선교사가 항상 미소 지으며 선의로써, 흡인력 있는 표현들과 함께, 그리고 절대 잊어지지 않을 신심으로 우리에게 아낌없이 퍼주었던 자세한 이야기를 다른 어느 책에서 볼 수 있을 것인가!

다음 날 저녁 매우 가족적인 분위기의 축제가 열려 리델 주교 주위에 소신학교의 교사들과 학생들이 모였다.

사도

아직 젊은 나이에 그는 먼 바닷가로 떠났다.

거기에는 아직 하늘나라도 모르고 그로부터 멀리 떨어져 잠
자고 있던 영혼들이,

이들의 사슬을 풀어줄 전령을 기다리고 있었다.

그는 떠났다, 어렴풋이 본 순교자에게 인사를 건네며.

구세주에게 조선 땅을 바치기 위해

이미 다른 순교자들은 기쁘게 스러져 갔는데

그들의 무덤 위에 그리스도의 말씀의 씨를 뿌리며,

그들처럼 그는 일했다, 그들처럼 치명하기를 바라며.

어느 날 로마의 웅장함 가운데 다시 입었다,

하느님께서 하늘나라의 황제들에게 주시는 갑옷을.

그리고 성이 난 지옥은 볼 수 있었다, 어떻게 한 인간이

영원하신 이의 이름으로 싸우고 기도하며 명령하는가를.

마치 거룩하신 주인과도 같이 쫓기고 고발당한,

그는 한마디 불평도 없이 고난 받고 언제나 강하게 살아갔다.

또 자존심이 센 수령은, 아마도 속으로는 그를 존경했을지 모

르나,

죽음을 경멸하는 영웅을 모욕했다.

—너는 어디에서 왔느냐?

—사도를 보내는 나라에서 왔습니다.

—그 이름이 무엇이냐?

—프랑스입니다.

—그 신은?

—예수 그리스도입니다. 그는 강하여 당신네 신들을 무찌를

수 있소.

—조심하라!

―미래는 현재 금지되어 있는 예배 가운데 있습니다.

―무모한 외국인 같으니라고, 나는 너를 증오한다!

―저는 당신을 사랑합니다.

―나는 힘을 가지고 있다.

―연약함이 승리할 것입니다.

―물러가거라!

―저는 남을 것입니다.

―대체 너는 뭘 원하느냐?

―저는 씨를 뿌립니다.

당신의 뜻과는 상관없이 마음속에는 선한 씨앗이 싹을 틔울 것이오.

―내 왕국은 나의 것이다. 너의 나라는 어디냐?

―영혼들입니다.

―누가 그를 번성케 할 것이냐?

―망나니의 검이오.

순교자들의 몸으로부터 하느님은 불꽃이 피어오르게 합니다.

인간은 무덤을 파고 그는 그걸로 요람을 만듭니다.

―그리스도인이여, 너는 고통을 당할 것이다.

―그것은 하늘나라가 시작되는 것이오.

부서진 내 시신을 유혈이 낭자한 밭고랑에 던지라.

그대는 씨 뿌리는 사람, 나는 그 씨가 되리니,

천국의 추수가 내 피에서 꽃피게 하리라.

—무엇이라! 네가 그리할 수 있느냐?

—나는 할 수 있소, 기도의 힘으로, 하늘나라에 있는 굶주린

자들에게 진리를,

—감옥의 벽들…….

—우리는 그 돌을 취하여 박해받은 하느님의 교회를 세울 것

이오.

그리고 죄수는 아버지의 마음으로 기도했다.

그를 죽이려 하는 방황하는 백성들을 위하여,

그리고 그의 기도 향기로 넘쳐나는 음침한 감방은

놀라 순교자의 고양된 어조를 경청했다.

당신의 뜻이 이루어지이다.

오 나를 보내신 하느님

정복을 완수하소서

제가 일하는 땅에서.

저는 당신의 영광을 위해 원했습니다.

수천의 영혼을 구원하기를……

다른 이들은 승리할 것입니다,

비우호적인 이곳에서.

저의 두 고향에 축복을 내리소서.

당신을 위해 내가 죽을 조선과,

그리고 사랑하는 브르타뉴 위에

당신의 가장 부드러운 선물을 고루 나누어주소서

이곳에서는 당신의 빛이 반짝이고,

그리고 저기에서는 항상 신심이 깊은,

브르타뉴인들은, 이 땅을 구하기 위해

조상들의 믿음을 지켜가고 있습니다.

오, 하느님, 빠른 종달새와도 같으신 분이시여,

푸른 하늘 아래 여행하시며,

그들의 경당 안을 보셨습니까,

하느님을 위해 자라나고 있는 사제들을?

나의 부드러운 브르타뉴의 깊숙한 저곳에

아직도 용감한 마음들이 있습니다.

성녀 안나께서 그들과 함께하시기를,

나는 그들을 축복하고, 그들을 기다리노라.

하늘나라에 영광을! 죄수는 우리 프랑스를 다시 보았다.

성녀 안나의 자녀들에게 오늘 그는 가르치네,

한 그리스도인의 마음이 어떻게 고통을 다스리는지를

그리고 사랑으로 가득 차면 어떻게 희망을 간직하는가를.

오 교황이시여, 우리 젊은 용기를 위해 부디 구하소서

하느님께서 그의 권리를 방어하기 위해 우리를 부르시니,

폭풍을 뚫고 싸울 수 있는 힘을,

고통을 받고 십자가를 꽂을 수 있는 영광을.

시간이 흘러…… 곧 바람이 불어 우리 돛이 부풀어 오르니

그러면, 사도를 위해 기도하며, 성스러운 장소의 그늘에서,

우리 마음은 별들 가운데 빛나는 십자가를 따라가리니,

그러면 쪽배는 하느님의 은총 가운데로 저어간다.[2]

낭트에서 르 코크 주교의 영접을 받다

6월, 리델 주교는 의과대학 교수진의 처방에 따라 부르봉—라르 샹보(Bourbon—l'Archambault)로 길을 떠나야만 했다. 존경하는 주교는 이 여행을 통해, 시간과 거리의 제약이 있지만 열렬한 애정으로 끊임없이 사랑했던 많은 친구들을 만나보기를 원했다.

파리·로안(Roanne)·느베르에서 그는 어딜 가나 갈채와 환영을 받았는데, 이것은 기쁨과 존경의 표시였다. 낭트에서 르 코크 주교는 역까지 직접 선교사를 마중 나와, 허약해 비틀거리는 걸음걸이를 손수 자신의 팔로 부축해주었다. 매우 짧은 체류기간이었으나 낭트 주교는 다른 누구도 리델 주교를 돌보게 허락하지 않고, 다만 자신만이 홀로 그의 수발을 들었다. 신학대학과 생 스타니슬라스 중학교에서 받았던 이러한 우정 어린 환대와 영광을 그는 달콤한 추억과도 같이 즐겨 회상했다.

분명히 이렇게 서로 공감을 나누어 가질 수 있는 증언들은 사도의 마음에 위로가 되었을 테지만 조선을 향한 그의 생각을 돌리게 하지는 못했다. 조선은 그에게 제2의 고향이었고, 그가 살다가 죽기를 원했던 약속의 땅이기도 했다.

마지막 「서한」들

그는 반에서 동료 선교사들에게 다음과 같은 「편지」를 보냈다.

"내 생각이 여러분들에게로 달려가지 않는 날이 하루도 없습니다. 여러분이 눈에 선하여 여러분이 분주히 달려가는 데 따라다니며, 아픔과 고통에도 동참하고 있습니다. 우리 구세주께서 늘 여러분의 힘과 후원이 되시기 기원합니다. 하늘나라에 계신 구세주께서 여러분에게 축복하시기를 늘 기도하고 있습니다.

그대들 가운데 있기를 얼마나 소망하는지요! 하느님의 거룩한 뜻이 이루어지기를!…… 여러분과 멀리 떨어져 있게 만든 이 끔찍한 병에 걸려 꼼짝 못하게 된 지 두 해가 지나갔습니다. 나의 상태에는 분명히 차도가 있습니다만, 너무 느린 나머지 별로 알아차릴 수가 없습니다. 그러나 항상 낫기를 갈망하고 기다리며 희망을 가지게 하기에는 충분합니다.

지금 나는 지팡이를 짚고 걸어 다니는데, 발을 움직이게 하는 근육이 아직 그 기능을 회복하지 못하였기에 마치 죽어버린 것 같은 다리는 앞으로 내밀면 비틀어지고 발을 질질 끌게 됩니다. 팔은 어렵게 움직이는데 경련이 일어납니다. 나 자신의 성화를 위해 이러한 모든 것을 이용할 수 있을까요."

그는 며칠 후 블랑 신부에게 다음과 같은 「편지」를 썼다(1883년 헤어짐이 나에게 얼마나 길게 느껴지는지 모릅니다. 나는 건강을 되찾고자 왔는데 빨리 나아지지는 않고, 내겐 길고도 너무 지루하군요. 우리가 서로 다시 만나고 내가 조선에서 일하다가 죽을 것을 여전히 소망하고 있습니다. 친구여, 그토록 지극한 사랑의 감정을 전해준 데 감사하고, 나를 위해 열렬히 기도해주는 데 고맙게 생각합니다.

우리의 사랑하는 모든 동료들, 모든 신자들에게도 감사하고 싶으니 그들에게 내 말을 전해주기 바랍니다. 여러분은 모두들 용감하게 일하고, 선교지의 안녕과 번성을 위해 용기 있게 헌신하고 있습니다. 하느님께서 상을 내리시기를!

여기서 나는 여러분의 작업을 하나하나 관심을 가지고 지켜보고 있습니다. 서울의 중학교, 피낭의 어린이들, 조선과 일본의 여러 인쇄소, 순교자에 대한 재판, 성영에 대한 작업, 이교도의 개종, 천주교도를 위한 성무 집행…… 동료 각 사람이 자신의 직무에 임하고 있는 모습이 눈에 선합니다.

여러분의 기쁨과 위로뿐 아니라 큰 고통까지도 나누어 가져봅니다. 나는 프랑스에 있지만, 정신과 마음으로는 훨씬 더 조선에 많이 있다고 말할 수 있을 것입니다. 즉 그대 블랑 주교와 코스트·드게트·두세·로베르·뮈텔·리우빌·프아넬, 그리고 조스 신부[3]등 우리 사랑하는 동료우와 함께 말입니다.

"어찌하면 내가 생각 말고 다른 방법으로 빠른 시일 내에 그대 곁에 갈 수 있으리오! 그래서 의사의 처방전을 자세히 살펴봅니다. 아직은 거룩한 미사를 진행할 수가 없어요, 팔 힘이 그 정도로 강하지 못하니까요. 걸음도 걷기는 하나 아주 힘들고 여전히 가슴을 조이는 통증이 있습니다. 이 모든 것으로 여러분은 내가 이제 단지 하나의 늙은 몸뚱이에 지나지 않는 것을 알게 될 겁니다. 어쨌든 적어도 고칠 수 있어 사랑하는 조선의 어느 구석에라도 옮겨가서 뭔가 할 수 있다면 얼마나 좋으리오만!"

이것이 바로 이 사도의 영혼으로, 조선 땅에서 죽겠다는 염원 하나밖에는 없다. 모든 이들 위로 흘러넘치는 이 선함, 그것은 '그의 사제들'이라는, 그 무엇보다도 우위에 두는 목적성을 표방하고 있다. 왜냐하면 그들이 그에게 가장 가까이 속해 있고, 선함을 통해 사도의 거친 삶에 적응하도록 훈련 받았기에, 선교사에게는 그들이 그의 작품인 동시에 두 배로 크게 느껴지는 자식일 뿐 아니라, 하느님의 영광을 가져다주고 영혼들을 구하는 숭고한 선교를 통해 그들이 자신의 동료라는 사실을 확인할 수 있기 때문이다.

　다음은 리델 주교가 자신의 가족으로 받아들인 사람들에게 보낸 마지막 「서한」이다. 1884년 4월 4일자, 존경하는 조선의 부주교 앞으로 썼다.

　친애하는 주교님과 친구들에게[4]

　여러분 최근 「편지」를 통해 저에게 주신 기쁨에 대해 감사드립니다. 여러분이 내게 전해준 소식은 복되기도 하지만 가능성을 열어주기도 합니다. 우리 모든 동료들이 좋은 건강상태를 유지하며 담당 구역에서 다들 용기 있게 일하고 있더군요. 어디에서나 평온함과 자유에 대한 소망과 함께, 오! 당신의 뜻이 이루어지소서! 당신의 뜻이 이루어지소서! 하느님 감사합니다![5]

　나의 삶은 늘 무척이나 단조롭게 흘러갑니다. 그래도 사랑하는 선교지 조선을 다시 보고 싶습니다. 이 소망이 나를 지탱해주고 있습니다. 나는 7, 8회 정도밖에 미사를 집도할 수 없었는데, 그조차 매우 힘들었습니다. 방금 로마로부터 몇 가지 의식을 집전하는 데 왼손을 사용해도 좋다는 허가증을 받았습니다.

여기서 강제로 길게 쉬는 중에 내 마음의 눈은 자꾸 사랑하는 친구인 그대에게로, 그리고 가엾은 조선에게로 돌아갑니다. 거기서 우리 모든 동료들이 보인답니다!

상하이·체푸로부터, 그리고 특히 뭍과 바다 위를 누볐던 여행 중에 내가 가족들에게 늘 보냈던 「편지」들을 방금 전 모두 다시 읽어보았습니다. 그대에 대한 기억은 내게 아직도 선한데, 아니 오히려 지금 같이 있는 것 같거나, 어쨌든 만져볼 수 있을 것 같소. 그대 진정 나의 동반자이며 후원자여. 1878년, 아니면 1877년, 10월 22일 우리가 서로 헤어졌을 때 그것이 이리도 오래 끌 줄 그 누군들 알았겠습니까!

이제는 그대를 보기를 소망합니다. 나의 소원은 사랑하는 동료 선교사들과 가련한 신자들 한가운데서 더불어 살기 위해 곧 다시 조선으로 돌아가는 것이지요. 맞습니다, 거기서 살다가 죽기 위함입니다. 우리에게 자유가 주어진다면 이 소원은 이루어질 수 있을 거예요. 그때를 기다리며 나는 건강을 회복하기 위해 유럽이 제공하는 모든 수단을 동원해야 합니다. 우리가 사랑하는 선교지를 지휘하는 데 나 대신 아낌없이 용감하게 헌신해주는 것을 고맙게 생각합니다. 또한 이 어려운 과업, 그러나 선하신 하느님께는 얼마나 아름다운지 모르는 일에 그대를 보좌하는 모든 선한 우리 동료들에게도 감사합니다.

나는 「편지」를 많이도 또 자주 쓰지도 못하지만 마음으로는 항상 여러분 모두와 함께 있습니다. 모두를 위해 기도하고, 마치 우리가 가까이 있을 때 하듯 여러분에게 멀리서 애정을 담아 축복합니다. 이 점을 우리 동료들에게 잘 전해주시오. 그리고 이들에게 한 아비가 그 자식들을 사랑하듯 이들을 내가 사랑하노라 말해주세요. 나는 여러분에게 나를 위해 기도해 달라고 할 필요가 없어요. 나를 잊지 않을 것이라는 걸 알고 있으니까요. 그러니 여러분에게 감사할 따름입니다.

안녕, 나의 친애하는 부주교여, 다시 봅시다. 오! 그래요, 다시 봅시다! 그때를 기다리며 하느님의 뜻에 따르기로 합시다! 예수·성모성심[6] 가운데 여러분을 맡깁니다.

거기서 나는 항상 그대의 지극히 헌신적이고도 사랑하는 친구며 동료입니다.

† 조선교구장 펠릭스 리델 주교

다음달, 용감한 주교는 건강회복을 위해 마지막으로 다시 한 번

시도를 하는데, 즉 여행을 떠나보기로 굳게 결심한 것이다. 사랑하는 선교지로부터 멀리 떨어져 더 이상 살 수가 없었기 때문이다.

5월 17일, 그는 파리에서 가족에게 다음과 같이 「편지」를 썼다.

> 저는 여전히 거의 같은 상태에 있고, 의사들 말에 따르면 병이 소강상태에 접어들어 더 이상 아무것도 해줄 수 없다고 합니다. 전기충격이나 한번 해보면 모를까? 그러나 이건 중국에서 이미 시도해 보았는데 아무런 효과가 없었답니다. 온천치료를 받으면 정신적인 위로가 될까요?…… 의사들도 희망을 버린 완치를 바라기보다는 병의 상태를 조금 완화시키기 위해서 말입니다.
> 그러니 온천에 가는 게 무슨 소용 있겠습니까? 나를 그리로 보내니 그저 나는 갈 뿐입니다.

선교사가 이 글을 쓰고 있는 동안, 루르드에서 그를 위해 구일기도(九日祈禱)[7]를 시작할 것이라는 소식이 왔다. 그는 그곳으로 가라는 충고를 받았다. 이러한 생각은 그로 하여금 미소 짓게 했고, 그는 다음과 같이 「편지」를 마치고 있다.

의사는 나를 부르봉에 가라고 합니다. 나는 성모님의 권능을 전적으로 신뢰하므로 루르드로 갑니다. 믿음과 신념! 용기와 인내를 가집시다.

*출처: 성모발현지 루르드 순례자들 *작성자: 비주

루르드 순례

1884년 5월 23일, 그는 다음과 같이 썼다.

"여러분도 아시다시피 여기서는 기도하고, 소망하며, 사랑하고, 또 행복합니다. 그것이 바로 내 존재요, 내가 하는 일입니다. 저는 루르드의 선교사 신부들 댁에 머무르고 있습니다. 아침이면 두세 차례 미사를 드리니까 성모발현 동굴[8]에 두세 번 내려가는 셈이지요. 매일 욕조[9]에도 들어갑니다. 어제 나는 성모 성월의 훈시 후에 중환자들에게 장엄한 축복을 주었습니다. 그 훈시 중에 강론자는⋯⋯."

주교가 말하려고 했던 내용은 다음과 같다.

"성모 성월 강론을 하던 예수회 신부는 매우 성모 마리아 식으로 훈련을 받은 한 선교사 이야기를 했었습니다. 그는 낭트 출신이었습니다.—저런, 나랑 동향 사람이구먼, 하고 주교는 중얼거리며 귀를 기울였다.—신학교 학업을 마친 후 몇 달간 자신에게 맡겨진 교구에서 일했습니다.—정말 나랑 똑같네, 하고 주교는 중얼거렸다.—그의 열성으로 말미암아 그는 얼마 후 선교사가 되었습니다. —그것도 나랑 같네.—그의 윗분들은 그를 조선으로 보냈습니다."

이 말을 듣자 그는 깨달았다. 그는 후일 다음과 같이 말했다.

"나는 몹시 불편했고, 군중은, 주교가 되고 거의 순교자가 될 뻔한 바로 그 선교사가 자기들에게 축복을 하리란 것을 마지막에 가서야 알게 되었다."

그가 밖으로 나오자 모두들 달려와서는 그를 에워쌌다. 모두들 그의 반지와 수단[10]에 입맞추려고 했다. 극도로 조심을 하지 않으면 안 되었다. 사람들이 웅성거리길 그의 수단과 허리띠 조각을 잘라 가지려고도 했다. 그러나 그가 수영장으로 들어가자, 모두들 무릎을 꿇고 전례 없이 열심히 묵주의 기도를 바쳤다.

경건한 선고

순교자의 종려나무 잎을 허락하지 않으셨던 하느님께서는 선택된 자들이 받을 왕관을 그에게도 곧 내리기를 이미 결심하셨고, 모든 사람들이 원하던 기적은 얻지 못했다. 거룩한 주교는, 몸이 나아 조선으로 돌아간다는 강렬한 소망이 있었음에도 그에 대해 전혀 두려워하지 않았다.

2주일 후, 그는 다시 파리로 돌아와 자신의 순례여행에 대해 다음과 같이 이야기한다.

"사방에서 나의 완치를 위해 열렬히 기도하였으나 성모께서는 그것을 허락하지 않으셨다. 이는 하느님의 지극히 위대한 영광과 나의 가장 큰 안녕을 위해서다. 용기와 신념을! 성모께서 방문하셨던 지방에서, 기념성당[1]과 동굴에서 나는 정말 아름다운 시간을 보냈다. 기릴 것들이 얼마나 많은지! 믿음, 순례자들의 신앙심, 구해서 얻어낸 은혜와 축복들! 원하는 것을 모두 얻어낼 수 없을지라도 항상 위로 받고 신념으로 가득 차 돌아선다."

리델 주교의 마지막 순간들

6월 중순 쯤 리델 주교는 반으로 돌아왔다.

그 당시 그의 건강은 약간 차도를 보이는 듯했다. 그러나 어찌하랴! 위선적인 겉모습 아래 스스로를 감추고 있던 죽음은 슬쩍 잠입하는 적과도 같이 소리 없이 다가오고 있었다. 그러나 과연 다음과 같은 깊은 생각을 써내려갔던 주교를 죽음인들 놀라게 할 수 있었을까?

"영원한 삶을 누리는 데 있어 성인이거나 저주받은 자 둘 중 하나이지, 그 중간은 없다."

"예수 그리스도는 나의 모델이다."

"묵상 중에 그의 정신을 탐구하고 성인들의 자취를 따라 걸어가기 위해 모든 노력을 경주하는 것."

"나는 언제라도 죽을 수 있다. 곧 죽을 것이다. 내게 남은 생을 하느님을 위해 봉사하는 데 바치는 것이 과도한 일일까?"

"영원한 삶이여, 나의 인사를 받아다오!"

"성스러운 삶을 통해 내가 구원할 수 있었던 영혼들의 안녕, 그 결과로 얻어질 나의 선교지, 그리고 동료 선교사들을 위한 안녕……."

"고해, 내가 지은 죄에 대한 속죄, 하느님의 영광, 내 양심의 평화."

"뒤로 미루는 것은 죄악이요, 위험할 것이다. 그러니 즉시 쉬지 않고 성인이 되기 위해 일을 계속해야지."

"매일 지상의 것들로부터 나 자신을 떼어놓음으로써 죽음에 대비시킨다. 죽음에 대한 준비와 더불어 월례 피정."

"모든 은총을 누리되 남용하지는 말 것. 좋은 영감을 많이 취해 실행에 옮길 것."

"내가 하는 모든 일에서 동기를 순수화하고 하느님의 영광과 사랑밖에는 목표로 삼지 않을 것이며 정신과 마음으로 하느님과 합치할 것."

"하느님을 믿을 것. 하느님의 섭리의 품에서 충만하고도 온전한 믿음으로 자신을 버릴 것. 하느님이 원하시는 것만 바랄 것, 당신이 그것을 원하므로. 근거 없는 불안을 떨쳐버리고 인간이 해주는 원조나 자기 자신의 힘에도 의지하지 말 것."

"하느님, 그리고 우리 구세주의 사랑…… 모든 것에서 우리 구세주를 본받기 위해 내 자신을 적용시킬 것."

"모욕, 고통, 가난을 두려워하지 말고, 담담하게 견디어내며 마치 보물과도 같이, 선택되어 받은 은총과도 같이 사랑으로 받아들일 것, 하느님 안에서 그것을 누릴 것."

"지극히 거룩한 성체, 예수 성모의 성심, 십자가 수난의 신비함에 헌신할 것. 거룩한 동정녀, 선한 천사, 거룩한 천사들, 성 요셉과 다른 모든 성인에게 헌신할 것."

"영원한 삶을 생각할 것, 가장 마지막 목표일지라."

이상은 죄 없고 성스러운 하나의 삶, 즉 하느님 앞에서 귀중하게 살았던, 그리고 하느님을 위한 봉사, 혹은 형제들을 위한 봉사를 항상 염려했던 한 삶이 마지막 순간에 우리에게 전해준 메시지다.

리델 주교의 죽음은 자신의 삶과 닮아서 부드럽고 평온하며, 하느님의 의지에 따르는 순종과 그의 한없는 자비에 대한 믿음으로 충만했다.

이 세상을 하찮게 보고 현세의 삶을 하나의 추방생활로 여기는 데 익숙했던 그는, 자신의 몸이 붕괴되는 순간을 고통 없이 넘겼고 아무 미련도 없었는다. 세상의 피조물을 하느님께 제사드릴 희생제물로밖에는 절대 사랑한 적이 없었기 때문이다.

하느님께로 가다

6월 19일 정오경, 갑작스럽게 날카로운 고통이 더 심해졌으나 선교사의 평온함을 깨지는 못했다. 묵주의 기도 소리가 그의 고통에 위로가 되었으므로, 가슴으로부터 체념의 말이 올라와 입술에 이르고 있었다.

"하느님의 뜻이 이루어지이다."

그날 밤, 고통이 훨씬 커져 갑자기 위험한 상황으로 번졌고, 얼마 지나지 않아 그를 구할 수 있으리란 희망도 모두 사라졌다. 가끔씩 고통이 참을 수 없을 정도로 심해져, 죽어가는 이는 눈을 떠 하늘을 향해 들고 말했다.

"세상에나, 너무 통증이 심합니다! 하느님, 당신의 뜻이 이루어지기를! 순결하신 마리아여, 저를 위해 기도하소서."

이것이 그의 죽어가는 입술로부터 흘러나온 마지막 말이었다.

6월 20일 예수 성심대축일 오전 6시경, 그의 영혼은 모든 좋은 것들의 원천과 합류하기 위해 날아올라, 그토록 열렬히 사랑했고 그렇게 충실히 봉사했던 바로 그 하느님께로 갔다.

시내에 이 슬픈 소식이 두루 퍼지자마자 군중들이 그를 존경하여 기리고자 하는 마음은 지극히 감동적인 모습으로 나타났다. 사방에서 신자들이 그의 유해에 조의를 표하기 위해 달려왔다. 모든 이들은 마지막으로 그의 반지에 입맞추기를 원했고 그 몸에 지닌 메달과 묵주를 만지고 싶어했다. 죽음조차도 경의를 표했던 그의 아름다운 얼굴이 머금고 있는 평온함을 아무리 찬미해도 지나치지 않을 것이다.

사방에서 끊임없이 와서 그가 누운 위에 던지는 꽃들은 그 즉시 사라지곤 했는데, 사람들이 신심 어린 기념품으로 가져갔기 때문이었다.

사람들은 입을 모아 한마디의 말만 되뇌었다.

"이분은 성인이며, 순교자이십니다!"

성대한 장례미사

다음 날 친지·사제들은 성령의 귀중한 성전인 그의 존경스러운 유해를 신심을 다해 관 속에 안치했다. 이 극적인 이별의 순간에 이들은 무릎을 꿇었고 이들의 눈물은 떨어져, 수없이 죄를 사하고 축복하기 위해 들어올렸던, 지금은 얼음처럼 싸늘하게 식은 그의 손 위에 마지막으로 흘러내렸다.

장례식은 성대하게 치러졌다. 베셀(Bécel) 주교가 손수 시신을 침대로부터 들어 옮겼고 미사를 집전하였으며, 캥페르(Quimper) 주교인 누벨(Nouvel) 주교가 관 옆에서 면죄기도를 올린 후, 두 주교는 매장지까지 시신을 따라갔다.

교회학교의 소녀들, 형제들의 자녀들, 생 그자비에 중학교와 대신학교 학생들, 그 도시와 생트 안, 그리고 이웃 교구의 사제들, 교회 참사회 회원들이 지극히 성대한 행렬을 이루고 있었다. 신학생들이 들고 있는 관 위에는 주교의 위엄을 상징하는 휘장을 둘렀고 혁혁한 공을 세운 고인의 순교 상징인 커다란 백장미 화환과 녹색 종려나무 두 잎을 놓아두었다. 종려나무 잎과 화환은 아름다운 붉은 스카프로 엮여 있었는데 그 위에는 다음과 같은 글귀가 씌어 있었다.

'외방전교회 신학교…… 조선 선교…… 나사렛'.[12]

관 뒤에는 또 다른 신학생들이 꽃다발과 화환을 들고 있었다. 묘지로 향하는 여정 내내 무리를 이룬 신자들이 묵상과 슬픔 속에 잠겨 있었고, 많은 이들은 마치 하느님의 종에게 마지막 축복을 구하기라도 하는 듯 무릎을 꿇곤 했다.

추모 설교

2주일 후 맹기 신부는 낭트·반·아이티곳의 주교들이 참석한 가운데 선교사 주교에 대한 장례 추모 설교를 했다. 그는 한 친구에 대해 말하며, 그 절친한 친구가 그랬던 것만큼이나 품위가 있었고, 그의 추모사의 끝 부분은 이 책의 마지막 내용이기도 하다.

"외방전교회 신학교에서는 한 선교사가 믿음을 위해 목이 잘렸다는 소식을 접하게 되면 예배실에 모여 성스러운 제대에 불을 밝히고 하느님의 은총에 대한 찬미가 '테 데움 라우다무스'[13]를 부릅니다. 아! 저는 이제 그것을 이해합니다. 그것은 교회를 위한 하나의 새로운 영광입니다. 천주교는 전체적으로 고통에 의한 구속(救贖)[14]의 교리에 기초하고 있습니다. 우리 구세주께서도 고통을 당하셨고 그분께서 이루신 가장 큰 업적은 결국 죽음이었습니다.

그분께서 선택하신 도구들 역시 그를 따라 똑같이 행해야 합니다. 즉 그들은 순교자가 될 것이며 그것이 그들의 영광이요 받을 상입니다. 우리가 지금 추모하고 있는 사도께서는, 하느님이 이 세상을 다시 세우고 정화하며 좀 더 나아지게 보내주신 바로 그러한 훌륭한 도구들 중 한 분이셨습니다.

그러니 눈물을 닦고 그분을 위해 기도합시다. 주교님께서는 조선의 순교자로 이루어진 영광스러운 군대의 일원이 되셔서 우리를 지켜주고 축복하십니다. 우리는 그분께서 우리에게 남겨주신 본보기를 그대로 따라갈 수 있도록 구할 것이며, 자신의 고향, 프랑스, 그리고 교회를 위해 영원히 영광이 되실 한 삶의 자취를 따라가야 할 것입니다."

1889년 2월 10일, 성녀 스콜라스티카[15] 축일에.

리델 주교 비문

ILLMS—AC—RMS—D—D—FELIX—CLARVS RIDEL

EPISCOPUS. PHILIPPOPOLITANUS

VICARIUS. APOSTOL. REGNI COREANI

DEIPARÆ. VIRGINIS. MARIÆ CULTOR EXIMIUS

IMPAVIDUS. FIDEI CONFESSOR

MARTYRII. CUPIDITATE. FLAGRANS

FAMEN. SITIM. VERBERA. VINCULA. CARCERES. EXILIUM

PRO CHRISTI NOMINE

GAUDENS. PERTULIT

NANNETES. IN. ORTU. SOCIETATEM. MISSIONUM. IN. VITA

VENETIAS. IN. MORTE

ILLUSTRAVIT

PRETIOSA. MORTE. JUSTORUM

OBIIT. XII. KAL. JUN. A.D. MDCCCLXXXIX. ANNO NAT. LIV

Certa viriliter, sustine patienter.

리델 주교 비문(번역)

지극히 고명하시고 지극히 존귀하신 펠릭스—클레르 리델 주교,

필리포폴리스 주교,

조선교구장

하느님의 어머니 동정녀 마리아의 충실한 종,

용감한 믿음의 고해자

구세주를 열렬히 원하는 자,

굶주림·목마름·푸대접·쇠사슬·감옥·추방,

이 모든 것을 그리스도를 위해 참아내고

그것이 그의 마음의 기쁨이 되었다.

낭트에서 태어나 선교회에서 살다가,

반에서 영면에 들다

이 모든 곳은 그의 영광을 받았다.

정의의 소중한 마지막은 그의 삶을 영광되게 했다.

1884년 6월 20일 그의 나이 54세 되던 해에.[16]

용기로 싸우고, 인내로써 참으라.[17]

미주

제1권

제1장

1 낭트(Nantes): 인구 55만 명으로 프랑스 제6위의 도시. 루아르 지방(Région des Pays de la Loire)의 행정수도다. 파리 남서쪽 394킬로미터, 대서양에서 50킬로미터 떨어진 루아르강 하구에 위치하고 있다. 유서 깊은 고도로, 1598년 앙리 4세가 낭트칙령을 발표한 곳으로 잘 알려져 있다.

2 크뤼시(Mathurin Crucy, 1749~1826)는 18세기 활동했던 건축가로 낭트 시의 도시계획에 신고전주의적 스타일을 도입하여 많은 공공건물 건축을 주도했다. 또한 각종 제조업과 공사도 많이 벌였으므로 이 시기에 낭트 근처 해안지역에는 공장과 조선소 등을 비롯한 산업지구가 조성되었다.

3 영성체(領聖體; Communion): 가톨릭 교회의 성체성사에서 사용되는 면병(麵餠; 라틴어로 hostia), 혹은 면병과 포도주를 받아서 먹는 행위를 가리킨다. 그리스도의 몸인 성체를 우리 마음에 실제로 받아 모심으로써 하느님과 일치를 이룰 뿐만 아니라 사람 사이에도 일치를 이루게 됨을 의미한다. 그리스도가 죽기 전날 밤 최후의 만찬 때 하신 말씀에 따라 초대교회에서는 떡과 포도주로 기념의식을 행하였는데, 이에 유래되어 가톨릭에서는 미사의 형태로 바뀌었다. 개신교에서는 성찬(聖餐)이라고 부른다. 첫 영성체는 생애 처음으로 행해지는 것으로 일반적으로 8세 이상 아동이 적절한 교육을 받은 후 이루어진다.

4 성체(聖體; Eucharistie): '감사하다'라는 그리스어 에우카리스티아(Eucharistia)에서 유래한다. 빵과 포도주의 형태는 예수 그리스도의 몸과 피, 즉 그의 인성과 신성을 상징한다.

5 생 쉴피스(Saint Sulpice): 파리 시내 중심부에 위치한 오래되고 유명한 성당.

6 중등과정의 신학교.

7 ★리델 신부의 동료였던 라위(Lahue) 신부가 쓴『전기』주석.

8 1641년 창립된 생 쉴피스 대성당 부속 신학교. 현재는 파리 근교 이시레물리노(Issy‐les‐Moulineaux)로 옮겼다.

9 ★맹기(Mainguy, Th.) 신부의 리델 신부 장례미사「설교문」.

10 ★라위 신부가 쓴 약력 소개.

11 Ite: 라틴어로 '떠나시오'라는 뜻.

12 칼래 신부(M. Alphonse Nicolas Calais;

강(姜) 신부, 1832~84): 1861년 리델신부와 함께 조선에 입국하여 경상도 서부에서 충청도, 경기도에 이르는 지역을 맡아 활동했다. 병인박해 이후 은신했다가 탈출에 성공했다.

제2장

1 Notre—Dame de la Garde: 마르세유의 상징적인 건축물로 154미터 높이 언덕에 위치하고 있다. 1214년 최초로 창건되었고, 1864년 나폴레옹 3세 시대에 로마 비잔틴 양식인 현재 성당의 모습으로 개축되었다. 그리스도를 안고 있는 9.7미터 높이의 금빛 마리아상이 서 있다.

2 난징조약: 1842년 8월 아편전쟁의 종결을 위하여 영국과 청(淸)나라 사이에 체결된 강화조약으로, 홍콩을 영국에 할양하고, 상하이 등 5개 항구에 대한 개항, 전비배상금 및 아편보상금 지불 등의 내용을 포함하는 13개조로 이루어져 있다.

3 1860년 교황 비오 9세(Pius IX 재위 1846~78) 시대에 바티칸이 통일 이탈리아군에게 굴복함으로써 중부 이탈리아가 점령된 사건을 가리킴. 그 후 통일

이탈리아군을 이끈 빅토리오 임마누엘 2세(Vittorio Emmanuele II, 1849~78)는 교황으로부터 파문당했으나 1861년 통일 이탈리아 왕국을 출범시켰다. 그가 죽기 전 교황 비오 9세는 그 사절을 보내 파문을 철회했다.

4 말라코프: 크림 전쟁(1853~56) 때 활약한 러시아 장군의 이름을 딴 러시아의 지명이다. 현재 파리 근교 한 위성도시의 이름이기도 하다. 크림 반도를 중심으로 러시아가 영국·프랑스·오스만 제국 등의 연합군을 상대로 벌인 크림전쟁은 1856년 3월 파리에서 강화조약을 체결함으로써 연합군의 승리로 끝났다. 그 결과 러시아는 상당한 권리를 양도했다. 프랑스는 1854년 3월 참전하였으며, 1855년 9월 러시아의 주요거점인 말라코프를 공격한 바 있다.

5 ★북부 코친차이나 담당 대목구장.

6 Le Japon: 프랑스어로 '일본'이라는 뜻.

7 조아노(M. Pierre Marie Joanno; 오(吳) 신부, 1832~63): 1857년 사제서품을 받고 1861년 한국에 잠입, 성모영보구역인 충청도 공주(公州) 지방에서 전교활동을 시작했다. 2년 후 병사했다.

8 체푸(芝罘; Chefoo, Tché-Fou): 즈푸라고도 함. 현재 중국 산둥성(山東省)

북동부의 항구도시 옌타이(煙臺)를 일컫는다. 이 지역의 행정 중심지이며 예로부터 군사상의 요지로 알려져 있다. 1856년 톈진조약(天津條約)에 의해 처음으로 개항되었다. ★작은 도시인 체푸는 파리 기준 경도 119° 4′ 45″, 북위 37° 53′ 바닷가에 위치하고 있다. 이는 브르타뉴보다 여덟 시간 빠르다는 것을 의미한다.

9 聖 시메온 베르뇌(Mgr Siméon François Berneux; 장경일(張敬一) 주교, 1814~66): 1837년 사제로 서품 된 후 1839년 파리외방전교회에 입회, 만주에서 활동하다가 1854년 제4대 조선 대목구장으로 임명되어 1855년 서울에 도착했다. 각종 교리서와 신심서, 기도서 등을 간행하였고, 교리서적의 번역과 저술 및 초기 한국교회의 각종 자료를 발굴하여 수집하는데 힘을 기울였는데, 1866년 병인양요 때 체포되어 새남터에서 순교했다. 1984년 교황 요한 바오로 2세에 의해 시성 되었다.

10 랑드르 신부(M. Landre; 홍(洪)병철 요한 신부, 1828~63): 1861년 조선에 입국, 전교하다가 병사하였는데, 그의 묘는 1970년 충청남도 당진군 합덕성당(合德聖堂)에 이장되었다.

제3장

1 ★달레 신부, 『한국교회사*Histoire de l'Eglise de Corée*』 제2권, 469쪽.

2 ★우리가 여기에서 선교사를 태우고 가는 배의 선원에 대해 말하는 내용을 너무 일반화시켜서는 안 될 것이다. 모든 이들이 다 아편을 피우는 것도 아니고 많은 이들이 그리 용감하다고 할 수는 없지만, 그만하면 괜찮은 선원들이다.

3 La Providence: 프랑스어로 '신의 섭리'라는 뜻.

4 聖 안토니오 다블뤼(Mgr Marie Nicolas Antoine Daveluy; 안돈이(安敦伊) 주교, 1818~66): 1841년 서품을 받고 파리 외방전교회(外邦傳敎會) 선교사가 되어, 중국의 마카오와 상하이를 거쳐 1845년 김대건(金大建) 신부와 함께 충청도 강경(江景)의 황산포를 통해 조선에 들어왔다. 주로 경상도 지방에서 활동하였고 제천(堤川)의 배론[舟論]에 한국 최초의 신학교를 세웠으며, 조선교회의 순교자 150여 명의 자료를 수집·기록하여 파리 외방전교회 본부로 보내어, 『다블뤼의 비망록(備忘錄)』이라는 제목으로 간행케 했다. 1866년 제5대 조선 교구장이 되었지만 21일 만에 충청도

내포(內浦)에서 체포되어 참수되었다. 1984년 교황 요한 바오로 2세에 의해 시성 되었다.

5 *Te Deum*: '천주여, 당신을 찬양합니다' 의 뜻.

6 *Magnificat*: '성모님께 찬미드립니다'의 뜻. 주로 저녁 기도에서 부르는 성모 마리아 송가.

7 드 캅스(le palais épiscopal de Mgr de Capse): 조선 대목구 시절에는 교구장이 로마교황이었으며 대목구장은 이를 대리하는 대목인 '명의주교'였다. 명의주교는 자신의 교구가 없으며 고대의 폐쇄된 교구의 명의를 사용하는 것이 관례인데, 제1대 대목구장 바르토로메오 브뤼기에르(Barthélemy Bruguière, 1772~1835) 소(蘇) 신부, 제2대 聖 라우렌시오 앵베르 범세형(范世亨) 주교. 제4대 聖 시메온 베르뇌 장경일(張敬一) 주교 등은 모두 드 캅스 주교(Evêque de Capse)라는 명의를 사용했다. 참고로, 제6대 리델 주교는 필리포폴리스(Philippopolis)라는 명의를 사용했다.

8 교황 그레고리오 16세는 1831년 조선 대목구를 설정하고 브뤼기에르를 초대 대목구장으로 임명했지만 만주 땅에서 병사했다. 대목구란 가톨릭의 정식 교구(敎區)가 아닌 포교지(布敎地)에서 교구와 같은 체제를 갖추고 있는 단위를 말하는데, 교세(敎勢)가 확장되면 교구로 승격된다.

제4장

1 요동(遼東)반도: 중국 랴오닝성(遼寧省)의 남해안에서 남서 방향으로 튀어나온 반도. 다롄(大連), 뤼순(旅順) 등의 항구가 있다.

2 내포평야: 호서평야 혹은 충남평야라고도 불리며 충남에 있는 평야의 총칭. 금강(錦江)의 상류 지역에 위치한 삼남 보고(三南寶庫)의 하나로 농산물의 품질이 우수하다. 중요한 해상 수송로였던 내포지방 앞바다는 프랑스의 관심을 끌었으므로, 천주교의 초기 전래와 빠른 유포가 이루어졌다. 충남 내포 지방을 중심으로 발전한 내포교회는 한국 천주교의 중심지로서 박해가 있을 때마다 많은 순교자를 탄생시켰다.

3 ★달레 신부, 『한국교회사*Histoire de l' Eglise de Corée*』제1권, 3쪽.

4 『구약성서』「출애굽기」 7~11장에 걸쳐 기록되어 있는 내용. 애굽(이집트)으로 이주한 후 400여 년 동안 노예살이

를 하며 고통을 당하던 이스라엘 백성은 하느님께 호소한다. 이에 지도자 모세를 애굽 왕 바로에게 보내 이스라엘 백성을 가나안 땅으로 돌려보내달라 요구하게 하였으나 거절당했다. 하느님은 애굽 왕의 마음을 돌이키기 위해 열 가지 재앙을 내렸고, 이러한 하느님의 도움으로 이스라엘 백성들은 애굽을 탈출한다.

5 ★달레 신부,『한국교회사』제1권, 8쪽.

6 12세기 초 대제국을 건설한 몽골이 고려를 여러 차례 침입한 사건을 가리키는데, 고려는 몽고와 강화를 맺은 결과 많은 공물을 바치고 왕자를 인질로 보내는 등 내정간섭을 받게 되었다.

7 인조 14년. 병자호란이 일어난 해. 전쟁에 패한 조선은 청(淸)에게 군신의 예를 지킬 것, 명나라와 관계를 끊을 것, 왕자 등을 인질로 보낼 것 등 많은 조건을 수락한 채 강화조약을 맺었다. 특히 인조는 세자 등을 거느리고 친히 나와 삼전도(三田渡)에서 항복을 하는 치욕을 겪었다.

8 원문에는 '만주인들(les Mandchoux)' 이라고 되어 있으나 조선에 쳐들어와 병자호란을 일으켰던 후금(後金)을 가리킨다. 이들은 만주 전역을 석권한 후

명나라의 베이징을 공격하여 제압하였고, 1636년 국호를 청(淸)이라 고치고 왕을 황제라 칭하기 시작했다. 조선에게도 계속 무리한 요구를 해왔으나 조선은 이를 묵살해왔다.

9 다이코사마(Taiko‑Sama; 도요토미 히데요시(豊臣秀吉), 1536~98). 일본의 무장으로 1592년 조선을 침략해 임진왜란을 일으켰으며, 죽을 때까지 최고위직인 다이코(太閤)를 지냈다.

10 미카도(Mikado; みかど; 御門·帝): 일본의 천황을 가리키는 말.

11 하나부사 요시모토(花房義質, 1842~1917). 일본의 정치가·외교관. 1871년 조선에 입국하여 대리공사로 부임하여 조·일 교역 교섭에 노력했다. 일본적십자사 총재를 지냈다.

12 실제로는1875년의 협상은 이루어지지 않았고, 일본은 운요호(雲揚號) 사건을 일으켜 1876년 강제로 강화도 조약이라는 불평등조약을 체결한다. 이를 계기로 조·일 외교관계는 수립되었지만, 일본으로 하여금 청나라의 간섭 없이 조선에 대한 침략을 자행할 수 있는 길을 열었고 원산과 인천을 개항했다.

13 라페루즈(Jean‑François de Lapérouse, 1741~88): 프랑스 국왕 루이 16세로

부터 아시아와 아메리카 해안의 남부를 탐험하라는 임무를 부여받고 부솔(Boussole)호와 아스트롤라브(Astrolabe)호를 이끌고 항해를 떠났다. 1787년(정조 11) 켈파르트(Quelpaert: 당시 제주도의 화란어 명칭)섬 근처를 지나 울릉도를 발견한 후, 해안을 측량하고 실측 지도를 그려 1797년 『라페루즈 항해기*Atlas du Voyage de Lapérouse*』를 출간했다.

14 브로턴(William Robert Broughton, 1762~1821): 프로비던스(Providence)호를 이끌고 조선을 탐험할 목적으로 와서 동해안을 탐사하고 1797년(정조 21) 부산 동래에 상륙하여 열흘 정도 머물렀다. 1804년 『북태평양 항해탐사기 *A Voyage of Discovery in the North Pacific Ocean*』를 발간하였는데, 여기에 그가 표류했던 동래 용당포(龍塘浦)에 대해 묘사해놓았다.

15 맥스웰(Murray Maxwell, 1775~1831): 영국 해군대령. 군함 알세스트(Alceste)호의 함장으로 라이라(Lyra)호의 함장홀(Basil Hall, 1788~1844) 대위와 함께 1816년(순조 16) 한반도의 대청군도, 백령도를 거쳐 충청도 서천 마량포구 앞 갈곶에 도착했다. 이들은 이곳에서 최초로 한국에 『성서』를 전래하였는데, 이를 기념해 비석이 세워져 있다. 이 당시 조사된 사항은 1818년 런던에서 출판된 『조선 서해 탐사기*Voyage of Discovery to Corea*』에 자세히 기록되어 있다.

16 ⼗ 라우렌시오 앵베르(Laurent Joseph Marie Imbert: 범세형(范世亨) 주교, 1796~1839): 조선교구 제2대 교구장. 1819년 서품을 받고 파리 외방전교회 소속으로 1837년 제2대 조선교구 주교에 임명되어 한국에 들어와 활동하다가 1839년 기해박해 때 순교하였고, 1984년 교황 요한 바오로 2세에 의해 시성 되었다. 전교와 성직자 양성 등 교회 발전에 힘썼고 당시 조선 신자들의 전기를 모아 파리에서 『기해일기』를 간행할 수 있도록 뒷받침했다. 19세기 프랑스의 대 작곡가 구노(Charles François Gounod)는 파리외방전교회 학교 시절 친구였는데, 앵베르 신부의 순교 소식을 접하고 이를 기리기 위해 성모 마리아에게 바치는 「구노의 아베마리아(Ave Maria)」를 작곡했다.

17 세실(Capitaine Cécile) 제독: 1839년(헌종 5) 기해박해 때 프랑스 신부들을 처형시킨 것에 대한 책임을 묻기 위해

프랑스의 루이 필리프 왕이 파견한 함
대의 제독. 1846년 에리곤(Erigone)호
와 파보리트(Favorite)호를 이끌고 조
선으로 와 천주교 탄압에 항의하는 「국
서」를 왕에게 전달했다. 그러나 1847년
프랑스 군함이 「국서」의 답을 받으러 오
던 중 폭풍으로 좌초하는 바람에 답신
이 프랑스에 전해지지 못한 것으로 추
정되는데, 이는 우리 역사상 서양과의
첫 외교 문서였다.

18 1866년(고종 3) 대원군의 천주교도 학
살·탄압에 대항하여 프랑스함대가 강
화도에 침범한 병인양요(丙寅洋擾)를
가리킨다.

19 로즈 제독(Amiral Pierre‐Gustave
Roze): 중국 톈진(天津)에 주둔하고
있던 프랑스 인도차이나함대 사령관.
1866년 리델 신부의 안내로 프랑스 군
함을 인솔하여 조선을 침범하여 병인양
요를 일으켰다.

20 주문모(Père Jacques Tsiou; 야고보,
1752~1801): 한국 최초의 외국인 신부.
중국 쑤저우(蘇州) 출생. 베이징 신학교
제1회 졸업생으로 1794년(정조 18) 베
이징주교 구베아(Alexandre de Gou-
véa)의 명을 받고 1795년 서울에 도착
했다. 천주교 탄압을 피해 숨어 지내며

전교 활동을 하다가 1801년 자수하여
새남터에서 순교했다.

21 당시 교황이었던 비오 7세(Pius PP. Ⅶ,
1800~23)가 나폴레옹의 통치에 반대하
자 나폴레옹이 로마와 교황청을 점령한
후 교황을 프랑스로 납치했던 사건.

22 모방(M. Pierre Philibert Maubant; 聖
나백다록(羅伯多祿) 신부, 1803~39):
1829년 서품을 받은 후 파리외방전교
회 신학교에 들어가 교육을 받고 중국
쓰촨(四川) 교구로 파견되었으며 조선
초대 교구장인 브뤼기에르 주교를 만
난 것이 인연이 되어 1836년 서양인 선
교사로서는 최초로 조선에 입국했다.
한국인 성직자 양성에 관심을 두어 최
양업과 김대건 등을 양성하였는데, 기
해박해 때 35세의 나이로 처형되었다.
1984년 교황 요한 바오로 2세에 의해
시성 되었다.

23 샤스탕(M. Jacques Honoré Chastan;
聖 정아각백(鄭牙各伯) 신부, 1803~39):
1825년 서품을 받고 파리 외방전교회
에 입회하여 교육을 받은 후 말레이 반
도의 페낭 신학교에서 교수로 활동하
던 중 브뤼기에르 주교에게 요청하여
조선 선교사가 되었다. 1836년 말 서울
에 도착하여 모방 신부와 전교 활동을

펼쳤다. 기해박해 때 앵베르 주교의 권고에 따라 모방 신부와 함께 관청에 자수하였고 35세의 나이에 참수되었다. 1984년 교황 요한 바오로 2세에 의해 시성 되었다.

24 페레올(M. Jean Joseph Ferréol; 고(高) 신부, 1808~53): 조선교구 제3대 교구장. 파리 외방전교회 소속으로 1845년 김대건 신부의 안내를 받아 서울로 들어와 전교활동을 시작했다. 기해박해 순교에 관한 사료를 충실히 정리하여 교황청과 외방전교회 본부에 보냈다. 서울에서 과로로 병사했다.

25 푸르티에(M. Jean Antoine Pourthié; 신 요안(申妖案) 신부, 1830~66): 1854년 사제서품을 받고 즉시 파리 외방전교회에 입회하여 1856년 베르뇌 주교, 프티니콜라 신부와 함께 조선에 잠입, 충청도 배론[舟論]의 성 요셉신학교 교장으로 한국인 신학생을 양성하다가 1866년 병인박해 때 순교했다.

26 프티니콜라(M. Michel Alexandre Petitnicolas; 박덕로(朴德老) 신부, 1828~66): 1852년 사제 서품을 받고 1853년 외방전교회 소속으로 인도, 홍콩 등지에서 포교하다가 1856년 베르뇌 주교, 푸르티에 신부와 함께 조선에 입국, 충청도에서 사목하였으며 배론신학교의 교수로도 재직했다. 1866년 병인박해로 순교했다.

27 페롱(M. Stanislas Féron; 권(權) 신부, 1827~1903): 1850년 사제서품을 받고, 1854년 파리 외방전교회에 들어가 1856년 프랑스를 떠나 14개월 만에 한국에 도착했다. 경상도 서북부지방을 맡아 전교활동을 시작했다. 박해 가운데에서도 살아남아 본국으로 송환된 후 1870년부터 30년간 인도에서 복음을 전하다가 선종했다.

28 가톨릭에서는 예수의 부모인 마리아와 요셉을 한국교회의 수호성인으로 본다.

29 원죄 없는 잉태(l'Immaculée Conception): 성모 마리아가 동정녀로서 예수를 잉태한 사건을 말하며 이를 기념하는 축일은 12월 8일이다.

30 성모 마리아의 탄생을 기념하는 날(la Nativité): 5세기 말부터 예루살렘에 있던 마리아 성당(오늘날의 성 안나 성당)의 축성일인 9월 8일에 지켜진다.

31 마리아가 지상생활을 마친 후 영혼과 육신을 지닌 채 승천한 것을 기념하며 축일은 8월 15일이다(l'Assomption).

32 주님탄생예고(l'Annonciation): 동정녀 마리아가 예수의 어머니가 되리라는 사

실을 하느님께서 가브리엘 천사를 시켜 알린 것을 기념하며 축일은 3월 25일이다.

33 랑드르(M. Pierre Eliacin Landre; 홍(洪)신부, 1828~63): 1853년 사제서품을 받고 1861년 파리 외방전교회 소속 선교사로 내포지방으로 잠입, 충청도 덕산지방에서 선교활동을 했다. 입국한 지 3년 만에 말라리아로 사망했다.

34 성모 마리아의 방문(la Visitation): 성모 마리아가 세례자 요한의 모친이자 사제(司祭) 즈가리아(Zacharia)의 아내인 성 엘리사벳(St. Elisabeth)을 방문한 것을 기념하며 축일은 5월 31일이다.

35 성모 마리아가 모세 법에 따라 성전에서 행한 취결례와 아기 예수를 성전에 봉헌한 사건을 기념하며 축일은 2월 2일이다(la Purification).

36 성 요셉 신학교(Collège Saint‑Joseph): 1855년 천주교 신자들이 많이 살았던 배론(충북 제천)에 매스트르(Maistre) 신부가 설립한 한국 최초의 근대식 신학교. 신부를 양성할 목적으로 수사학, 철학, 신학을 비롯하여 교리서 번역을 위한 라틴어 등을 가르쳤다. 1866년 병인박해 때 세 명의 신학생과 학교장 푸르티에 신부, 교수 프티니콜라 신부 등

이 순교한 후 폐쇄되고 말았다. 건물도 6·25 때 소실되었는데 2003년 복원되었다.

37 성모 마리아의 부모가 마리아의 나이 3세가 되었을 때 성전에서 하느님께 봉헌한 사실을 기념하는 것으로 축일은 11월 21일이다(la Présentation).

38 오베르뉴(Auvergne): 프랑스 중남부에 위치한 데파르트망(Département) 네 개로 구성된 지역으로 교통이 불편하여 주민들은 주로 소의 사육과 곡물 생산에 의존해왔다. 화산으로 인해 산세가 험하고 기후도 농사 짓기에 좋지 않아 이주민들이 많았다고 한다.

39 로마 교황의 존칭(Saint père).

제5장

1 파리 식물원(Jardin des Plantes): 파리 중심에 있는 자연사박물관의 일부인 식물원으로 약 2만 3,500종의 식물을 보유하고 있다. 1626년 왕실정원으로 설립되어 후에 식물학 연구 중심지로 발전하였고, 1640년 일반에 공개되었다.

2 ★이와 동일한 일이 리델 신부의 동료에게도 일어난 적이 있다. 가르침을 받으며 그는 유럽에서 온 모든 물체가 똑

같은 한 가지 단어로 번역된다는 것을 보고 매우 놀랐다. 그가 칼을 보여주자 스승은 그에게 "몰라요"라고 말했고, 그의 시계에 대해서도 "몰라요", 성수(聖水) 그릇에 대해서도 여전히 "몰라요"라고 말했으므로, 이에 놀란 선교사는 '나는 모릅니다'를 의미하는 이 단어를 기록해두었다.

제6장

1 위령의 날(la fête des Morts): 11월 2일. 모든 성인의 날(11월 1일)의 이튿날로서, 세상을 떠난 모든 신자들의 영혼을 기억한다(일요일과 겹치는 경우는 11월 3일에 지낸다). 998년, 1년에 한 번씩 위령의 날을 지키도록 명령한 클뤼니 수도원의 오딜로(Odilo)의 영향으로 보편화되었다.

2 19세기 박해시대에 충남 공주지역의 국사봉(國師峰)을 중심으로 천주교인들이 은거하던 교우촌 중의 하나로 현재 충청남도 공주시 사곡면 신영리.

3 다콘 주교(Mgr. D'Acône. Mgr M.N.A. Daveluy, évôque d'Acône, coadjuteur de Corée): 당시 보좌신부였던 다블뤼 주교를 가리킴.

4 리델 신부의 고향인 브르타뉴 남부 모르비앙만의 지명들. Arz는 브르타뉴어로 곰이란 뜻이고, Moines은 프랑스어로 수도자를 의미한다.

5 ★물론 리델 신부는 자기가 받은 치료법을 침이라 부르는 실수를 저지르고 있다. 침을 놓을 때는 일반적으로 찌를 때마다 피 한 방울이 흘러나오면 그뿐이기 때문이다.

6 히스(Buyère; 영어로 heather): 히스(heath)속(屬)의 상록 관목으로 자홍색 꽃이 핀다.

7 수난성지주일(Dimanche des Rameaux): 부활절 바로 전의 일요일로 예수가 수난 전에 예루살렘에 입성한 것을 기념하며, 이날부터 부활대축일 전의 한 주간인 성(聖)주간이 시작된다.

8 1859년(철종 10) 말에서 1860년 8월까지 일어난 경신박해(庚申迫害)를 가리킨다.

9 바스-브르타뉴(Basse-Bretagne): 프랑스 북서부에 위치한 브르타뉴 지방의 서부를 가리키는데, 동부는 오트 브르타뉴(Haute-Bretagne)라 부른다. 리델 신부가 이 지역 출신임을 상기하자.

제7장

1 조선왕조 제25대 왕 철종(哲宗, 1831~
63, 재위 1849~63)을 가리킴. 1844년
가족과 함께 강화에 유배되었기 때문에
흔히 '강화도령'으로 불렸으며, 궁궐로
돌아와 즉위한 후 대왕대비 순원왕후
(純元王后)의 수렴청정을 거쳐 1852년
부터 친정을 시작했다. 1863년 12월에
후사 없이 사망했다. 따라서 여기 저자
의 기록은 오류인 듯하다.

2 12세에 등극한 조선 제26대 왕 고종(高
宗, 1852~1919, 재위 1863~1907)을 가
리킴. 나이가 어린 탓에 정권은 아버지
인 대원군에게 넘어가 그의 집정시대가
열리게 된다.

3 문맥과 시기상으로 볼 때 제2차 아편
전쟁을 가리키는 듯하다. 제1차 아편
전쟁 이후 원했던 대로 개방이 제대로
이루어지지 않자 1856년 영국은 애로
(Arrow)호 사건을 계기로 프랑스와 연
합군을 결성하여 1857년 12월 광저우
(廣州)를 점령하고 1858년에 톈진조약,
1859년에는 베이징조약을 맺어 사과와
배상 및 그리스도교의 중국 내륙 포교
허가 등을 강요했다.

4 '바다의 별(étoile de la mer)'이라는 뜻

의 라틴어. 북극성 혹은 성모 마리아를
가리킴.

제8장

1 남요한(Jean Nam; 남종삼(南鍾三),
1817~66): 충주지방 가톨릭 집안에서
태어나 1838년(헌종 4) 문과에 급제하
여 벼슬이 승지(承旨)에 이르렀고, 대원
군과도 교류했다. 관직과 신앙생활을
병행하며 선정을 베풀다가 1866년 외국
인을 숨겨준 것이 발각되어 체포된 후
서소문 밖 네거리에서 참수형을 당하여
순교했다. 1984년 시성 되었다.

2 聖 유수투스 드 브르트니에르(Simon
Marie Antoine Just Ranfer de Bre-
tenières; 백(白) 신부, 1818~66): 프랑
스 디종(Dijon) 교구 관할인 샬롱 쉬르
손(Chalon‑sur‑Saône)의 신심 깊은
귀족 가문에서 태어나 1864년 성품성
사를 받았고, 1865년 도리, 볼리외, 위
앵 신부와 함께 조선에 선교사로 입국
했다. 1866년 병인박해 때 새남터에서
28세의 나이로 순교했고 1984년 교황
요한바오로 2세에 의해 시성 되었다.

3 聖 베르나르 루이 볼리외(Bernard‑
Louis Beaulieu; 서몰례(徐沒禮) 신부,

1840~66): 프랑스 보르도(Bordeaux) 교구의 랑공(Langon)에서 태어나 1864년 사제 서품을 받았다. 1865년 선교사로 임명되어 내포지방에 상륙, 조선에 입국했다. 병인박해가 일어나 체포되어 1866년 26세로 순교했다. 1984년 시성 되었다. 유해는 현재 절두산 순교기념관에 안치되어 있다.

4 ✝ 피에르 헨리코 도리(Pierre - Henricys Dorie; 김(金) 신부, 1837~66): 프랑스 방데(Vendée) 지방 어촌 생 힐레르 드 탈몽(Saint - Hilaire - de - Talmont)에서 태어났다. 사제품을 받은 후 1865년 조선에 몰래 들어왔다. 1866년 새남터에서 27세의 나이로 참수되었다. 1984년 시성 되었다. 유해는 절두산 순교기념관에 안치되어 있다.

5 ✝ 피에르 오매트르(Pierre Aumaître; 오(吳) 신부, 1837~66): 프랑스 앙굴램(Angoulême) 교구의 애제크(Aizecq)에서 태어났다. 1862년 서품을 받은 후 조선 선교사로 임명되었다. 1863년 입국하여 조선어를 익히고 전교 활동을 폈으나 1866년 병인박해 때 위앙 신부와 함께 자수했다. 보령의 갈매못에서 군문효수형을 받아 29세의 나이로 순교했다. 1984년 시성 되었다.

6 ✝ 마르탱 뤼크 위앙(M. Martin Luc Huin; 민(閔) 신부, 1836~66): 프랑스 랑그르 교구에서 태어나 1861년 사제 서품을 받은 후 1865년 충청도 내포 지방에 상륙하여 전교활동에 힘썼다. 1866년 체포되어 30세의 나이로 순교하였으며 유해는 절두산 순교 기념관 지하성당에 모셔져 있다. 1984년에 시성 되었다.

7 ★오매트르 신부는 1863년 3월에 조선에 들어왔고 드 브르트니에르, 위앙, 볼리외, 도리 신부는 1865년 3월 입국했다.

8 ★조선에서는 천주교인에게 사형 선고가 내려지기 전에 사형집행인은 갖가지 종류의 고문을 자행한다. 이들은 천지를 떨게 만드는 고도의 기술을 개발한다. 즉, 주뢰질, 말총으로 만든 밧줄을 감아쥐고 다리에 톱질하기, 형장 찧기, 판봉 등은 가장 일반적으로 행해진 고문이다. 형장의 몽둥이는 사람의 키만한 길이에 팔뚝만큼 두껍다. 네 명의 포졸이 죄인을 둘러싸고 그 끝으로 둔부와 허벅지를 동시에 짓찧는다. 형판은 길이 50~120센티미터, 너비 15~18센티미터, 두께 4센티미터 정도의 나무 판이다. 처음 타격부터 피가 튀며 살점이 떨

어져 나가 덩어리째 날아다닌다. 열 대
쯤 맞으면 형판은 살이 없는 뼈가 부딪
치는 소리만 울리게 된다. 선교사들은
죽기 전에 이와 같은 두 가지 형벌과 주
뢰질 형벌을 여러 번에 걸쳐 받아야만
했다.

9 ★달래 신부는 이 두 주교와 다른 프랑
스 선교사들의 순교에 대해 이야기했
다. 손에 땀을 쥐게 하는 이 이야기는
그의 저서『한국교회사』제2권, 521~
558쪽에 나와 있다.

10 ★ Ni. 리델 신부의 한국 이름, 이복명
(李福明)을 가리킴.

11 『아타나시오 신경』: 가톨릭교회 4대 신
경의 하나. 라틴어로 *Symbolum Atha-
nasianum* 혹은 *Quicumque vult*('원
하는 자라면 누구든지'라는 의미). 7세
기부터 중세까지 아타나시오의 작품으
로 알려져왔으나 현대에 와서는 공동
작품으로 추정되고 있다. 40개의 신조
로 이루어진 이『신경』은 삼위일체 교
리를 강조한다. 이집트 알렉산드리아에
서 태어난 聖 아타나시오(Athanasius,
295?~373) 주교는 325년 니케아 공의
회(Concilium Nicaenum Primum)에
참석하여 아리우스(Arius, 250?~336?)
파를 이단으로 단죄하고 동료 주교를

설득하여 하느님과 예수 그리스도는
'한 분'이시며 '동일 본성을 지니고 있
음'을『신경』으로 선포하도록 이끌었다.

12 ★반의 종교 주간. 니콜(Nicol) 신부,
『리델 주교에 관한 전기노트』.

13 루이 뵈요(Louis Veuillot),『*Le parfum
de Rome*』, Paris, Editeurs Gaume
Frères et J. Duprey, 1862; 뵈요(1813~
83)는 기자·문필가로 널리 명성을 떨쳤
다. 로마 방문을 계기로 가톨릭에 헌신
하기로 결심하고 그 교리와 천주교도로
서의 삶에 관한 글을 집필했다.

14 당시 청주 절골에 살았던 신자 강치운
을 가리키는 듯하다. 그는 병인박해 때
순교한 교우들의 시신을 거두어 소학골
에 안장했다.

제9장

1 제롬 왕자(Jérôme Bonaparte, 1784~
1860): 나폴레옹의 막냇동생을 가리킴.
본명은 Girolamo Buonaparte, 1807년
부터 1815년까지 독일 북서부 베스트팔
렌(Westfalen)의 왕이었다.

2 현재 충남 아산군 송악면 마곡리 방아
삭골.

3 성녀 안나(Sainte Anne): 성모 마리아

의 어머니이자 예수 그리스도의 외할머니 이름.

4 생 말로(Saint Malo): 프랑스 북서부 브르타뉴 지방에 있는 항구.

5 웨이하이(威海), 중국 산둥성(山東省) 산둥 반도의 북쪽 끝에 있는 항구도시. 삼면이 바다로 둘러싸여 천연의 방파제를 이루며 옌타이·다롄으로 통하는 항로의 발착점, 옌타이와 칭다오를 잇는 육상교통의 요지이기도 하다.

6 드 라 그랑디에르 제독(Pierre—Paul de La Grandière, 1807~76): 프랑스의 해군 장교로 1863년 코친차이나 총독으로 임명되었다. 1866년 로즈 제독의 한국 원정을 지휘 감독했다.

7 바스 코친차이나(Basse—Cochi-nchine): 프랑스어로 베트남의 사이공 지역을 부르던 이름.

8 라 게리에르(La Guerrière): 프랑스어로 '여전사(女戰士)'라는 뜻.

제10장

1 부아제(Ile Boisée): 현재 작약도(芍藥島), 인천 앞바다 월미도 북쪽 해상에 위치한 무인도. 나무가 울창하여 1871년 신미양요 당시에는 목도(木島, Woody Island)라고도 했다. 1866년 병인양요 때에는 이를 프랑스어로 옮겨 '나무가 많은 섬'이라는 뜻의 부아제섬으로 불렀으며, 현재 「국제해도(國際海圖)」에도 이 명칭으로 표기되어 있다.

2 ★이 도시는 서울을 방어하는 네 개의 커다란 성채도시 중의 하나다. 조선인은 이곳을 난공불락으로 여기고, 전시에는 왕이 은신하기도 하는 곳이다. 섬의 육지 쪽 해변에 높은 성벽을 세우고 강의 양편에 많은 요새를 건축한 것은 이런 이유에서다.

3 ★조선 양반에게는 종교의 주요 부분이고, 국민의 대부분이 충실하게 지켜 행하는 유일한 종교는 조상 숭배다. 묏자리 선택은 어떤 조선인에게나 매우 중요한 일이며 지체가 높은 사람들에게는 가장 중요한 관심사였다 해도 과언이 아니다. 그들 일가의 운명과 그 가문의 번영이 이 묏자리 선택에 달려 있다고 믿고 있으므로 상서로운 장소를 찾기 위해 모든 것을 불사한다. 그리하여 이러한 연구를 전문으로 하는 지관과 점쟁이가 이 나라에 넘쳐난다. 묏자리가 정해지고 일단 시체가 매장되면, 그 복이 다른 곳으로 옮겨가 부정탈까봐 두려워하여 그 누구라 할지라도 그곳에는

더 이상 매장을 할 수 없는데, 이러한 금지 조치는 산소를 쓴 사람의 권세 정도에 따라 상당히 넓은 범위까지 적용되기도 한다. 왕릉의 경우 사방 수킬로미터까지 적용되어 그 능을 내려다볼 수 있는 주위의 산들까지도 포함시킨다. 명문대가와 양반 가문의 경우 가능한 한 가장 넓은 공간을 차지하여 거기에 나무를 심어 절대 베지 못하게 하는데 세월이 흐르면 이들은 자라 진정한 숲을 이룬다. 다른 사람이 이미 차지한 산에 몰래 매장을 하게 되면, 그 산은 법률상 마지막 매장한 자의 소유가 된다. 이로부터 분쟁, 싸움, 처절한 원한이 야기되는데 이는 조선인의 다른 모든 원한과 마찬가지로 대대로 전해진다.(달레 신부, 『한국교회사』서설, 제1권, 143쪽)

4 시기상으로 보아 「르 모니퇴르 위니베르셀Le Moniteur universel」지를 가리킴. 1789년 파리에서 창간되어 프랑스 대혁명 기간에 대표적인 신문이었고, 오랜 기간 프랑스 정부의 기관지 역할을 했다. 1868년 현재 프랑스 공식 정부 기관지「주르날 오피시엘 드 라 레퓌블리크 프랑세Journal officiel de la République française」의 전신인 프랑스 제국 공식 기관지로 대체되어 1901년 완전히 폐간되었다.

5 앞에서 언급된 갑곶이 마을을 가리킴.

6 ★이 탑은 사실상 승려 병사들이 살던 진짜 작은 요새다. 조선에는 몇 가지 종류의 승려가 있다. 책을 만들고 국가의 의식과 제례를 연구하는 일을 하는 학승, 탁발승, 전쟁에서 싸움을 하는 병사 승려가 있는데 이들은 화약을 만들고 대포를 주조하며 성벽을 축조하거나 지키는 일을 담당했다(리델 신부의 주석).

7 ★이 원정에 참여한 군함과 장교들의 이름은 다음과 같다.
1) 순양전함(巡洋戰艦) 라 게리에르(La Guerrière): 함장: 로즈 제독, 장교: 올리비에, 도스리, 바롱, 브느제, 마를리아브, 위망, 데프레, 감사: 라 비에뉴, 드 투아르, 요코하마 포대 지휘관: 샤반드 라 팔리스 대위.
2) 코르벳함 르 라플라스(Le Laplace): 함장: 아메트, 장교: 드 라 살.
3) 코르벳함 르 프리모게(Le Primauguet): 함장: 보쉐, 장교: 라게르, 로르미에, 드 쿠르셀, 드 코르뇔리에, 피세브.
4) 통신함 르 키앵-찬(Le Kien-Chan): 대위: 트레브, 중위: 푸르니에.
5) 통신함 르 데룰레드(Le Déroulède):

대위: 리쉬, 중위: 콜리에.
6) 포함 르 브르통(Le Breton): 대위: 생
트레.
7) 포함 르 타르디프(Le Tardif): 대위:
샤누안.
8 교황 비오 9세(Beatus Pius PP IX, 재위
1846~78).
9 뫼동(Meudon): 파리 근교의 위성도시.

제11장

1 ★조선에는 유럽과의 통상에 개방된 항
구는 세 개밖에 없다. 왕국의 나머지는
외국인에게 완벽하게 닫혀 있다.
2 블랑 신부(M. Jean‒Marie‒Gustave
Blanc; 백규삼(白圭三) 신부, 1844~90):
제7대 조선교구장. 1866년 서품을 받
고 1867년 만주로 가서 리델 신부를 도
와 교리책을 번역하고 『한불자전(韓佛
字典)』을 펴냈다. 1876년 드게트(Deg-
uette) 신부와 함께 조선에 입국하여 주
교를 맞을 준비를 하고, 1877년 리델 주
교를 맞아들였으나 주교가 곧 체포, 추
방되자 주교 없는 조선교회를 지키다
1882년 조선교구장으로 임명되어 조선
교회를 재건하는 데 큰 역할을 했다.
3 마르티노 신부(M. Alexandre‒Jérémie

Martineau; 남(南) 신부, 1841~75): 뤼
송(Luçon) 교구 출신. 1866년 사제 서
품을 받고 1867년 조선을 향해 떠났으
나 입국하지 못하고 만주에서 보좌 신
부로 일하다 1875년 중국 요동에서 선
종했다.
4 리샤르 신부(M. Pierre‒Eugène Rich-
ard; 채(蔡) 신부, 1842~80): 1866년 서
품 되고 1867년 조선으로 떠났으나, 입
국하지 못하고 만주지방 차쿠에 머물면
서 신자를 돌보고 포교지의 대표부를
맡아 일했다.
5 프티장 주교(Mgr Bernard Petitjean):
1864년 나가사키에서 활동하고 있었으
며 1866년에 주교로 승품 되어 일본 교
구장으로 임명된 사람이다.
6 라르크앵시엘(L'Arc‒en‒ciel): 프랑스
어로 '무지개'라는 뜻.
7 ★프란체스코회(Ordo Fratrum Mi-
norum‒옮긴이) 신부이자 성직자인
성 베드로‒바티스트(Saint Pierre‒
Baptiste)는 에스파냐의 산 에스테반
(San—Estevan)에서 태어났다. 1593년
마닐라의 총독은 그를 같은 교단 네 명
의 성직자와 함께 일본대사관에 파견했
다. 1596년 12월 초 천주교를 증오하는
다이코 사마(도요토미 히데요시)에 의

해 그는 사형에 처해졌다. 동시에 또 다른 프란체스코회 성직자 다섯 명, 성 프란체스코 수도회 수도 3회 소속 17명, 그리고 예수회(Societas Jesu-옮긴이) 소속 세 명도 같은 복을 누렸다. 그들은 1597년 2월 5일 장엄하게 순교했다.

8 나가사키 26성인 순교지를 가리킴. 1597년 2월 5일 도요토미 히데요시의 가톨릭 금지령으로 에스파냐 선교사와 일본인 선교사 등 모두 26명이 십자가에 달려 처형된 곳이다. 이들은 1862년 로마교황에 의해 시성 되었다. 1962년 순교 100주년을 기념하여 추모 기념관과 니시사카(西坂)교회를 이곳에 세웠다. 현재 이곳은 니시사카 공원이 되었는데, 26명 순교자상도 서 있다.

9 『조선 선교사 행동지침 정보Renseignements pour régler la conduite d'un missionnaire en Corée』.

10 『조선 선교 관례집Coutumier de la mission de la Corée』.

제12장

1 ★느베르(Nevers) 성당 명예 참사원 롤랑(Rolland) 신부에게 보낸 「편지」.

2 대목(代牧, vicaire apostolique).

3 초대 랴오둥(遼東) 대목구장이었던 베롤(Emmanuel Jean François Verolles; 方濟各, 1805~78) 주교가 차쿠에 건립한 성당인 성모설지전(聖母雪地殿)의 이름이기도 하다. 차쿠 주변이 높은 산으로 둘러싸여 있고 눈이 오면 사방이 눈으로 덮여 아름다웠기 때문에 이러한 이름을 붙였다고 한다. 베르뇌 신부와 최양업(崔良業, 1821~61) 신부도 여기서 잠시 활동한 적이 있다.

4 차쿠(岔溝; Tcha-Kou). 행정구역상 현재 중국 동북지역 랴오닝(遼寧; Liaoning)성의 랴오둥 반도에 위치한 다롄(大連; Dalian) 광역시 산하 장하(庄河; Zuanghe) 시에 속한다. 차쿠는 장하에서 북서쪽으로 약 60~70리 지점에 있는데, 인근에 있는 산의 이름을 따서 용화산(蓉花山; Rónghuāashān)이라고도 불린다.

5 'Contra spem in spem!': 『성서』「로마서」4장 18절 참조. "아브라함은 희망이 사라진 때에도 바라면서 믿었으므로 '너의 자손이 이와 같이 많아질 것이다' 하신 말씀대로 많은 민족의 조상이 되었습니다"(『새번역 성서』).

6 하이양섬(Hai-yang tao): 중국 랴오둥 반도 동남 해상에 위치한 창산열도(長山

列島)에 속한 주요한 섬들 중 하나.

7 쓰요도(Tchyo-to). 조쿠(Tchoku)섬이
라고도 함.

8 그레고리오 16세(Gregorius XVI,
1765~1846, 재위 1831~46): 교황 재임
중 이탈리아의 민족주의 운동을 진압하
였고 수도회와 성직제의 개혁 및 선교
에 힘을 기울였다.

제2권

제1장

1 성령강림대축일(Pentecôte): 예수 부활
후 50일째 되는 날로 성령이 사도들에
게 강림한 것을 기념하는 축일이다. 이
로써 교회가 설립되었고 선교의 시대가
시작되었다.

2 본쇼즈 추기경(Henri Marie Gaston de
Bonnechose, 1800~83).

3 제수교회(Chiesa del Gesù): 로마 베
네치아 광장 근처에 있는 성당. 예수회
의 창시자인 로욜라가 세운 로마 최초
의 예수회 성당. 제단 오른쪽에는 프란
시스코 사비에르의 성채 일부가 있으며
천장의 프레스코화가 아름답기로 유명

하다.

4 오스티아(Ostia): 이탈리아 테베레강 하
구에 있는 고대 로마 도시. 기원전 4세
기 후반 건설된 후 군항으로 이용되다
가 로마가 지중해를 장악한 뒤에는 물
자수입항이 되어 로마풍의 도시로 발
전하였는데 3~4세기에는 급속히 쇠퇴
하여 폐쇄되었다. 로마 시민이었던 바
울은 기독교 지도자로 사형선고를 받
고 성 밖으로 끌려가 오스티아 항구
로 가는 길목에서 처형되었고 오스티
아 항구와 로마를 연결하는 오스티엔세
(Via Ostiense) 길가에 묻혔다. 4세기,
콘스탄티누스 황제가 그 자리에 바실리
카 교회당을 세웠으며 현재는 그곳에
'성 바울의 성벽 밖 교회(혹은 성 바울
대교회; Basilica di San Paolo fuori le
Mure)가 서 있다.

5 ★『가톨릭 선교』, 1870년 6월 참조.

6 ★루이 뵈요(Louis Veuillot), 『공의회
중인 로마Rome pendant le concile』.

7 "주님의 성령은 온 세상에 충만하시며
(Spiritus Domini replevit orbem ter-
rarum) 모든 것을 포괄하시는 분으로서
사람이 하는 말을 다 알고 계신다."『성
서 외경』「지혜서」1장 7절 참조.

8 "그리고 불길이 솟아오를 때 혓바닥

처럼 갈라지는 것 같은 혀들이 그들에
게 나타나더니, 각 사람 위에 내려앉
았다(et apparuerunt illis dispertitae
linguae tamquam ignis seditque supra
singulos eorum)"『신약성서』「사도행
전」2장 3절 참조.

9 Ecce agon sublimis et magnus.

10 聖 이그나티우스 데 로욜라(Saint Igna-
tius de Loyola, 1491~1556): 에스파냐
의 북쪽 바스코 지방 로욜라 성주의 아
들로 태어나, 파리대학교에서 알게 된
프란시스코 사비에르와 함께 가톨릭 수
도회인 '예수회'를 창립했다. 1622년 교
황 그레고리오 15세에 의해 시성 되었
고 축일은 7월 31일이다. 저서로 『영신
수련Exercitia spiritualia』을 남겼다.

11 聖 프란시스코 사비에르(Francisco
Xavier; 방제각(方濟各), 1506~52): 에
스파냐 북부에 있던 나바라 왕국 귀족
가문 출생으로 파리대학교에 유학하
였고 1534년 이그나티우스 데 로욜라
와 함께 예수회를 창설했다. 일본에 최
초로 그리스도교를 전했고, 교황특사로
동양 일대의 선교책임을 맡아 일하였
으므로 '동양의 사도'로 불린다. 1552년
중국 선교를 위해 광동항에 도착하였으
나 열병으로 사망했다. 1622년 이그나

티우스 데 로욜라와 함께 시성되었으며
축일은 12월 3일이다.

12 바티칸 성 베드로 대성당(San Pietro in
Vaticano)을 가리킴. 성 베드로 묘 위에
세워진 기념 성당 자리에, 16~17세기에
새로 건립되었다. 가톨릭의 총본부이기
도 하다.

13 성모 마리아를 비롯한 여러 성인들을
호칭하며 탄원하는 기도(聖人列品禱文,
Grandes litanies/ Litaniae Omnium
Sanctorum).

14 머리띠 혹은 터번. 그리스어로 미트라.
로마 가톨릭과 동방정교회, 성공회 등
기독교 교파의 성직자들이 의식용으로
쓰는 모자. 서방 교회의 주교관은 보통
앞뒤가 오각형으로 길고 뾰족하고 양쪽
옆이 기울어져 있으며, 뒤쪽에는 두 개
의 장식용 띠가 아래로 길게 드리워져
있고 끝자락에 술이 달려 있다.

15 홀장(笏杖): 주교 지팡이.

16 주교나 사제가 성사를 집행할 때, 성유
(聖油)를 바르는 행위를 일컫는데, 여기
서는 견진 성사나 주교 성품 등에 사용
하는 축성 성유(크리스마 성유)를 의미
한다.

17 교황수위권(敎皇首位權, Primatus Ro-
mani Pontificis): 가톨릭에서 교황이 전

체 교회의 우두머리로서 전체 가톨릭
교회와 신자에 대해 가지는 권한으로.
모든 주교 가운데 제1의 권한이기도 하
다. 1870년 제1차 바티칸 공의회 에서
교황의 무류성(無謬性)과 수위권이 교
의로 채택되었고, 다시 제2차 바티칸 공
의회(1962~65)에서 재확인되었다.

18 오류가 없음(Infaillibilité).

19 1870년 일어난 보불전쟁(普佛戰爭)을
가리킴. 나폴레옹 3세가 프로이센에
항복하였고, 프랑스는 독일에 배상금
50억 프랑을 지불함과 동시에 알자스 -
로렌의 대부분을 할양했다.

20 자르브뤼켄(Saarbrücken): 프랑스 국경
지대에 위치한 인구 약 18만 명의 독일
도시로 자를란트(Saarland) 주의 주도
(州都). 독일·프랑스 양국의 다툼의 대
상지였고 1935년 독일로 귀속되었다.

21 비상부르(Wissembourg): 프랑스 동쪽
독일 국경지대 알자스 지방에 위치한
소도시. 비상부르라는 지명은 독일어
바이센부르크(Weissenburg)를 프랑스
어 발음인데, '하얀 성'이라는 뜻이다.

22 포르바크(Forbach): 프랑스 동쪽 로렌
지방 탄광지대에 있는 프랑스 소도시.

제2장

1 프랑스어로 '호랑이(Le Tigre)'라는 뜻.

2 드 레셉스 부인의 어머니인 드 라 메종
포르 부인은 그 당시 반에 살고 있었다.
그녀는 선교사가 떠날 때 드 레셉스 부
인의 딸 아이 무덤에 대해 이러한 일과
축복해주기를 부탁했었다.

3 문맥상 '이스마일리아'는 드 레셉스 부
인의 딸 이름인 것 같다.

4 푸두체리(Puducherry): 프랑스어로
Pondichéry, 1674년 설치된 프랑스의
인도 지배의 근거지.

5 ★도시 서부의 도랑을 이렇게 불렀다.
정원으로 탈바꿈한 이 방죽들보다 더
경관이 좋은 곳은 없었다. 방죽 가의 길
에는 커다란 나무들이 그림자를 드리우
고 다른 편에는 오래된 성벽이 과거의
영광을 상기시켜주고 있었다. 이 성벽
에 대해 아메데 드 프랑슈빌(Amédé de
Francheville)은 다음과 같이 쓰고 있다.
"반 시는 그 오랜 역사의 증거를 제공
하고 반 지역 주민들의 수도였던 영광
스러운 타이틀을 짊어지고 있다. 아직
도 이 도시를 에워싸고 있는 오래된 성
벽들을 조사해본 결과, 매우 오랜 역사
를 가지고 있음을 충분히 확인시켜주었

다. 몇 군데에서는 정복시대를 거슬러 올라간 흔적도 보였다.""그러나 아쉽게도 항구의 이 방죽길은 좀 더 현대화되었음이 틀림없는데 너무나 잘 가꾸어져 있어 이제는 하나의 추억에 지나지 않게 되어버렸다! 그럼에도 반의 고도(古都)는 안심할지어다. 다행스럽게도 미적 감각이 남다른 이들이 수백 년 전 옛 추억을 티에 거리(rue Thiers)에 재현해 놓았으니 말이다."

6 파라셀 군도(서사군도 西沙群島); Les Paracels; Paracel Islands): 홍콩 남부 640킬로미터 지점에 위치한 30여 개의 작은 섬으로 구성된 군도. 중국·대만·베트남이 영유권을 주장하고 있다.

7 Pio Nono. 교황 비오 9세를 가리킴.

제3장

1 베네딕트 수도회(프랑스어로 Ordre de Saint—Benoît(o.s.b.) 혹은 Ordre des bénédictins): 聖 베네딕투스(Sanctus Benedictus de Nursia, 480~547)가 529년 로마 남동쪽 몬테 카시노(Monte Cassino) 산정에서 창립한 수도회. "기도하고 일하라(Ora et labora)", 청빈·겸손·순종 등을 최고의 윤리적 덕목으로 여기고 노동에 긍정적인 가치를 부여한다. 이러한 '수도규칙'은 다른 가톨릭 수도원이나 교단 조직에 지대한 영향을 미쳤다. 남자수도회로서는 한국에 최초로 진출했고, 2005년에는 북한 함경북도 라선시에 100병상 규모의 인민병원을 개원한 바 있다.

2 항구에 배가 도착할 때 내는 뱃고동소리를 말하는 듯하다.

3 크루프(Krupp): 400년 이상의 역사를 가진 독일의 대규모 철강기업. 19세기 초 프리드리히 크루프(Friedrich Krupp, 1787~1826)가 철강공장을 창설하였고, 아들 알프레드(Alfred, 1812~87)가 대규모로 사업을 확장시켰다. 1840년부터 화포제작 사업을 시작하였고, 1880년대 후반에는 병기제조를 주로 했다. 1980년대 초 티센과 합병을 추진, 현재는 티센 크루프(Thyssen—Krupp AG)의 명칭을 가지고 있다. 우리나라에는 엘리베이터 생산업체로 알려져 있다.

제4장

1 ★인체(Intze)는 유럽과의 교역을 위해 열려 있는 항구다. 파리를 기준으로 경도 120도 북위 42.3도에 위치하고 있다.

북중국은 이곳에서 식량을 비축하고 자신들의 물건을 판다. 충적토로 형성된 이곳은 평평하여 날씨가 매우 좋을 때에만 멀리 산을 볼 수 있다. 유럽인은 니우 추앙(Niou Tchouang) 시에 이 이름을 잘못 갖다 붙인 것이다. 이 작은 도시는 좀 더 북쪽, 바다에서 16~20킬로미터 떨어진 곳에 위치하고 있다.

2 생 튀베르: 중국 양쿠안(陽關)을 가리킨다. 간쑤성(甘肅省) 둔황(敦煌)의 양쿠안은 가장 서쪽 변방에 위치한 서역제국으로 통하는 관문으로 실크로드의 남쪽 통로가 지나는 길목이었는데, 현장(玄奘) 법사도 인도에서 돌아오는 길에 이곳을 지났다.

3 타타르(Tartarie; Tatar): 북방 유목민족에 대한 총칭 혹은 동몽고인(東蒙古人)을 가리키기도 하는데, 러시아 연방공화국 서부에 있는 자치 공화국 이름이기도 하다.

제5장

1 ★야멘(Yamen): 유럽의 대사들과 일을 처리하는 부처를 이렇게 부른다(아문, 衙門─옮긴이).

2 ★리푸(Lypou): 조선 대사와 일을 처리

하는 의전부처를 가리키며, 당시 베이징에 위치하고 있었다.

3 들라플라스(Mgr Delaplace): 중국명 전유사(田類斯) 주교. 피정기간 중 읽어야 할 교회서적 목록과 함께 5일간의 피정 방법이 수록된 한역서학서(漢譯西學書) 『피정신공(避靜神功)』을 저술했다.

제6장

1 포교성성(布敎聖省; Sacra Congregatio de Propaganda Fide): 1622년 교황 그레고리오 15세 때 가톨릭 신앙의 확산을 촉진하고 비가톨릭 국가에서 가톨릭교회 상황 통제를 관리하는 기구로 설립되었다. 1982년 교황 요한 바오로 2세에 의해 현재의 '인류복음화성(人類福音化省; Congregatio pro Gentium Evangelisatione)으로 명칭이 바뀌었다.

2 공현대축일(l'Epiphanie): 흔히 주현절(主顯節)이라고 부르기도 한다. 아기 예수가 탄생 후 12일째 되는 날 세 명의 동방박사를 통하여 자신이 메시아임을 드러낸 사건을 기념하는 대축일로 3세기경 동방교회에서 시작되었다. 축일은 1월 6일로 정해져 있지만, 보통 1월 2일과 8일 사이의 일요일에 지킨다.

3 ★다음을 보면 프랑키(Franchi) 추기경이 어떤 말로 교황의 심정을 전했는가 알 수 있다. "1월 10일 교황 성하를 알현하고 조선 담당 신부인 리델 주교와 그의 동료 선교사들이 조선에 입국할 의도가 있음을 알렸다. 성하께서는 성스러운 복음을 전하는 이들의 열성과 용기를 칭찬하셨다. 또한 하느님께 마음속 깊은 곳으로부터 우러나오는 추천을 드리고 이들에게 매우 특별한 축복을 보내신다."

4 ★느베르(Nevers)의 담 위르쉴린(Dames Ursulines) 부속사제였던 롤랑(Rolland) 신부에게 보내는 「편지」.

5 피아트(Fiat): 심사숙고 후에 내리는 결단을 의미. 종교적인 맥락에서는 '주님 뜻대로 이루어지소서'를 의미한다.

6 "내가 너희를 보냄이 양을 이리 가운데 보냄과 같도다. 그러므로 너희는 뱀같이 지혜롭고 비둘기같이 순결하라." 『신약성서』 「마태복음」 10장 16절 참조.

7 루르드 성모(Notre-Dame de Lourdes): 프랑스 남서부 미디피레네(Midi-Pyrénées) 지방 산맥 기슭에 위치한 소도시인 루르드는 성모 마리아의 발현과 병자 치유로 유명한 곳이다. 14세 소녀 베르나데트 수비루(Berna-dette Soubirous, 1844~79)는 수련 수녀 시절인 1858년 18회에 걸쳐 마사비엘(Massabielle) 동굴에서 성모마리아를 보고 메시지를 들었다. 루르드는 현재 순례지가 되었고, 동굴의 입구에는 샘물을 마시고 완치된 사람들이 두고간 수많은 목발이 즐비하다.

8 드게트 신부(Victor Marie Deguette; 최동진(崔東鎭) 신부, 1848~?): 파리 외방전교회 선교사로 1876년 블랑 신부와 함께 서울에 잠입하여 경기도 용인을 중심으로 선교활동을 했다. 1879년 체포되어 만주로 추방되었다. 1883년 조선에 다시 입국하여 활동하다가 장티푸스에 걸려 사망했다.

9 "*Quid hæc inter tantos!*": 프랑스어로 번역하면 "Que signifient ceux-ci parmi tant (de monde)." "*여기에 보리빵 다섯 개와 물고기 두 마리를 가지고 있는 한 아이가 있습니다. 그러나 이렇게 많은 사람에게 그것이 무슨 소용이 있겠습니까?*" 『신약성서』 「요한복음」 6장 9절 참조. ★그 당시 일본 외교사절이 여러 항구의 개항을 관철시키기 위해 한성에 와 있었지만, 그들은 상당한 푸대접을 받았으므로 그 협상은 어떠한 열매도 맺지 못했다.

제7장

1 브르니에 드 몽모랑(Brenier de Montmorand, 1813~94): 1876년부터 1879년까지 상하이 주재 총영사 및 베이징 주재 공사를 지냈다.

2 원문에는 'Nankin'이라고 표기되어 있으나 일반적으로 난징(南京, Nanjing)이라 불린다. 중국 산둥성의 남쪽에 위치한 장쑤성(江蘇省)의 수도로, 아편전쟁이 끝난 후 1842년 난징조약이 이곳에서 체결되었고, 1858년에는 톈진조약에 의해 개항되었다. 1912년에는 중화민국(中華民國)의 임시정부가 수립되기도 했다.

3 "사람이 온 세상을 얻고도 제 목숨을 잃으면, 무슨 이득이 있겠느냐? 또 사람이 제 목숨을 되찾는 대가로 무엇을 내놓겠느냐?"『신약성서』「마태복음」16장 26절(새번역). 뒤에 따르는 원문은 저자가 병기해놓은『라틴어 성서』의 같은 구절 본문이다.

4 『구약성서』「시편」19편 8절(새번역).『라틴어 성서』가 아닌 버전에는 시편 20장 7절에 수록되어 있다.

5 「백지칙서(bulles en blanc)」.「칙서」란 교황이나 교황청의 공식 문서인 「교황문서(敎皇文書, litterae papales)」를 가리키는데, 대부분의 경우 양피지에 라틴어로 쓴 후 납도장으로 봉인하는 「대칙서(大勅書)」, 즉 '불라(bulla)'의 형식을 갖추고 있다. '불라'는 원래 둥근 납 인장을 의미한다.

6 뮈텔 신부(Mgr Gustave Charles Marie Mutel; 민덕효(閔德孝) 주교, 1854~1933): 프랑스 동북부 샹파뉴-아르덴(Champagne-Ardenne) 지역의 오트마른(Haute-Marne) 출신. 1881년 파리 외방전교회 소속으로 조선에 입국하여 활동하다가 1885년 파리대학 학장으로 부임, 귀국했다. 1890년 제8대 조선 교구장이 되어 다시 조선에 왔다. 조선 가톨릭 교회의 자료를 수집·보존하는 데 힘을 기울였는데, 신학교를 창설하고 명동성당을 건립했다. 저서에『한국 순교사』가 있다.

7 코스트 신부(Eugene Jean George Coste; 고의선(高宜善) 신부, 1842~96): 1868년 서품을 받고 극동으로 파견되었다. 홍콩, 싱가포르를 거친 뒤, 1875년 만주에서『한불자전(韓佛字典)』의 인쇄 작업을 담당한다. 일본 요코하마로 건너가 1880년『한불자전』을 출판하였고, 이듬해에는『조선어 문법서』와『천주성

교공과』를 출판했다. 1886년 부주교로 임명되어 한국에 입국하여 약현(藥峴)성당과 종현(鍾峴)성당 등 많은 성당과 교회건물을 직접 설계하고 감독했다.

8 두세 신부(M. Camille-Eugène Doucet; 정가미(丁加彌) 부주교, 1853~1917): 프랑스 슈브롱(Chevron)에서 태어나 1876년 사제서품을 받고, 이듬해 조선에 입국해 일생을 전교활동에 몸바쳤다.

9 로베르 신부(M. Achille Paul Robert; 김보록(金保祿) 신부, 1853~?): 1876년 사제 서품을 받고 이듬해 두세 신부와 함께 조선에 입국했다. 경기도, 강원도에서 전교한 후, 대구에 정착하여 대구지방 천주교회 발전을 위해 헌신했다.

10 ★1877년 3월 롤랑 신부에게 보낸 「편지」.

제8장

1 올리브 정원: 예루살렘 동쪽에 위치하며, 감람(올리브)나무가 많아 감람산(橄欖山)이라고도 불린다. 예수의 행적과 관련이 많은 곳으로 예수는 이곳에서 제자들에게 말씀을 가르쳤고 유다의 배반으로 체포된 곳이기도 하다. 십자가에 달려 죽었다 부활한 후 승천한 곳으로도 알려져 있다.

2 ★조선의 지방 마을에서는 연장자들이 민사재판소에 속하는 모든 소송에 대해 자연스럽게 재판관 역할을 한다. 만일 양측이 이들의 결정을 받아들이지 않을 경우, 수령 앞에 출두하게 되는데, 그는 보통의 경우에는 확정 판결을 내린다. 사건의 심각성에 따라 관할 도(道)의 관찰사(觀察使)에게, 판서에게 차례로 상소할 수 있고, 마지막에는 임금에게도 상소할 수 있다. 지방에서 재판은, 항상 속된 말로 '도둑놈 재판소'라 불리는 재판정에서 시작되는데, 여기서 사건의 중대성에 따라 관찰사(觀察使), 혹은 수도의 형사재판소로 넘겨진다. 형사재판소는 서민과 관직에 있지 않은 양반에 대한 재판권을 가지고 있으며, 모반죄와 대역죄를 제외한 모든 종류의 범죄를 맡아 처리한다. 금부라 불리는 특별법정은 임금이 직접 임명하는 법관들로 구성되어 있고, 여기에서만 공무원을 재판할 권리가 있고 범인이 어떤 사람이든 모반 행위와 대역 행위를 재판할 권한을 가지고 있다. 모반죄와 대역죄의 경우, 유죄선고를 받은 자의 가족 전체에 연좌죄가 적용되어 친척은 모두

면직 혹은 귀양을 가거나 사형에 처해
지기도 한다. 사형에 관해서는 거의 대
부분 형조판서에게 판결 승인을 받는
다. 반면, 재판관은 심문 중 맞아서 죽는
피의자에 대해서는 책임을 지지 않는
데, 이러한 일은 상당히 잦아, 규정대로
재판을 진행시키는 것을 피하기 위해
가능한 한 빨리 끝낼 수 있는 이 방법을
흔히 사용한다. 고을 수령들은 지방장
관인 동시에 치안재판관, 예심판사, 세
금 징수관이며, 세관과 경찰의 감독관
이기도 하므로, 이와 같이 많은 업무를
감당하기가 불가능해 보인다. 그럼에도
그들이 영위하는 삶보다 더 게으르고
한가한 것은 없다. 마시고 먹고 담배 피
우며 좋아하는 놀이를 하며 시간을 보
낸다. 법정이라고 해봤자 1주일에 서너
번 몇 시간밖에 열리지 않으며, 말 몇 마
디 혹은 곤장 몇 대로, 흔히는 양편 당사
자들의 진술도 증언도 듣지 않고 사건
을 처리해버린다. (달레 신부, 『한국교
회사』 서설, 58~59쪽 참조)

3　리델 주교의 한국이름인 '복명(福明)'.

4　일곱 번째 달(à la septième lune): 리
델 주교의 정확한 조선 입국 일자는 그
기록을 찾아보기가 힘들다. 한국교회
사연구소에서 펴낸 『리델문서 I』(1994)

에는 그의 1차 입국일자가 1861년 3월
31일이라고 기록되어 있다. 또한, 이 책
의 내용 중 1861년 11월 14일 반자리
마을에서 리델 주교가 아돌프 브아소에
게 보낸 「서한」에서 "……이 「편지」에서
는 다만 이곳의 나의 현재의 상황에 관
해서만 쓰는 것으로 만족하겠네. 그러
나 쓸 것이 무엇이 있겠나? 나는 이제
5개월 된 아주 어린 갓난아이에 불과하
니까……"라고 한 것으로 미루어보아
1861년 여름 이전이라는 것을 짐작할
수 있다.

5　장산곶(長山串): 현재 황해남도 용연군.

6　★의금부(義禁府; Keum-pou)를 가리
킨다.

7　「주님을 찬미하라(Laudate Domi-
num)」: 모차르트의 성음악(聖音樂) 구
도자의 저녁기도(Vesperae Solennes
de Confessore) KV 339 중 다섯 번째
곡으로 소프라노 솔로와 합창이 조화를
이루는 명곡으로 꼽힌다. 가사 내용은
「시편」 117편의 일부에 기초한다.

8　「바다의 별이신 성모여(Ave maris
Stella)」: 성모 마리아에게 바쳐진 가톨
릭 찬가로 성모를 바다의 별에 비유하
여 찬미한다. 그 기원이 밝혀지지 않았
지만, 적어도 8~9세기 이전으로 전해지

는데, 특히 중세 시대에 많이 불려졌으
며 오늘날에도 여전히 「성무일도」에 사
용된다. 가사 내용은, 성모 마리아가 나
타나 장님에게 빛을 주고 악을 쫓아주
며, 평안 가운데 우리를 세우고 죄 없는
삶을 영위하게 하며 우리의 기도를 들
어주기를 요청한다. 성모를 부르는 인
사로 시작해 찬미로 끝을 맺는다.

제9장

1 통부(通符)를 가리킴.
2 '……C'est un vrai Fô.'라고 표기되어
  있다.
3 망나니.

제10장

1 로마 황제 막센티우스(Marcus Aurelius
  Valerius Maxentius, 재위 306~312)를
  가리킨다.
2 막센티우스 황제로부터 체포되어 순교
  한 교황 聖 마르첼로 1세(Marcellus I,
  ?~308?)를 가리킨다. 마르첼루스라고
  도 하며 유배지에서 마구간에서 동물
  돌보는 일을 하다가 순교했다.

제11장

1 삼각산(Sam‒Hah‒San).
2 원문에는 'dix lieues'라고 표기되어 있
  다. 하지만 실제 송도까지의 거리는 대
  략 60킬로미터다.
3 Kaoli: 서양 고(古)지도에 나타나는 한국
  의 명칭. 고려(高麗)의 중국식 표음이다.
4 송도(松都): 지금의 북한 개성(開城)을
  가리킨다.
5 황해도 봉산(鳳山)을 가리키며 봉산탈
  춤으로 유명하다.
6 ★리델 주교의 이름 Félix‒Clair에 대
  한 한국어 번역.
7 소백의(rochet): 로마 가톨릭교회 혹은
  성공회의 주교들이 가대복을 입을 때
  착용하는 전례복으로 중백의와 유사하
  다. 무릎 아래까지 내려오는 길이로 소
  매와 옷단에 레이스를 달기도 한다.
8 모제타(mosette): 교황·추기경·주교
  등이 착용하는 팔꿈치까지 내려오는 짧
  은 망토로 가슴 앞쪽에서 단추를 채운
  다. 예전에는 주교와 추기경의 모제타
  뒤쪽에 작은 두건이 달렸으나, 교황 바
  오로 6세가 폐지했다.
9 영대(領帶, étole): 성직자들이 목에 두
  르는 비단 띠로서 고대 로마인들의 손

수건이나 목도리로부터 유래된 것이라 추측되며, 로마에서는 13세기부터 전례 복장으로 일반화되었다. 성직자에게 부여된 직책, 의무, 성덕, 그리고 그리스도에 대한 순종을 상징한다.

10 이동 닫집(dais): 휘장과 같이 집처럼 만든 것으로 처음엔 천으로 만들다가 후에는 목재로 만들어지기 시작했다. 예를 들어, 미사 후 행렬 때 미사 동안 축성된 제병을 닫집 모양의 덮개로 보호하며 이동한다.

11 응답송가(antienne):「성무일도」에서 찬송가 절 사이에 후렴구로 부르는 성가.

제12장

1 Tsong‐ly‐Yamen: 원래 명칭은 총리각국사무아문(總理各國事務衙門). 청나라 시대 외교업무를 담당했던 부서.

2 혁흔(奕訢; Le prince Kong, 1832~98): 청나라 제9대 황제 함풍제(咸豐帝 재위 1850~61)의 동생이다. 베이징조약을 체결한 후 총리아문을 설치하여 열강과의 화친을 도모했다.

3 오주프 주교(Mgr Pierre‐Marie Osouf, 1829~1906): 일본 가톨릭 교회 제1대 도쿄 대교구장.

4 'Certa viriliter, sustine patienter': 그리스도가 걸어가신 것과 똑같은 방식대로 살려고 노력했던 한 수도사의 경건 일기인『그리스도를 본받아Imitatio Christi』중 일부. 네덜란드의 신학자 토마스 아 켐피스(Thomas à Kempis, 1380~1471)의 저서로 추정된다. 그는 물질적 생활보다는 영적 생활을 강조하고, 신비주의보다는 금욕주의를, 극단적인 엄격성보다는 온건함을 강조했다.

5 ★우리는 드게트 신부의 사망소식을 접하게 된다. 1889년 4월 초, 블랑 주교는 드게트 신부를 수도로 불렀다. 선교사는 주교의 초대에 즉시 응하여 서울로 왔지만 그다음 날 병에 걸려 며칠 후 사망하고 말았다. 빅토르‐마리 드게트 신부는 1848년 8월 7일 퐁‐수‐아브랑슈(Pont‐sous‐Avranches)에서 태어났다. 1876년 2월 27일 프랑스를 떠난 그는, 리델 주교가 조선으로 돌아가려고 준비하던 그때에 만주에 도착했다. 그는 노트르담 데 네주에 도착한 바로 다음 날 다시 떠났으므로 여행 가방을 열 새도 없었다. 조선 선교사이자 드게트 신부와 같은 프랑스 출신인 푸아넬(Poisnel) 신부는 매우 흥미로운 한「문서」에서 이 용감한 선교사의 업적

과 덕성에 대해 말했다. 우리는 여기에 그 마지막 부분을 인용하는데, 이 선교사에 대해 알기 위해 이 기록 역시 조선 천주교에 의해 이루어진 발전에 대한 생각을 짐작하게 해줄 것이다. "드게트 신부가 사망했다는 소식이 알려지자 곧 수도의 모든 신자들은 와서 그의 시신 옆에서 진정한 자식으로서 느끼는 고통과 가장 그리스도교적인 감내에 휩싸여 기도했다. 이틀간 사제복이 곱게 입혀진 그의 시신이 놓여 있었던 방은 낮에도 밤에도 사람으로 가득 차 있었다. 장례식은 5월 2일 오전 10시에 종현(鐘峴) 언덕 외방전교회(현재 명동성당 – 옮긴이)에서 거행되었는데, 자생적인 교인뿐 아니라 조선 거주 외국인도 블랑 주교에게 이러한 상황에서 그들의 동참하고자 하는 의지를 전할 정도로 장대한 분위기를 자아내었다. 장례 미사에는 영국·독일·미국·러시아·중국과 일본 등 강대국 대표들이 참석했다. 콜린 드 플랑시은 프랑스 정부 조선 주재 대변인은 예복을 정식으로 차려입고 장례 행렬까지 따라가는 열의를 보였다. 이 행렬은 십자가를 선두로 전 수도를 주파했으며 놀라움에 가득 찼지만 존경심을 가진 이교도 백성들 한가운데로 이어졌다. 이 여정은 예전 순교자들이 여러 시대에 걸쳐 따라갔던 것과 일치되는 것이었다. 이렇게 드게트 신부는 서울이라는 도시를 떠나고 있었는데, 여기서 예수를 위해 4개월간 투옥되었고 바로 이 서대문을 통해 추방되었으며 이제 마지막으로 서울에서 6킬로미터 떨어진 새남터 평야를 바라보며 영원의 안식을 들어간다. 이곳은 1866년 박해의 순교자들이 겪는 고통에 비해 더 큰 영광으로 스러져갔던 격전지와도 같은 곳이었다. 바로 거기 삼호장이라 불리는 한 장소에 드게트 신부는 영광의 부활을 기다리며 안식을 취한다. "조선 선교지는 가장 성스러우면서도 가장 열심히 일하던 일꾼을 잃었다. 그런데 사람이나 사물에 대한 그의 경험으로 보나 언어에 대한 지식으로 보나 가장 필요한 시기에 그를 잃었다. 그는 빠른 시간 내에 메워질 수 없을 공백을 남기고 떠났다. 믿음과 웅변, 일의 대가로 우리가 애도하는 친구이기도 하며 모두에게 후원자와 본을 보이신 분이다. 이 땅의 모든 이익을 위하여 죽고, 영혼들을 위해서만 살았는데, 칭송과 소란 떠는 것을 반대하였으며, 편애 없는 부드러운 신심, 더할 나위 없는 양심의 세밀

한 부분까지 배려하고, 일말의 불안감
도 없었으며 희생을 각오한 용맹심, 불
타는 정열을 가진 마음, 헌신적인 친구,
거룩한 신부, 모든 말을 다 갖다 붙여도
모자란 선교사, 칭송을 너무 하지 않는
범위에서 말한다고 해도 그는 항상, 백
성들의 구원을 위해 교회가 원하는 그
런 그대로의 제자였다."(「외방전교회
보고서」에서 발췌)

제13장

1 Paik: 한국 이름이 백규삼(白圭三)이었
  던 블랑 신부를 가리킴.
2 Tieng: 한국 이름이 최동진(崔東鎭)인
  드게트 신부를 가리키는 듯함.
3 1876년(고종 13) 2월에 체결된 강화도
  조약을 가리킨다. 공식 명칭은 조일수
  호조약(朝日修好條約)이며, 병자수호조
  약이라고도 하는데, 이 통상 조약의 체
  결로 조선은 일본에 부산·원산·인천의
  3개 항구를 개방했다.
4 원문 표기는 Tien-tsen: 중국 화베이성
  (華北省) 소재 중앙 직할시인 톈진으로
  추정.
5 원문 표기는 'Su-Tchuen': 중국 남서
  부 쓰촨성(四川省, Sichuan)을 가리키는

것으로 추정.
6 ★1873년 9월 5일, 선교사 두 명이 쓰촨
  성 키엔키양(Kien-Kiang)에서 타살된
  후 하층민들이 그 시신을 시가지 거리
  를 가로질러 끌고 다녔다. 데플레슈 주
  교는 믿음을 전파하기 위해 이 고통스
  러운 사건으로부터 최대한의 이득을 끌
  어낼 궁리를 했다. 그의 이러한 조치, 솜
  씨에 힘입어 베이징 주재 프랑스 대리
  인 드 로슈슈아르(de Rochechouart)와,
  일등서기관 드 로케트(de Roquette),
  사무총장 브조스(de Bezauce)는 쓰촨
  의 총독과 협상을 벌여 요구 조건의 일
  부분을 받아내는 데 성공했다. 1876년,
  조약과 약속이 있었지만 새로운 박해가
  쓰촨의 다른 지역에서 일어났다. 데플
  레슈 주교는 폭풍을 향해 정면 대응했
  다. 그러나 주교가 획득한 영향력에 시
  기한 수령들은 여론에서 그를 배제시키
  고 용기를 꺾을 모략을 세웠다. 그들은
  머리로 짜낼 수 있는 모든 원천, 즉 꾀·
  교활함·모욕·거짓말·협박 등 모든 것
  을 동원했다. 그러나 주교는 잘 버텨내
  고 있었다. 그런데 수령들은 베이징으
  로 가서 자신들의 임무 수행에 쓰촨 주
  교가 걸림돌이 된다고 보고했다. 이번
  에는 데플레슈 주교는 당연히 의지할

권리가 있는 프랑스 대표부를 찾지 않았다. 물러서서 로마로 떠날 수밖에 없었는데, 1878년 8월 중순께 그곳에 도착했다. 그의 상황 설명은 너무도 쉽게 받아들여졌다. 교황과 추기경들은 그에게 매우 높은 공감을 표현했다. 1년 후, 베이징 주재 공사인 부레(Bourrée)는 데플레슈 주교가 '수령들의 가장 죄 없는 희생양'이었노라 공표했다.

7 ★*Video pastorem bonum qui animam suam ponit pro ovibus suis. Nescio quibus lantam tui animi generosita tem efferre, ea enim eadem est auoe apostolos ad mundi conversionem adduxit, atque martyres invictos effect. Nihilominus hæc S. Congregation de Propaganda fide, cum in tantâ locorum distanitâ impar sit ad judicandum quid magis in Domino expediat, neque jubet te Coream redire, neque hanc veniam tibi concedit, sed omnia prorsus tuæ prudentice et arbitrio reliquit.*

8 ★*Oro tamen quatenus de reditu cogites, ne nimio zelo correptus imprudenter te periculis objicias certissimis;*

nam optime noscis ex hoc quot damna et persecutiones coadunari possint super ill? catholicorum communitate.

제14장

1 "*ait illi dominus eius euge bone serve et fidelis quia super pauca fuisti fidelis super multa te constituam intra in gaudium domini tui*", "그의 주인이 그에게 말했다. '*잘했다! 착하고 신실한 종아*' 네가 적은 일에 신실하였으니, 이제 내가 많은 일을 네게 맡기겠다. *와서, 주인과 함께 기쁨을 누려라.*" 『신약성서』, 「마태복음」 25장 21절 참조(새번역).

2 가톨릭에서 하루 세 번 바치는 삼종기도(三鍾祈禱, Angelus) 참조. 천사 가브리엘이 성모 마리아에게 알려준 예수의 잉태와 강생(降生)의 신비를 기념하기 위한 것이다. "[……] *Gratiam tuam, quaesumus, Domine, mentibus nostris infunde; ut qui, Angelo nuntiante, Christi Filii tui incarnationem cognovimus, per passionem eius et crucem, ad resurrectionis gloriam perducamur. Per eundem Christum Dominum nos-*

trum. Amen." "[……]하느님, 천사의 아룀으로 성자께서 사람이 되심을 알았으니 성자의 수난과 십자가로 부활의 영광에 이르는 은총을 저희에게 내려주소서. 우리 주 그리스도를 통하여 비나이다. 아멘."

3 라우빌 신부(M. Lucien Nicolas Liouville; 유달영(柳達榮) 신부, 1855~1893): 프랑스에서 출생하여 1878년 서품을 받고 조선 선교사로 임명되어 만주에 도착했다. 1880년 조선에 들어가 전교활동을 폈다. 저서로『유 신부 군난기』가 있다.

4 한국의 초등학교 4학년.

제15장

1 원명은『한불자뎐』:「일본의 소리Echo du Japon」라는 잡지를 간행하고 있던 요코하마의 레비(Levy) 인쇄소에서 출판되었다. 694쪽에 약 11만 단어가 수록되어 있고, 서설·본문·부록으로 구성되어 있다.

2 리델 주교의 한국 성(姓).

3 ★「일본의 소리」, 1880년 12월 18일자 인용.

4 최초의 조선어 문법서로 1881년『한불자뎐』을 출판했던『일본의 소리』에서 간행되었다.

5 ★「일본의 소리」에서 인용.

6 ★리우빌 신부.

제3권

제1장

1 종부성사(終傅聖事)라고도 한다. 가톨릭 7성사 중 하나. 병이나 사고, 노쇠 등으로 고통을 겪고 있거나, 죽을 위험이 있는 신자에게 사제가 기름을 바르며 병고를 덜어준다. 동시에 하느님이 죄를 용서하시고 구원해주시도록 기도할 뿐만 아니라, 믿음을 견고케 하고 위로를 주는 성사다.

2 푸아넬 신부(Victor Louis Poisnel; 박도행(朴道行) 부주교, 1855~1925): 프랑스 노르망디(Normandie) 지방에서 태어나 1879년 사제서품을 받고 1881년 한국으로 떠났다. 일본 나가사키에 기착하여 리델 주교의 병간호를 하다가 그가 프랑스로 돌아간 후 드게트 신부와 함께 한국에 잠입했다. 명동대성당의 터전을 마련하여 완공시켰다.

3 앙티곤(Evêque d'Antigone) 주교.

제2장

1 정사(正使): 사신단의 우두머리.
2 슈펠트(Robert W. Shufeldt, 1821~95):
   미국의 군인이자 외교관.
3 ★조선과 유럽 국가들 사이에 맺어진
   조약과 한미수호통상조약는 크게 달라
   보이지 않는다. 「요코하마 마이니치 신
   문(橫濱每日新聞)」을 인용하여 여기 주
   요 조항들을 싣는다. 第一款: 조선은 중
   국에 예속된 국가다. 그러나 외교정책
   을 펼침에 있어 절대적인 자유가 있
   다……. 미합중국 대통령은 앞으로 이
   러한 조공의무에 관련된 문제에 개입하
   지 않을 것이다. 第三款: 두 체결국은 각
   각 외교대표(外交代表)를 임명하여 각
   국 수도에 주재시키고, 총영사 혹은 부
   영사를 임명하여 몇몇 항구에 주재시킨
   다. 第五款: 조선에 거주하는 미국시민
   은 조선정부에 의해 신체 및 재산에 대
   해 보호받을 것이다. 미국인에 대해 범
   행을 저지른 조선인은 조선당국이 체포
   해 조선법률에 따라 처벌한다. 조선인
   에 대해 범죄를 저지른 미국시민은, 미
   국 영사 혹은 이를 위해 권리를 부여받

은 공무원에 의해, 미합중국의 법에 의
거하여 재판과 처벌을 받는다. 第七款:
미합중국 시민은 대외통상에 개방되
어 있고 조약에 열거되어 있는 지역에
서 거주하고 상행위를 할 수 있다. 그들
은 주택 혹은 상점을 매입하고 건설하
며 임대하여 그곳을 점유할 수 있다. 법
률에 따라 금지된 품목을 제외하고는
모든 종류의 상품과 수공품을 거래할
수 있다. 허가된 영토에 정착한 미국인
은 조선 당국이 정한 세금에 따라 매겨
진 지대(地代)를 지불하고, 영원한 양도
권을 얻을 수 있다. 만일 조선 정부가 허
가할 경우, 그들은 조약에 명시된 한계
밖의 지역에서도 토지를 임대할 수 있
고, 이 경우 그 지역의 법적 관할에 복종
한다. 그곳에서는 상품을 수입하고 상
행위를 하며 토지를 매입하는 행위는
금지된다. 第十二款: 상대방 국가의 언
어·과학, 그리고 산업기술을 연구하
기 위하여 양국의 국민에게 모든 지원
을 하여야 한다. 第十三款: 조선이 외국
과 외교관계 수립을 한 최초의 조약이
므로, 5년 후, 양국의 국민과 공무원이
상대방 국가의 언어와 관습에 익숙하게
되었을 때, 양국은, 이 조약이 시행되고
난 후 발생된 불편한 점들을 개정하기

위해 새로운 교섭(交涉)을 할 것이다. 第 十四款: 공문서와 관련하여 조선 당국은 한문을 사용하며 미국 당국은 영어와 한문을 동시에 사용한다.

4 조선에서 프랑스의 절차가 늦어진 것에 대해 상당히 특이한 몇 가지 세부 사항이 있어 여기 소개한다. 중국은 조선의 종주국이었으므로 외국 열강들의 대표는 서울의 정부와 협상하기 전에 베이징으로 와서 총리아문에 마타오테이(서울 주재 중국 대리인) 앞으로 가는 「서한」을 부탁하곤 했다. 마타오테이는 조선인에게 중국을 대표하여 유럽 외교대표부를 소개하고 미국의 조약에 참여하는 권한을 부여하곤 했다. 파트노트르의 후임자였던 부레(Bourrée)는 프랑스 영사 디용(Dillon)을 톈진에 파견하여 총리아문에 마타오테이를 위한 서류를 신청할 것을 부탁했다. 그러나 중국 대신은 조선인에게 선교사에 대한 이야기를 먼저 꺼내지 않는다는 약속을 하기 전에는 아무것도 해주지 않으려 했다. 여기서 잠시 주목해둘 사항은, 중국 대신이 방금 전 베이징 주재 런던의 대사였던 웨이드(Wade)의 방문을 받았었다는 것이다······. 알비옹의 시기는 여전하다. 화가 난 부레는 직접 총리아문

으로 찾아가 대신에게 다음과 같이 말했다. "조선과 조약을 체결하려는 것이 아니오. 그럴 때가 오면 해야 할 일이 뭔지 알 것이오. 현재로서는 다른 두 대표부에 주었던 그 서류 하나를 발급해달라는 것뿐입니다. 오늘 저녁 내게 해주신다면 바로 우리 정부에 전보를 보내겠습니다. 그 서류는 바로 인증을 받을 수 있을 겁니다." 이 일의 세부 사항이 너무도 이상했던 나머지 부레는 귀가하며 스스로에게 중얼거렸다. "그 안에 악마가 있지. 만일 요동을 친다면 잘됐지, 그건 두려움을 느꼈다는 것이니까." 디용이 인천에서 통상조약을 얻어내기 위한 첫 번째 개항 대상인 항구에 대해 협상했을 때 조선인은 격렬히 항의하며 프랑스는 다른 나라 정부와는 상황이 다른데, 조선에 전쟁을 도발해왔으며 이전에 강화도 점령에 대한 보상이 이루어졌어야 한다고 했기 때문이다. 둘째로, 조선의 전권공사들은, 프랑스가 특히 선교사를 지원하려고 하는 의도가 있어 그에 반대한다는 주장을 펴고 있었다. 그러나 그리스도 교도였던 마타오테이는 조선인에게 다음과 같이 대답했다. "프랑스에게 예외를 두는 것은 잘못하는 일이오. 프랑스는 다른 국가와

마찬가지로 존경을 받을 만한 국가입니다. 여러분이 조약을 체결한 미국인은 종교에 반대하는 모든 조항을 채택하지 않았고 어느 열강도 그것을 수락하지 않을 것이며 프랑스는 더욱더 그러합니다. 왜 프랑스에게만 그러한 것을 부과하려 합니까?" 이러한 말의 시기적절함은, 자칫 협상에 걸림돌이 될 수도 있을 논쟁을 잠재웠다. 디용은 공식 속달문서를 가지고 중국으로 귀환했는데, 그를 통해 조선 정부는 프랑스 정부와 조약을 체결하겠다고 약속했다.

5　1882년(고종 19) 6월 일어났던 임오군란(壬午軍亂) 참조.

6　하나부사 요시모토(花房義質, 1842~1917): 일본의 외교관으로 1882년 제물포조약을 체결에 공헌한 인물이다. 주요 관직을 거치고 일본적십자사 총재를 역임했다.

7　1882년 조선과 일본 사이에 체결된 제물포조약(濟物浦條約) 참조.

8　★『가톨릭 선교*Missions catholiques*』, 제14권 336쪽 참조.

9　성 루이스 곤자그(Saint Louis de Gonzague; Aloysius Gonzaga, 1568~91). 이탈리아 북부 귀족 자제로 태어나 1585년 예수회에 입회하였고, 신학 공

부를 시작한 지 4년째 되던 1590년 도시 전체에는 흑사병이 퍼졌을 때 몸을 아끼지 않고 병자들을 돌보다가 전염되어 23세 나이로 사망했다. 축일 6월 21일.

10　성 프란치스코 살레스(François de Sales; Franciscus Salesius, 1567~1622): 이탈리아의 독립 공국 사보이아(Savoia)에서 태어나 프랑스의 예수회 대학에서 공부하였고, 수도생활을 위하여 세속의 일을 모두 포기하고 1593년 서품을 받았다. 가톨릭 교회의 재건을 위해 열심히 일했고, 제네바의 주교로 성성되어 모범적인 삶을 살았다. 축일 1월 24일.

11　★맹기 신부의 장례미사「기도문」.

제3장

1　성영(聖嬰) 축제(la fête de la Sainte - Enfance): 무죄한 어린이들의 순교 축일. 12월 28일. 헤로데 왕은 아기 예수를 죽이기 위해 갓 태어난 모든 남자 아기를 죽이라는 명령을 내렸다. 이로 인해 억울하게 살해된 어린이들을 기념하기 위한 축일. 이들은 예수를 대신하여 죽었으므로 교회 최초의 순교자로 간주

된다. 성영회(聖嬰會)는 1843년 프랑스 파리에서 창립된 아동구제사업 기관으로, 죽음의 위험에 처해 있는 어린이들에게 세례를 주고, 살아나면 그리스도교 가정에서 맡아 키우는 사업인데, 우리나라에는 1852년 입국한 메트르 신부가 이 사업을 시작했다.

2 ★이 마지막 구절은 리델 주교의 문장을 연상시키는데, 외관상 푸른 바다 위를 항해하는 은빛 쪽배라고 볼 수 있다. 코발트빛 바다를 다스리는 수장으로 금빛 십자가를 달고 오른쪽과 왼쪽에 똑같이 여섯 개씩 열두 개의 별이 따르고 있다.

3 조스 신부(M. Jean - Baptiste Josse; 趙신부, 1851~86): 1883년 1월 서울에 도착, 1884년 9월에 부임하여 전북 완주군 고산지역에서 사목하다가 과로와 열병으로 안대동 공소에서 판공성사(判功聖事)를 주는 중에 사망했다. 안대동 본당(安大洞本堂)의 초석을 세웠다.

4 ★이 책이 인쇄되는 동안 조선으로부터 고통스러운 소식이 우리에게 도달했는데, 블랑 주교가 1890년 2월 21일 서울에서 사망했다는 것이다. 존경하는 주교의 마지막 순간에 대해 우리가 요청한 상세한 내용들은 이 책의 출판 전 적

절한 시간 내에 입수할 수 없었으므로, 여기에 함께 싣지 못했다.

5 *fiat! fiat! Deo gratias!*: 'Fiat'는 성모 마리아가 하느님의 뜻에 순종하며 말한 '*Fiat Voluntas Tua* (당신의 뜻이 그대로 이루어지소서)'의 앞부분을 따온 것으로, 창조주의 뜻 혹은 의지를 받아들임을 의미한다. '*Deo gratias*'는 라틴어로 '하느님, 감사합니다'라는 뜻인데, 현대 영어에서는 '신의 은총으로(thanks to God)'라는 의미로 사용된다.

6 SS. CC. de Jésus et de Marie. Congrégation des Sacrés Cœurs de Jésus et de Marie.

7 구일기도(九日祈禱): 예수승천 축일 후 9일 동안 성령을 통한 예수의 재림을 기다린 데서 유래했으며, 초대 그리스도 교회 때부터 9일간의 특별기도로 지켜 왔다. 오늘날 가톨릭에서는 교회 내의 큰 축일이나 행사, 개인의 특별한 소원 등을 두고도 9일기도를 한다.

8 루르드의 성모가 발현했던 마사비엘 동굴(Grotte de Massabielle)을 가리킴.

9 병자들이 치유를 받기 위해 들어가는 욕조같이 생긴 침수장을 가리킨다. 순례자들도 많이 방문하는데, 몸이 아픈 사람들에게 우선권이 주어지므로 성가

를 부르며 여러 시간을 기다려야 한다.

10 수단(soutane): 가톨릭 성직자가 제의 밑에 받쳐 입거나 평상복으로 입는 발목까지 오는 긴 옷.

11 루르드의 무염수태 성당(Basilique de Notre Dame de l'Immaculée Conception de Lourdes): 베르나데트가 성모 마리아로부터 들은 '나는 원죄 없이 태어났다'는 말을 기념하기 위한 것이다.

12 ★나사렛은 '떠날 준비가 된 사람들'의 작업에 붙여진 이름으로, 이 작업을 이렇게 부르는 것은 그만큼 그 목표와 중요성을 나타내기 위함이라 할 수 있다.

13 *Te Deum laudamus!*: 라틴어로 '하느님, 우리는 주님을 찬양하나이다'. 사은 찬미가(謝恩 讚美歌).

14 구속(Rédemption): 글자 그대로는 '자유롭게 함' 혹은 '다시 사는 것'을 의미. 인류를 죄악으로부터 구제하여 은총 속에 하느님과 재일치시키기 위하여, 그리스도 안에서 그리스도를 통하여 역사하시는 하느님의 구원행위를 말한다. 즉, 그리스도는 자신의 모든 것을 바쳐 인간을 죄와 벌에서 구제하고 인간 본연의 은총의 지위를 회복하여 하느님과 재일치시켰다.

15 성녀 스콜라스티카(Sainte Scholas-tique, 480?~560?): 베네딕도 수도회를 창설한 성 베네딕투스의 누이동생. 성 베네딕투스는 몬테 카시노에 대수도원을 설립한 뒤 그곳에서 남쪽으로 약 8킬로미터 떨어진 피우마롤라에 베네딕도 수녀원을 설립하여 성녀 스콜라스티카에게 맡겼다. 따라서 그녀는 베네딕도 수녀회의 첫 번째 수녀이자 원장이 되었다. 축일 2월 10일.

16 ★이 묘비문은 케렌트레슈(로리앙 근처)의 슐리뷔스 학장이 썼다.

17 ★리델 주교의 슬로건.